大夏教育文存

欧元怀卷

主　编　杜成宪
本卷主编　常国玲

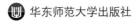
华东师范大学出版社

《大夏教育文存》编委会、顾问名单

编委会
顾问　孙培青　陈桂生
主任　袁振国
委员　叶　澜　钟启泉　陈玉琨　丁　钢
　　　任友群　汪海萍　范国睿　阎光才

欧元怀(1893年—1978年)

前言

一

1951年10月华东师范大学建校时，也成立了教育系，这是华东师范大学教育学科之源。当时教育系的教师来自大夏大学、复旦大学、圣约翰大学、光华大学、沪江大学等高校教育系科，汇聚了一批享誉全国的著名学者，堪为当时中国教育理论界代表。如：国民政府在20世纪40年代曾实施部聘教授制度，先后评聘两批，各二三十人，集中了当时中国学术界各个学科的顶尖学者。两批部聘教授里均只有一位教育学教授，分别是孟宪承、常道直，后来都在华东师范大学教育系任教，孟宪承还为华东师范大学建校校长；抗日战争期间，国民政府出于"抗战建国"、保证中学师资培养的考虑，建立了六所师范学院，其中五所附设于大学，一所独立设置，独立设置的即为建于湖南蓝田的国立师范学院，院长为廖世承，后来成为华东师范大学副校长、上海师范学院（后为上海师范大学）院长；中国第一代社会学家、奠定中国社会事业研究的基础的言心哲，曾为复旦大学社会学系主任，后转入华东师范大学教育系从事翻译工作；华东师范大学成立后教育系第一任系主任曹孚，后为支持中央政府成立中央教育科学研究所和人民教育出版社奉调入京；主持撰写新中国第一本《教育学》、后出任华东师范大学校长的刘佛年……就是他们，共同奠定了中国现、当代教育理论发展的基础，也奠定了华东师范大学教育学科60多年的发展基础。

然而，由于历史的原因，这批著名学者当年藉以成名并影响中国现、当代教育学科发展的代表性成果大多未能流传于世，他们中的很多人及其著作甚至湮没不闻，以至今天的人们对中国教育学科的由来与发展中的诸多重要环节所知不详，尤其是对华东师范大学教育学科对于中国现、当代教育理论和实践发展的重要性知之甚少，而这些成果中的相当部分实际上又可以看成是教育理论和实践中国化探索的代表作。因此，重新研究、整理、出版这些学术成果，对于华东师范大学教育学科的学术传承，对于中国的教育学术传承，都具有十分重要的意义。

二

华东师范大学建校之初，在教育系教师名册上的教授共有27位，包括教育学和心理学两个学科。当时身任复旦大学副教务长的曹孚被任命为教育系主任,但由于工作原因晚一年到职,实际上教育系就有教授28位。除个人信息未详的二位外,建系教授简况见下表。

出生年代	姓名(生卒年)	建校时年岁	学历、学位
1890—1899	赵迺传(1890—1958)	61	大学肄业
	廖世承(1892—1970)	59	博士
	张耀翔(1893—1964)	58	硕士
	高君珊(1893—1964)	58	硕士
	欧元怀(1893—1978)	58	硕士
	孟宪承(1894—1967)	57	硕士
	谢循初(1895—1984)	56	学士
	黄觉民(1897—1956)	54	硕士
	萧孝嵘(1897—1963)	54	博士
	黄敬思(1897—1982)	54	博士
	常道直(1897—1992)	54	硕士
	沈百英(1897—1992)	54	五年制中师
	言心哲(1898—1984)	53	硕士
	陈科美(1898—1998)	53	硕士
	方同源(1899—1999)	52	博士
1900—1909	赵廷为(1900—2001)	51	大学预科
	左任侠(1901—1997)	50	博士
	谭书麟(1903—?)	48	博士
	萧承慎(1905—1970)	46	硕士
	胡寄南(1905—1989)	46	博士
	赵祥麟(1906—2001)	45	硕士
	沈灌群(1908—1989)	43	硕士
	朱有瓛(1909—1994)	42	学士
1910—1919	曹孚(1911—1968)	40	博士
	刘佛年(1914—2001)	37	学士
	张文郁(1915—1990)	36	学士

(本表参考了陈桂生《华东师范大学初期教育学习纪事(1951—1965)》一文)

可见华东师范大学教育系初建、教育学科初创时的教授们,出生于19世纪90年代的15人,20世纪00年代的8人,10年代的3人;60岁以上1人,50—59岁16人,40—49岁7人,40岁以下2人,平均年龄50.73岁,应属春秋旺盛之年。他们绝大部分都有留学国外的经历,有不少美国哥伦比亚大学学生。其中博士8人,硕士11人,学士4人,大学肄业1人,高中2人。他们大体上属于两代学者,即出生在19世纪90年代、成名于20世纪二三十年代的一代(五六十岁),出生在20世纪、于二三十年代完成学业的一代(三四十岁)。对于前一代学者而言,他们大多早已享有声誉且尚未老去;对于后一代学者而言,他们也已崭露头角且年富力强。相比较而言,前一代学者的力量又更为强大。任何一个高等院校教育系,如能拥有这样一支学术队伍都会令人感到自豪!

三

令后人感到敬佩的还在于这些前辈教授们所取得的业绩。试举其代表论之,以观全豹。

1923年,将及而立之年的孟宪承撰文与人讨论教育哲学的取向与方法问题,提出:教育哲学研究是拿现成的哲学体系加于教育,而将教育的事实纳入哲学范畴?还是依据哲学的观点去分析教育过程,批评现实教育进而指出其应有价值?他认为后者才是可取的。理由是:教育哲学是一种应用哲学,应用对象是教育;教育哲学研究导源于实际教育需要,是对现实教育的反思与批评,而其结论也需要经过社会生活的检验。这样就倡导了以实际教育问题为出发点的教育哲学,为中国的教育理念和教育理论的转型,即从以学科为出发点转向以问题为出发点,转向更为关注社会、关注生活、关注儿童,从哲学层面作出了说明。之后,不刻意追求体系化知识,而以问题研究为主、从儿童发展出发思考教育问题成为一时潮流。1933年,孟宪承出版《教育概论》,就破除了从解释教育和教育概念出发的教育学理论体系,而代之以"儿童的发展"和"社会的适应"为起点的教育学叙述体系。在中国,以儿童发展为教育学理论的起点,其首倡者很可能就是孟宪承。1934年,教育部颁布《师范学校课程标准》,其中的《教育概论》纲目与孟宪承著《教育概论》目录几乎相同。而孟著自1933年出版至1946年的13年里共印行50版,是民国时期发行量最大的教育学教科书之一。可以看出孟宪承教育学思想对中国教育学理论转型、教育学学科建设、课程建设、专业人才培养和理论研究的深刻影响。

1921年，创始于美国、流行于欧美国家的一种新教学组织形式和方法道尔顿制传入中国，因其注重个别需要、自主学习、调和教学矛盾、协调个体与群体等特点，而受到中国教育理论界和中小学界的欢迎，一时间，诸多中小学校纷纷试行道尔顿制，声势浩大。东南大学附中的道尔顿制实验是其中的典范。当时主持东南大学附中实验的正是廖世承。东南大学附中的道尔顿制实验与众不同之处就在于严格按照教育科学实验研究方法与程序要求进行，从实验的提出、实验的设计、实验的实施、实验结果分析各个环节都做得十分规范，保证了实验的信度和效度，在当时独树一帜。尤其是实验设计者是将实验设计为一个与传统的班级授课制进行比较的对比实验，以期验证两种教学组织形式的长短优劣。在实验基础上，廖世承撰写了《东大附中道尔顿制实验报告》，报告依据实验年级各科实验统计数据、实验班与比较班及学生、教师的问卷调查结果，分析了实施道尔顿制的优点与缺点，得出了十分明确的结论：道尔顿制的特色"在自由与合作"，但在中国的现实条件下很难实行；"班级教学虽然有缺点，但也有它的特色"。廖世承和东南大学附中的实验及报告，不仅澄清了人们对道尔顿制传统教学制度的认识，还倡导了以科学研究解决教育问题的风气，树立了科学运用教育研究方法的楷模，尤其是帮助人们正确认识了如何对待和学习国外先进教育经验，深刻影响了中国教育的发展。此外，廖世承参与创办南京高师心理实验室首开心理测验，所著《教育心理学》和《中学教育》，在中国都具有开创性。

1952年曹孚离开复旦大学到任华东师范大学教育系系主任，是教育系第一任系主任。1951年，在其博士学位论文基础上撰成的《杜威批判引论》出版。书中，曹孚将杜威教育思想归纳为"生长论"、"进步论"、"无定论"、"智慧论"、"知识论"和"经验论"，逐一进行分析批判。这一分析框架并非人云亦云之说，而是显示出他对杜威教育思想的深刻理解和独到把握，超越了众多杜威教育思想研究者。他当时就指出杜威教育思想的主要缺陷，即片面强调活动中心与学生中心，忽视系统知识的传授和教师的主导作用。对杜威教育思想有深入研究的孟宪承曾称道："曹孚是真正懂得杜威的！"后来，刘佛年在为《曹孚教育论稿》一书所做的序中也评价说："这是我国学者对杜威思想的第一次最系统、最详尽的批判。"曹孚长于理论，每每有独到之论。50年代的中国教育理论和实践界，先是亦步亦趋地照搬苏联教育学，又对包括教育学在内的社会学科大加挞伐，少有人真正思考教育学的中国化和构建中国的教育学问题。曹孚在其一系列论文中提出了自己的主张。他认为，教育学的学科基础包括哲学、国家的教育方针政策、教育工作经验、中国教育遗产和心理学五方面；针对当时否定教育继承性的观点，他提出继承性适用于教育，因为教育既是上层建筑，也是永恒范畴；对教育历史人物评价问题，他批评以唯物主义或唯心主义为标准，从哲学、政治立场出发的评价原则，主张将哲学思想、政治立场和教育主张区别而论，主要依据教育思想来评价教育人物；他认为，即使是资产阶级教育思想也不是一无是处，不能"一棍子打死"，也有可以吸取和改造的。在当时环境下，曹孚之言可谓震聋发聩。

1979年，刘佛年主编的《教育学》（讨论稿）由人民教育出版社正式出版。这是"新时期"全国正式出版的第一本教育学教材。之前，从1962年至1964年曾四度内部印刷使用，四度修改。"文革"中还被作为"大毒草"受到严厉批判。1961年初，刘佛年正式接受中宣部编写文科教材教育学的任务。当年即撰写出讲授提纲，翌年完成讨论稿。虽然这本教育学教材在结构上留下明显的凯洛夫《教育学》痕迹，但也处处体现出作者对建设中国教育学的思考。教材编写体现了对六方面关系的思考和兼顾，即政策与理论、共同规律与特殊规律、阶级观点与历史观点、历史与理论、正面论述与批判、共性与特性。事实上这也可以作为教育研究的一般方法论原则。在教材编写之初，第二部分原拟按德育、智育、体育分章，但牵涉到与学校教学工作的关系，出现重复。经斟酌，决定按学校工作逻辑列章，即分为教学、思想教育、生产劳动、体育卫生等章，由此形成了从探索教育的一般规律到研究学校具体工作的理论逻辑，不失为独特的理论建构。1979年教材出版至1981年的两年间，印数近50万册，就在教材使用势头正好之时，是编者主动商请出版社停止继续印行。但这本教育学教材的历史地位却并未因其辍印而受到影响，因为它起到了重建"新时期"中国的教育学理论和教材体系的启蒙教材作用。

不只是以上几位，华东师范大学教育系的创系教授在各自所从事的研究领域都有开风气之先的贡献。如，常道直对比较教育学科的探索与开拓，萧承慎对教学法和教师历史及理论的独到研究，赵廷为、沈百英对小学各科教学法的深入探讨，沈灌群对中国教育史叙述体系的重新建构，赵祥麟对当代西方教育思想的开创性研究，等等，对各自所在的学科都产生了重要影响而被载入学科发展的史册。还有像欧元怀，苦心经营大夏大学二十多年，造就出一所颇有社会影响的著名私立高等学府，为后来华东师范大学办学创造了重要的空间条件。所有前辈学者们的学术与事业，都值得我们铭记不忘。

四

基于以上认识,我们将此次编纂《大夏教育文存》视为一次重新整理和承继华东师范大学教育学科优良学术传统的重要契机。

我们的宗旨是:保存学粹,延续学脉,光大学术。即,将华东师范大学教育学科历史上最具有代表性的学术精华加以保存,使这些学术成果中所体现的学术传统得以延续,并为更多年轻一代的学生和学者能有机会观览、了解和研究前辈学者的学术、思想和人生,激发起继承和发扬传统的自豪感和使命感。希望通过我们的工作实现我们的宗旨。

就我们的愿望而言,我们很希望能够将华东师范大学教育学科一代代前辈学者的代表作逐步予以整理、刊布,然而工程浩大,可行的方案是分批进行。分批的原则是:依据前辈学者学术成果的代表性、当时代的影响和对后世影响的实际情况。据此,先确定了第一辑入选的11位学者,他们是:孟宪承、廖世承、刘佛年、曹孚、萧承慎、欧元怀、常道直、沈灌群、赵祥麟、赵廷为、沈百英。

《大夏教育文存》实际上是一部华东师范大学建校后曾经在教育学科任教过和任职过的著名学者的代表作选集。所选入的著作以能够代表作者的学术造诣、能够代表著作撰写和出版(发表)时代的学术水平、能够为当下的教育理论建设和教育实践发展提供借鉴为原则。也有一些作品,我们希望能为中国的教育学术事业的历程留下前进的脚步。

《大夏教育文存》入选者一人一卷。所收录的,可以是作者的一部书,也可以是若干部书合为一卷,特殊情况下也可以是代表性论文的选集,还包括由作者担任主编的著述,但必须是学术论著。一般不选译著。每一卷的选文,先由此卷整理者提出方案,再经与文存总主编共同研究商定选文篇目。

每一卷所选入著述,在不改变原著面貌前提下,按照现代出版要求进行整理。整理的内容包括:字词和标点符号的校订,讹误的订正,专用名称(人名、地名、专门术语等)的校订,所引用文献资料的核实及注明出处,等等。

每一卷由整理者撰写出编校前言,内容包括:作者生平、学术贡献、对所选代表作的说明、对所作整理的说明。每一卷后附录作者主要著作目录。

五

编纂《大夏教育文存》的设想是由时任华东师范大学教育科学学院院长的范国睿教授提出的。他认为,作为中国教育学科的一家代表性学府,理应将自己的历史和传统整理清楚,告诉后来者,并使之世世代代传递下去。实现这一愿望的重要载体就是我们的前辈们的代表性著述,我们有责任将前辈的著述整理和保护下来。他报请华东师范大学校长办公会议批准,将此项目立项为"华东师范大学优势学科建设项目",获得资助。还商得华东师范大学出版社支持和资助,立项为出版社重点出版项目。可以说,范国睿教授是《大夏教育文存》的催生人。

承蒙范国睿教授和时任教育科学学院党委书记汪海萍教授的信任,将《大夏教育文存》(第一辑)的编纂交由本人来承担,能与中国现、当代教育史上的这些响亮名字相伴随,自是莫大荣耀之事。要感谢这份信任!

为使整理工作能够顺利进行,我们恳请孙培青、陈桂生两位先生能够担任文存的顾问,得到他们的支持。两位先生与入选文存的多位前辈学者曾是师生,对他们的为人、为学、为师多有了解,确实给了我们很多十分有价值的指点,如第一辑入选名单的确定就是得到了他们的首肯。对两位先生我们要表示诚挚的感谢!

文存选编的团队是由教育学系的部分教师和博士、硕士生所组成。各卷选编、整理工作的承担者分别是:孟宪承卷,屈博、廖世承卷,张晓阳;刘佛年卷,孙丽丽;曹孚卷,穆树航;萧承慎卷,王耀祖;欧元怀卷,蒋纯焦、常国玲;常道直卷,杨来恩;沈灌群卷,宋爽、刘秀春;赵祥麟卷,李娟;赵廷为卷,王伦信、汪海清、龚文浩;沈百英卷,郭红。感谢他们在选编和整理工作中所付出的辛劳和努力!研究生董洪担任项目秘书工作数年,一应大小事务都安排得井然有序,十分感谢!

尤其是要感谢入选文存的前辈学者的家属们!当我们需要了解前辈们的生平经历和事业成就,希望往访家属后人,我们从未受到推阻,得到的往往是意料之外的热心帮助。家属们不仅热情接待我们的访谈,还提供珍贵的手稿、书籍、照片,对我们完成整理工作至关重要。谢谢各位令人尊敬的家属!

感谢华东师范大学出版社对文存出版的大力支持!也感谢资深责任编辑金勇老师的耐心而富有智慧的工作,保证了文存的质量。

感谢所有为我们的工作提供过帮助的人们!

杜成宪
2017年初夏

编校前言

欧元怀(1893—1978),字愧安,福建省莆田市城厢区人。1919年获美国哥伦比亚大学硕士学位,回国后任厦门大学教授、总务长。1924年参与创办大夏大学,1928年任大夏大学副校长。抗日战争期间,组织学校西迁,并于1940—1945年任贵州省教育厅长,1944年起任大夏大学校长。抗战胜利后,大夏大学于1946年秋迁回上海原址。1951年华东文教委员会报请中央教育部批准,以大夏大学和光华大学为基础,创建第一所社会主义师范大学——华东师范大学,欧元怀为筹备委员会常务委员。华东师范大学成立后,任副总务长、教育系教授。

一

福建莆田地处东南沿海,毗邻省会福州、侨乡泉州,在近代中国较早受到西方文明的浸润。1893年8月1日,欧元怀出生于此,父亲欧剑波是位穷秀才,以教塾自给。欧元怀早年随父亲受学,1904年考入当地第一所官立小学堂。学堂主持为老举人张介安,故虽具新型,仍"未脱科举时代方法"。[1] 后来,张介安之子张左如自日本留学归来,对课程、校务作了一番改革,"功课方面添有卫生理化博物等科,校务措施焕然一新,如有现代学校之模型"[2]。这一改变令欧元怀眼前一亮,他很快适应了新的教育方式,学习成绩名列前茅。传统教育强调心性品质的养成、治学之法与处世之道,而新式学堂则偏重现代科学知识的传授,重视思维方式的创新和学生个性的养成,这种"中西兼备"的早年求学经历对欧元怀的人生道路和办学理念产生了重要影响。

1908年,欧元怀从小学堂毕业,此时他"四书都读完,《诗经》与《尚书》亦曾读毕,并已习算学、英文、中外史地、博物、卫生、理化修身等科"。[3] 1909年,欧元怀赴福州投考省立师范学校,当时的学校多通过提前考试来排挤远道而来的学生,欧元怀因错过考期不得不折返,在小学英语老师的帮助下,进入家乡一所教会中学——哲理中西学堂就读。欧元怀入学成绩优异,得全免学费的优待,又以为学校书记抄写讲义每月得二元饭食之资。他心性聪慧,肯下功夫,一年

---

[1] 欧元怀:《我怎样求学的》,《大夏周报》24卷13期,1948年,第1页。
[2] 同上注。
[3] 同上注。

后跳级到三年级,"五年制的课程,我四年修完,考试成绩在该班也并不落人后"①。

中学毕业后,欧元怀再次来到福州,入福音书院进修。学校里一位刚到中国的美国传教士想学当地方言,请欧元怀当他的"老师",欧元怀欣然同意。两年中,二人互为师生,学习异国语言,欧元怀的英文进步很快,萌生了去美留学的念头。

1914年,欧元怀得亲戚、师友襄助,准备赴美留学,初次申请因患眼疾办理护照时未得通过,后又因鼠疫流行再次推迟。1915年终于如愿,随返乡的美籍教师邺温柔同行。真是好事多磨,初到旧金山,欧元怀便被移民局送到"天使岛"留居三天,检查身体并办理各项手续,其间遭遇种种羞辱,22岁的欧元怀深以为耻,第一次体会到国家兴盛与国民个人的密切关系,决定把美国政府对中国人的不公平待遇化作求学的动力,争取早日学有所成,报效祖国。

欧元怀先进入美国西南大学就读,主修生物,辅修教育。因英文程度不够,校方安排他随英文教师补习,欧便在这位教师家中每日服务三小时,做些刈草洗扫的工作,过了一学期,英文程度已无问题。当时的西南大学仅四个中国学生,四人尝合租一水电设备俱无的陋室,轮流担任打扫烧水的工作,第二天要烧的柴由前一日轮值者准备,寒冬时节,早晨打来的洗脸水漂浮着冰块,"全凭个人之相当抱负与坚强之意志乃得克服此一困厄"②。欧元怀在西南大学以三个暑期补一个学期,三年半就完成了四年的课程,读书期间还要做各种零工以赚取生活费用,"为人摘樱桃,为杂货店送货,为校中办公室发信,为农家刈麦,文物粗细,风味均尝"③。

1918年6月,欧元怀从西南大学毕业,他已对教育产生了浓厚的兴趣,抱定了毕生从事教育的决心。20世纪初,远在美国东海岸的哥伦比亚大学师范学院因杜威、孟禄、桑代克等名师而声名鹊起,欧元怀遂决定赴哥大读书,但此时他身上只剩5美元,连东去的车资都不够。无奈之下,欧元怀只得先去做搬砖的工人,因当时美国参加第一次世界大战,国内工资较高,两个星期后他便筹得旅费,动身前往芝加哥,并向哥大师范学院申请入学。东去途中,因受福音书院时一位教师所托,到俄亥俄州其亲戚家探望,二人相谈甚欢,欧便留在其汽车行中

---

① 欧元怀:《我怎样求学的》,《大夏周报》24卷13期,1948年,第1页。
② 同上注。
③ 欧元怀:《我怎样求学的》,《大夏周报》24卷13期,1948年,第2页。

做修车开车的工作，夏天过后积得500多美元，寄去哥大的申请也获得通过。

欧元怀入哥大师范学院教育行政系学习，与陈鹤琴同学。当时哥大将部分学生宿舍改为兵营，外国学生无宿舍可住，欧元怀与陈鹤琴等中国同学只得另租房屋，组织"Chinese House"，陈为主任，欧为副主任，二人因此结下深厚友谊。欧虽有暑期所余积蓄但生活仍觉困难，又过起半工半读的求学生活，先是在幻灯影片公司画幻灯片，别人一小时画一张，他二小时画三张，工作又可带回课余去做，收入尚可。但做了不及一年，因眼疾复发，不得不放弃，1919年转去教育电影公司做编译部副主任。每天上午上课，下午去公司做事，工资每月有100美元，照当地生活水平仍为拮据，因他简朴自持，"尚有余力借助他人"①。

在哥伦比亚大学，欧元怀不仅系统学习了教育行政学、教育心理学、儿童学、乡村教育等方面的课程，还积极参加各种课外活动，曾两任师范学院中国学生会会长，自学注音字母等知识，举办注音字母班，训练侨胞学习国语。1920年华北遭受特大旱灾，欧元怀参加纽约中国学生会组织的剧团，为华北灾荒筹款进行义演：

> 在纽约中国学生曾组织剧团为华北灾荒筹款，曾由张彭春先生主编《木兰从军》一剧，由洪深先生导演，我在这剧中担任"和尚"角色，曾至各地公演，我并往美国中部募捐，劝募团至华盛顿时，哈定总统在白宫欢迎我们，我们也募捐了不少钱给华北灾民。②

1920年夏天，欧元怀获哥伦比亚大学教育心理学与行政学硕士学位，他并没有急于回国，而是暂时性地留在美国工作。

二

1922年，欧元怀抵达上海，回到祖国的怀抱。在哥伦比亚大学读书期间，欧元怀曾与厦门大学创办人陈嘉庚有过书信来往，对其毁家（变卖别墅）兴学深表敬佩，陈嘉庚亲笔回信鼓励欧元怀努力求学，学成后回桑梓服务。因此，欧元怀到上海后，谢绝了北方某师范大学的聘请，即南下厦门大学教育科任教。初到厦大，欧元怀精力充沛，满心抱负，厦大校长林文庆欣赏欧元怀的才华，对其礼遇有

---

① 欧元怀：《我怎样求学的》，《大夏周报》24卷13期，1948年，第2页。
② 同上注。

加,颇得重用。第一年欧元怀除担任三门课的教授外,兼做教务主任和注册主任,第二年又改做总务长。照此情形,欧元怀只要尽职尽责,颇可以在厦大平步青云。

然世事变幻莫测,1924年春,厦门大学部分学生向校方提出改革校务的要求,学校当局宣布开除带头的学生陈国柱。欧元怀等教授为学生说情,请求减免处分,未得应允。5月,校方突然提前解聘教授欧元怀、王毓祥、傅式说,当时欧是教育科主任兼总务长,王是商科主任,傅是注册主任。此举立即引起教育科、商科学生的罢课反对,随即罢课风潮波及全校,学生与校方关系不断恶化。6月1日,学校当局又公然指使人殴打集会学生,引起更大不满,400多名学生中有320多名集体离校,以示抗议。一些教授愤而辞职,欧元怀随部分师生一道离开了厦门大学。

6月13日,离校师生乘船离闽来沪,到上海后因学生人数众多,且学潮事件影响颇大,各校闻学潮而色变,一时间无处求学。离校学生公推何应炳、罗士清、施乃铸等14人为总代表,恳请欧元怀、王毓祥、傅式说、余泽兰等9位离校教授另立新校,帮助解决失学问题。诸教授勇于担当,租凭法租界贝禘鏖路(今成都南路)美仁里24号为临时筹备处,宜昌路115号为校舍。校名拟用"大厦大学",经讨论定为"大夏大学",既表示学校由脱离厦大而来,又寓光大华夏之意。7月9日,9位教授和14位学生代表联合发出《大夏大学临时筹备处成立通告》。创办新校,以筹措经费为最急,"欧元怀在闽筹款尤力,莆田陈树霖慨捐五千元为该大学开办费,于是筹备进行不阻"①。8月1日,筹备处召开会议,推举欧元怀、王毓祥、傅式说为执行干事。8月中旬,学校董事会完成组建,欧元怀为第一任校董,另有王伯群、吴稚晖、汪精卫、张君劢、叶楚伧、邵力子等人。

1924年9月20日,大夏大学在槟榔路(今安远路)潘家花园举行开学典礼,共有教员30余人,新旧学生240余人。10月22日,学校董事会正式成立,公推王伯群为首任主席董事,马君武为首任校长。1927年1月,因马君武受李宗仁之邀,回乡创办广西大学,大夏大学改为委员会制,王伯群兼任委员长。1928年3月,大夏大学根据教育部令改委员制为校长制,经校董会选举,王伯群为校长,欧元怀任副校长,当时王伯群任国民政府交通部长,校务实际上一直由欧元怀负责。1930年学校迁入新址,即今华东师范大学中山北路校区东面(含丽娃河)大部分区域。

欧元怀办理大夏大学,尤为注重三件事:一是筹集经费,二是延聘名师,三

---

① 《厦大校史第一辑》,厦门大学出版社1987年版,第264页。

是关爱学生。大夏为私立,经费主要靠学费和捐款两条渠道,学费如果收得太高,生源的数量和质量会受到影响,因此,捐款成了重要的经费来源。除了鼓励校董积极捐款,欧元怀亲自出马,"终日奔走于各银行大亨之门,足将近而趦趄,口将言而嗫嚅,种种窘状,一言难尽",他自嘲自己是"马路上的教育家,汽车上的高等乞丐"。① 欧元怀认为要建设好私立大学基础,必须设立稳固的基金,他制定了筹集五百万元基金的计划,"我人应做大规模的基金运动,以达到五百万元为目的,使学校立于永久不拔的基础"。② 可惜在当时的历史条件下,这一宏伟计划最终没有实现。

欧元怀对于聘请教师有一套自己的见解,他认为"教授在大学的地位,实比经费来得重要",③但大学的教授必须是学问与品格兼备,"凡欲为人师者,其平日对于学术的研究,固属重要,而高尚人格的涵濡,尤不可或缺",④因为教授的学识与人品,不仅关系大学的声誉,更是学生的表率,对学生的学业与品格的进步更具有潜移默化的作用。欧元怀聘请教授时,不拘于是否有留学经历。中国现代著名儿童教育专家沈百英,仅有中等师范学校学历,但他教学有法,被欧元怀请到大夏教育系任教。为了吸引优秀师资前来任教,并使教师能够安居乐业,专心于教学研究,欧元怀十分关心教师的生活,据一位到大夏任教的教师回忆,欧元怀等曾亲自到家中看望,"对于我们的居处是否已布置妥帖,家庭间的生活情况,均承王、欧两师殷殷问及,使我有'如归'之感"⑤。欧元怀还曾为教师当月下老人,大夏教师吴泽霖、陆德音"经欧师元怀极力撮合,遂成美满良缘"⑥。正是在欧元怀的精心努力下,大夏大学名师荟萃,以教育学院为例,邰爽秋、郑通和、马宗荣、曾慎、朱经农、何炳松、李石岑、程石煋、程湘帆、程其保、艾伟、俞庆棠等知名学者都曾来校任教。为了开阔学生的眼界,欧元怀常请一些学术名家到校做学术讲座,"欧副校长每周必请名人到校,为学生演讲一次"⑦。陶行知、胡适、鲁迅等都曾到大夏演讲。即使在抗战时大夏内迁至环境艰难的贵阳,欧元怀也常常请过境的一些名流学者到校讲话,"是师生们十分欢迎而感兴趣

---

① 欧元怀:《大夏大学十一周年纪念告同学书》,《大夏周报》11卷27、28期,1935年,第725页。
② 欧元怀:《今后大夏进展的方针》,《大夏大学六周年纪念特刊》,1930年,第267页。
③ 欧元怀:《论今日大学教育诸实际问题》,《教育杂志》27卷1期,1937年,第61页。
④ 欧元怀:《师资训练的根本方针》,《教育杂志》25卷7期,1935年,第88页。
⑤ 陈明章:《学府纪闻——私立大夏大学》,南京出版有限公司1981年版,第53页。
⑥ 陈明章:《学府纪闻——私立大夏大学》,南京出版有限公司1981年版,第54页。
⑦ 陈明章:《学府纪闻——私立大夏大学》,南京出版有限公司1981年版,第77页。

的事"。①

学生是学校的生命之源,欧元怀十分关心学生的学业,在大夏以个人名义,设立额度最高的"欧氏奖学金",获奖者为每学期全校平均分数最高的一位同学,"那时学校有五个学院,学生大约二千人;换句话说,就是二千人中的第一名。"②欧元怀又依据自己求学时曾在中学、大学多次利用寒暑假自学,得以提前升级或毕业的经历,支持学生合理利用假期,"每年暑假都要开设'暑期学校'",③供有精力的学生或社会人士到校攻读学分,暑期学校的课程、教师、学分值与学校正常上课时一样。大夏大学许多学生就是利用暑期学校多修学分,提前毕业到社会上服务。大夏大学在欧元怀的领导下坚持"师生合作"的办学精神,始终对学生采取宽容、理解的态度。曾有一位余姓教师教学方法不当且爱嘲弄学生,引发学生集会抗议。事后,欧元怀等校领导查明原因,不仅没有处罚学生,还解聘了这位教师。大夏学生陆德音,因卷入学生间的派系斗争,学校建议将其开除,欧元怀认为此生品学兼优,在校务会议上极力为其说情,该生得以继续留校读书,后留学归来到大夏任教。20世纪二三十年代的中国大学,学潮风起云涌,各校都深为所扰。大夏虽肇始于学潮,但在有限的27年生命里,从未发生严重的学生运动。

在全身心创办和建设大夏大学的同时,1927年6月,欧元怀受教育部令负责将江苏第二师范学校、江苏公立商业专门学校、江苏省立三中、四中和东南大学附中等校合并组成江苏省立上海中学,并任该校校长。任职后,欧元怀以极大的精力投入到并校工作中,但不久因大夏、上中两处奔波,积劳成疾,遂辞去校长职,并举荐大夏大学教育学院教授、中等教育系主任郑通和继任。新生的上海中学在两位校长的领导下发展迅速,时至今日仍然是沪上中学之翘楚。此外,欧元怀还先后兼任国立政治大学、暨南大学、光华大学等校的教育学或教育心理学教授,并担任上海市普通考试典试委员、全国教育会议专门委员、上海公共租界教育委员。

1937年抗日战争爆发,大夏大学等上海高校奉教育部令组织内迁。由复旦、大夏组建联合大学第一、二部,计划第一部迁江西,以复旦大学为主;第二部迁贵阳,以大夏大学为主,王伯群任校长,欧元怀任副校长。欧元怀等筹划内迁

---

① 陈明章:《学府纪闻——私立大夏大学》,南京出版有限公司1981年版,第70页。
② 陈明章:《学府纪闻——私立大夏大学》,南京出版有限公司1981年版,第172页。
③ 陈明章:《学府纪闻——私立大夏大学》,南京出版有限公司1981年版,第91页。

路线,安排人员设备前往,艰辛备尝。1938年9月,留沪的部分师生在祁齐路(今岳阳路)成立大夏大学沪校。1939年春,西迁的复旦、大夏两校分设于重庆和贵阳,联合终止。

1940年,贵州省政府任命欧元怀为省教育厅长,贵州教育事业在全国较为落后,欧元怀注重普及教育,鼓励各地筹资设立学校。在任期间,他发表了多篇考察贵州教育的论文,如《贵州省的社会教育》《贵州省的社会教育概况》《巡视黔南感想》等。他还鼓励迁黔的大夏师生研究贵州的风土人情、资源矿产。

身为一省教育厅长,欧元怀对大夏发展仍然关心备至,几乎每周都回校在纪念周会上讲话,校庆、新生入学、毕业典礼等活动甚少缺席。1942年2月,行政院突然通过决议,将私立大夏大学改为国立贵州大学,大夏师生、校友闻讯,群起反对,并组织护校会力争。欧元怀与王伯群多方奔走呼吁,妥善筹划,终使行政院收回成命,大夏大学得保存校名仍维持私立性质。1944年日寇直逼贵州独山,欧元怀与王伯群商议决定立将大夏迁往黔边赤水。然而,12月26日,迁校之事未及完成,王伯群突发胃出血病逝于重庆,孙科召集在重庆的校董开会,公推欧元怀为校长,王毓祥为副校长。欧元怀以大夏为重,当即辞去贵州省教育厅长,回校主持校政,敦促迁校。在欧元怀的筹划协调下,所有人员及物资于1945年3月全部安全抵达赤水,稍作整顿即开始上课。

抗战胜利后,在赤水的大夏总校积极准备回沪。欧元怀亲自主持迁校工作,妥善协调各方面的关系,从1946年4月起,历时半年,所有人员和图书、仪器等公物安全迁回上海中山北路校舍。"由于交通苦难,旅用浩大,以及人事物力的艰苦,迁徙的各大学,均备尝艰辛。学校的原址校舍要修葺,员生及设备要迁回,军事及交通工具均是阻碍的原因。"[①]1946年10月28日,大夏举行黔沪两校汇合的秋季开学典礼。回沪后,欧元怀继续担任校长职务,在他领导下,大夏陆续添建了一批校舍,如思群堂、群英斋、新力斋、教职员宿舍等。

1949年春,国内局势已趋明朗,教育界知名大学校长、教授许多人选择了赴台,欧元怀婉拒了多人的劝说,坚持留在大夏大学,迎接上海解放。华东师范大学成立后,欧元怀任教育系心理学教授,做过短期的副总务长。

三

私立大学由于缺乏政府稳定的经费支持和政策帮扶,其生存发展全赖办学

---

① 欧元怀:《抗战十年来中国的大学教育》,《中华教育界副刊》1卷1期,1947年,第14、15页。

者奔走呼号、苦心经营。欧元怀自1924年起即将全部精力倾注于大夏大学,忙于应对种种棘手的难题,从而立之年到几近花甲,欧元怀人生的黄金时间恰好贯穿了大夏大学存在的全过程。尽管如此,欧元怀在学术上产量颇丰,发表了百余篇论文,深入探讨当时各级各类教育的发展变化与存在问题,坦诚地阐述自己的观点。欧元怀的教育研究,概括起来有以下几方面:

第一,关于高等教育。欧元怀作为大学校长,对中国高等教育的发展有着深刻认识,他认为:"大学最重要的使命,厥为造就专门人才与培养高尚人格。"从这一理念出发,欧元怀将大学的建设分为物质与心理两个层面。对于物质建设,他提出大学一方面要多方筹集经费,注意提高经费的使用效率,物质建设只应朝着最低限度的标准而努力,"物质建设,是吾校当今要图。不过我们目前所应努力的,是最低限度的建筑和设备,并非贵族式奢靡铺张";另一方面,学校建筑、设备应不尚铺张,将节省的资金用于图书、仪器的添置,聘请优秀师资和奖励师生的学术研究。心理建设则分为真知实学的修养与健全人格的陶冶两个方面。欧元怀将大学教师置于十分重要的地位,他曾说:"教授在大学中的地位,实比经费来得重要",因为"一个教授学验丰富与志操卓越与否,不但关系一个大学的声誉,并且直接影响学生的信仰与行为"。

欧元怀十分重视高等教育史的整理、研究工作,写出了《二十五年来之中国高等教育》、《十年来之中国高等教育》、《抗战十年来之中国高等教育》等论文,认为近代中国高等教育史"颇多足资记载的材料,可为今后改革的张本"。他将中国近代的高等教育史分为三个时期:第一期为清末的高等教育(1862—1911),以学习日本为特点;第二期为北洋军阀政府统治时期(1911—1927),具有强烈的美国化色彩;第三期为1927年国民政府成立后的高等教育,渐具本土化的色彩。通过对近代高等教育史的系统考察,他总结出近代我国高等教育发展过程中存在的两个显著的特点:一是鲜明的模仿与移植的色彩;二是缺乏一个指导高等教育发展的根本方针。今天看来,欧元怀的分期与分析,仍然闪烁着智慧的光芒。

第二,欧元怀认为教师是教育制度的真正推行者,肩负着复兴国家、提高国民素质的重大责任,"然教育制度的变更,不能获得其教育的真正改革。因为前者仅是一种学制上的变迁,而真正推行教育者,则为教师。有良好的教师,纵使教育经费窘乏,设备不大完美,他也能制胜环境,建立树人的事业,为国家文化的振兴,民族精神的发扬,社会道德的提高,与夫国民教育的普及,都要赖于优良教师的努力",因此必须重视师资的训练。

师资训练最为重要的途径是师范教育。欧元怀认为师范教育是"教育事业中的首要教育","是一切教育基础",因为"师范毕业生为国民教育的保姆,未来国家的主人翁——这一代的儿童与青年的知识与行为的训练,关系我们未来国家的盛衰,要是师范教育失败了,那中国前途将五十年无法挽救"。师范教育既如此重要,在实施师范教育时,他提出首先应设法改进当时强制师范生服务后可取得证书或升学的办法,以消除青年投考师范的顾虑,其次要允许中学开设师范科,并允许私立大学办理师范教育,以解决中小学校师资数量缺口巨大的问题。

为了切实提高中小学师资的整体素质,欧元怀还提出政府应设法保障教育经费独立,并扩充其来源,以提高教师的待遇水平,使教师安心于教职;针对一些地方师资水平良莠不齐、滥竽充数的问题,政府应规定"未受教育一科者不得充任教师或校长"。而对于教师自身,更应该自尊自信,对自己所从事的职业之重大责任与要求有正确的认识,更要提高研究精神,充实个人的技能,涵濡高尚人格。

第三,关于青年培养。欧元怀出身贫寒,成才之路颇多坎坷,他认为大学生在社会上和学术上都占有重要的地位:"根据教育部最近的统计报告,每一万人中仅只有一个大学生。一个大学生代表了一万人,也就是一万人中的领袖","今日的大学生,便为将来社会上中心人物和有力的份子。改造社会,建设新中国的主力军,以及发明新事物,传递新文化的战士,都是要靠大学生来担负的。"因此大学生面对社会对其"没有学问,没有出路,爱好虚荣,趋向轻浮"的质疑,应当从努力充实个人修养、专心研究学问、协力挽救国难、共谋复兴民族四方面着力提高自身修养。(1)努力充实个人修养,就是要有真忠的节操、良好的朋友、锻炼强壮的身体、养成俭朴的习惯。(2)专心研究学问,就是要有丰富的常识、远大的见识、基本的学问。(3)协力挽救国难,大学生要做到从国内和国际两方面认识环境、要脚踏实地的发动力量、要有持久不懈的坚持。(4)要做到共谋复兴民族,大学生就要恢复自信力,不能盲目的崇欧、崇美,贬低自我;要有坚定的互信心,团结一致、聚沙成塔;要调合中西文化,取长补短、融会贯通,调合一种新的更合实用的文化;要发扬民族精神,发扬中华民族的尚武精神、合作精神、创造精神,以恢复自信、坚定互信、创造民族复兴的新生命。

二三十年代,在党派斗争、政局动荡和新旧文化交替中,各种各样的社会势力和思想潮流纠缠不清,是非难辨,青年问题非常突出,教育界曾盛行青年指导,以帮助青年认清形势,剖析自我,找准方向。欧元怀认为,青年主要有四大问题:学业问题、职业问题、婚姻问题和救国问题,并对解决各个问题所应注意之点提出了建议。(1)学业问题,针对当时社会上存在的穷苦青年无力读书及社会重实科、轻文科的现象,欧元怀提出"求学问不一定要进学校,刻苦自修也能够达到求知的目的",鼓励无力求学的青年努力自修,他还鼓励学习文科的青年"文科只要学得好、学得精,也一样的有用。文学家、法学家等等,社会上是一样地需要的!如果学得不精,则无论学什么多没有出路的"。(2)职业问题,他教导青年要以服务人民为选择,并"选择一样有心得的事,专心一致地做去,一定可以成功,一定可以获得社会的赞赏的"。(3)婚姻问题,欧元怀告诫青年在婚姻问题上也要持谨慎的态度,"无论自主也罢,媒妁之言也罢,总该事前特别谨慎,定出一个适当的标准,不要过于求形式的选择"。(4)救国问题,欧元怀认为在救国问题上,不能人人都去参加政治工作,因此就要求青年"无论担任什么工作,只要个人认清个人的责任,真正以为国家服务为目的,使国家一天健全一天,也就达到了救国的目的了"。

第四,关于学制改革。20世纪20年代的学制改革引起了教育界人士的广泛、深入、持久的讨论,大量吸收了教育学研究者们的智慧,堪称近代教育界学者参与国家教育决策的典范。留美归国的教育学教授欧元怀也提出了自己的见解:首先,他认为学制的改革必须以中国的实际情况为依据,中国版图广大,农村人口占多数,缩短或调整假期应多留地方伸缩余地。其次,无论是缩短学年、减少假期,还是学分制与学年制之争,都不是中国教育的根本问题。中国教育的根本问题在于提升教学质量与造就实用人才,程度的提高比缩短学期重要,科目的实用性比学程的改革重要,实用人才的造就比研究高深学术的需要更广大。在坚持上述原则的基础上,欧元怀对于有关学制改革的问题进行了深入的探讨:

(1)缩减各种假期。欧元怀建议将各级学校的修学年限作如下的修改:小学六年课程于五年修完;中学六年课程,五年修完;大学采一年三学期制,则四年课程于三年修完。(2)添办专科学校。战后百废待兴,复兴建设,需要大量的实用人才,因此欧元怀建议"今后高等教育,应多设专修科。中等教育阶段,亦应多设各种职业学校",解决国家需才孔急的问题。(3)改进女子教育。儿童所受最重要影响来自家庭,更主要来自母亲,因此女子具有教育民族幼苗的重大责任。为使女子成功负起此种责任,国家应重新确立女子学校制度,开设母亲学、看护学、儿童学、家事学一类的课程。(4)确立社会教育制度。为提高普通民众的教育和精神修养的水平,应建立具有义务性质的民众学校,使年龄在18

至45岁的国民得以分期进入学校学习,修满规定教材后发给修业证书。(5)师资训练机关应彻底独立。1938年,国民政府训令将国立大学内设立的教育学系改为师范学院,并添办独立师范学院。欧元怀对此举深以为然,因为"训练为人师表的师资,其训练与其他人才不同。师范生品格的陶冶,要异常严格,学科的训练,要分外认真,如附设于普通大学,很难养成其特殊职业精神"。所以他建议为重视师范教育起见,应将师资训练机关更进一步从普通大学内划分出来,单独设立,以适应建国后教育发展对专业师资人才的巨大需求。

第五,关于留学教育。欧元怀曾有《论战后我国的留学政策》,在回顾我国自清末以来的留学史以后,认为我国的留学政策存在三个突出弱点:一为举棋不定,留学政策时有变动;二为将留学理解为学制阶段的完成,这种认识根本错误;三为众多富家子弟往往中学未毕业,语言尚未熟谙便通过特殊途径出国留学,既得不到学问,又浪费了留学资源。据此,他提出以后的留学政策应当以"执法以绳、令出必行"为原则。我国的留学方式以公费、自费和接受国外奖学金三种为主,因此,改革留学政策也应当从这三处着手:公费留学考试要从严,甄选有真才实学的人出国深造,考试时除了普通和特殊科目外,申请者的研究成绩和研究计划也应在考核之列;自费出国的学生在政策上不妨放宽松一些,不仅如此,国家还应设立一笔外汇基金以资助自费留学生;那些接受外国学校的奖学金而出国求学的人,必定是以卓越的研究成绩和研究能力获得了国外学校的信任,更应当受到国家的奖助。

第六,关于战时教育。欧元怀认为战时教育的目标可以用"激励民族情绪,鼓励为国牺牲"十二字概括,秉承"要含有现身国家的训练,要含有领导人才的训练,要含有特殊技能的训练"诸项原则,内容应包括"智识训练、体格训练、精神训练"三个方面的内容,并对各实施各训练应注意的地方进行了详细的说明:其一,智识训练,智识训练当加强学校与社会的联系,注意编写符合本国实际情况、应用本国材料的教材,重视学生的实习和现场考察;其二,体格训练,"应该注重学校卫生及施行普及体育",并由此在社会上造成一种重视体育的风气,进一步引导民众讲求卫生,注重体育;其三,精神训练,欧元怀将青年精神的修养视为其成为健全国民的重要内容,并提出"尤其是在目前国家遇着空前的大难,国民精神的训练,可以说比智识与体格训练更为重要"。对于实施精神训练的方法,欧元怀建议"今日各级学校都有升旗典礼、总理纪念周及国民月会等团体仪式举行,我认为政府应严令学校当局利用此种机会,多作有关青年精神训练的演讲",教师们也应当"善自检束,敦品励行,以作青年的楷模"。

除上述内容之外,欧元怀还对乡村课程、职业教育、国民教育等问题提出了自己的见解。

四

承杜成宪老师错爱,将《大夏教育文存·欧元怀卷》编校工作交付于我,于2013年10月27日即着手搜集资料。时获华东师范大学教育学系教育史专业2008届硕士毕业生李福春的学位论文《大夏之魂欧元怀》,其后附有"欧元怀主要教育论著目录",编者以此为基础进行查找,又得欧天锡先生数次提供珍贵手稿及照片资料,并详细介绍其父欧元怀之生平事迹。2014年1月,资料搜集工作在寒假到来前告一段落。2014年3月开始编校工作,至6月基本结束。

编者共收集到欧元怀论著159篇,从中筛选出51篇集成此书,选篇标准有三:其一,尽量选择其发表在正规刊物、内容逻辑较为严谨的文章;其二,作品内容能反映欧元怀的教育实践及教育思想;其三,作品未曾或大部分内容未曾出版过。根据所选篇目的内容,本书共分为七部分,分别为:论大夏大学、论高等教育、论学生问题、论师范教育与教师、论战时教育、论学制改革、其他。欧天锡先生提供的诸多珍贵资料中,有两篇《大夏大学校史纪要》的手稿。选篇过程中,笔者反复考虑是否将手稿编入,于是将手稿与已出版之《大夏大学校史纪要》(见上海人民出版社1982年出版的《文史资料选辑》)进行了详细比对,内容基本一致,只是手稿更为详细。经听取各方面的意见后,遂决定放弃选用手稿。

本着尊重原著、尽量全面呈现欧元怀教育思想的原则,编校工作以注释为主,仅对确证的相关错误进行修正。本书篇目全部收集自民国期刊,年代久远,因纸张、印刷等问题,需要处理的问题甚多:其一,作者古今中外,广征博引,所征引者有从未在中国出版发行的外文书籍,作者以个人之理解翻译引用之;其二,作者所使用的外文词汇的中文译名有的已经与当下的通例相异;其三,当时作者所使用的人名、地名等专有名词已与今日大相径庭……凡此种种,都是编者整理工作的内容。概括言之,编校工作主要包括以下几方面:

1. 标点。全书用现代标点标出,对原著中错误标点进行改正,与今通行标点不符之处则进行修正。

2. 勘误。文中错字进行改正,原字以( )形式保留在改正字之后;文中漏字补全,并注明为编者所补;文中多字删去,不注明;难以断定者,不妄改。

3. 引文。对于作者论著中的引文,尽量查实,注明出处。如引文与原文有出入,则另附原文,以供参照。如引自古代典籍,只注著作名、篇名或卷次,不附版本及作者信息。部分作者所引西方著作或刊物,因本人精力有限,憾未补全。

从资料搜集到编定送审,整个工作历时近8个月,笔者日日专心于此一事,为古籍之一字遍查各版本者有之,为所引他人之一言遍查其浩繁全集者有之。繁琐有之,疲累有之,然一旦有所查获,则欣喜不已。尤其是在编校过程中,了解到欧元怀先生毕生为办学鞠躬尽瘁之伟大精神,更得以了解我华东师范大学前身——大夏大学诸多鲜为人知之历史,内心又感佩不已!

丛书主编杜成宪老师为本书编校帮助指导甚多,在此深表感谢!

目录

大夏大学校史

今后大夏进展的方针 —————————————— 3
一年来之校务 ——————————————————— 7
今后行政方针与发展计划 ———————————— 16
大夏大学十一周年纪念告同学书 ———————— 21
本校在黔设校之重大意义与使命 ———————— 25
抗战期间大夏大学的苦斗 ——————————— 28
大夏大学校史 —————————————————— 35
西迁·复员·校庆 ——————————————— 40

高等教育论

二十五年来中国之高等教育 —————————— 51
十年来之中国高等教育 ———————————— 66
毕业生与母校之关系 —————————————— 90
论今日大学教育诸实际问题 —————————— 92
战时高等教育 —————————————————— 100
抗战十年来中国的大学教育 —————————— 108
从纪念校庆泛论大学教育 ——————————— 123
战后两年来的中国大学教育 —————————— 126

学生问题

大学生指南 ——————————————————— 143
中国青年之训练问题 —————————————— 152
论大学应注重士气教育 ———————————— 156
大学生应有之修养 ——————————————— 162
经济恐慌下青年之求学问题 —————————— 168

学生军训问题 —— 173
儿童的世纪 —— 178
训育是教育的中心 —— 181
高中毕业生服务问题的我见 —— 188
青年读书问题 —— 192

师范教育与教师

师资训练的根本方针 —— 199
中国师范教育的危机 —— 202
新教师与社会领导 —— 206

战时教育

非常时期教育 —— 211
国难教育 —— 216
准备百年战争的教育 —— 222
实施国难教育与本校今后所以报国之道 —— 228

学制改革

学分制与学年制之商榷 —— 233
讨论学制应行注意之点 —— 238
缩短学年与减少假期问题 —— 241
评缩短现行学制总年数案 —— 249

其他

改造乡村学校课程问题 —— 259
国民会议通过《教育设施之趋向案》 —— 273
对于学校体育之意见 —— 278
教育视导与教育效率（一） —— 281
中国职业教育的出路 —— 286
公民教育的意义和目的 —— 292

推行本省国民教育今后努力之途径 —————— 296

边疆教育之今后 —————— 303

国民教育的几个实际问题 —————— 306

教育危言 —————— 313

论战后我国的留学政策 —————— 319

欧元怀著作目录 —————— 325

大夏大学
校史

今后大夏进展的方针①

　　社会建设的事业,要领袖人才去干,大学教育是培植领袖人才的,所以大学教育应该提倡。这种肯定的说话,在逻辑上是可以成立的,其实这个话根本有错误。大学教育范围极广,在性质上有种种的差异,在实际上有许多的区别。有死的大学教育,有活的大学教育;有官僚式的大学,有平民化的大学;有适合时代的大学,有反时代的大学;有不大不学的大学,有大而不学的大学,有学而不大的大学,有既大且学的大学。现今国内上列种种的大学和专门学校,将及一百个。有公立的、有私立的;或已立案,或未立案。五花八门,应有尽有,究竟要提倡哪一种大学教育呢? 教育部在最近一年可算很积极的整理大学教育。第二届全国教育会议,对于高等教育计划,主张充实和整理现有的大学,在最近二十年内,只作质量的改进,不作数量的增加。我们大夏大学,成立不过六年。过去艰难缔造的成绩,虽已博得社会的同情和赞助,然而今后究竟应该如何发展,使她匪特名副其实、蒸蒸日上、不受淘汰,而且对于国计民生文化各方面,都作相当的贡献! 这种重大问题,凡是大夏同人,都应该再三考虑,我现在就愚见所及,把今后大夏进展的方针,分做物质和心理两方面立论,供给关心大夏者的参考。

　　物质建设,是吾校当今要图。不过我们目前所应努力的,是最低限度的建筑和设备,并非贵族式奢靡的铺张。现在建筑中的校舍,有大课堂一座、男生宿舍二座、女生宿舍一座,都是三层楼伟大坚固的建筑。此次建筑费和百余亩的地价,已达 500 000 元。当局筹措经费,颇感精疲力竭。暂时再没有力量建筑科学馆和图书馆,秋季开学,只好在群贤堂内辟数间做阅书报室,物理、生物和心理实验室。至于化学实验室,已决定另建平房数间。这当然是临时的办法。我觉得一个大学最低限度的建筑,除课堂宿舍之外,要有独立建筑物做科学馆、图书馆。并且我们切望在三五年内把这两座建筑物完成。至于体育馆呢,似乎可以缓一步,上海并不冷,冷的时间也不长,在操场可以运动,照体育原则来说,户外运动是比室内好的。与其盖体育馆,不如造一个游泳池,还多一种健身的设备。听说南方某大学,有一个游泳池,是全体学生自己挖的。在"劳工神圣"呼

---

① 原载《大夏周报六周年纪念特刊》,1930 年。——编校者

声很高的时代，我们大夏同学们不妨胼手胝足来干一下，众擎易举，我相信在三个月内，这个游泳池一定成功。这岂不是一面运动，一面建设，一举两得吗？

我们目前虽不能有独立的建筑做科学馆、图书馆，可是仪器、图书的充实，是刻不容缓之图。今年四月底校中举行的募书运动，一星期内，师生捐书达6 000本，这是何等慷慨的成绩。我盼望在暑假内，大家重整旗鼓，向社会乞援，募几本算几本，秋季返校，人人满载而归。至于学校每年预算，图书、仪器两项，至少也得有40 000元。几年之内，便可以有各种基本书籍和应用仪器。

以上物质的需求，都是起码货的。这个目标达到之后，我人应做大规模的基金运动，以达到5 000 000元为目的，使学校立于永久不拔的基础。这种计划，并非梦想。欧美著名大学的基金基产动辄千百万金，而考其来源，无非出于资本家之热心输将，以建百世不朽之业。民国成立以来，政治不上轨道，军阀称兵构乱，前仆后继，每一战役，辄费千百万金之钜，大军阀大政客上台时候，搜括民脂民膏的得数，往往是几百万金乃至于几千万金。难道他们的搜括是应该的，我们募集大学基金是不应该的吗？难道中国人的钱，只有用杀人放火的方法去劫取，苦口婆心的募集是拿不到的吗？愚见以为海内外不乏贤豪之士，只要大夏办有成绩，全体师生和已往的六年一样的努力合作奋斗，社会一定有人解囊捐助，5 000 000金的目的，有志似不难竟成。

其次要讲到心理方面的建设。这是一个大学的重心。倘是校舍宏丽、设备完全、经费充足，而全部设施没有一个重心，学生以求文凭而上课，教员以领薪水而授课，职员人浮于事、装饰门面、敷衍塞责，在形式上固然是极济济跄跄之盛，而实际不过是一个官僚化和大而不学的大学。受过这种大学教育的青年，在学问上当然没有好成绩，在德性上反养成奢侈懒惰、妄自夸大、不负责任等等的恶习惯。一出校门，就卷入恶社会的旋涡中，弱者到处受排挤，求一啖饭地而不可得，感受异常痛苦，厌世派出以自杀，激烈派流为匪。强者到处钻营，极诣谀投机之能事，势利为上，资格次之，学问为轻，人格更可不要。近年来大学毕业生之堕落者，比比皆是，求其能洁身自好，对社会国家有贡献者，殆不可多得，这是无可讳言的。大夏成立不久，自然不敢夸耀成绩，并且我们重受经济厌迫，力不从心之事，十居八九。所幸大夏师生，富有奋斗牺牲合作建设的精神，我们过去光荣的历史，猛进的情形和社会期望的殷切，更昭示我们应该继续努力。今后吾校的心理建设，可分作三点讨论。第一是健全人格的陶冶，第二是真知实学的修养，第三是领袖人才的鉴别和培植。

健全人格的标准，虽难确定，但看现今社会的积弊和大学毕业生的堕落，我们可提出几件事来讲。第一要崇尚气节,淡泊势利。大学生可以做官,但是要光明磊落、廉洁为公;大学生可以入党,但是动机要纯洁,不应趋炎附势、朝秦暮楚、自损人格。第二要有责任心。事无大小,既经承办,要鞠躬尽瘁,彻底干好。成则归功于己,败则归咎于人,只知权利,不知义务,都不是责任心的表现。第三要纪律化。近来国内整顿学风的声浪,来得很高,我以为大学生是富有自治能力的,整顿学风,要学生自动的守纪律,废除不规则的行动,教员也要以自作则,以诚相见,使师生之间,毫无隔膜才行。第四要节俭化。现在大学生一年至少要花三四百元,多的听说有花一千元以上的。大学教育愈贵族化,家长愈不胜其负担,奢侈习惯养成之后,毕业出校,必定钻营奔走于势利之途,以偿其欲望。在这民穷财尽的中国,提倡节俭,是救时良药,不应当做老生常谈。亲爱的同学们,你们不要以为穿洋装吃大菜跳舞看电影,就是得到西方的物质文明,这些勾当,足以养成奢侈习惯。第五要勤劳化。在生产过剩的国家,实行"三八制度"①之后还怕工作时间太长,出品太多。中国经济早已破产,各省兵匪祸急,列强侵略日增,在在②都呈亡国的征兆。所望于大学生的,能够养成强健的体格,坚忍的魄力,耐劳吃苦的习惯。将来出校,做兼人的事业,解老百姓倒悬之苦,置国家于磐石之安,这是大学生的使命。

  心理建设的第二点是真知实学的修养。这是全部大学课程标准和教学方法以及考试问题,在这短篇文字,不能详细发挥。现在大学学生,往往变做学分的奴隶,求学不是为学问,乃是为了学分和文凭,学分满足,文凭拿到手,高兴到无可无不可。到毕业出校,才知道不学无术,无以应世。以前的士子,做八股的奴隶,近代的学生,做学分的奴隶,五十步不可以笑百步呢。本来大学教育的目标,第一在研究高深学术。处中国现在情形之下,高深学术,是要职业化的,就是读书人不可无出路。倒过来说,社会建设的事业,都要真知实学的人去做,才会有成绩,真正有学问的人,失业的也很少。真知实学的结果,还有改造社会,转移社会思想的能力。英国牛津大学常常夸口说:What Oxford thinks today, England will think tomorrow. 因为牛津大学的教授和学生,具有真知卓识,他们有先见之明,他们能造成舆论,他们能转移全国思想。我们实在惭愧,大学教授学生,每随波逐流,投机于世俗之所好,自己没有主张。甚至于别人喊"打倒智识阶级",大学学生也跟着喊,这个口号还是言犹在耳呢。这是学问虚伪错误、

---

① 即"8小时劳动,8小时睡眠,8小时休息"。——编校者
② 在在,意即"处处,到处;各方面"。——编校者

思想不彻底的表现，我盼望大夏同学，人人有求真知实学的决心，更盼望大夏教授，人人有领导真知实学的本领。

末了一点是领袖人才的鉴别和培植。王校长常对同学说，现在国家急需领袖人才，并鼓励大家应如何奋进。校中1 500人同学，总有几个天才和成绩极优的学生。我觉得全体教授，对于这些领袖人才，应加以鉴别，并且特别领导他们做高深学问的研究。毕业后，学校还要给他们种种指导和援助，派送他们去外国留学。大学是培植领袖和专门人才的机关，这句话太笼统。真正的领袖专门人才不多，譬如在十年之内，大夏能够出一二个出类拔萃的科学家或政治家，或其他的领袖人物，就算我们对于社会文化有特殊贡献。现在我们要注意的，就是鉴别校中天才学生，领袖人才，给他们特别的教导和援助，使天才无埋没之忧，英雄有用武之地。

总括起来，今后大夏进展的方针，在物质建设方面，应该于三五年内完成科学馆和图书馆的建筑。这几年内须积极添购图书仪器，一俟最低限度建筑和设备达到后，就要做5 000 000元的基金筹集，使学校基础稳固。至于心理建设，更是学校重心问题，陶冶健全人格，修养真知实学，培植领袖人才，是大学教育的使命。我们在这六周纪念，欢腾庆祝之中，一则以喜，一则以惧，我们惟有念"风雨如晦，鸡鸣不已"①的古诗，以自强不息自勉而已。

---

① 语出《诗经·国风·郑风·风雨》。——编校者

一年来之校务①

岁月易得,吾大夏诞生,倏界九周年矣。回忆初开办时一切简陋踽踽之情状,几非言语所能形容。顾九年之间,校务进展之速,出人意表。学生人数,随岁激增,由200而达2 000,校址五经迁徙,而规模弥臻宏大,由无立锥之地,而至自置校地300亩。校舍由矮屋数椽,而至广厦连云,一切设施之增益扩充,靡不称是。毕业生之服务社会者,遍国内省市及南洋各地,成绩斐然,在人耳目。就吾国私立大学而论,进步之迅速,当推大夏为首屈一指;此固吾阖校师生兢业一心,艰辛奋斗之结果,而社会热心教育人士拥护援助之力,亦洵有足多者。兹当本校九周年纪念之日,爰将本年度一切校务,约略述之,或亦关心本校者所乐闻欤?

在未述本年度校务之前,不得不先述前此一学期中本校所受非常重大之打击,亦即吾人永远不忘之纪念,即"一·二八"之役是也。盖自二十年(1931年)"九一八"之后,东北各省,相继沦陷,全国人心,激昂万状,上海一隅,尤为特甚。学生之爱国举动,风起云发,不可遏止,罢课请愿,遐迩响应。然初不料暴日侵略之凶焰,遽尔由北而南,蹂躏淞沪也。故当沪战未发之前,虽本埠谣诼繁兴,风声鹤唳,然吾校为安慰学生维持秩序计,仍力持镇静,不事张皇,而同时居安思危,绸缪未雨,预觅相当安全地点,为全校男女生退避之所,并预定图书仪器校具迁移之处,以备万一之虞。洎夫一·二八战事爆发,本校所在地附近,为戒严区域,交通发生困难,幸本校已先时嘱令男女各生迁避胶州路旧校舍(当时系作中学部校舍),故毫未遭受危险。至于图书仪器标本及重要文件校具,则由各处主管职员,督率工役,陆续运出,时正当鏖战剧烈之际,敌机盘旋于校场,炸弹纷落于附近,而各员工绝不畏葸,奋勇冒险,卒将校中所有重要物品,悉数迁移于法租界爱麦虞限路②中华学艺社及其他安全地点。并为办事便利起见,设临时办公处于愚园路延陵村28号。惟校中既不能开学,经费备极艰窘,于是全体教职员皆停职留薪。既而战祸延长,死伤日众,沪上各慈善团体,纷纷筹办伤兵医院,以资救济,而苦于用具缺乏,本校遂将各宿舍新置之铁床桌椅悉行借给使

---

① 原载《大夏年刊·创立九周年纪念》,1933年。——编校者
② 今绍兴路。——编校者

用,并将胶州路旧校舍借予开作伤兵医院。教职员努力后方工作,男女同学加入救护队及义勇队者,颇不乏人。至三月初战事停止后,本埠秩序,渐形恢复,本校乃定于十五日大中两部在胶州路旧校舍合并开学。四月四日高初中预科及幼稚师范正式上课,十一日大学部各学院及师范专修科正式上课,到校学生共计1 224人。惟校中经济,困难殊甚,故所有教职员,概不领薪金,仅支给少数车马费。是时淞沪公私学校,大半复行开学,纵有校址,适在战区,致遭毁坏者,亦多租借房屋,勉强上课。然求其学生到校之踊跃与教职员任事之热心,能如本校者,殆罕有所闻也。语云:"不遇盘根错节,无以见利器。"①吾大夏师生奋斗牺牲之精神,每于颠沛艰危之际,而弥见显著,于斯益信矣。本学期因开学既晏,故功课异常紧张,除星期日外,概不放假,并延迟放暑假日期,至七月十六日,学期考试,始行完竣。翌日,大中两部同时迁回中山路新校舍。自此之后,一年以来,大夏又开一新纪元,在物质精神各方面,扩充改进,不遗余力,可资记述者,不一而足,兹分别志之如次。

一、关于校舍及设备方面

办公总处。本校总办公处,前年设于群贤堂内,自大中两部合并一处后,群贤堂各室,悉数作为教室,乃将前建之临时大礼堂,加以改造,开为总办公处;内分校长室、院长及主任室、训育室、中学主任室、会议室及教务、事务、会计等处,较前办公处宽敞实多。而各部工作既无混淆不清之弊,复获互相联络之便,于办事效率上,弥臻完善矣。

图书馆。图书馆前附设于群贤堂内,自群贤堂悉作教室后,乃迁设于群英斋(女生宿舍)东首楼房内(原系女子幼稚师范及实验小学与幼稚院用)。计上下两层,共有十余间。下层为目录处、普通图书出纳处、普通阅览室两间、新到图书陈列处、普通图书书库、事务及阅览股办公室、教职员休息室及储藏室。楼上为普通杂志阅览室、参考图书出纳处、参考图书阅览室两间、新到参考书陈列处、参考图书库、参考股办公室、馆长及编目股办公室、教育学社会学研究室。馆址四围,遍植花木,环境清幽。馆内现有中外图书26 264册,中外杂志314种。每年添购图书经费10 000元。

理科实验馆。本年度新布置之理科实验馆,在群力斋之北,内分物理实验室、化学实验室、心理实验室及生物实验室。物理实验室内分普通物理实验室、

---

① 语出(晋)袁弘《后汉记·安帝纪一》。——编校者

暗室、储藏室三间。普通物理实验室,可容学生60人,为音学、力学、电磁学等实验之用。暗室可容学生20人,为光学实验之用。储藏室内储度量仪器60余种,光学仪器40余种,力学仪器80余种,热学仪器50余种,音学仪器30余种,磁电仪器150余种。化学实验室分为普通化学、分析化学、有机化学、工业化学四间。普通化学实验室,可容学生120人,为普通化学实验之用。分析化学实验室,可容学生32人,为定性分析、定量分析、有机分析、工业分析等实验之用。有机化学实验室,可容学生32人,为有机化学、胶质化学及其他高等化学实验之用。工业化学实验室即化学工业制品厂,而装机器20余件,为化学工艺及工业化学学生实习场所,可容学生20余人。此外尚有天秤室、煤气室、储藏室三间,天秤室有感量万分之一克天秤8架,煤气室有煤气机器,供给化学、物理、生物三实验室煤气灯所应用之煤气,储藏室有仪器11 040余件,标本挂图1 200余件。生物实验室分为实验室、标本室、储藏室三间。实验室可容学生40人,有显微镜40架,植物标本及人体模型310余件,幻灯摄(射)影机1件。标本室有动物标本800余件。储藏室有药品40余种,瓶类玻璃仪器650余件,此外有低温电箱薄片制造机器、切刀等多件。心理实验室1间,可容学生60人,内有实验心理挂图130件,仪器32件。

新食堂。本年度新建男生食堂1座,在群策斋之东,光线充足,内部清洁,极合卫生,同时可容数百人会食。后面附设厨房,随时由事务处派员检查清洁事宜。

各平房。各平房之新布置如下:1.甲字平房,内设阅报室、体育部办公室、中学课余社及中学体育部。2.乙字平房,内设音乐室、领信处、学生会及区分部办事处。领信处内有全校学生信箱,将学生姓名编列号数,各人各备信箱一格,箱有玻璃门,可自加锁钥,以免信件被他人取去,此种设备,在国内各学校中实为罕见。3.丙字平房,内设会计实习室、工业化学室及中学土木工程绘图室。

体育设备。本校体育之设备,因运动场之广大,各种球场之众多,本来可称完备。本年度为普及全校体育起见,复尽量扩充。在群英斋附近,增设女生篮球场、网球场、排球场各1所,女子早操场1所。在群策斋及群力斋北面空地,各添置游木、铁杆、秋千、滑梯等运动器具多种,以备各生课余练习身体之用。水塔旁设童子军营地,以为中学童子军露宿之所。

开浚校河。本校校址,川流萦环,其西沿运动场者为丽娃栗妲河,面积甚广;两岸树荫垂碧,风景幽绝,世所称海上仙乡是也。校内更有河渠二道:其一在大夏新村之东教职员宿舍之西,水面亦阔;其一在群英斋之北,沿大夏路及葡萄架曲折北流而向运动场之东沿。诸校河皆脉络相通,源头活泛。本年度复将河床较浅之处浚深,河面太狭处加广,河旁开人行道,经时累月,始告竣工。于是各河皆碧波涟漪,可泛舟,可垂钓。修学之余,有此优良环境,以涵养精神,其裨益心身,当匪浅尠也。

增植花木。本校地址广阔,最宜于种花木。历来以年,经校景委员会悉心经营,已栽植者,颇为不少。本年度又添置多量之荫木、灌木及花卉,遍植于群贤堂前之大广场、各斋舍左右之空地及沿校河之道路等处。本校毕业同学会于二十二年(1933年)春赠送桃、李两园,以表示桃李盈门之意,现均栽植于群贤堂北首及总办公处左右。

新鉴自流井。本校新校舍落成之时,为供给全校饮用水起见,曾鉴自流井一口,深300尺,用马达抽水,经上海市卫生局将水质详加检验,颇合卫生。惟水内稍含泥质,为美中不足。爰于本年复鉴新自流井一口,深500尺,所出水质,较前更佳,澄澈新鲜,毫无杂质。出水量亦大增加,除供给全校之需用外,可供给中山路各商店及各住户之用,业由本校与卫生局、公用局及闸北水电公司订定办法矣。

二、关于校务及训育方面

职教员。本年度大学部职教员总数共计106人,内专任职员者39人,专任教员者37人,职员兼教员者30人。就中职员之属于校务会议当然委员者16人,系主任20人,校长室、教务处、群育委员会、会计处、事务处、图书馆、体育部、实验室、疗养院等处职员41人。教员属于文学院者16人,属于理学院者9人,属于教育学院者11人,属于商学院者10人,属于法学院者14人,属于师范专修科者21人。

学生。本年度大学部学生数,秋季1 220人,春季1 166人。秋季学生中属于文学院者142人,属于理学者115人,属于教育学院者264人①,属于商学院者155人,属于法学院者324人,属于师范专修科者220人。春季学生中属于文学院者144人,属于理学院者110人,属于教育学院者239人,属于商学院者156人,属于法学院者304人,属于师范专修科者213人。

学程。二十一年(1932年)秋季各系开班学程共162种、191班,每周授课581小时。二十二年(1933年)春季各系开班学程共155种、188班,每周授课

---

① 缺"属"字。——编校者

593 小时。兹将两学期各系学程统计列下：

	系别	国学	英文	社会	史地	数理	化学	生物	教育	商学	法学	政治	经济	公共必修	共计
二十一年秋	学程数	13	17	12	13	12	8	4	26	16	14	14	12	1	162
	班数	19	33	14	13	13	8	5	26	16	14	15	13	2	191
	每周时数	57	99	40	34	50	31	24	75	48	38	43	36	6	581
二十二年春	学程数	13	17	11	13	10	8	4	25	17	15	10	9	2	155
	班数	19	32	14	13	11	8	5	27	17	15	12	10	5	188
	每周时数	57	96	42	34	45	46	29	80	52	38	36	29	9	593

导师制。本校始行导师制，时在十八年（1929年）春。其目的在使学生于课室听讲外，更得就其心仪之教授，随时领受学问上及生活上之指导。在吾国大学中，斯为创举。数年以来，屡经改善，成绩颇有可观。本年度继续施行，凡大学各学院一年级及四年级学生，与师范专修科第一学期及第四学期学生均得自由参加，每组以12人为限。共成35组，导师35人，受指导学生共计202人。

救亡教育讲座。东北沦亡，国难日亟，根本挽救之道，舍教育起奚由？本校爰于二十一年（1932年）秋季在教育学院开设"救亡教育讲座"，敦请专家按期莅校演讲救亡教育各问题，俾青年学子得为努力之南针。已开讲9次，兹将讲演者姓名、讲题及讲演日期列下：

演讲者姓名	讲题	讲演日期
江问渔先生	国难中的民族复兴问题	十月八日
陶行知先生	创造的教育	十月十四
高践四先生	救亡与新教育	十月二十九
黄任之先生	精神救国	十一月四日
陈杉龢先生	教育与救亡	十一月十日
陈科美先生	救亡教育之根本方针	十一月二十六日
廖茂如先生	国难期间应有之态度	十二月二日
黄膺白先生	革心救亡	十二月十日
潘光旦先生	优生教育	十二月十七日

募捐援助东北义勇军。自"九一八"以后，东北大好河山，盖沦于敌人之手，国家正式军队，既以不抵抗主义而匿迹销声，惟有东北义勇军，激于爱国热忱，以民众之力量起而抗敌，在冰天雪地之中，浴血苦战，屡挫敌锋，为民族增光不少。徒以粮饷弹药，两感缺乏，待援之急，有甚燃眉。本校爰于二十一年（1932年）秋举行校内募捐，援助东北义勇军，当由校务会议推定傅式说、雷国能、冯勤生三先生暨学生代表二人担任进行。结果教职员方面募得497元4角，学生方面募得660元6角，共1 158元。同时中学部方面亦募得295元6角。由本校一并汇寄东北义勇军后援会，转解前线各军。

国防化学。本校鉴于近世战争，全赖科学，国难日亟，尤应极力研究国防化学，期于自卫工具有所贡献，爰由理学院院长邵家麟博士指导学生制造防毒面具及制敌毒气。并由该院教授沈镇南先生演讲炸药之制造法。又拟邀请国内军用化学专家莅校演讲，如中央大学教授韩组康先生，开成制酸厂主任林大中先生等，均已约定云。

中日关系讲座。暴日谋我，数十年于兹，举国上下并力一志，对于吾国各方面之调查研究，无微不至，而吾国人士之明了彼（被）邦情势者，殊不多见，揆之兵家知彼知己之意，胜败之机，奚俟龟蓍。当兹强寇侵凌有加无已之际，凡彼我一切关系，尤有急须研究之必要。本校有鉴于此，爰于二十二年（1933年）春季设"中日关系讲座"，敦请陈泽华先生主讲。共分10讲，每星期五下午三时至五时为讲演时间。兹将讲题及日期录后：

	讲题	讲演日期
第一讲	中日关系之始的洄溯（上）	三月二十四日
第二讲	中日关系之始的洄溯（下）	三月三十一日
第三讲	日本大陆政策的剖视	四月十四日
第四讲	田中外交币原外交芳泽外交与内田外交	四月二十一日
第五讲	东亚门罗主义批判	四月二十八日
第六讲	所谓"满洲国"	五月十二日
第七讲	东北往何处去（上）	五月十九日
第八讲	东北往何处去（下）	五月二十六日
第九讲	武力抗争与经济绝交论	六月二日
第十讲	中日关系之未来展望	六月九日

特种奖金。本校向右奖学金之役，每学期20名，每名20元，凡学业成绩指

数在2.5以上者可得是项奖金。兹为扩充奖金范围藉以鼓励学生求学与兴趣起见,由校务会议议决,自二十一年(1932年)秋起,所有迟到学生注册罚款悉数留作次学期特种奖金之用。该项奖金分四种:(1)专题研究奖金;(2)演说辩论奖金;(3)国文英文会考奖金;(4)均优奖金。计秋季学期共有485元7角。分配如下:(1)专题研究奖金6名,每名30元;(2)辩论奖金3名,共奖60元,演说奖金1名,奖30元;(3)国文英文会考奖金各5名,第一名30元,第二名20元,第三名10元,第四名、第五名各5元;(4)均优奖金1名,奖40元。

教务研究委员会。 第一百三十四次校务会议依鲁继曾、吴泽霖、陈选善三先生之提议,通过组织大学教务研究委员会。研究计划为:(1)各院学系之设立;(2)课程之改进;(3)入学考试;(4)学分制与考试制;(5)研究工作之推进等。该会委员除原提案人外尚有欧元怀、董任坚、傅式说、黄敬思、陈蕙民诸先生。本学期已开会6次,研究之结果,关于改进教务各端,均已交由校务会议通过,次第见诸施行矣。

添设图书、体育两委员会。本年度为改进图书馆及发展体育起见,特添设图书及体育两常设委员会,由校务会议通过该两委员会条例。图书委员会委员5人,除图书馆馆长为当然委员并主席外,其余由校务会议选任之。其职权为拟定图书经费支配标准,审核图书经费收支,稽核图书数目,拟定捐书及筹募图书经费计划,商讨图书馆改进事宜,讨论其他关于图书事宜等。体育委员会以体育主任为当然委员,另由校务会议于教职员中推举4人为委员,由全体委员互推1人为主任。其职权为拟定体育普遍发展计划,审定选手竞技事项,通过预算、决算并监督体育经费之支出,审定各项体育器械设备,督促体育之实施训练等。

体育成绩。本校对于体育,向极注意。运动场之广大,国内公私各大学,罕有伦比。各项体育设备,亦应有尽有,故学生平时对于运动之兴趣,极为浓厚,与他校比赛,屡获胜利。近年以来,吾国运动界之历史,本校实占光荣之篇幅。本年度为厉行普遍运动起见,曾由第六十次教务会议议决:学生体育及格成绩作为毕业条件之一,藉以促进全校学生体育之平均发展。而同时对于各项运动选手之训练,亦不稍忽视,故成绩颇为可观。本年四月十七日,江南各大学篮球锦标决赛,在上海中华篮球场举行,本校以41对26战胜暨南,荣膺冠军。又五月十五日本校陈宝球君在江大运动会中参加五项运动,得289 324分,创全国新纪录。于此可见最近本校体育成绩之一斑矣。

大夏公社。本校附近公立小学极少,贫苦子弟多致失学,爰于二十一年

(1932年)秋创立大夏公社于中山路,实施社会教育,并使本校教育学院及师专科学生之有志社会事业者得实习之机会。社中有民众学校教室兼通俗演讲厅两间,民众书报室1间,民众问讯代笔处兼总办公室1间,社舍后有运动场1所,可供学生游息之用。现在事业已进行者,有民众学校3班。上下午均儿童班,采半日2部制,年龄自10岁起至16岁止,共190人。晚间为成人班,年龄在16岁以上49岁以下,男女兼有,共90余人。书籍用品,概由社中供给,不收任何费用。有通俗演讲厅,每星期演讲两次,演讲材料为爱国、卫生、勤俭、科学常识及职业指导等。书报室内备置各种民众及儿童读物,数近千种,每两星期更换陈列一次。报纸除陈置室内以供阅览外,并设壁报处,揭帖路旁。有问询代笔处,解答民众日常生活上一切应用文字之疑难,并代替民众书写文件。至于活动设施,如卫生运动、植树运动、提倡国货运动、救国运动等,则按时举行。

三、关于今后发展之计划

物质方面。在物质方面,吾人今后努力之目标有二,即完成建筑与扩充设备是也。本校第一期建筑于十九年(1930年)落成,课堂宿舍,均极坚固壮丽。惟因限于经济,以致图书馆、科学馆、体育馆、大礼堂等,均未能同时建筑。现时所有之图书馆及科学实验室,系属临时性质。大礼堂自改开为总办公处后,全校集会之所,遂付缺如。体育馆与学生体育生活关系密切,吾校亦未具备。至于一切设备,目前已置者,与吾人理想中之计划,相距甚远。于学术讲习,既感不便,于心身训练,尤觉未周。故第二期建筑之进行,实为刻不容缓之举,而图书仪器之扩充添置,亦属急切之需求。爰于二十一年(1932年)冬,由王校长发起募捐,分校董、教职员及学生方面进行。定二十二年(1933年)为募捐运动期。此期计划中之建筑,有图书馆1座,科学馆1座,体育馆1座(连游泳池在内),每座建筑费预算各为10万元;大礼堂1座,建筑费5万元;中学部课堂1座,建筑费8万元;此外添购图书及仪器8万元,其他设备2万元,总计53万元。际兹国民经济衰落之日,骤时募集此巨款,似属不易,然以吾人向来努力奋斗之成绩推之,并非梦想。吾人在过去数年之间,既能由赤手空拳达到百余万之建设,则此次计划,奚为不能于最近之将来,促其实验耶?是全赖吾阖校同人本素来合作奋斗之精神继续努力而已。

精神方面。关于精神方面,本校数年来所竭力提倡者,不外二端:曰研究学术之精神也,曰俭朴之学风也。原来大学最重要之使命,厥为造就专门人才与培养高尚人格。吾国人才之缺乏,由于学术不昌,而人格之堕落,由于奢逸过甚。本校因读书运动而产生,故学术研究为吾人一贯之精神。本校赖"三苦主义"(办事者苦办、教者苦教、学者苦学)而成立,故俭朴学风为吾人始终所崇尚。继今以后,更当就此二点力加提倡。务使全校学生,对于研究学术之兴趣,日益浓厚,而一切无谓之浪费,悉行戒除,以为全国各校之倡。本年度各项特种奖金之设,足以见鼓励学术研究之一斑;而停止一切同乐会及游艺会以节省靡费,并厉行穿着制服,禁止丽服毓装,即积极提倡俭朴学风之表现。本年发行年刊,所以一变往年年鉴之内容,概不登载无意义之个人铜版影片,而尽量登载校内师生平时研究所得之学术论著,形式方面,更力求省费,屏绝昂贵之外国纸料而勿用,所以示一举而含有提倡学术研究与俭朴学风两种意义也。国难日趋严重,民生益形凋敝,济时救国,非有专门之学识与健全之人格,焉能有济?故大学生将来实负有领导民众、复兴国家之重大责任,平时自不可无充分之涵养与准备。庄周所谓"水之积也不厚,则其负大舟也无力"①,为大学生者不可不知也。我国数千年来,政治不上轨道,社会秩序混乱,各项事业,未能兴办,已兴办者,又多有名无实,未能任用专门人才,以致大学毕业生每叹英雄无用武之地。此则不良政治之结果,非大学本身之罪。而世人乃共非訾,以为大学无用,至有倡议停闭之者。庸讵知一旦政治清明,建设开始,则各方面需用大学毕业之专门人才,至为夥颐,目前区区之数,惟有不足,奚患太多?近日报载:广西自去年规定施政方针及行政计划以来,一切建设,按部就班,走上轨道,最近民政厅发表全省需用公务、技术、卫生、教育各项人才,约20万左右,亟待培植。此为我国人才缺乏之明证,一省如是,全国可知。即就目前各机关之用人而论,苟以学识为准,杜其滥竽之途,则亦大有人才不敷之感。然则所谓人才过剩之说,真梦呓也。惟用非所学,斯学无用耳。乃论者倒因为果,而咎及大学,抑何不思之甚耶?天苟不终厌中国,否极泰来,会当有时,负建设新国家之责,非异人任。及时自动,磨砺以须,愿与诸君子共勉之!

---

① 语出《庄子·逍遥游》。——编校者

今后行政方针与发展计划[1]

师生合作惨淡经营之大夏大学，今已忽忽诞生十载矣。其对社会国家之贡献，识者自有公评，无待赘言。惟回顾十年之间，外仗社会人士之维护赞助，内赖全校师生之努力奋斗，校务进展，一日千里；学生人数，随岁激增，由二百而达二千；校址五经迁徙，而规模益臻宏大；由足无立锥之地，而至自置校地三百亩；校舍由矮屋数椽，而至广厦连云；一千五百余毕业生服务国内各省市及南洋群岛，成绩斐然，在人耳目。此虽未敢引为已达至善之鹄，要亦差强人意，而稍足告慰于爱护大夏之人士者也。元怀忝列创办人之一，又幸辅理校政有年，际兹十周纪念之日，对于今后发展之计划，敢不稍为议及？第计划非难，实行为难。前此许多进展计划，或因财力限制，或因人才缺乏，强半莫得实现。故今我人无取好高骛远，仅就目前急须建设者，略述梗概，以供关心大夏校务者之参考，亦为自资警惕之南针。

一 关于今后施政方针

行政设施，贵在便利教学。吾校历年行政，固多特殊成绩而为一般官立学校所不及者；但不合于理想地方，仍非绝无仅有。为今之计，即在发扬过去优长，而设法弥补其缺陋。分别言之，有下四端，应加注重实行者。

（一）力求行政合理化。关于日常行政及一切发展计划，当采用科学方法，预先严密调查设计，订定各部行政历，按期施行，以求效率之提高。并实行院科务报告，藉收相互监督之效。尤以本校经济不甚宽裕，所有行政用费，必须厉行紧缩政策，以减少无谓之消耗，直接减轻学校负担，间接增进教育效能。同时智、德、体、群、美五育，以合理发展为原则。无论何方重要设施事宜，均须妥拟计划及说明书，提交校务会议审核，藉收集思广益而发挥会议制之机能。即学生方面，如有改进校务之积极建议，在可能范围内，亦宜采纳。

（二）保持苦做精神。本校系私立学校。私立学校之劲敌一言以蔽之，曰经济压迫。然本校之诞生，是为国家育才而努力，是为学术建设而奋斗，十年如一日，始终保持苦做精神。经费困难不足忧，环境恶劣不足惧，每遇一次危险，

---

[1] 原载《大夏周报》11卷8、9期合刊，1934年。——编校者

而此精神乃愈加其强度,卒能于惊涛骇浪中安然渡过。此无他,苦做精神有以致之耳。今校基虽已树立,但距吾人理想尚远。全校师生,不但仍宜一秉以往牺牲、奋斗、坚毅、进取之精神,且须发扬而光大之。教授苦教,职员苦干,学生苦学,群策群力,万矢赴的,养成"自强不息"苦干力行之学风,淬砺其锋芒,为全国学校倡。将由十年、二十年、百年以至千年,使"新出于硎"①成为吾校永久之校训。

（三）努力师生合作。大夏立校之旗帜为师生合作。全校环境,犹如家庭父子兄弟姊妹之间,师与生合作,师与师合作,生与生合作。举凡校务之改进、意见之商洽、学术之探讨、问题之解决,莫不推诚相见,无诈无虞,抛弃小我以成大我,如水乳之相融,只见积极建议,未闻消极批评。故校务获得兼程发展,日臻完善之域。惟大学教育使命隆崇,前途建设方兴未艾,我全体师生,务宜本"众志成城"之义,再接再厉,永矢弗失。关于学校现在之设施,与夫今后进展之计划,尤宜当仁不让,在维护学校本身之原则下,贡献所见,共策进行。然后团体生活,方能维系于不敝,学校前途,乃益发挥而光大。此则吾人应有之觉悟而有待更进一步之努力也。

（四）切实联络社会。学校是社会,教育即生活。闭门造车,出不合辙,此古人所切戒,亦今办学者所深宜注意者也。本校过去以努力内部之整顿,微嫌与社会缺少联络。为兹之计,务须多方注意社会之联络。联络之道有四:(1)以实际成绩表现,博得社会之同情。(2)联络家长。调查与访问兼施,时将学校情形及该生在校求学状况,以书面报告其家庭,并征求各方面改进意见,俾收学校教育与家庭协助之效益。(3)团结毕业同学。精密调查其社会服务状况,作教育设施之南针;并充分利用校刊,随时沟通校友消息,尽量介绍相当职业,指导或解决困难问题。(4)服务社会。设学术及研究问题咨询部,以供社会各种问题之咨询;并尽量推广大夏民众教育实验区办法,领导民众改良农作物,建设医院、马路,以及兴办一切公益事业,欢迎各社团代表随时到校参观演讲,借以交换意见而资联络。同时对于社会文化及救国运动,率领学生热烈参加,一方训练办事技能,他方提高服务精神。

二 关于**物质建设**计划

物质建设,尚为吾校当今要图。惟目前所要努力者,系继续前此未竟之工

---

① 语出《庄子·养生主》。——编校者

作,完成基础建筑与设备,并非取贵族式奢华铺张。

（一）完成基础建筑。吾校现有课堂宿舍,颇为坚固壮丽。本秋又新建中学校舍三座,扩充科学实验馆一幢。梵王渡畔,气象焕新。在最近三五年内,课堂及实验一场所,尚可敷用。惟以经济限制,未另建有总办公室,暂附设于群贤堂楼下。迩来学生人数增加,各种研究室纷纷设立,殊觉不够分配。至永久图书馆及雨盖操场,迄今尚付缺如,尤为憾事。上项建筑,关系行政效率及教学训练,至重且大,切望董事会与全校师生努力筹划,共策进行。例以过去历史,当不难于短期间完成是项使命。

（二）充实各种设备。大学为研究高深学术机关,非徒上课堂抄笔记,必须注重课外阅读与试验。惟欲举行大规模实验研究,则本校现有图书仪器,尚嫌简陋。今后除每年指定的款继续扩充外,拟在最近时间开始募捐运动。此外体育器械之添增,卫生设备之充实,尤当积极规划,促早实现。至本秋间承商务、中华两大书局长期寄览各种珍贵图书、仪器、标本、模型,总数在五千件以上,又教育馆社会研究室编制报章索引,均为研究切实工作,而深值得扩大努力者也。①

三 关于教导改进计划

吾国人常有一错误观念,以为中小学校宜多注意教学与训导,大学系自由研究园地,无须考究教学方法,训导更为风马牛不相及。流弊所至,往往教师自教其书,学生瞠目莫测高深,校风萎靡不振,荒嬉浮躁,相沿成习,其能自克振作,发奋勤学者,殆如凤毛麟角,不可多觏。学术前途,宁复有光明希望乎?是则今后大学教导方法之改进,实急不容缓之图,兹取其主要者分述焉。

（一）厘订教学方针。教学贵有方针,俾使有所准备,而不至无的放矢。本校今后应订定教学方针:(1)各学科以促进民族复兴为重心,并求全课程能有系统联络。(2)教材组编,依乡土主义为出发,务求适应国情需要,而为切合现代生活之知能。(3)利用各种优良教学方法,实施严格训练,以期增进教育效率而提高学生程度。(4)注重健康教育,以锻炼青年之身心。(5)养成健全之学习态度与实验精神。

（二）努力生产教育。生产教育,系充实国民生计复兴农村教化之唯一

---

① 缺"力"字。——编校者

出路。且沪西野原广漠，农村栉比，其可资利用者正复不少。吾校决于最近添办农、工两学院。兹为适应社会需求计，本学期先就教育学院内，增设生产教育师资训练班，以养成职业补习学校师资及中小学劳作教员为目标。现一切计划及课程，均在详细拟订中，并经组织筹备委员会，期于生产教育作大规模之探讨，以为复兴民族之基础工作，尚望全校师生努力策进之！

（三）推进普及体育。体格强弱，攸关民族之兴衰。乃近年来一般大学体育之通病，在于专重选手比赛，忽视大多数学生体格训练，以致青年不喜运动，精神萎（菲）靡不振。吾校本秋季为厉行普及体育起见，特将运动场及运动设备大加扩充，规定早操及课外运动为全体学生必修学程，依其能力、性别及季节之差异，施以各殊之训练。务使各个学生咸得适宜锻炼身体之机会，藉以养成青年健全之体格，树立中国复兴之基础。

（四）实行训教协助。吾校素主训教协助，施行导师制，远在六年以前，为全国大学之嚆矢。数年以来，颇著成效。自本学期起，更将原定制度加以改进。所有各学院及师专科全体学生，依其所习之主辅学系分列组次，由导师三十余人担任指导。指导期间，自学生入校起至毕业止；其范围约分自修自治健康及社会服务等项；其方法除不背训育原则及本校校训外，得由导师自由酌定，形式不拘，或由导师约定各生团体或个别谈话，或由学生随时提出切身问题，请教于导师；务期厉行新生活，以涵养健全之中心思想，而使言论行动趋入正轨。是亦复兴民族教育一端也。

（五）提倡学术创造。吾校为国内最高学府之一，且以读书运动为产生背景，尤宜发挥特殊研究之风气，以为国内大学之表率。今后学校方面，固宜积极扩充图书仪器，添设各种研究室，举行学术讲座，筹增奖学基金，以求提振研究精神，激发创造心理。而教师对于社会智识之灌输，科学技能之训练，课外参考之注重，专题研究之指导，亦当加倍努力。随时留意觉别天才，以期造就出类拔萃之领袖人物。惟外力之推动，终不若内蕴自发之力量，最后唯一希望，是在全体同学坚定志趣，把握自信，本冷静之头脑，坦白之胸怀，犀利之眼光，灵敏之身手，为彻底永恒之探讨，中正无偏之评判；夫然后方能融会贯通，水到渠成，真知实学，颠扑（仆）不破。此种研究精神，是为大学教育生命线之所寄，亦即大思想家、大发明家、大科学家、大企业家之所培植者也。

（六）涵养健全人格。大学生为社会中坚份子，负建设国家之职责。学术研究精神之培养，固甚重要，而健全人格之涵濡，尤不可缺。所谓健全人格标准,虽难确定,但观现今社会之积弊,与夫大学生之堕落,我人可暂定实施人格教育之目标:第一在崇尚气节,淡泊势利;第二有责任心,奉公守法;第三在深明礼义,廉洁自重;第四在纪律化,实行新生活;第五在勤俭化,艰(坚)苦耐劳。务使青年学生猛省于修身克己功夫上痛下针砭,一洗过去浮躁浪漫荒嬉奢侈之恶习,培养优美淳朴之学风,树立整洁纪律之生活,明辨义利,认定是非,砥砺志气,操守严正,不仅对"自我"负责,亦须对"他我"负责,造次必如是,颠沛必如是,朝斯夕斯,一不苟且,则进德敦品者在此,建功立业者亦在此!

语云:"共患难易,同安乐难。"吾校发展于兹,虽未可言已臻"安乐"之域,诚确进入"小康"途径矣。望我全体师生,时念"风雨如晦,鸡鸣不已"古诗,互以"自强不息"相警勉,百尺竿头,更进一步。认清光荣之过去,切盼进展之将来,努力读书运动,培植领袖人才,发扬民族精神,建设革命基础,以完成大学教育之使命。此则元怀所当服膺弗失而亦有待于全校师生之黾勉以赴者也。

大夏大学十一周年纪念告同学书①

一　过去之回忆

二　现在之环境

三　将来之希望

　　时间的巨轮，不断地（的）向前推进，在一弹指一刹那般似的短短的十一年中，此革命产儿的大夏，受过了许多的惊涛骇浪，冲破了许多的地网天罗，而平平稳稳地（的）过去了。在此十一年的过程中，世界的潮流，国内的政局，和我们个人的身世，都经过莫大的变化，值得我们凭吊流连，不尽陵谷沧桑之感。就世界潮流而论，在此过去十一年中，我们眼见得民主政治的没落，共产主义的蝉脱，法西斯主义的勃兴，与乎普遍全球的经济恐慌。就国内的政局而论，我们眼见得北洋军阀的砍杀，国民军北伐的成功，匪徒的俶扰，与乎五卅、五三②、九一八、一·二八迭（叠）次的空前国难。就我们个人方面论，我们觉得吾人生命中精力最坚强最充富的一部，已贡献灌输于此革命产儿——大夏大学——生命之中。在十一年前之今日，我们初离厦门岛时，吾人顾盼自喜，犹是翩翩年少。今则岁月催人，驻颜无计，"悲草木之黄落，伤美人之迟暮"③。在大夏干部同仁（人）中，大都已成了已老或半老的徐娘，额上添了累累的皱纹，鬓边产生了森森的白发。再就大夏本身论，在此过去十一年中，真可谓"险阻艰难，备尝之矣"④。由贝禘鏖路⑤美仁里一楼一底的小房子而筹备发起，由小沙渡路⑥五楼五底古庙式的破房子而开始上课，由胶州路包罗万象百戏杂陈的假洋房子而埋头苦干，由苏州河北中山路未通以前的一片荒畦而披荆涤秽建立新校；中间更经过五卅的惨案而临时校舍被封，一·二八的淞沪血战而仓皇避难。往事历历，一言难尽。总算皇天佑助，化险为夷，百折不挠，无坚不破。在此十一年中，无论精神与物质方面，都无时无刻不在长足迈进之中。我们抚今思昔，觉得大夏在过去十一年之遭历，真个可歌可泣；尤有特异数点，为全国教育界所公认而为大

---

① 原载《教育杂志》11卷27、28期合刊，系傅式说、欧元怀、王伯群联署，1935年。——编校者

② 即"五三惨案"，又称"济南惨案"。——编校者

③ 语出《离骚》，原文为："惟草木之零落兮，恐美人之迟暮。"——编校者

④ 语出《左传·僖公二十八年》。——编校者

⑤ 今成都南路。——编校者

⑥ 今西康路。——编校者

夏同仁（人）所可引以自豪者：

从物质方面说起，大夏开创之始，非特立锥无地，抑且无锥可立。在过去十一年内，沪上私立大学之多，数达半百以上，中有数校开办较大夏为早，凭借较大夏为厚，曾几何时，倾者倾，式微者式微，大都昙花一现。惟大夏独能日新月异，猛进无疆。今则中山路畔，栋宇连云，丽娃江边，校场如砥。其规模之伟大，设计之周详，视沪上一般历史最悠久、根基最稳固、办理最完全之私立大学，犹有后来居上之势。在今日政局混乱、民生凋敝之中国，凡百事业，都感受莫大的影响，萎靡无复生气。大夏独能征服环境，卓自树立。诚可谓在中华教育史上，放一异彩，可谓人定胜天者矣。

再就精神方面论，在过去十一年中，大夏尤有特异之点，足公诸全国教育界者：

一、合作精神颠扑而不可破。中华民族之弱点，久以一盘散沙，无组织能力，为全世界所诟病。综观国内任何团体，鲜有能支持到十年以上而始终如一不发生内讧者。大夏同仁（人），在过去十一年中，独能表现一例外之事实。不徒著者三人，自厦岛来沪，风雨同舟，与大夏历史相终始，即其他一般中坚分子，其服劳大夏之历史，亦都在十年或八九年以上。我们在同一目标之下，"抱定群为个、个为群"之精神，任何意见可以牺牲，任何利害不至冲突；个人心目中所期冀者，不为绘图麟阁之英雄，而为历史无名之战士，埋骨沙场，裹尸马革。十余年来，大夏同仁（人），无印手歃血之仪式，无精诚团结之口号，而合作奋斗之精神，乃再接而再厉，愈久而愈坚。尝闻天道十年一小变，吾大夏同仁（人）合作之精神，乃逾十年而一无所变。所谓"制天而用之"①，猗歟盛者，意在斯乎！

二、毕业同学在社会上之卓自树立。处今日百业停滞、仕途拥挤之中国，所有政学各界之优越地位，大都为一般强有力者所把持。无论政界学界，不为某派某系之地盘，即成某派某系之禁脔，先占者壁垒森严，后来者望洋憎叹。大夏以新起之校，历史较短，政治方面既乏奥援，毕业生出路遂感觉莫大之困难。然而大夏同学，能贯彻读书运动之精神，在校时能苦读以求心得，毕业后向各方努力奋斗，能扎硬寨、打死仗，以力争上游。浙省历次县长考试，大夏同学均能屹立前茅，服官后尤能卓著政绩。上海银行界招考行员，大夏同学每能以少胜多，博取全社会之称誉。尚有大多数同学，服务教育界，努力救国基本工作，对复兴民族负莫大之责任者，求之上海各私立大学中，大夏殆为首屈一指。至在

---

① 语出《荀子·天论》，原文为："制天命而用之。"——编校者

党的方面，大夏毕业同学，尤表现充分的努力，为党牺牲者有人，担任党部重要工作者有人，参赞党部中坚、主持党部的重心者有人。此外，大夏毕业同学不求急进，负笈重洋以图学术之深造者，其数亦达一百以上。凡此种种，皆有事实为之证明。过去十一年之成绩如是，再过十年或廿年，其成绩又将何如？伏流终能达海，长松势必参天，是特时间问题耳。

至于大夏当前之环境，最感困难者，厥为财政问题。目前的大夏，自表面观之，如繁花怒发，但谈到内容，则捉襟见肘，罗掘俱穷；所谓外强中干，犹为善于辞令者之说法也。当大夏发轫之始，规模狭小，诸事因陋就简，故经费开支不钜。当时曾揣想如学生增至五百人以上，收支当可相抵。乃未几，大夏学子，由三百而五百，由五百而七百，由七百而一千，由一千而两千以外。人数逐年有增，而负债之额反逐年而更钜。盖大学建设，经纬万端，而吾人理想中之大夏，条件极严，因之用费增加之速度，远超出于收入增加之比率。添购校地也，建筑校舍（舍校）也，扩充图书仪器也，增加各院各系研究室也，在在需款，在在以最高学府之标准自绳。经费来源有限，势不能量出以为入；建设欲罢而不能，更不能量入以为出。实逼处此，狼狈可知。年来国事糜烂，募捐维艰，校长校董，努力筹措，力竭声嘶，终未能救舆薪之火。在政府方面，日言提倡教育，口惠而实不至，对于私立大学，尤存歧视，消极之统制偏多，积极之援助殊少。因此之故，大夏为完成各种万不容缓之建设计，乃不得不出于剜肉补疮、债台高筑之一策。除前学年银行团大借款三十余万元外，去今两年之新欠，又达十万元以上。顾瞻前途，不寒而栗！吾人一大部时间，大都耗之于借债还债之循环不断中。每当校款告匮，薪金无着，即终日奔走于各银行大亨之门，足将进而趑趄，口将言而嗫嚅，种种窘状，一言难尽。间尝抚躬自笑，自称为马路上的教育家，汽车上的高等乞丐。然而不这样的挣扎，又有什么办法？犹忆十九年（1930年）夏季，同仁（人）等募捐英属马来半岛①，因感受击刺，曾有句云："可怜六载经营后，犹是沿门托钵人！"岁月不居，倏忽五易寒暑，而大夏之积穷也如故，且变本而加厉焉。前尘似梦，来日愈艰，债务无摆脱之一日，即大夏同仁（人）未能高枕而卧也。

除上述财政困难而外，应付环境的复杂，亦为当前难关之一。年来国是未定，思想庞杂，政治未入正轨，教育亦呈畸形。各种牛鬼蛇神之怪状，都发现于敬德修业之庠序以内；沪上一隅，尤为无奇不有。认师生为阶级，伏甲胄于萧

---

① 1924至1957年间，马来半岛地区是英国的殖民地。——编校者

墙;信义和平之古道无存,而叫嚣躁突之风气益炽。大夏为师生合作历史最著之校,学生爱校心理较他校特为浓厚。故虽处波涛澎湃之内,犹能众志成城,未为流风所靡。然而未雨绸缪,徙薪曲突,无时不在应付此复杂环境之中。一部分宝贵精神,都耗之于教育工作范围以外,亦可慨也!诗曰:"民亦劳止,汔可小休。"①意者雨过天青,当亦不远耳!

上述两点,固为大夏同仁(人)当前之芒刺。然大夏同仁(人)断不因此而失其自信之力,断不因此而隳其前进之勇。殷忧所以启圣,多难可以兴邦,古有明训;况大夏十一年来所用之字典,从未闻有"难"之一字存在其间者乎?"疾风知劲(动)草,板荡识良臣。"际兹民族复兴高唱入云之日,吾大夏全体同学,当更认识吾大夏前途使命之伟大,而剑及履及以赴之,勿妄自菲薄,而鳖蘁不前也。大凡人之生也,当孩提之年,则虞其不寿,弱冠以后,则虑其无成。学校亦犹是也。在过去十年之大夏,吾人所朝夕皇皇者,在恐此宁馨佳儿之中途夭折;在此后十年之大夏,吾人所馨香祷祝者,则为此新兴学府对于中华民族复兴之大业,将来有何贡献?前事不忘,后事之师。扩吾师生合作之精神,是促进全民族团结之先导也;摅吾苦读苦教苦办之精神,是中华民族死里逃生、苦干硬干之弦韦也。昔普鲁士惨败于法,而民族勃然复兴;大学教育,实为其推动之机轴。今日何日?非正吾中华民族辗转哀鸣于他人刀俎之下耶?如何淬砺民族,急起疾追,以达复兴之鹄,实为吾国教育界同人莫贷之责。吾大夏同学,尤当为民前锋,以肩此天降之大任。如是,则此后十年之大夏,其发扬踔厉之光荣,又岂前此十一年之纪录所可同日并论也哉?大夏同学!前进前进!上帝临汝,勿贰尔心!

---

① 语出《诗经·民劳》。——编校者

本校在黔设校之重大意义与使命①

大夏肇端于厦门大学,②而发荣滋长于"东方巴黎"之上海市。元怀等忝为创办人,昕夕与处,少有所离,对于校务进展,始终其事。过去各年度《大夏周报》发行立校纪念刊,均曾发表愚见,就正于社会人士。今年立校纪念不举行于上海市之原有校址,而举行于地距数千里外之贵阳讲武堂,③此不第令人感慨,且亦发人深省,使人兴奋。兹就本校在黔设校之重大意义与使命,略抒管见,期与我全体师生共勉之。

本校西迁黔省,在一般人视之,以为是避难,是苟安,实则此绝非吾人之本意,亦非黔省人士所企望。吾人来黔创校,其真实意义有三:

(一)为使大学平民化。过去本校在沪开学,与社会各方固时有往来,然以上海地方特殊及其他各种因素,学校与社会间联系,仍不免有所隔阂,更谈不到大学教育平民化。来黔以后,吾人力图打破此种隔阂,随时与各方接近,如以理工学院各实验室之仪器,供给本市各中等学校理科教员来校实验;与贵阳县④政府合办花溪实验区;减低学杂费使贫苦青年有受高等教育机会;为当地报纸编辑各种副刊,俾一般民众能于业余得到各种学术智识;参加本市各种团体,共同努力后方扩大宣传或生产工作等等。凡此均系本校来黔后与社会各方联络合作之具体表现,而愿以至大热诚,继续进行,使今后大学教育,能日趋平民化。此其一。

(二)为使大学农村化。我国过去高等教育机关,荟萃东南诸省之平津京沪青粤各大都市,而尤以平沪为独多。此种畸形发展之不合理化,早经政府当局暨社会所评议,但始终无一大学向内地迁移。抗战发动后,东南大学迁入内地者固多,但以本校为最早。⑤ 现本校决计永设黔省,已在花溪勘定校址,设

---

① 原载《大夏周报》14卷7期,系王毓祥、欧元怀、傅式说联署,1938年。——编校者
② 大夏大学由1924年厦门大学出走的部分师生在上海发起成立。——编校者
③ 1937年,大夏大学校舍在日军轰炸中损毁严重,学校内迁至贵阳办学,初假当地讲武堂上课。——编校者
④ 1914年1月,当时的贵州省府贵阳府改为贵阳县;1940年颁布《贵阳市政府组织规则草案》,贵阳改县为市。——编校者
⑤ 复旦大夏联合大学一部以复旦大学为主,1937年11月1日在江西庐山开学;二部以大夏大学为主,1938年1月在贵阳开学。同时期内迁的东南高校以中央大学为较早,1937年11月22日在渝开学。——编校者

计兴工建筑永久校舍,今后拟尽量吸收农村青年,使本校教育在西南诸省每一个农村角落,都有其璀璨之光芒,以力矫过去大学都市化之积弊。此其二。

(三)为使大学技术化。大学教育原有两种作用,一为提高文化水准,一为改善社会生活。前者重于理论探讨,而结果为有重大发明;后者重于技术训练,而目的在使学有专长。黔省地处后方,各种建设正需专才推进,故本校来黔开学以后,各科学程除基本功课而外,特着重实际应用课程,期使每一青年,经本校训练毕业之后,都具有一种专长,而能适合目前及今后黔人之需要。此其三。

以上三点,可谓是本校此次迁黔之重大意义,今本校既决计永远在黔设立,而贵州又位居所谓民族复兴根据地之中心,则本校今后所负使命之重大,自不待言。举其要者,亦有三点。

第一为发展西南文化。贵州过去因交通不便,本省文化常不易与外省发生"交流作用"。自京滇公路及川黔、黔贵诸线相继通车以后,东南文化人士来黔省者日益增多,交流混合,于是文化进展,一时殆有"铜山西崩洛钟东应"①之势。惟黔地汉苗共处,文化特质极多,发扬光大;去莠留良,本校今后实应负领导职责。盼望诸教授肩起此种伟大责任,与本省当局及社会人士精诚合作,协谋发展。

第二为建设新贵州。建设新贵州,当然非吾大夏同仁同学单独所能为力,而必须有赖于本省行政当局之领导,社会各界及全省民众之推行。本校所能贡献者,就是各种专门人才之培养。贵州地面生产力较为薄弱,但地下矿藏极为丰富,凡煤、铁、锑、水银等国防资源,牛皮、瓷器、竹纸等民生必需品,在此抗战期间,如能开采改良,均可增强生产力量;而此种改良或开采所需之专门人才,当然非本校因地制宜,努力培养不可。

第三为复兴民族。复兴民族教育是本校"九一八"后施教之最大方针,数年来在沪积极推进,不遗余力,收效亦宏。今学校固易地而设,然此种使命,实乃未贯彻。反之因日帝国主义者之蛮强侵略,抗战局面之长期延续,此种艰巨使命,将不但仅为本校施教之方针,亦将变为今后全国整个教育之大目标。惟黔省目前系民族复兴根据地之中心,而本校却正在此根据地中心设校,则所负此种艰巨使命之责任,将较任何大学为重大。如何贯彻此种伟大而艰巨之使命,尚有待于全校师生加倍努力。

---

① 南朝宋刘义庆《世说新语·文学》:"殷荆州曾问远公:'《易》以何为体?'答曰:'《易》以感为体。'殷曰:'铜山西崩,灵钟东应,便是《易》耶?'"——编校者

要贯彻上述三种使命,元怀等以为其道无他,只要吾人能继续吾大夏原有精神,牺牲奋斗,不息自强,大家一德一心,猛力迈进,则三五年之后,元怀等深信吾大夏在发展西南文化上必能放出异彩,在建设新贵州上必能占有重要地位,在中华全民族复兴史上必有光荣之一页。

抗战期间大夏大学的苦斗①

大夏大学诞生于民国十三年(1924年)夏,迄今快有十五年的历史。在这十五年中,内赖师生之戮力合作,自强不息,外蒙政府之奖掖,社会人士之赞助,校务发展,与日俱进。在"八一三"全面抗战以前,大夏在上海中山路新址有校地三百余亩,建筑物二十余座,在学学生暨毕业生数达五千人,满期发扬光大,蔚成著名最高学府,为国家多培有用人才。讵料此孩提之童,方踏进青年初期,竟因卢沟桥烽火燃烧,校址被占,校舍被焚,而流离转徙,间关万里,历尽艰辛,到达平昔与世不常往来之贵阳。此中经过情形,当为国人所乐闻,而这个未成年的青年来黔以后,能否继续为文化奋斗,有否适应新环境的能力,自尤为关心大夏前途所亟欲明晓者。笔者忝为学校创办人之一,平时在校办理行政,个中真况知之其详;兹爰将大夏迁黔始末,在黔施教情形,沪校复课后概况及今后努力方针,分述如下:

(一)迁黔始末。"七七"事变发生,我政府以侵略者得寸进尺,贪得无厌,如再含垢忍辱,结果非至亡国灭种不已;于是痛下决心,领导全国军民起而作殊死战。不久侵略者又于"八一三"在上海掀起战事,企图牵制我北上兵力,沪上一般学校,多受战事影响无法开学。大夏校址位沪西中山路梵王渡,政府划为警戒区,为我军开赴闸北真如等处必经地带。迨我军撤退苏州河以南,又成双方军事争夺据点;于是巍峨校舍,遂在侵略者飞机轰炸与炮弹烧毁之下,多半成为灰烬。事后调查,计全毁者:有男生宿舍群力斋、女生宿舍群英斋、科学馆、体育馆、疗养院、图书馆参考阅览室、中学部办公大楼等建筑物;半毁者有群贤堂(课堂及大学办公厅)、男生宿舍群策斋及平房市房等;全部损失,约达2 000 000元以上。至于与校舍毗邻之大夏教职员组织的新村住宅,不下三十余座,亦全部被毁,损失尚在不计。在这样沉痛情形之下,笔者一方面既悲十数年与同事惨淡经营之教育事业,付之一炬,他方面又念及二千余青年学子顿遭失学苦痛,心殊不安。乃与留沪教职员商酌再三,决定中学迁至租界续办,大学则与沪上其他友校联合内迁。最初拟与大夏联合内迁者有复旦、大同、光华三大学,在沪四校当局曾熟商联合内迁计划,后大同、光华相继退出,仅大夏与复旦仍持初

---

① 原载《教育杂志》29卷4期,1940年。——编校者

议。二十六年(1937年)九月中旬,王伯群①、钱永铭②两校长与教育部商定设联合大学第一部于江西,设第二部于贵阳,笔者于九月下旬偕复旦副校长吴南轩先生抵九江,转往庐山筹备联大第一部,十月下旬开学,两校旧生到校注册及新招学生达千人,足征青年向学之情至切。复于十一月初偕章友三③、鲁继曾④、王裕凯⑤、熊子容⑥先生等离牯赴渝,转道来黔,筹备联合大学第二部,十二月末黔校正式上课,学生有三百余人。旋东战场形势突变,我军从淞、沪退至苏、锡、宜、湖各地,京、杭外线感受威胁,赣校师生共达千余人,自非"未雨绸缪"不可,乃于十二月半全部下庐山,由浔赴汉,分道经湘、渝各地,辗转来黔。经渝来筑⑦者师生约七百余人,事先得现任教育部长陈立夫⑧先生之助,租到差船一艘,约定开抵宜昌,租金一万元,于十二月一日晚由浔开汉,在汉停留三日,始再溯江西上。盖船抵汉后,临时奉命改运兵工厂职工与机器,几经交涉,方由双方让步,同船赴宜。船上因人数增加,存粮有限,结果全船曾断炊两昼夜,然后抵达沙市。抵宜后,因租船困难,师生分数批赴渝,第一批于十二月十九日抵渝,迟者至去年一月初方到齐。后因来筑车辆困难,师生乃决定一面在渝候车,一面不忘读书救国初旨,暂假重庆复旦中学上课,睡地板,吃稀饭馒头,狼狈困顿,可想而知。经湘来筑者师多而生少,亦有一百余人,于十二月六日由浔赴汉,分乘小艇至常德,因西来车辆既少,旅客又多,供不应求,在常德竟停候至一个月之久,始由黔校派车前往迎接。到筑后为时已二月(阅)矣。二十七年(1938年)二月二十五日联大行政委员会假贵州桐梓县中开会,佥以赣校迁渝,与黔校同在西南,时过境迁,无继续联合必要,因即决定自二十六年(1937年)度第二学期起,复旦、大夏仍各分立,以重庆之第一联大为复旦大学,贵阳之第二联大为大夏大学,彼此互送原有员生。至三月下旬在渝员生分别乘车或步行来筑,四月

---

① 王伯群(1885—1944),原名文选,贵州兴义人。1924年参与创办大夏大学,抗战爆发后,带领大夏大学迁往贵州。1944年病逝于重庆。——编校者
② 钱永铭(1885—1958),字新之,祖籍浙江吴兴(今湖州)。1936—1940年任复旦大学代理校长。——编校者
③ 章友三(1901—1986),名益,字友三,1943—1949年担任复旦大学校长。——编校者
④ 鲁继曾(1892—1983),字稼荪,浙江吴兴人,化学家。1927至1951年间任大夏大学理学院院长及教授,兼任复旦大学、暨南大学等校教授。——编校者
⑤ 王裕凯(1903—1989),字举庭,江苏盐城人。抗战期间任复旦大夏第一联合大学专科主任兼总务长,贵阳大夏大学教育学院院长、秘书长、代理校长。——编校者
⑥ 熊子容(1897—?),湖南湘阴人。抗战爆发后,任复旦大夏第一联合大学教务长。——编校者
⑦ 贵阳有"筑"之简称。——编校者
⑧ 陈立夫(1900—2001),浙江吴兴(今湖州)人,历任国民党政府教育部长、立法院副院长等职。——编校者

一日大夏在黔单独设校,重露曙光,师生均感欣慰。至若图书仪器由沪装运西来者计有二百余箱,经派专员自浔、汉运渝,前后车运来黔者,不知费了许多手续。战时交通困难,不难想见。

（二）在黔奋斗。我大夏师生长征万里抵黔后,黔省府虽允拨讲武堂为校舍,然堂内原有驻军,正在设法他迁,几经周折,始得迁入。在未迁入以前,曾假贵阳中山公园为筹备处,并假贵阳省立女子师范学校招生。讲武堂久未修葺,原甚破旧,迁入后多方修理,现已粗具规模,明窗净几,讲学进修,在内迁各大学中实未肯多让。现从前教授如吴泽霖①、邰爽秋②、马宗荣③、金企渊④、谌志远⑤、蓝春池⑥、李青厓⑦、王裕凯、陈一百⑧、陈景琪⑨、梁园东⑩、王强⑪、张少微⑫、吴澄华⑬等,多在校授课,新聘教授如夏元瑮⑭、谢六逸⑮、喻任声⑯、赵兰坪⑰、范祖淹⑱、叶汇⑲、罗星⑳等,亦多系著名学者。全校有学生六百余人,旧生约四百人,多系家乡沦陷,经济来源断绝,学费全免或半免,生活零用,且由学校及青年会救济,每月每人八元。新招学生多籍隶贵州,上学期黔籍学生达208

---

① 吴泽霖(1898—1990),江苏常熟人。曾任大夏大学社会学系教授、系主任,文学院院长,教务长。——编校者
② 邰爽秋(1897—1976),字叔龙,江苏无锡人。1933年9月至1941年7月任复旦大夏第一联合大学、贵阳大夏大学教育学院院长,创设中国民生建设实验院并任院长。著有《民生教育》等著作。——编校者
③ 马宗荣(1894—1944),贵州贵阳人。大夏大学内迁时期担任教务长。——编校者
④ 金企渊(1901—?),浙江人,经济学家。1938至1946年任贵阳、赤水大夏大学商学院院长、会计系主任兼教授——编校者
⑤ 谌志远(1904—1988),贵州织金人。曾任大夏大学法学院院长、教务长、教授。——编校者
⑥ 蓝春池,生卒年不详,福建人。历任大夏大学化学系教授、贵阳大夏大学总务长。——编校者
⑦ 李青厓(1886—1969),湖南湘阴人,曾任大夏大学文学系院教授。——编校者
⑧ 陈一百(1909—1993),广西北流人。曾任大夏大学教授。——编校者
⑨ 陈景琪(1896—?),福建莆田人,自30年代中期至1951年夏连续在大夏大学化学系任教授兼系主任。——编校者
⑩ 梁园东(1896—?),山西忻州人,历史学家,曾任大夏大学史学系教授。——编校者
⑪ 王强,生卒年不详,曾任复旦大夏第一联合大学土木系教授兼系主任。——编校者
⑫ 张少微,生卒年不详,安徽人,历史学会学家,曾任复旦大夏第一联合大学教授和贵阳、赤水大夏大学教授。——编校者
⑬ 吴澄华(1903—?),福建同安人,曾任大夏大学经济系教授。——编校者
⑭ 夏元瑮(1884—1944),字浮筠,浙江杭州人,物理学家,曾任大夏大学物理系教授。——编校者
⑮ 谢六逸(1898—1945),贵州贵阳人,文学家,曾任复旦大夏第一联合大学教授。——编校者
⑯ 俞任声(1904—1963),湖北黄梅人,曾任大夏大学教授。——编校者
⑰ 赵兰坪(1892—?),浙江嘉兴人,曾任大夏大学教授。——编校者
⑱ 范祖淹,资料不详。——编校者
⑲ 叶汇,资料不详。——编校者
⑳ 罗星,生卒年不详,曾任贵阳大夏大学数学系教授。——编校者

人,占全额1/3,内地青年向学之殷,于斯可见。至校内编制,一如往昔,仍分文、理、教育、商、法五学院暨师范专修科各级课程,莫不齐备,尤着重于战时教育及精神训练,以为强化抗战力量之准备。设备方面各实科实验室,如物理、化学、生物、电磁学、有机化学、定性分析、定量分析、标本制造、画图、测量工具等,均设有专室,台桌椅具,均系在黔新制,木料式样,极为考究,每室足容40人至80人实验,系理学院院长邵(郃)家麟①先生在筑设计者。图书馆藏书除原由沪装运抵校者外,上学期曾举行募集图书运动,结果校内员生校外人士捐书达七千余册,现全馆已有书15 000册以上,较播迁前沪馆藏书五万余册虽尚逊一筹,然吾人于浩劫流亡之余,来筑只有一年,有此成绩,亦堪自慰。

上面所述,系就大夏母体在黔奋斗而言,吾人除竭力健全母体外,尚以一部分精力,致力于下面三大事业:

(1) 增设附属学校。大夏在沪原有附属大夏中学,近年学生增至五百人,为沪上著名中学之一。惟各地毕业同学屡欲在内地增设新校或分校,均以种种困难而未果。抗战以来,西南各省著名都会如行都重庆、桂林、邕宁,均有我毕业同学服务,各地毕业同学会以母校既迁西南,对发展西南教育,尤宜极力提倡;而中等教育为培养国家中级干部的重要阶段,在此抗战建国的大时代里,尤应亟谋推进,纷请设立大夏中学分校或新校。现各地先后成立者有重庆大夏中学,主任为教育学院毕业生陈宗朝君;邕宁大夏中学分校,主任为前大夏讲师曾广典君;贵阳大夏中学,分男子女子二部:男子部主任为教育学院毕业生来元义君,女子部主任为教育学院毕业生俞曙芳女士。重庆中学设江北悦来场,现有学生五百余人,高中部除普通科外,尚设有商科、土木工程科。邕宁中学已购定永久校址(南宁津头村),本已兴工建筑,近因战事关系,暂时停顿,本学期仍在南较场雷公祠租赁校舍上课,学生有六百余人。贵阳中学系于去秋新办,男女二部各招高中一年级一班、初中一年级二班,两部合有学生三百余人。男子部附设在讲武堂大学部内,女子部设贵阳城内乐群路。

(2) 推进社会教育。本校对于推进社会教育,素甚注重,过去在上海校址附近周围二十里内,举办各种民众教育,颇著成绩。迁黔以后,地近乡村,益感社会教育之重要。曾于去年三月间与贵阳县政府在离省垣三十华里之第五自治区,合办花溪农村改进区,由教育学院社会教育系主任喻任声先生主其事,预定

---

① 邵家麟(1899—1983),字稼荪,浙江吴兴人,1927至1951年间任大夏大学理学院教授兼院长。——编校者

试办期间为半年(即自去年三月初至八月底),计曾举办各项事业:有贫民疾病治疗室2所,布种牛痘并诊疗贫民疾病;组织合作社20所,社员总数计643名,贷款总数达7 290元;创办小本贷款1所,救济兼营小本商业之农民;设立民众学校5所,学生经考试及格毕业者共250名;开辟农场1所,占地计三十余亩,鼓励农民植桐;成立民众阅览室1所,现有图书五百余册,通俗杂志三十余种,日报十数种,每日到室阅览者约自50人至150余人。此外尚组织两个民众团体,一为花溪农村改进会,会员七十余人,率为花溪地方领袖;一为花溪农村抗战青年团,征求当地青年加入,现有团员五十余人。此点吾人认为从事农村工作者应特别注意,盖地方领袖与优秀青年有相当组织,地方改进事业之推进,必较易收效;反之则困难丛生,事业必无法开展。现试办期间业已过去,一切尚称顺利,当地农民亦至为感奋。上学期起更扩大范围,除原有事业继续进行外,更在离贵阳市十里左右之中曹司、石板哨、孟关等处设立推广区,以期收更大的效果。

(3)研究贵州。贵州是一个山国,气候变化颇为剧烈,农产品因过去多种鸦片关系,所出往往不足供本省人消费,故有"天无三日晴,地无三尺平,人无三两银"之谚。同时贵州是汉、苗、夷族杂居地带,加以过去交通不便,居民与外省人尤其是东南人士少有往来,所以截至现在,贵州民间社会生活状况、风俗习惯,也许可以代表真正的中国文化。过去许多人在喊研究西南文化,多因种种牵制而未果,即有一二学术团体前来西南调查,亦多以时间经济关系,未能作大规模的详尽考察,结果所得报告,亦只能知其梗概,而弗得其详。吾人来到贵州即以研究贵州为己任。适教育部通令全国举行"乡土教材调查",贵州省托由本校代办,本校乃于去年六月间由文学院院长吴泽霖博士择定定番县为调查对象,主持进行,史地系主任王成组拟具调查计划,张少微、吴泽炎、陈国钧等亲率社会系同学前往调查,前后达四个月之久。上学期调查完毕经吴院长指导助理员整理,编成报告14卷,约300 000言,举凡定番县地理、历史、人口、物产、农业、工业、交通、商业、财政、政治、教育、社会、人文、名胜等均详尽阐述,靡有孑遗,堪称西南乡土调查空前报告。现已誊真呈部,对于编辑贵州乡土教材,定多贡献。本学期起吾人又拟联合本省著名学术机关如卫生署卫生实验所、贵州省卫生委员会、南开大学经济研究所、国立贵阳医学院等合组"西南边区民族考察团",遍历本省边区县份考察,以期对贵州有更深刻的研究。

(三)沪校复课及其现状。当本校由沪迁庐由庐辗转经川、湘来黔之际,东战场战局急转直下,一般家乡沦为战区,不及随校西迁或留沪之本校学生,不下五百余人,彼等顿遭失学,乃环请本校留沪教授傅式说①、吴浩然②、陈柱尊③、张素民④、唐庆增⑤、孙亢曾⑥、卜愈⑦等设法在租界内赁屋复课,青年失学义应救济,傅等乃允予所请,于去年一月间登报登记旧生,并招收战区新毕业高中学生及借读生,二月初假新大沽路上海女子大学内复课,新旧学生计有五百余人。内部编制完全与黔校相同,并设有法、商学院夜校,以便职业青年之进修。本学期迁公共租界静安寺路一零五一号校舍,学生增至650人。至附设大夏中学战事发生后,即迁至租界开学,从未停课一日,本学期校舍租定福煦路⑧七二五号,主任为孙亢曾先生,学生达500人。

(四)今后努力方针。过去吾人在黔苦斗经过情形及上海本校复课后概况既略如上述,今后将如何呢?笔者认为下列三点,吾人必须奋力做到:第一,目前本校黔校讲武堂校舍及上海本校租赁校舍,均系因陋就简和临时性质,吾人绝不能安于现状,以此自满。本校来黔不久,黔省府即拨花溪官地千亩为永久校址,本校校董教职员学生三方面,自宜一体努力,尽速筹建新校舍,树立本校在西南之百年基础。同时上海情形特殊,中山路未毁校舍尚居半数,目前自无利用之希望,但吾师生对此母体成长的摇篮地,绝对不会忘怀。吾人惟有更坚定抗战必胜建国必成的信念,拥护政府抗战到底政策,驱侵略者于国门之外,而使吾大夏文化火炬,重放灿烂光明于中山路上。第二,本校来黔以后,最重大的使命就是研究西南、建设西南,吾人在黔一年,既已尽最大的努力,帮助教育部调查本省乡土教材,与地方政府合办花溪农村改进区,推进社会教育,今后自当继续此种精神,从事研究西南建设的工作,以完成吾大夏神圣的使命。第三,培养抗战建国的新干部。抗战建国是目前我国的两大任务,这种艰巨任务的完

---

① 傅式说(1891—1947),字筑隐,浙江乐清人。大夏大学创始人之一,后投靠汪伪政府,1947年被国民政府以叛国罪处以死刑。——编校者
② 吴浩然,生卒年不详,江苏盐城人。大夏大学教授。——编校者
③ 陈柱尊(1890—1944),陈柱,字柱尊,广西北流人,史学家、国学家。曾任大夏大学国文系教授兼系主任。——编校者
④ 张素民(1895—?),经济学家。1938至1939年在大夏大学商学院任教授兼系主任。——编校者
⑤ 唐庆增(1902—1972),字叔高,江苏常州人。1931至1942年春在大夏大学经济系任教授兼法学院院长。——编校者
⑥ 孙亢曾(1898—2002),广东梅县人。先后任大夏大学附中主任(即校长)、大学部教育系教授,贵阳、赤水大夏大学教务长、教授等职。——编校者
⑦ 卜愈,资料不详。——编校者
⑧ 今延安西路。——编校者

成,胥赖全国上下艰苦奋斗,一致努力。而抗战建国干部人才的培养,则为完成此项任务的先决条件,培养抗建人才全靠全国教育界的不断努力,尤其是大学教育,更应肩起此种新人才培养的责任。大夏系革命产儿,在此第二期抗战开始之际,吾人自应加倍奋勉,努力于此种新人才的培养,以增强抗战建国的力量。

  以上三点,笔者认为是吾大夏师生今后应该努力的方针,谨殿于本文,愿与阖校师生共勉之;并愿海内贤达,不吝珠玑,宠予指正。

新生指导会自十月四日起至九日止举行一周,由校长、各处首长、各院长及教授等分别指导,所有讲词未及送请审阅,并此声明;所遗数篇讲词,下期续刊。

大夏大学校史①

学校成立已过廿四周年,现在是廿五周年的开始,要是在一点钟之内说完,未知从哪里说起。学校自创设以来,本人从未离开过,现在且分四个时期说明本校的简史。

一、创办时期

民国十三年(1924年)夏,福建厦门大学忽起巨大学潮,六月一日激起学生的义愤,请求在校九位教授至上海另创大学,从事读书运动,因此创办大夏。故大夏为厦大之沿革,而去其地方性之"厦",为华夏之"夏",表示大中华民国的学府,故校徽六角代表六月,红色代表牺牲之革命精神,白色象征洁白无邪,蓝色象征青天,所以六月一日为本校校庆日。

厦大是陈嘉庚先生创办的,规模宏大,当时教育科的同学还要供给伙食,要在上海办这样的学校,当时的情形亦极困难。九位教授中,王副校长是当时的商学院院长(前称商科主任),本人为教育科主任。但当时经费困难,到上海时赤手空拳,一无凭藉,后由各同学先缴五十元费,租定前法租界贝禘鏖路美仁里二十四号一楼一底之民房为大夏筹备处,因二房东住楼下客堂,吃食鸦片,故只好在大门贴一纸条"请走后门"。我是八月一日到沪,二日登报招生,到三日还没有学生报名,下午即开紧急会议,我与王副校长等三人决心不惜任何牺牲,创办大夏,其他六位乃教我们三人签名,书明以后大夏一切法律经济上的责任,由我们三人负责了事,因此,八月四日可说是本校的复活日。

后来在小沙渡路租得三〇一号三楼三底之小洋房为教室,劳勃生路②致和里为宿舍,开始招生上课,学生二百数十人。但我们九个人中谁也不愿担任校长,乃组织校务执行委员会,开中国大学行政委员制之先河,我任教育科主任兼

---

① 原载《大夏周报》25卷2期,署"欧元怀讲词,李思廉摘记",1948年。——编校者
② 今长寿路。——编校者

注册主任，王副校长为商科主任兼会计主任。时适马君武博士隐居吴淞耕田，校董会乃推马先生为第一任校长，并请王伯群先生为董事长，因当时王先生隐居上海，对我们的办学甚表赞同，且以两千元支票捐助，使本校在开办时期得一有力的支援，马博士为中国学术界之权威，为了我们的热忱与毅力感动了他，由于马校长之博学与苦学精神，大夏学术研究之风气遂而建立，我们并以"苦教苦读苦干"之三苦精神与"师生合作"至勉，是时社会人士对本校的印象不深，但不到一年，由于师生合作之结果，社会观感全变且刮目相看了。第二年即十四年（1925年）"五卅"惨案爆（暴）发，本校同学热烈参加宣传此一民族解放运动，被捕者颇多，当天我与王副校长过工部局门口，目睹此景，经严重交涉始设法全部保释，但工部局遂而迁怒本校，勒令本校于二十四小时以内迁出租界。此一霹雳，本校遂在愤怒与忙迫之中迁至胶州路槟榔路①潘氏公园，时以校具简单，仅以三个板车即可搬走，是夏并在潘园招生并于胶州路劳勃生路口建造三层楼口字形校舍一大座，有十余亩运动场毗连。秋季开学，学生增至五百人以上。此时大夏逢凶化吉，履险如夷，创办虽仅一年，而猛进（晋）精神，遂有一日千里之势。

二、发展时期

自校舍自建以后，以底层为办公室、图书馆、礼堂、实验室、娱乐室之需，二楼全部为教室，三楼为男生宿舍，另一部在致和里，并在校舍之斜对面另建女生宿舍。当时请了国内许多名教授，如现任光华大学的校长朱经农②先生，沪江大学前校长刘湛恩③先生，暨南大学前校长何炳松④先生，现任清华大学教务长吴泽霖先生，青年部副部长郑通和⑤先生……以及（作）文化界的名作家郭沫若⑥、田汉⑦、洪深⑧诸先生，在那座房子里做了许多的"文章"，校誉日起，当时所谓"野鸡"遂一跃而为"凤凰"了。马校长于十五年（1926年）就北平工大校长，校董会已选董事长王伯群先生兼校长，王校长任职后，大夏的物质基础更为巩固。

---

① 今安远路。——编校者
② 朱经农（1887—1951），大夏大学初创时受聘为兼职教授，主讲文化史课程。——编校者
③ 刘湛恩（1895—1938），湖北阳新人，1922年后曾在东南大学、大夏大学和光华大学执教。——编校者
④ 何炳松（1890—1946），字柏丞，浙江金华人。1926年到上海商务印书馆工作，兼大夏大学、光华大学教授。——编校者
⑤ 郑通和（1899—1985），字西谷，安徽庐江人。1925至1927年受聘为大夏大学教授。——编校者
⑥ 郭沫若（1892—1978），1925年4月受聘为大夏大学讲师，讲授文学概论。——编校者
⑦ 田汉（1898—1968），曾任大夏大学、复旦大学、暨南大学等校教授。——编校者
⑧ 洪深（1894—1995），字伯骏，江苏武进人，戏剧家。曾任大夏大学教授。——编校者

十八年(1929年),学生人数已达千人,校舍不敷容纳,马君武、王祉伟二先生及本人,同往马来半岛捐募校舍经费,于中山路现校基购地四百亩。十九年(1930年)春,教部准予立案,遂于同年迁入。原校舍除现存群贤堂、群策斋、图书馆及理工学院(前为大夏附中校舍)外,尚有与群策斋相等之群力斋、群英斋、大礼堂、体育馆、疗养室、科学馆、实验室以及各种金土木工场,崇楼杰阁,雄视沪滨,并有自流井、水塔等设备。"一·二八"沪变起后,本校又迁回胶州路之原地址,与中学部共同上课(时中学部尚办在此)。迨"一·二八"事变以后,又迁回中山路新址,并又创办大夏新邨,建造洋房三十余幢,守望相助,鸡犬相闻,并有网球场、儿童游戏场之设置。廿四年(1935年)买来十万鱼苗,放养丽娃栗姐河之内,专设渔夫管理。是时,大学部学生一千五百人,中学部七百人,大学分文理教法商五院及师范体育二专科,以战前规模比之各大学,实已"至大"了。我们眼看树木成荫,佳景频来,正沾沾自喜,而"八一三"抗战爆发,本校即首先奉命西迁。

三、蒙难时期

民国廿六年(1937年)七月下旬,本人及王故校长、吴泽霖教授奉蒋委员长之邀出席庐山谈话会,乃知政府抗战决心,返校后亟整装运公物准备内迁。本人九月半循苏嘉公路至京,其时王故校长尚留首都,乃商洽与光华、复旦、大同联合内迁,事为教育部前部长王世杰[①]先生所赞许,嗣后光华、大同未及迁移,于是与复旦合组联合大学第一部于庐山,设立第二部于贵阳。人事的配合,至饶趣味,第一部的校长为复旦校长钱新之先生,副校长为吴南轩先生,教务长为本校文学院长吴泽霖先生;第二部的校长为本校王故校长,副校长即为本人,教务长即现任复旦校长章益先生。迨沪京沦陷,第一部迁至重庆时以交通不便,遂于二十七年(1938年)四月间联大假贵州桐梓开会决定复旦大夏分设:复旦设重庆,大夏仍设贵阳。同年夏天,大夏复校,六月一日曾举行盛大校庆;我们大夏之未损元气,当佩服王故校长之远大眼光。我们至贵阳后,对西南文化教育贡献甚大。三十年(1941年),教育部曾并请行政院改为国立贵州大学,旋因校董会校友会坚决反对,仍维原校名且维私立性质。三十三年(1944年)冬,黔南局势紧张,贵阳因而混乱,大夏又奉令迁移安全地点。王故校长是时已感劳瘁,但对吾校再度作有眼光之决定,迁至黔北赤水;该地生活费用低廉,赤水河通长

---

① 王世杰(1891—1981),字雪艇,湖北武昌人。1933—1938年间任国民政府教育部部长。——编校者

江，可顺流而下。彼时本人因主持贵州教育，校务未能多顾，曾于校长力疾遄赴陪都之日，赶往送行，见校长亲自打卷行李，生活之困顿可知，且以筑渝交通极度困难，沿途劳顿过甚，至陪都后，校长病势转剧，医药罔效，痛于十二日二十夜半与世长辞，斯为吾校内迁时期极大之损失。时校董会在渝开会，推选本人为校长，祉伟①先生为副校长。虽值学校前途荆棘正多，但义不容辞，不能不负起艰巨之责任，乃辞去教育厅长职。至赤水时，途中装运先后达四月之久，幸人与物均未损害，遂于三十四年（1945年）三月在赤水复校。在过去三学期中，王副校长与本人费尽心血，终抱着"能屈能伸"之精神在黔边苦渡难关。然于赤水之贡献颇大，特别是借收音机之力量作迅速之时事报导，予地方父老以极度之兴奋，此以赤水在过去经一周后方能看到报纸。故去年校庆时，全县老百姓来参加者极多，校庆变成了"县庆"，敌人投降时，本校全体师生即日半夜到老百姓家中挨户打门召唤他们参加胜利之大庆祝。

三十五年（1946年）三月半至九月半，本人为筹备复员在渝设立办事处，因交通困难，备尝生平之至苦，后经决定员生分由西北及西南公路东下，最后又包雇轮驳三艘运载员生及公物，直至十月底最后一条船到上海，才算完成复员工作。二十六年（1937年）搬出之公物全部运回，且增加了许多新添的校产，这该为学校之"校宝"。

抗战时期本校上海部分(份)在重华新村办理，二十七年（1938年）请鲁教务长由黔返沪主持后，他和吴浩然、邵家麟诸先生与敌伪周旋，始终不屈，难能可贵。故大夏虽在蒙难时期弦歌不辍，未受丝毫污点。

四、复兴时期

三十五年（1946年）复员以来，一切破烂不堪，校舍毁损大半。吾人之校舍已被敌人作为外人集中营及高等法院，理工学院为敌人的华中矿业研究所，现在教职员宿舍据传曾充敌人之卫生队及慰劳所。别后十年，胜利归来，广场荒芜没胫，到处颓垣残瓦，经二年之苦斗，我们已先后新建思群堂、新英斋、新力斋及五个桥，场地重予布置，夏雨岛重整，群丽斋新辟，大小建筑正值物价猛烈之下兴建，最近以十一万余金圆建筑新图书馆，虽未能与昔日之崇楼相比，亦已竭尽心力了。

---

① 王毓祥（1886—1949），字祉伟，湖南衡阳人。1924年参与创办大夏大学，任大夏大学秘书长兼校务发展委员会主席。——编校者

目前，我们的在校学生 3705 人，规模不能说不大，所幸校地宽广，只要在经济方面有办法，不难可与欧美之各名大学并驾齐驱。

我曾说过，本校是本"师生合作"、"读书运动"之精神为解决同学读书问题而设立的，一切问题，当由学校帮助解决，各位要尽量利用机会努力做学问，将来带来满腹学问，才是我们的希望。大夏大学有它不屈不挠的校格与优良的传统，为人类文明尽其贡献。

西迁・复员・校庆①

我校自民国十三年(1924年)创校，历尽艰难，五卅惨案虽给我们以胁迫，却使学校步入发展阶段，校舍从小沙渡路之三楼三底，扩张为胶州路租地新建之大楼，旋即在中山路自购校地三百余亩，陆续建筑校舍不下二十座，学生人数从二百多人增加到千余人，校友满国，图籍充栋，理工仪器设备都具规模。不幸立校到了十三年，又遇着民族危急的难关，从廿六年(1937年)的"八一三"起，大夏的生命便与国家的生机相终始。国府西迁，大夏内徙，在此十年间，我们含苦茹辛，为民族复兴与学术事业而奋斗。我们像国家抗战的命运一样，校址数迁，饱经忧患，一直支撑到抗战最后胜利，大战全部结束，我们仍遵守政府法令，弦歌在黔边赤水之滨。至卅五年(1946年)夏秋间，才从容复员，返棹沪滨，与硕果仅存、改头换面、坚贞不移的上海分校汇流会师。我们这群书生，腰无万贯，手无寸铁，大夏的校训是"自强不息"，大夏的精神是"师生合作"，大夏的工作训条是"苦干苦教和苦学"，我们就凭着这些大学传统，信守力行，来延续和再造大夏的新生命。值兹立校廿三周年纪念日，吾人庆祝学校诞辰，缅怀过去，策励来兹，缘将西迁与复员中可泣可歌的史迹，记述如后，以志不忘。

一、牯岭立校与联大时代

民国廿六年(1937年)"七七"事变发生，我和王故校长伯群、吴教授泽霖由庐山谈话会回来，预知国难已到最后关头，全面战争即将爆发。那时国人热血沸腾，舆论激昂，教育须改弦更张，大学关门或战争化之说极盛，我们默察时局，珍惜文化，深觉战争不是消灭教育，大学反应支持战争，学校既非战壕，学生贵在学习，毋须在前方冒炮火之险以断送国家元气，所以我们便计议主张迁校。迁校的先决条件，第一是地点，其次是办法。关于地点的选择，我们虽是私立学校，但究竟是为国家文化服务的单位，离开中央政府不宜太远，以求联系的便利，并使施教随时能配合民族的需要。于是王故校长伯群和我们商酌再四，选择了江西九江的庐山，原因是政府大本营，如果迁往武汉，与本校联络方便，同时由上海到庐山，水路运输比较畅通。至于迁设的办法，乃商洽与上海的私立

---

① 原载《大夏周报》24卷1期，1948年。——编校者

复旦、光华、大同三校,想成立一个规模宏大四校联合的大学,事为教育部前部长王世杰先生所赞许,嗣后光华、大同未及迁移,于是与复旦合组联合大学第一部于庐山,第二部于贵阳。

牯岭确实是研究潜修的好地方,我们租赁了四座大楼,一作教室及办公室,二作男女学生宿舍,一作教职员宿舍。图书仪器先运到九江,再由人力运达。在沪京沦陷的前夕,大批教职员和东南的学生却纷至庐山,西南的学生则齐集贵阳。那时复旦大夏联合大学的人事配合,至饶趣味,第一部的校长为复旦校长钱新之先生,副校长为吴南轩先生,教务长为本校文学院长吴泽霖先生;第二部的校长为本校王故校长,副校长为本人,教务长即现任复旦校长章益先生。

在牯岭,我目睹同学上课的情绪非常良好,救亡工作也很紧张,复旦、大夏的同学联合起来,在庐山给老百姓们留下一个深刻的印象。但当时局势逐渐紧张,我于廿六年(1937年)十一月底即偕同章益先生暨一部分教职员兼程去贵阳,筹备联大第二部。贵阳地址的决定,事先遭受不少师生的反对,反对的原因自然是经济问题与贵阳的环境条件不充足,我们之所以最后决定这地点,还是因为王故校长眼光远大。他看出战事非短期可了,我们必须作长久的打算,并且贵州那时是高等教育的处女地,没有一所大学,需要我们去播种灌溉(云南、四川已迁入不少的学校,它们本来就有相当规模的大学)。那时重庆已成为抗战的司令塔,学校迁到贵阳,筑渝汽车三天可达,与我们保持中央政府的联络的原则相符合。正因为贵阳道远,所费亦较大,幸当时教育部长陈立夫先生电汇国币二十万元,算是雪中送炭的恩物,我们的筹备工作也就能在短期内完成,接着的招生开学,也是出于意外的顺利。

当京沪沦陷,我们联大的第一部,也被逼下山,师生溯江西上,在廿七年(1938年)春才到达重庆。为顾全学生学业,行装甫卸,即假菜园坝复旦中学复课,充分表示出迁校不忘学习的风气。

二、联大分立与贵阳时代

联大第一部到重庆的目的,原想并入贵阳的第二部,可是因合并在枝节上就发生了很多的困难,譬如两校经费的分与合,校产的独立与混合,图书仪器的保管与使用,行政人员的分配与调借,都很够伤脑筋。那时联大的学生,无形中分为三派,大夏一派,复旦一派,新招收的联大新生又是一派。有一次我曾在纪念周上说了这样的一个笑话:"有一个寡妇和一位鳏夫结婚,两方面都带了一批孩子,婚后数年,这对夫妇又生了一批孩子。有一天,三批孩子在外面吵架,那位做丈夫的问他的太太,到底发生了什么事?他的太太说:'你的孩子和我的孩子,在跟我们的孩子打架呢?'"这个笑话真可为我们当时的情形写照,好在这种的情形,不很长久。复旦和大夏联合的初意是为迁校,现在校已迁定了,而且重庆、贵阳同在西南,各有一校,客观上已有分开的趋势。于是,双方商定,在渝筑公路中的要县桐梓,开了一次联合大学行政委员会。那时,吴南轩、金通尹①、沈子善②、吴泽霖代表联大第一部,我和王裕凯、熊子容代表第二部,我们于廿七年(1938年)二月二十五日,假桐梓县立中学,商议整天,才决定于廿七年(1938年)四月起分家,复旦设在重庆,大夏设在贵阳,各校的教员学生各还原校,或办理转学手续。联合的任务终了,大夏大学又在贵阳的讲武堂新生了。

贵阳讲武堂的前身,是何应钦③将军多年前所设的陆军小学旧址,房子是瓦顶木板墙,漆的是深红色,虽然古旧,倒也相当雅。后进有广大操场,沿墙古柳,苍郁参天,临南明河,风景绝佳,特别令人不能忘的,便是贵州特产的都匀纸,拿来裱糊门窗,显出一派明窗净几幽静的气象。

在四排长长的平房中,一半是教室,一半是实验室,一半是学生宿舍,又一半是办公室和教职员宿舍,另有洋房一座作女生宿舍,靠前门当中,有大厅一座是图书馆,馆前大概是从前的检阅台吧,后来我们改为升旗台。每天清晨,同学齐集在广场升旗,过后就是校长或名人的短短晨话,每人有规律的生活,便在这"一天之计在于晨"的当儿开始,这种精神的养成,赢得教部的奖状和各界的赞美。

当时学校的重要负责人,是校长王伯群、副校长本人、教务长吴泽霖、训导长王裕凯、总务长蓝春池、文学院长谢六逸、理学院长夏元瑮、教育学院院长邰爽秋、法学院长谌志远、商学院长金企渊、驻渝代表王毓祥。各系教授阵容很强,历史社会系附设的社会研究部,在吴泽霖、张少薇、罗荣宗、岑家梧各教授领导之下,对偏处西南的苗夷同胞,作深度而广泛的研究;同时,中文系附设的文史研究室,在谢六逸、李青崖、钟泰各教授领导之下,对我们数千年来的文化遗产,曾列举成立一正确而精密的系统;理学院的物理、化学、生物、土木工程实验器材与场所具备,在"自强不息"的校训之下,师生合作,发扬大夏的"三苦"精

---

① 金通尹(1891—1964),浙江平湖人。1981年起任教于复旦大学,1937年随校西迁重庆,一度代理教务长。——编校者
② 沈子善(1899—1989),祖籍江苏六合。抗战期间任教于复旦大学。——编校者
③ 何应钦(1890—1987),字敬之,贵州兴义人。曾任国民政府国防部长、行政院长。——编校者

神,大家默默地工作,默默地研究。我们在安静的环境中读书,但是我们没有忘记国家在苦难之中,我们只求以一己的微力,在学术圈内钻研,求能以小小的贡献,为国家民族造福。廿七年(1938年)秋季,王故校长并创办贵阳大夏中学,为教育学院师生实验之所,廿八年(1939年)在离贵阳十九公里之花溪附近,圈购校地二千亩,廿九年(1940年)"六一"校庆日,兴建永久校舍。

讲武堂时代的读书空气,是值得一提的。那时物价低廉,政府有膳费、贷金的拨发,同学们没有为生活而焦灼的挂虑,晚上的图书馆,假如不事先占据位置,你便休想进去,在下午六时以前,男女同学都站在图书馆门口,大门一开便抢着一拥(湧)而入。这种读书风气的养成,其源有自,但君子穷而弥坚,却是很值得欣赏的。我个人自民国廿九年(1940年)四月奉命出任贵州省教育厅长,不能不就,因为远在一年以前,中央曾发表我做湖北教育厅长,因为大夏校务的羁绊,不能前往,对这第二次的任命,真是无法摆脱,好在大夏在王故校长伯群的领导下,早上轨道,日臻发展,我就乐得拿大部分时间,来为贵州的教育效劳,藉以报答大夏迁黔各方面人士对她协助的厚意了。

三十年(1941年),教育部令贵阳大夏停办教育学院,主要原因是为了政府要创设国立贵阳师范学院。当时抗战正酣,政府统制思想益甚,当道要人以师资如由政府造就,给师范生以免费衣食,予以特殊训练,便可操纵其思想,从而间接统制青年与儿童的思想。在这成立师范学院的大前提下,我校具有历史而为国人所称颂的教育学院遂被支解,直至迁校赤水,才恢复了教育学系,隶属于文学院。我国中等学校,需要师资至多,贵州尤感师资缺乏,设一个师范学院,要等待四五年后才有毕业生,遂不惜摧残我校的教育学院,这是教育政策上的错误。政府准许私立大学办理法律、医学、会计诸系,以养成律师、医生、会计师等自由职业,独不许私立学校办理师范,然而在事实上,私立大中学的毕业生都在做中小学的教员,这又是政府推行政令的大矛盾。

三十一年(1942年)二月,行政院会议通过,改私立大夏大学为国立贵州大学,嗣后并任命王伯群为国立贵大校长。这猝不及防的霹雳一声,震撼大夏校基,使校命顿绝,群情愤激,终赖王伯群先生敝屣尊荣,校董会与在校全体师生以及各地毕业校友誓死反对更改校名,并推举代表,遄赴陪都,折冲呼吁。四月底,行政院乃复议大夏大学,照旧维持私立性质。这件事充分证明大夏同仁同学,愿为维护学校生命而奋斗,他们是宁可安贫苦斗,不愿为国立经费而牺牲校名,他们是爱好自由精神,不愿受统制与束缚。

三、大夏三迁与赤水时代

三十三年（1944年）秋深，日寇于陷入泥沼，重重压迫之余，作回光返照的反扑，下衡阳，攻桂林，铁骑直迫柳州，黔境紧张，贵州遂转入于军事状态。王故校长伯群深谋远虑，稳扎稳打，一方面准备提前结束考试放假，一方面却在做迁校的打算，迁校的第一站是在遵义的鸭溪镇，最后的目的地是川黔边境的赤水。我在赤水曾对同学说过："我们这一次迁校应该是最后的一次，如果是再迁，便是复员回上海了。所以我们选择赤水是顶合理想的，因为由赤水有水路直达重庆，到重庆又可溯江而下，直放武汉回到上海了。"这话一年以后幸而言中。现在想来，觉得王故校长的眼光实在远大。

我于三十三年（1944年）十一月底，政府下紧急强迫疏散令以后，曾与王故校长商谈数次，以后便因为教厅职守的关系，始终坐镇贵阳，迄至犯黔敌军溃败，又忙于救济战区员生，督导学校复员，未能替大夏任劳分忧，不幸王故校长筹划迁校，备极劳瘁，竟于三十三年（1944年）十二月二十日，以胃出血逝世陪都，此为大夏内迁中莫可补偿之损失。消息传来，员生震悼，孙董事长哲生①于十二月卅日在渝召开校董会，决议推选我和王毓祥先生担任正副校长，我以大夏生命不绝如缕，义不容辞，责无旁贷，所以辞谢了教育厅长职务，在贵阳接长校务，与在渝的王副校长商定继承王故校长未竟遗志，将未起运及在途的图书仪器，由鸭溪续运赤水，敦促全体师生到赤水上课。我们的迁校车辆十余辆，只有一辆在遵义附近翻覆，但人物均安，取道重庆与取道鸭溪的两路师生公物，于卅四年（1945年）三月都安全抵达赤水，短期内即行复课。那时候大学的阵容，教务长是孙亢曾教授，训导长是苏希轼②教授，总务长是梁瓯第③教授，老教授如陈景琪、高承元④、张祖尧⑤、张伯箴⑥、聂绍经⑦、

---

① 孙科(1891—1973)，字哲生，广东中山人，孙中山之子。曾任南京国民政府行政院院长、立法院长等职。——编校者
② 苏希轼，生卒年不详，江苏扬州人。抗战期间随大夏大学内迁贵阳，曾任训导长职务。——编校者
③ 梁瓯第，生卒年不详，广东人。1944年随大夏大学迁往赤水，翌年任文学院教授兼总务长。——编校者
④ 高承元(1893—?)，广东人。1941年起任贵阳大夏大学教授、法律系系主任兼训导长等职务。——编校者
⑤ 张祖尧(1905—)，江苏江阴人。40年代初至贵阳大夏大学任法学院教授兼银行会计系系主任。——编校者
⑥ 张伯箴(1902—1986)，湖北黄梅人，1941年1月至1951年7月，在贵阳、赤水和上海大夏大学执教，先后任工商管理系系主任、经济系系主任、法学院院长和教授等职。——编校者
⑦ 聂绍经(1889—?)，字愚安，湖北人。贵阳、赤水、上海大夏大学文学院外文专任教授。——编校者

蔡仲武①等都到校授课。在赤水短短一年半生活中,有几件事值得一提的:

第一,是复课的迅速。几百箱的公物和五六百的师生,取道川黔两路来到赤水,我们赤手空拳,没有房子,没有校具,幸得地方人士与教育同仁(人)的热心赞助,拨给我们一所文庙,及省立赤水中学、私立博文中学、县立赤水女中都借给我们一部校舍,我们首先安置好了教室和图书馆、学生宿舍和饭厅,在短短的一个月内,便正式上课。上课以后,因地处僻壤,生活安定,读书风气浓厚,课外研究,课业观摩,都有长足的进步,只举学生壁报一项,便有廿余种之多。

第二,是收音的活动。赤水没有报纸,新闻纸类由贵阳重庆到达,须一周以上,消息隔滞。大夏自置收音机到赤以后,出版《大夏快讯》壁报,每日一大张,张贴校内外各处,甚受市民欢迎。罗斯福总统逝世、欧战胜利等消息,快讯社均出临时号外,无形中成为一种良好的社会教育工具。卅四年(1945年)"六一"校庆,《大夏快讯》出油印版,各方纷请订(定)购,其后大夏与县府合作,出版《大夏快讯日报》油印版,由县立民教馆负发行责任,份数激增。八月十日,日本无条件投降,《大夏快讯》于夜间发出紧急号外,我校师生偕全市人民,燃炮火炬游行,实为一动人的政治场面。

第三,是救济的广泛。大夏虽是私立大学,学生却多贫穷,黔南战事展开,学生断绝接济日众,给学校以极大的负担,学校除自筹财源予以救济外,尽力向四面八方请求协助。除开教育部的公费办法外,国际援华会、学生救济会都寄予同情,积极援助,有经济救济、疾病救济、营养救济、衣物救济等。学生受益极众,最难得的是我们的救济工作,极得校内外的信任,校内既无纠纷,校外亦甚信赖,给我们精神的安慰甚大。

四、复员与合流

卅四年(1945年)九月二日,抗战获得最后的胜利。在赤水的我们,开始和留在上海艰贞苦斗的沪校同仁(人)采取联络,上海分校在鲁继曾、吴浩然、邵家麟、张隽青、陈铭恩诸先生不屈不挠的支撑下,表现了辛酸光辉的成绩。在这里,我愿意介绍一段学生们的意见,他们给上海分校师友的慰问信,这样的说:"……在颠沛的道路上,虽风餐露宿,腹中苦饥,但我们仍频频回首,伫足以遥望

---

① 蔡仲武(1906—?),广东揭阳人,数学家。曾任贵阳大夏大学理学院数理系教授兼系主任。——编校者

梵王渡①的故园,怀想阴霾蔽日下的师友……我们的情怀,我们的想念,不知是惆怅,还是辛酸?……沪校的师长们,你们咬紧牙关,不屈不挠地在敌伪的胁迫下,挥着粉笔,从容地散播学术的精蕴和种子,为国家民族教养出一批青年干部,你们的精神是天地间的正气,是日月的光辉,使我们感佩,使我们崇敬!沪校的同学们,你们以愤郁的心情,日日颠倒焦灼于希望与失望中,而坚忍无悔,孜孜(孳孳)不倦地做着学问……不由得不使我们衷心地发出钦羡的呼声……现在我们站在扬子江的上端,而你们居住在扬子江的尽头……回顾八年来,我们敢说,我们已善尽任务,一面是威武不能屈,一面是贫贱不能移,这两大精神的汇流,未来的大夏,毫无疑问,必定是光芒万丈,神采灿然的!"

教育部给全国的复员学校有一个指示,要学校照常上课,至卅五年(1946年)四月以后,才开始迁移。我们遵照这道命令,卅五年(1946年)学年度第一、二学期仍在赤水上课,地方的士绅和人民开始表示出眷恋不舍的情绪。因为大学的存在,可以增进地方的繁荣、福利和文化,平时倒不觉得怎样,一旦说要迁离了,便不无依依之情。我们为了报答社会的厚情,把全部校具及已修缮的校舍都捐赠给各级学校,我们于"六一"校庆在文庙竖立了一座迁校的纪念碑,并有大规模的纪念会。卅五年(1946年)四月一日,大夏在重庆设立复员办事处,我亲赶往主持。五月以后,开始办理迁校复员工作,王副校长四月底飞返上海,主持沪校复员建设事宜,我一直等到九月半员生公物全部东下,然后飞京转沪。

在迁校复员的六个月中,学校担当着两件艰巨的工作:一件是迁运,就是怎样把后方的师生、图书、仪器、公物安全地(的)输送到上海来;一件是建设,就是怎样在中山路校址修整残屋,兴建新厦,并购置设备,使能达到充实的标准。这两大工作的关键,第一是钱,第二是钱,第三也是钱。大夏是私立的,是穷的学校,但是我们穷而弥坚,一钱当两钱用,不到半年,我们的图书、仪器、员生、公物历尽千辛万苦,居然不失一人一物,安抵上海,而梵王渡的大夏校舍,葺草平地,大兴土木。到双十节②开学,不但房舍焕然一新,校具整齐悦目,而且礼堂与饭厅两用的思群堂,也全部落成。十月廿八日,就在这里举行了历史性的复员后黔沪两校合并的秋季始仪式。

说到大夏沪校与黔校的合流,学生们在《天公报》上也有一段很有意思的话

---

① 梵王渡原来是苏州河边的一个渡口,为纪念梵蒂冈天主教教皇,后来这个渡口到静安寺的这段路就被称为"梵王渡路",1949年后改为万航渡路。——编校者
② 中华民国国庆日。——编校者

说:"两大流的交汇——不迁内地,不足以伸敌忾,张正气;不留上海,不足以存绝脉,留血胤。使命的艰难,都足以炫耀千秋,于是判使着大夏分成两条流水,在不同的环境中发展,一条是在深壑密菁,汨汨地流着;一条是在崎岖险道,浩浩地冲着。前者是动心忍性,威武不足以易其操,富贵不足以易其志;后者是艰贞无悔,贫贱不足以屈其心,患难不足以沮其气,同为着大夏精神的发扬,同为国家尽劳瘁,岁月倏忽,大夏就如此存续了九年!"这些话虽然稍涉夸张之嫌,但两校的精神与任务却描写如绘。

大夏大学的未来前途,我们无妨从它的远景去衡量。大夏精神是"苦干实干",是"自强不息",是"师生合作",这三句话,交织成一个答案,就是它永远在自动、在进步,无论物质与精神,我们都要"操之在我",向前迈进。大夏的使命是教学、研究、推广,我们要在研究上教学、研究上推广,我们的教学要具有研究精神和推广态度。十年来大夏屡经风雨吹打,始终站立不动,这在大夏校史上,是值得纪念的一页。大夏的第二个十年,安然渡过了。第二十四年度已经开始,雪莱诗篇说:"冬天已经到来了,春天还会远吗?"①大夏大学的春天,将不是等待,而是力争上游,与科学的群众时代,学术自由的精神以及民主自治的潮流,携手并进,兰桂齐芳,这就有待于贤达的协助,政府的辅导,和全校师生的努力奋斗了!

---

① 语出雪莱《西风颂》。——编校者

高等
教育论

二十五年来中国之高等教育[①]

二十五年来中国之高等教育，几乎是包括中国高等教育史的全部。我们常夸耀着中国有四千余年悠久的历史，可是我们寻不出一个满五十岁的国立大学。北洋大学算是最老的，产生于1887年[②]，距今不过43年。南洋大学（即今交通大学）成立于1897年[③]，距今不过33年。北京大学创设于1898年，也只有32年的校史。其他公私立大学和专门学校，除一二个外人经营的以外，都是二十世纪的产物。比不得欧洲有几个著名大学，在十二三世纪时候就粗具规模。巴黎、牛津、剑桥诸大学，都有七百多年光荣的历史。美国著名大学如哈佛、耶鲁，已经成立了二百余年。哥伦（仑）比亚和普林斯（士）顿，也将近有二百年的历史。拿我们很短期的高等教育，和欧美比较——物质的设备、学术的阐明、文化的贡献——可谓望尘莫及、瞠乎其后，这是无可讳言的。不过在这二三十年中，中国的高等教育，由萌芽而发育滋长，到现在虽然秀而不实，却有蓬勃猛进的气象。我现在拟分做三期叙述：第一期是清末的高等教育，第二期是民国成立后的高等教育，第三期是国民政府成立后的高等教育。历史纪年：第一期是自光绪二十八年（1902年）至清朝亡时，第二期自民国元年（1912年）至十六年（1927年），第三期自十六年（1927年）至现在。每期除叙述外，谨就管见所及，略加批评，以供读者的参考。

第一期　清末的高等教育

中国兴办新教育的动机，是在于对外。五口通商之后，中外交涉日繁，需用翻译人才，就有同文馆的设立，教授英、法、日、俄的语言文字。甲午庚子丧师割地之后，外国的坚船利炮，震动清廷，遂有上海江南制造厂、马江船政学堂、天津电报学堂、北洋水师学堂的创设。到光绪末年时候，所谓"中学为体西学为用"的口号，朝野宣传，盛极一时。光绪二十八年（1902年），管学大臣张百熙《奏定学堂章程》，颁布全国，开吾国学制系统之先河。这个章程，定在省会设高等学

---

① 原载《环球中国学生会五周年纪念册》，1930年。——编校者
② 北洋大学，原为创建于1895年的天津中西学堂，1913年改称国立北洋大学。——编校者
③ 1896年3月南洋公学成立于上海，先后形成师范院、外院、中院、卫院（大学堂）。1913年改称南洋大学。1921年改名交通大学。——编校者

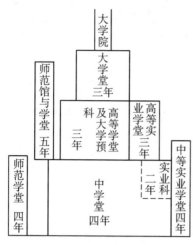

光绪二十八年（1902年）学制之中等以上教育系统图

堂，分政艺两科，肄业期限三年。京师设大学堂，分政治、文学、格致、农业、工艺、商务、医术七科，肄业期限三年。大学堂之下，设大学预备科和速成科，肄业期限都是三年。预备科的性质与高等学堂相同。速成科分仕学、译学二馆。大学堂之上设大学院，从事研究学术，不设课程，不定期限。这个《钦定学堂章程》，规划（画）虽然详尽，但大半未见实行，等于一纸官样文章而已。《钦定学堂章程》中的高等教育和中等学校的关系，表示如左图：

到光绪二十九年（1903年），张之洞、荣庆、张百熙又会同厘定学堂章程。这个章程把高等教育一段，规定比前更详细。专门学校有高等学堂、高等实业学堂、优级师范学堂、实业教员讲习所、译学馆及进士馆。大学有三年的预科和三年至四年的本科。大学分八科，较《钦定学堂章程》加经学一科。大学之上有通儒院，是研究学术最高的机关。这个奏定学制中的高等教育和中等学校的关系表示如下图：

以上学制颁布三年之后，中央学部成立。光绪末年和宣统年间，学部对于低级教育虽有修订，但是高等教育这一段是没有什么改革。直到民国元年，才有新学制的颁布。

清末的高等教育，带很浓厚的日本化色彩。因为日本在中日之役①和日俄之战的成功，使中国朝野觉得非兴学不足以图富强。一时留学日本的，有万余人之多。速成返国的与年俱增，做教育革新的运动。所以新学制里各级学校的名称和课程，大概都模仿日本。光绪三十四年（1908年）起，清廷更和日本文部省特约，在十五年内日本5个专门学校②每年收165个中国学生，经费由各省解发，至大学毕业为止。他们陆续返国，遍布国中，主持省立的高等学堂和优级师范，成绩颇有可观。可惜清廷当道长官，对西洋文明没有彻底的了解。即对旧教育也没有彻底改革的决心，书院的制度、科举的流毒，不免传授给新式的学校。至于大学教育，简直是洪荒初辟。终清之世，不过北洋大学、北京大学、山

---

① 即中日甲午之战。——编校者
② 五校分别为：日本第一高等学校、东京高师、东京商工、山口高商、千叶医专。——编校者

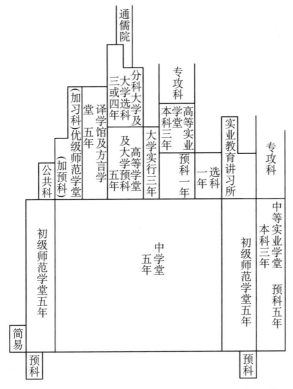

光绪二十九年(1903年)学制中之中等以上教育系统图

西大学三校粗具规模而已。①

第二期　民国成立后的高等教育

民国元年(1912年)七月,教育部在北京召集临时教育会议,议决学制系统。中学生四年毕业后,进三年的大学预科和三年至四年的大学本科,就算修满大学课程。大学分文、理、法、商、医、农、工七科,凡设文理二科,或设文科兼法商二科,或设理科兼医农工三科或二科或一科的,方得名为大学。民国六年(1917年),又把预科期限改为二年,本科确定为四年。至于专门学校,民国元年(1912年)教育部就定了法政、工业、医学、药学、商船、外国语、商业、农业等专门学校规程。二年又颁布《高等师范规程》。专门学校有一年的预科,三年或四年的本科。民元(1912年)以后,各省陆续设立专门学校,有如春笋怒发,

---

① 终清之世,尚无北洋大学、北京大学、山西大学之名。1900年天津中西学堂毁于帝国主义列强侵略,1903年重建后为北洋大学堂,1913年改为北洋大学。1900年京师大学堂被迫停办,1902年复校,1912年改称北京大学。1902年山西大学堂创办,民国成立后改为山西大学。——编校者

学生受高等教育的机会愈多。民国十年（1921年），共计有公私立各种专门学校72所，学生达12 000人，6个国立高等师范的学生，尚不在其内。民元（1912年）所定的高等教育和中等学校关系如下图：

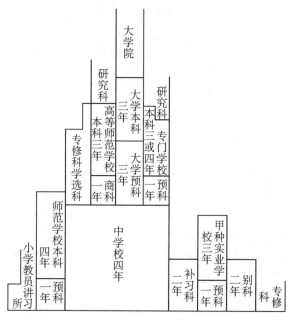

民国元年（1912年）学制中之中等以上教育系统图

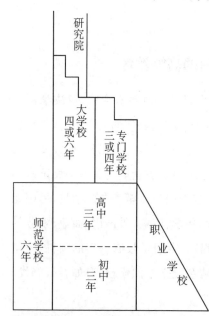

民国十一年（1922年）学制中之中等以上教育系统图

民元学制，施行十年之后，发现（见）许多弱点。加以民八（1919年）之新文化运动和杜威来中国讲学之后，教育思潮大变。旧有的学制和课程，不能适应社会的需要。民十（1921年），第七届全国教育会联合会在广州开会，就拟定改革学制草案。十一年（1922年）九月，教育部根据这个草案，在济南召集学制会议，十一月公布新学制。高等教育和中等学校关系如左图：

此制对于高等教育段详细说明如下：

（一）大学校设数科或一科均可，其单设一科者称某科大学校，如医科大学、法科大学之类。

（二）大学修业年限四年至六年（各科得按其性质之繁简于此限度斟酌定之）。医法两科大学修业年限至少五年。师范大学修业年限四年。依旧制设立之高等师范学校，应于相当时期内提高程度，收受高级中学毕业生，修业年限四年，称为师范大学校。

（三）大学校用选科制。

（四）因学科及地方特别情形，得设专门学校，高级中学毕业生入之。修业年限三年以上，年限与大学同，待遇亦同（依旧制设立之专门学校应于相当时期内提高程度收受高级中学毕业生）。

（五）大学校及专门学校得附设专修科，修业年限不等（凡志愿修习某种学术或职业而有相当程度者入之）。

（六）为补充初级中学教员之不足，得设二年之师范专修科，附设于大学校教育科或师范大学校，亦得设于师范学校或高级中学，收受师范学校及高级中学毕业生。

（七）大学院为大学毕业及具有同等程度者研究之所，年限无定。

民元（1912年）之后，欧美、日本留学生学成返国的，络绎不绝，而美国留学生更多。一则因为美国退还庚款，设立清华学校，预备学生留学，每年大批派送赴美。二则因为美国教会在中国设立大学十余所、中学校数十所，进教会学校而有志留学的学生，对于英文有相当的准备，对于美国的课程学制，也能习见熟闻。这些美国留学生回国，多数办理大中学校教育。因之向来日本化的教育，一变而为美国化的。理论实施，都带着美国的色彩。美国学者杜威、孟禄来华讲学之余，更与主持教育行政者多方指导。民十一（1922年）所颁布的新学制，大学中学期限定为六三三、大学四年，简直是模仿美国学制，依样画来的葫芦。大学采学分制、选科制，更是显而易见。民八（1919年）以后，北京大学、南京高师、北京高师和私立的大同、岭南、沪江诸大学相继招收女生。大学男女同学的风气，更与美国大学东西并耀。不过近代各国教育，都是适应本国历史背景和社会需求的。强异为同，皮毛模仿，橘逾淮而为枳，结果一定不好的。人家的大学精神，是注重在学术研究、性格修养；我们的大学精神，是树立门户党派、互相排挤。人家行学分制选课制，是适应个性、发展特长；我们仿行，是鼓励学生舍难就易和虚荣心投机性的弱点。至于大而不学的大学，和门而不专之专门学校，前仆后继，不知多少。学风之腐败，就是向来喜欢利用学生的武人政客，也正在大声疾呼"整顿学风"的腔调。最近有人发表很沉痛的宣言道："目前中国教育上的缺点,实在很多。大学教育上腐败的情形,较中小学教育为尤甚。大学校的设备,残缺不完;大学校的课程,杂乱无章;学校管理,敷衍塞责。学生程度,参差不齐。这些是有目共睹的事实,这些还算比较细小的弊端。实际情状,中国的大学教育机关已成合股谋利的商店。中国的大学毕业文凭,已成滥发贱兑的钞票。三十年来中国的教育制度,造就了目前混乱纷扰的社会。目前的大学教育,又正在培养继续混乱纷扰的人才。中国教育——特别是大学教育——的改进,的确是目前万分严重的问题。"这简直是以血以泪写出的文章。

国民政府成立之后,对高等教育如何整理,在下段叙述。

第三期　国民政府成立后的高等教育

国民政府成立于十六年(1927年)四月,此时主持全国教育最高的行政机关是中央教育行政委员会。有几位国民党中央委员,曾经留学法国。他们看法国行大学区制:把全国分为17大学区,每一大学区有区学院一所、大学一所。区学院掌一区教育行政之最高权。区学院长兼大学校长,下设区教育委员会和大学评议会,总理一学区之各级教育事务。这种制度的长处,是在行政机关学术化。革命政府所忌的是官僚化。所以那几位中央委员,力主仿行。教育行政委员会颁布《大学区条例》之后,指定浙江、江苏两省为第三、第四中山大学区,试验新制。是年夏间,次第成立,以后北平也试行大学区制。七月四日国民政府又公布《大学院组织法》,十月一日蔡元培就中华民国大学院院长职,是为全国学术及教育行政之最高机关。十七年(1928年)大学院组织法经一度的修订。行政方面:设大学委员会,议决全国学术上教育上一切重要问题。高等教育行政,是归学校教育组里专门教育股管的。学术研究方面:设中央研究院,内分物理、化学、工程、地质、天文、气象、历史、语言、心理学、国文学、考古学、社会科学、教育及动物、植物等研究所。这种研究所,是供给专门学者的研究,并非像普通学校招收学生去肄业的。以上研究所,或已在京沪二处设立,或在筹备中。

大学院于十七年(1928年)五月召集全国教育会议,全体议决推行三民主义化之教育。高等教育组的议案,计有几十件之多,可见国人对于高等教育之注意。以后大学院又订定《训政时期施政大纲》,关于高等教育的有下列的规定。

一、专门学校

第一年:(一)调查全国专门教育状况,(二)整顿现有各公私立专门学校,

(三)视国家及地方特别需要,增设各种完备的专门学校,(四)制定专门学校课程标准,(五)制定专门学校设备标准,(六)制定专门学校严格考试条例,(七)实施军事教育(女生习看护)。第二年:(八)实施专门学校课程标准,(九)实施专门学校设备标准,(十)实行专门学校考试条例。第三年:(十一)改良并扩充各专门学校,(十二)按照需要增设专门学校。

二、大学

第一年:(一)调查全国大学教育状况,(二)整顿现有各公私立大学,(三)规定全国应设大学之区域,(四)制定大学课程标准,(五)制定大学设备标准,(六)制定大学严格考试条例及学位授予条例,(七)实施军事教育(女生习看护)。第二年:(八)实施大学课程标准,(九)实施大学设备标准,(十)实行大学考试条例及学位授予条例。第三年:(十一)改良并扩充各公私立大学,(十二)实现各区应设之大学,(十三)国立大学酌设研究院。

三、国外留学生

第一年起:(一)调查现在国外留学生状况,(二)制定派送并管理国外留学生条例,(三)每年依照条例选取大学毕业生之得有国家学士学位者若干名,派赴各国留学,(四)指定的款,每年由各省选取专门以上各校毕业生派送留学。

八月,大学院厘订教育系统,规定:(一)大学得分设文、理、法、医、工、农等科为各学院;(二)大学修业期限,文理农各四年、法工五年、医七年;(三)大学得附设备专修科;(四)研究院为大学毕业生而设,年限无定;(五)专门学校得就农业、工业、商业、美术等各科分别设立;(六)专门学校招收高级中学或同等学校之毕业生;(七)专门学校修业年限各三年,经大学院之许可,得延长或缩减之。

大学院所厘订高等教育与中等学校关系如右图:

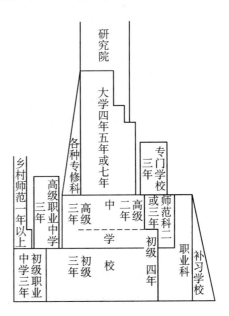

综观以上各种计划,大学院成立,只一年余。对于改进高等教育事项,纲举目张,召集全国教育会议,尤能表现教育统一之好现象。大学院虽改为教育部,而衣钵相传,设施尚能一致。岂料霹雳一声,中央大学区(第四中山大学区改名江苏大学区,又改中央大学区)之中等学校联合会,竟发表宣言,呈请中央,痛击大学区制之流弊。十八年(1929年)二中全会,议决废止大学区制。六月间教育部徇中大区中学教联会之请,毅然取消。于是声势浩荡之大学区制,不旋踵而夭亡,从前极力主张的人,没有一个出来辩护,令人大惑不解。

教育部成立之后,对高等教育整理改进,不遗余力。十八年(1929年)七八月间,由国民政府公布《大学及专科学校组织法》和《规程》。大学分文、理、法、教育、农、工、商、医各学院,具备三学院以上者始得称为大学,修业年限除医学院五年外,余均四年,专科学校修业年限为二年或三年。学系课程都有很详细的规定:

(一)大学文学院或独立学院文科,分中国文学、外国文学、哲学、史学、语言学、社会学、音乐学及其他各学系。

(二)大学理学院或独立学院理科,分数学、物理学、化学、生物学、生理学、心理学、地理学、地质学及其他各学系,并得附设药科。

(三)大学法学院或独立学院法科,分法律、政治、经济三学系,但得专设法律学系。大学或独立学院之有文学院或文科而不设法学院或法科及设法学院或法科而专设法律学系者,得设政治、经济二学系于文学院或文科。

(四)大学教育学院或独立学院教育科,分教育原理、教育心理、教育行政、教育方法及其他各学系。大学或独立学院之有文学院或文科而不设教育学院或教育科者,得设教育学系于文学院或文科。

(五)大学农学院或独立学院农科,分农学、林学、兽医、畜牧、蚕桑、园艺及其他各学系。

(六)大学工学院或独立学院工科,分土木工程、机械工程、电机工程、化学工程、造船学、建筑学、采矿、冶金及其他各学系。

(七)大学商学院,或独立学院商科,分银行、会计、统计、国际贸易、工商管理、交通管理及其他各学系。

(八)大学医学院或独立学院医科不分系。

教育部为充实现有大学内容及防止滥设起见,对于大学各学院及各专科学校的开办费和经常费,都规定最低限度的标准,如下列二表:

专科学校经费标准表

类别	开办费	每年经常费
甲类之矿冶机械电机化学等项专科学校	20万元	10万元
甲类之土木建筑纺织造纸飞机其他关于工业等专科学校	15万元	8万元
甲类之测量染色制革陶业造船等项专科学校	10万元	8万元
乙类之农艺森林畜牧水产其他关于农业之各项专科学校	10万元	8万元
乙类之兽医园艺蚕桑等项专科学校	6万元	5万元
丙类之关于商业各项专科学校	6万元	5万元
丁类之药学专科学校	10万元	8万元
丁类之商船专科学校	10万元	6万元
丁类之艺术音乐体育图书市政其他不属甲乙丙之专科学校	6万元	5万元

大学各学院经费标准表

院别或科别	开办费	每年经常费
文学院或文科	10万元	8万元
理学院或理科	20万元	15万元
法学院或法科	10万元	8万元
教育学院或教育科	10万元	8万元
农学院或农科	15万元	15万元
工学院或工科	30万元	20万元
商学院或商科	10万元	8万元
医学院或医科	20万元	15万元

教育部对私立大学的取缔,尤主严格,年来成绩优良者,予以立案,已有十余所。其内容腐败者,或封闭,或限期令其结束,亦不一而足。兹将全国公立及已立案之私立大学和专门学校列表如下:

全国公立及已立案之私立大学概况表(根据教育部十七年(1928年)度调查)

校址	校名	学生数	教职员数	开班课程数	岁出经常费数
沈阳	东北大学	1 183	125		1 333 557元
北平	国立北平大学北大学院	1 105	257	411	495 303元
北平	国立北平大学医学院	302	115	40	98 778元
北平	国立北平大学农学院	208	97		84 282元

续 表

校址	校名	学生数	教职员数	开班课程数	岁出经常费数
北平	国立北平大学女子学院	175	92	138	62 135元
北平	国立北平大学俄文法政学院	312	54	30	25 185元
北平	国立清华大学	505	130	166	725 618元
北平	国立交通大学北平铁道管理学院	213	61	52	64 400元
北平	私立燕京大学	565	114	233	660 611元
唐山	国立交通大学唐山土木工程学院	237	34	56	85 618元
天津	国立北平大学第二工学院	452	61	90	127 563元
天津	私立南开大学	375	58	75	202 125元
保定	国立北平大学河北学院	359	180	305	248 854元
太原	山西大学	566	69		155 895元
兰州	兰州中山大学	223	79		67 700元
开封	河南中山大学	688	109	168	210 403元
西安	西安中山大学				
南京	国立中央大学	1 731	565	555	1 555 162元
南京	私立金陵大学	532	137	129	312 018元
苏州	私立东吴大学				
上海	国立交通大学	773	133	130	295 425元
上海	国立同济大学	182	53	94	254 425元
上海	国立暨南大学	623	210	191	325 512元
上海	国立劳动大学	287	88	173	246 025元
上海	国立中央大学商学院				
上海	国立音乐院	62	26	19	53 056元
上海	私立大同大学	389	45	90	98 659元
上海	私立复旦大学	1 210	102	149	158 655元
上海	私立光华大学	459	75	113	312 602元
上海	私立大夏大学	819	88	192	233 061元
上海	私立沪江大学	533	52	92	287 595元
上海	私立东吴大学法学院				
杭州	国立浙江大学	343	142	290	309 562元
杭州	国立艺术院	167	45	29	90 600元
安庆	安徽大学	310	104	56	166 739元

续 表

校址	校名	学生数	教职员数	开班课程数	岁出经常费数
武昌	国立武汉大学	314	106	54	304 796 元
成都	成都大学	1 031	133	279	266 078 元
成都	成都师范大学				
成都	四川大学				
长沙	湖南大学	391	77	127	156 057 元
贵阳	贵州大学				
梧州	广西大学				
厦门	私立厦门大学	295	105	211	267 166 元
广州	国立中山大学	1 625	410	277	1 266 564 元

全国专门学校概况表（根据教育部十七年（1928年）度调查）

校址	校名	学生数	教职员数	岁出经常费数
迪化	新疆省立俄文法政专门学校			
哈尔滨	哈尔滨医学专门学校			
吉林	吉林公立法政专门学校	135 人	29	18 654 元
张家口	察哈尔省立农科专门学校			
天津	河北省立法政专门学校	250	45	60 758 元
天津	河北省立工业专门学校	123	40	54 995 元
天津	河北省立水产专门学校			
太原	山西公立法政专门学校	273	43	39 717 元
太原	山西公立农业专门学校	264	53	60 922 元
太原	山西公立工业专门学校	166	50	72 590 元
阳曲	山西公立商业专门学校	139	27	27 611 元
无锡	私立无锡国学专门学院	115	14	15 030 元
上海	中法国立工业专门学校			
杭州	浙江省立法政专门学校	109	35	31 871 元
杭州	浙江省立医药专门学校	127	58	87 221 元
武昌	湖北公立体育专门学校	53	24	32 616 元
武昌	私立武昌文华图书馆专门学校	10	15	18 760 元
成都	四川公立农业专门学校			

续表

校址	校名	学生数	教职员数	岁出经常费数
南昌	江西省立法政专门学校	172	48	41 805 元
南昌	江西省立农业专门学校	67	33	49 856 元
南昌	江西省立工业专门学校	67	41	59 076 元
南昌	江西省立医药专门学校	98	31	56 416 元
昆明	云南公立法政专门学校			
桂林	广西公立法政专门学校			
广州	广东公立法政专门学校			
广州	广东省立工业专门学校			

近年来中国学生出国留学欧美、日本的,他们在国内的学问准备,比前十年、二十年更充分。在外国所专门的学科,也大都比前十年、二十年高深。最近中央和各省派送学生留学,都举行严格考试。兹将十七年(1928 年)和十八年(1929 年)欧美、日本留学生科别统计列表如下:

留美中国学生科别统计(据寰球中国学生会十八年(1929 年)所调查)

理……65　　文……53
农……25　　法……151
工……237 ⎫391　商……121 ⎫398
医……63 　　教育……44
理工合……1　艺术……29
文理合……102　其他……388
总计 1 279 人

科别＼国别	理	农	工	医	文	法	商	教育	艺术	其他	预备及未详者	总计
德国	32	2	94	53	13	24		5	2	4	44	273
比国	3	3	69	9	8	24		2		2		120
英国	1		13	9	5	22	9	4	1		1	65
意国								1	11		3	15
奥国				2		2						4
日本	117	106	344	107	25	482	93	68	174	4	10(未详)	1 530
总计	153	111	520	180	51	554	102	79	178	21	58	2 007
总计%	7.5	5.5	25.9	9.0	2.6	27.7	5.1	3.9	8.3	1.0	2.9	100.0
			47.9			48.2						

十九年(1930 年)四月,教育部又召集全国教育会议,讨议改进全国教育方

案。关于高等教育的,主张分三个步骤,训政六年期内,用全力使现在的高等教育内容充实、程度提高。但做质量的改进,不再做数量的扩充。从第七年起的七年内,设法增派国内有经验的学者出外留学,做第三步的坚实准备。从第十四年起的七年内,酌量增设大学或专科学校。所以对(一)充实国立大学内容并整理现有省立各大学办法,(二)整顿私立大学及专科学校,(三)提高大学及专科学校学生程度,(四)改进留学生派遣办法,(五)筹设专科学校办法,(六)提倡学术研究奖励技术发明办法各项,都有极详尽的规划。惜限于篇幅,不能一一叙述。兹将第二届全国教育会议议决关于高等教育经费总预算表列下:

高等教育经费总预算表

年份 用途	第一年	第二年	第三年	第四年	第五年	第六年	第七年	第八年	第九年	第十年
充实国立大学内容	100万元	同	同	同	同	同	同	同	同	同
国立专科学校经费	20万元	50万元	70万元	90万元	110万元	130万元	150万元	同	同	同
国外留学经费	30万元	同	同	同	同	同	同	同	同	同
私立大学及专科学校补助	30万元	同	同	同	同	同	同	同	同	同
奖励学术	60万元	同	同	同	同	同	同	同	同	同

除学术基金只动用利息外,第十一年以后同。

国民政府成立至今,才三年余,设计改进高等教育,可谓不遗余力。大学区制试行的时候,有人以为这是中国教育由美国化而变为法国化的预兆。其实在党治之下,各级教育都要贯彻三民主义的精神。第一次全国教育会议,已经议决全国教育三民主义化。第三次国民党全国代表大会,确定中华民国教育宗旨道:"中华民国之教育,根据三民主义,以充实人民生活、扶持社会生存、发展国民生计、延续民族生命为目的。务期民族独立、民权普遍、民生发展,以促进世界大同。"对于大学及专门教育实施的方针,乃是:"注重实用科学,充实科学内容,养成专门知识技能,并切实陶融为国家社会服务之健全品格。"这样看来,党国教育的理论,已得到一个重心,党国教育的设施,已有了标准。发扬光大,前途未可限量的。

今后中国之高等教育,在物质方面,固然要依据部定经费标准去建设。然而物质建设，不过是改进高等教育的方法，并非高等教育的重心。倘是校舍宏丽、设备完全、经费充裕，而全部设施没有一个重心，学生以求文凭而上课，教员以领薪金而授课，职员人浮于事、装饰门面、敷衍塞责，在形式上固然是极济济跄跄之盛，而实际上不过是一个官僚化的大学。受过这种高等教育的青年，在学问上当然没有好成绩，在德性上反养成奢侈懒惰、妄自夸大、不负责任等等的恶习惯。一出校门，就卷入恶社会的旋涡中，弱者到处受排挤，求一啖饭地而不可得，感受异常痛苦，强者到处钻营，极诡谀投机之能事。势利为上，资格次之，学问为轻，人格更可不要。其能够洁身自好，对社会国家有贡献的真是不可多得。愚见以为今后高等教育，应该以心理建设做重心。这个可分做两点讨论，第一是健全人格的陶冶，第二是真知实学的修养。

　　健全人格的标准，虽难确定，但看现今社会的积弊和受过高等教育者的堕落，我们可提出几件事来讲：第一要崇尚气节，淡泊势利。大学生可以做官，但是要光明磊落，廉洁为公；大学生可以入党，但是动机要纯洁，不应趋炎附势、朝秦暮楚、自损人格。第二要有责任心。事无大小，既经承办，要鞠躬尽瘁，彻底干好。成则归功于己，败则归咎于人，只知权利，不知义务，都不是责任心的表现。第三要纪律化。近来国内整顿学风的声浪，来得很高，我以为受高等教育的学生，是富有自治能力的，整顿学风，要学生自动的守纪律，教员也要以身作则，以诚相见，使师生之间，毫无隔膜才行。第四要节俭化。现在大学生一年至少要花三四百元，多的有花一千元以上的，高等教育愈贵族化，家长愈不胜其负担，奢侈习惯养成之后，毕业出校，必定钻营奔走于势利之途，以偿其欲望。在这民穷财尽的中国，提倡节俭，是救时良药，并不是老生常谈。第五要勤劳化。在生产过剩的国家，实行"三八制度"之后，还怕工作时间太长，出货太多。中国经济早已破产，各省兵匪为患，列强侵略日增，在在都是亡国征兆。所望于受高等教育的学生，能够养成强健的体格，坚忍的魄力，耐劳吃苦的习惯，将来出校，做兼人的事业，解老百姓倒悬之苦，置国家于磐石之安，这是受高等教育者的使命。

　　心理建设的第二点，是真知实学的修养。这是全部专门以上学校课程标准和教学方法以及考试问题。在这篇里不能详细发挥。现在大学生往往变做学分的奴隶，求学不是为学问，乃是为学分和文凭。到毕业出校，才知不学无术，无以应世。从前的士子，做八股的奴隶，近代的大学生，做学分的奴隶，五十步不可以笑百步呢。本来高等教育的目标，首在研究高深学术，处中国现在情形之下，社会建设事业，都要真知实学的人去做，才会有成绩。真知实学的结果，一定能够改造社会、转移社会的思想,英国牛津大学常常夸口说:what Oxfoxd thinks today, England will think tomorrow.因为牛津大学的教授和学生,具有真知卓识。他们有先见之明,他们能造成舆论,他们能转移全国思想。我们实在惭愧,大学教员学生,往往随波逐流,投机于世俗之所好,自己没有主张,甚至于别人喊"打倒智识阶级",做学生的也跟着喊。这是学问虚伪错误,思想不彻底的表现。挽救的责任,在学生自己能够觉悟,在教授能够领导青年去研求实学。

综观二十五年来的高等教育,历史虽短,进步却不慢。过去发展的趋向,是由日本化而美国化而三民主义化。后者亦可叫做中国化,就是现在的时期。一方要利用科学方法,研究高深学术,养成专门知识技能,一方要切实陶融建设新中国的健全品格。这个目标的实现,全仗办理高等教育者继续努力。

十年来之中国高等教育[①]

一、引言

二、发轫时期的高等教育

三、最近十年来的高等教育

    （一）学制改革后的高等教育

    （二）国民政府成立后的高等教育

    （三）"九一八"国难后的高等教育

四、今后改进高等教育的意见

    （一）安定高教人员生活

    （二）注重经济效率

    （三）扶助私立大学

    （四）实现教部改进政策

    （五）更进一步确定改进高等教育根本方针

一、引言

高等教育为中等教育以上一阶段的教育，含有纯粹研究学术和培养专门实用人才两目的，所以高等教育制度极形复杂。论其领域，可包括大学、专门学校、学术研究及留学制度。我国高等教育的发轫，以清同治初年所办的同文馆为始，虽历史甚短，比不得欧洲有几个著名大学，在十二三世纪时就粗具规模，巴黎、牛津、剑桥诸大学，都有七百多年的光荣历史；美国著名大学如哈佛、耶鲁，亦已经成立了二百余年。从时间上言，我国高等教育，固属呱呱坠（堕）地的新产儿，瞠乎人后；不过自学制改革后近十年来的高等教育，由萌芽而发育滋长，到现在虽然秀而不实，却有蓬勃猛进的气象，其演进过程，颇多足资记（纪）载的材料，可为今后改革的张本。作者从事高教事业十余载，今幸值大夏大学校庆《十周年纪念刊》征稿，特将最近十年来的中国高等教育，分做三期叙述：第一期是学制改革后的高教，第二期是国民政府成立后的高教，第三期是"九一八"国难后的高教。历史纪年：第一期自民十三（1924年）至十六年（1927年），

[①] 原载《大夏》1卷5期，1934年。——编校者

第二期自民十六（1927年）至二十年（1931年），第三期自民二十（1931年）至现在。但是教育的演进，是有渊源关系的，故在研究近十年来高等教育之前，对于清末民初高教发轫时期的情况，也应做简括的叙述。

二、发轫时期的高等教育

自清道光二十二年（1842年）因鸦片战争而缔结《南京条约》，咸丰十年（1860年）英法联军入京、清帝北狩之后，于是国人有两种觉悟：（一）知道国际外交的重要，急需培养翻译的人才，遂有同文馆的设立，教授英、法、日、俄的语言文字；（二）震于西人船坚炮（砲）利，急需培养制造船械和海陆军的人才，乃创设上海江南制造厂、马江船政学堂①、天津电报学堂、北洋水师学堂，以济当时之急，然尚无大学教育可言。

至光绪二十二年（1896年）津海关道盛宣怀奏准在天津设立西学学堂，分头等、二等二种，肄业时期各四年。据盛氏自称：头等学堂，即外国所谓大学堂，学生除习普通课程外，兼可习工程、电学、矿务、机器、律例等专门课程一种。后又奏设南洋公学于上海，其目的在培养政治专家，先设师范院，储备师资，并附设外院（即附属小学），以资实习。次年设中院（即中学）、上院（即高等学堂）。西学学堂的头等学堂及南洋公学的上院，可称为我国大学教育的雏形。

光绪二十八年（1902年），管学大臣张百熙《钦定学堂章程》颁布，开我国学制系统的先声。该章程内关于大学教育宗旨为"激发忠爱，开通智慧，振兴实学"。并定在省会设高等学堂，分政、艺两科，肄业期限三年；京师设大学堂，分政治、文学、格致、农业、工艺、商务、医术七科，三年卒业。在大学堂之下，设大学预备科和速成科，肄业期限都三年。大学堂之上，设大学院，从事研究学术，不设课程，不定期限。次年张之洞、荣庆、张百熙又会同厘定学堂章程，对于高等教育一阶段，规定专门学校有高等学堂、高等实业学堂、优级师范学堂、实业教员讲习所、译学馆及进士馆。大学有三年的预科和三年至四年的本科。大学分八科，较《钦定学堂章程》加经学一科，大学之上有通儒院，是研究学术最高的机关。这二次学堂章程的规划详尽，固可谓为我国真正大学教育的发轫。只惜清廷当道长官，对西洋文明没有彻底的了解，对旧教育又无改革的决心，书院的制度、科举的流毒，不免传染给新式学校。至于大学教育，终清之世，不过北洋大学、北京大学、山西大学三校粗具规模罢了。

---

① 即福建船政学堂。——编校者

迨民国成立，南京临时政府于元年（1912年）四月设置教育部以代前清的学部，九月召集教育会议，重新公布学制系统，规定中学生四年毕业后，进三年的大学预科和三年或四年的大学本科，就算修满大学课程。照教部十月间所颁布的《大学令》：凡大学分为文、理、法、商、医、农、工等七科，这较《奏定章程》所规定的减少了经学一科；并将前之格致科改为理科，法制科改为法科。此外规定大学以文理二科为主，凡文理二科并设者及文科兼法、商二科或理科兼医、农、工三科或二科或一科者，方得名大学，较旧制京师大学须设八科、外省大学须设三科之规定，限制稍宽。至大学宗旨，据《大学令》为："大学以教授高深学术养成硕学闳材，应国家需要为宗旨。"较前清所定的又稍不同。到了民国六年（1917年）九月，教部又把《大学令》修正，举其要点有四：（一）大学但设一科得称某科大学；（二）大学本科修业年限一律改为四年，预科改为二年；（三）大学教员改分正教授、教授、助教授三等，讲师仍旧；（四）废止各科教授会，凡各科事项必须开会审议的，即由各科评议员自行议决。

至于专门学校，民国元年（1912年）教育部就定了法政、工业、医学、药学、商船、外国语、商业、农业等《专门学校规程》。二年（1913年）又颁布高等师范规程。专门学校有一年的预科，三年或四年的本科。总之，民元（1912年）以后，各省陆续设立专门学校，有如春笋怒发，学生受高等教育的机会愈多。据民十（1921年）年统计，全国共有公私立各种专门学校72所，学生达12 000人而6个国立高等师范的学生，尚不在内。

我国发轫时期的高等教育，除上述的大学、专门学校、高等师范外，尚有必须附带说明的，便是留学制度。考其原因，系由日本在中日之役和日俄之战的成功，说中国朝野觉得非兴学不足以图富强，一时又深感到各种专业师资人才的缺乏，乃选考聪颖的青年留学外国。当时留学日本的，计有万余人之多，速成返国的与年俱增，做教育革新的运动。所以新学制各级学校的名称和课程，大概都模仿日本。光绪三十四年（1908年）起清廷更同日本文部省特约，在15年内日本五个专门学校每年收165个中国学生，经费由各省解付，至大学毕业为止。这班留日学生陆续学成返国，遍布各地，主持省立高等学堂和优级师范，成绩颇有可观。

三、最近十年来的高等教育

（一）学制改革后的高等教育

民元学制，施行十余年后，适值欧战告终，国人外鉴各国学制的变迁，内省社会及时代的需要,觉得不能不修改旧章以求适应。加以民八(1919 年)的"五四"新文化运动和杜威来中国讲学鼓吹,同时赴美留学及赴英参观学校者日多,盛称美国学制的优美,而不满日本化的教育。是以民十(1921 年)第七届全国教育会联合会在广州开会,就拟定《改革学制草案》。民十一年(1922 年)九月,教育部根据这个草案,在济南召集学制会议,十二月公布《学校系统改革案》,这便是所谓"新学制"的起源。

这次学制改革,系根据下列七标准：1. 适应社会进化的需要；2. 发挥平民教育精神；3. 谋个性之发展；4. 注意国民经济力；5. 注意生活教育；6. 使教育易于普及；7. 多留各地方伸缩余地。我们看此项标准中能注意到社会进化、平民教育、个性发展、国民经济和普及教育,可见教育思想已有一种长足进步了。兹将新学制系统表列下:

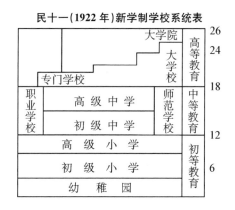

这新学制关于高等教育段说明,其要点有五:1. 大学设数科或一科均可,单设一科者称某科大学；2. 大学修业年限四年至六年；3. 废止预科；4. 旧制高等师范学校应提高程度,改为师范大学；5. 大学采用选科制。民十三年(1924 年)复颁布《国立大学校条例》,除规定上列要点外,尚有重要之点三项:1. 国立大学得设董事会,审议学校进行计划预决算及其他重要事项；2. 各科学长取消,代以教务长一人,主持全校教务,由正教授或教授兼任,取消助教授而保留其他三级；3. 恢复教授会,同时并添设教务会议。

我人就上述的高教说明五要点及大学条例之要点,拿来和从前学制比较一下,可看出学制改革后的大学教育趋向的特征:第一是从日本化的教育,一变而为美国化的。如新学制上所规定小学、中学期限为六三三,大学四年,以及大学采学分制选科制,都是模仿美国学制,依样画来的葫芦。其次大学男女同学的风气,更与美国大学东西并耀。不过近代各国教育,都是适应本国历史背景和社会需求的,强异为同,皮毛模仿,橘逾淮而为枳,结果一定不好的。所以人家的大学精神,是注重在学术上研究,性格上修养;我们的大学精神,是树立门户党派,互相排挤。人家行学分制、选科制,是适应个性,发展特长;我们仿行,是鼓励舍难就易和虚荣心投机性的弱点。第二是专校的升格运动。查专门学校始于前清高等实业学堂、法政学堂等校,"以教授高等学术养成专门人才为宗旨",换言之,其目的在培养应用人才,以为职业界领袖之资,较之大学养成"博学鸿儒从事学问研究"的宗旨不同。而国人不明职业界实用人才与学问界研究家的训练各异,误解外国一般大学的万能作用;又因《新学制》有专科大学的规定,当时政府当局复十分懦弱而无确定教育方针,因此换汤不换药的以原有的人才设备和经费强称大学的名义。结果京师专校升格运动既告成功,各省公立专门学校也先后援例要求改为大学。此犹官立大学方面,至于私立大学的增加,尤觉惊人,大而不学的大学及不大不学的大学,前仆后继,不知多少。学术研究固谈不到,实用人才更无从去造成了!第三是提高师范教育程度,而废止高等师范。前清《钦定学堂章程》,本只有和中学程度相当的师范学堂,《奏定学堂章程》提高了一步而有和高等学堂程度相当的优级师范学堂,民二(1913年)《高等师范学校规程》又提高了一步,而有较大学程度只低二年的高等师范学校,当时划分北京、武昌、沈阳、南京、广东、成都六师范区,各区设一高等师范学校,目的在养成中学校师范学校教员。此次新学制把民元(1912年)以来所设的高等师范学校完全废止,再提高一步改成师范大学,或并入大学为教育科,这不消说也是受美国大学中有师范院制度的影响。但高师目的在实地训练中等学校师资,然则师大或大学教育科,除名称变更外,能否保全旧有的作用而不变其目的以养成教育学者,恐怕是一个问题。第四是①大学预科的逐渐取消。前清大学堂预备科三年,民元(1912年)仍定为三年,民六(1917年)改为二年。现在把大学预科制完全废止,一面提高中学的程度,一面延长大学的年限,来补充取消预科的缺憾。其实前清大学所以必设预科,原因是为骤办新式大学,一时尚无具有入学资格的学生,所以有此种权宜的办法。这暂时过渡的机关,当然无存在必要。

(二) 国民政府成立后的高等教育

国民政府成立于十六年(1927年)四月,是时主持全国教育最高的行政机关,是中央教育行政委员会。有几位中央委员曾经留学法国,他们看法国行大

---

① 补"是"字。——编校者

学区制,这种制度的长处,是在行政机关学术化;革命政府所忌的是官僚化,所以他们力主仿行,遂由教政委员会颁布《大学区条例》,指定浙江、江苏两省为第三、第四中山大学区,试验新制。是年夏间,次第成立,以后北平也试行大学区制。七月四日国府又公布大学院组织法,十月一日蔡元培就中国大学院院长职,是为全国学术及教育行政的最高机关。十七年(1928年)《大学院组织法》经一度的修订,在教育行政方面设大学委员会,议决全国学术上教育上一切重要问题。高等教育行政,是归学校教育组里专门教育股管的。在学术研究方面,设中央研究院,内分物理、化学、工程、地质、天文、气象、历史、语言、心理学、考古学、社会科学、教育及动物、植物等研究所。这种研究所,是供给专门学者的研究,并非像普通学校招收学生去肄业的。至大学计划较前亦略有变化,依《大学区组织条例》第一条云:"全国依各地之教育经济及交通状况,定为若干学区,以所辖区域之名名之。每大学区设大学一所,除在广州的永远定名中山大学以纪念总理外,均以所在地之名名之。大学设校长一人,总理大学区内一切学术与教育行政事项。"并依条例第四条规定:"大学区设研究院为本大学研究专门学术之最高机关。"

至民十七年(1928年)五月,大学院召集全国教育会议,议决推行三民主义教育,关于高等教育组的议案,计有几十件之多,可见国人对于高等教育的注意。嗣后大学院又订定《训政时期施政大纲》,关于高等教育方面,曾规定三年整顿计划:第一年调查统计并划定全国大学专门学校及国外留学生办理条例和标准;第二年依照条例和标准实行整顿;第三年改良并扩充各公私立大学专门学校,并严格考送国外留学生。

同年八月大学院厘订教育系统,规定:1. 大学得分设文、理、法、医、商、工、农等科为各学院;2. 大学修业期限,文理农各四年,法工五年,医七年;3. 大学得附设各专修科;4. 研究院为大学毕业生而设,年限无定;5. 专科学校得就农业、工业、商业、美术等科分别设立;6. 专门学校招收高级中学或同等学校之毕业生;7. 专门学校修业年限各三年,经大学院之许可,得延长或缩减之。兹将大学院教

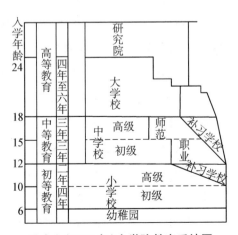

民十七(1928年)大学院教育系统图

育系统图列下,以资参考。

综观以上各种计划,大学院成立仅一年余,对于改进高等教育事项,纲举目张,召集全国教育会议,尤能表现教育统一的好现象。后来大学院虽改为教育部,而衣钵相传,设施尚能一致。岂料霹雳一声,中央大学区中等学校教职员联合会竟以江苏自实行大学区制流弊多端,重大的有五个:1. 经费分配不均,大学成畸形的发展;2. 政潮起伏,各级学校均有横被牵连的危险;3. 评议会的组织,侧重大学而忽视中学,且仍受校长的操纵;4. 校长、处长对于校务政务不能兼顾,各校公文(交)往往延至三月尚未批答;5. 大学屡起风潮延及中学。总之,他们以为大学区制对于经费、政潮、评议会、行政、学风等五方面,都有流弊,所以呈请变更这个制度。同时北平各大学也发宣言,痛击大学区制的弊害。十八年(1929年)二中全会议决废止大学区制,是年六月教育部正式明令取消,于是声势浩荡的大学区制,不旋踵而夭亡,从前极力主张的人,竟无一个出来辩护,令人大惑莫解!

自教育部成立后,对高等教育整顿改进,尤为努力。十八年(1929年)八月国府公布大学及《专科学校组织法》和《规程》,其中重要的特点就是:1. 把大学分为国立、省立、市立和私立四种,而均隶属于教育部。2. 把从前的大学分科改称学院,并于向来文理法农工商医等七科以外,加上教育一科而成为八个学院。3. 规定凡具备三个以上学院的方得称大学,否则只能称为独立学院。这个严格的限制,是对于民十一(1922年)《新学制》颁布以来单科大学的设立和大学名称的使用过于冒滥的一种反动。从前许多公私立大学到现在多改称学院,就是受这个规定的限制。4. 规定大学修业期限除医学院五年外,余均四年;专科学校修业年限为二年或三年。并对大学各学院及专科学科的学系课程,都有很详细的规定,这是表现全国教育统一的好现象。5. 规定大学除校长外,各学院设院长一人,这是民元和民六《大学令》各科设学长制的恢复。6. 教员分教授、副教授、讲师、助教等四种,兼任教员的总数不得超过全体教员总数三分之一,这是间接限制民国七、八年来大学教员兼课过多的一种办法。7. 规定大学入学的资格,须曾在公立或已立案的私立高级中学等学校毕业经入学试验及格的人。8. 为充实现有大学内容及防止滥设和取缔私立大学起见,除严格规定私立大学和专科学校立案标准,准令成绩优良者照章立案,而封闭或限期结束腐败学校外,并对于大学各学院及专科学校的开办费和经常费,都规定最低限度的标准,如下:

大学各学院经费标准表

院别或科别	开办费	每年经常费
文学院或文科	10万元	8万元
理学院或理科	20万元	15万元
法学院或法科	10万元	8万元
教育学院或教育科	10万元	8万元
农学院或农科	15万元	15万元
工学院或工科	30万元	20万元
商学院或商科	10万元	8万元
医学院或医科	20万元	15万元

专科学校经费标准表

类别	开办费	每年经常费
甲类之矿冶机械电机化学等项专科学校	20万元	10万元
甲类之土木建筑纺织造纸飞机其他关于工业专科学校	15万元	8万元
甲类之测量染色制革陶业造船等专科学校	10万元	8万元
乙类之农艺森林畜牧水产等农业专科学校	10万元	8万元
乙类之兽医园艺蚕桑等专科学校	6万元	5万元
丙类之关于商业各项专科学校	6万元	5万元
丁类之药学专科学校	10万元	8万元
丁类之商船专科学校	10万元	6万元
丁类之艺术音乐体育图书市政等专校	6万元	5万元

民十九年(1930年)四月，教育部召集第二次全国教育会议,讨论改进全国教育方案。关于高等教育方面,主张分三个步骤整理:在训政六年期内,用全力使现在的高等教育内容充实,程度提高,但做质量的改进,不再做数量的扩充。从第七年起的七年内,设法增派国内有经验的学者出外留学,做第三步的坚实准备。从第十四年起的七年内,酌量增设大学或专科学校。故对1.整顿私立大学及专科学校,2.充实国立大学内容并整理现有省立各大学办法,3.提高大学及专科学校学生程度,4.改进留学生派选办法,5.筹设专科学校办法,6.提倡学术研究、奖励技术发明办法各项,都有极详尽的规划,为施行教政的根据。兹将第二届全国教育会议议决关于高等教育经费总预算表列下:

高等教育经费总预算表

用途＼年份	第一年	第二年	第三年	第四年	第五年	第六年	第七年	第八年	第九年	第十年
充实国立大学内容	100万元	同	同	同	同	同	同	同	同	同
国立专科学校经费	20万元	50万元	70万元	90万元	100万元	130万元	150万元	同	同	同
国外留学经费	30万元	同	同	同	同	同	同	同	同	同
私立大学及专科学校补助费	30万元	同	同	同	同	同	同	同	同	同
奖励学术	60万元	同	同	同	同	同	同	同	同	同

除学术基金只动用利息外，第十一年以后同。

总之，自国民政府成立以来，设计改进高等教育，可谓不遗余力。除上述各点外尚有值得详细说明的，就是三民主义教育的实施、收回教育权运动两个重要问题。原来民国十七年（1928年）大学院召集全国教育会议时，遂确定全国各级学校施行"三民主义教育"，同年中央党部训练部又有确定教育宗旨的提议，主张以"根据三民主义，发扬民族精神，实现民主政治，完成社会革命，而臻于世界大同为宗旨"。于是民十八年（1929年）四月国民政府乃正式公布教育宗旨为"中华民国之教育，根据三民主义，以充实人民生活、扶植社会生存、发展国民生计、延续民族生命为目的，务期民族独立、民权普遍、民生发展，以促进世界大同"。至大学及专门教育实施的方针，是"注重实用科学，充实科学内容，养成专门知识技能，并切实陶冶为国家社会服务之健全品格"。以上所述，都是三民主义教育的理论；至于三民主义教育实施的机关，以中央政治学校为最重要。盖自国府奠都南京之后，政府中人感于各省各地党员的幼稚，亟须培养训练党务工作人员，始可从事指导民众；因此中央常会乃议决设立中国国民党党务学校于南京，专门训练党务工作人员。嗣因军政时期告终，已届训政时期，爰于民十八年（1929年）春由中央议决改名为中国国民党中央政治学校，以造就训政时期建设上的人才，这不消说是国府在党治时代贯彻党化教育一个最重要的机关，在我国现代教育史上占有相当的地位。

至于收回教育权运动的开始，差不多和党化教育同时发端。盖自国府教政委员会于民十五年（1926年）规定私立及教会学校须向政府立案后，教会学校就不能不受我国政府的监督了。同时在民众方面，亦多认教会学校为外国文化侵略的工具，为贯彻党化教育起见，不能不收回教育主权，纷纷起来运动。至此教会学校乃一面改组董事会选举我国人充当校长，一面把圣经、礼拜等课取消。如广州岭南大学、上海沪江、震旦两大学、东吴法科大学、南京金陵大学、杭州之江学院、济南齐鲁大学、北平燕京大学等校，均先后改组校董收归自办，这不能不说是我国现代教育史上一件很可注意的事迹。此外，教育部对于教会大学的立案和课程亦甚注意，如十九年（1930年）三月间催令震旦大学的立案，严饬金陵、沪江两大学停止宗教系和神学科，以及六月间严令燕京大学撤销宗教的科目，都是显著的实例。

（三）"九一八"国难后的高等教育

自"九一八"东三省失守后，国人外鉴于耶拿（Iona）之役①，普鲁士四分五裂，已成不可收拾的局面，乃由柏林大学教授振臂一呼，提倡发扬民族的教育，终成日耳曼民族统一之业。同时内省于中国办理新教育数十年，仅造出一大群文字的机械，专业技能的修养既不成熟，民族气质又复涉于浮夸与游惰；驯至学校多一毕业的学生，社会即增一失业的份子，家庭即少一有用的子弟，诟病交起，弊害丛生。倘不及早为彻底的矫正，将见教育愈普及，民族意识愈潜灭，而公私生活所受的祸害愈广。尤其在这划时代的国难严重情态之下，更须以卧薪尝胆的精神，为生聚教训的努力，方可把握住国际风云险恶生存竞争剧烈的时代现阶段，发扬我民族精神以创造光明的将来，推动民族的自动力和创造力，实现以"充实人民生活、扶植社会生存、发展国民生计、延续民族生命为目的"之现行教育宗旨，并且完成我们民族复兴的伟大的使命。于是一般觉悟的教育家，认定今日教育的最低限度，应该"为复兴民族而教育"、"为发展生产而教育"，卒促成所谓"民族复兴教育"和"生产教育"二大新趋向。

从民族复兴教育的趋向当中，发生三种主要运动：第一便是国粹运动，提倡固有道德和文化，发扬我民族在历史上伟大的精神；第二文人武化运动，所谓"寓将于学"，加紧锻炼青年体格，使受教育者均有自卫的能力；第三科学建设运动，努力提高研究科学兴趣，增加科学教育的设备，并且要利用科学方法振兴实业，巩固国防。这三种教育运动，最先由国民党提出口号，而切实致力于研究和

---

① 耶拿战役是1806年爆发于法国与普鲁士之间的战争，全称"耶拿—奥尔斯泰特战役"，由耶拿战役和奥尔斯泰特战役两部分组成，以法国大获全胜、普鲁士退出第四次反法同盟而告终。——编校者

奉行者,当推中华学艺社和大夏大学。中华学艺社于今春征求民族复兴教育实施方案,并将当选论文在《学艺杂志》发表。大夏大学更鉴于民德的陶镕、民智的沦浚、民体的锻炼、民生的昭苏、民气的发扬,均赖教育为洪钧的锁钥,爰制订民族复兴教育实施纲要五项:1. 发展吾国固有文化,2. 淬励尚武精神,3. 实施经济建设教育,4. 养成国防建设人才,5. 贯彻大夏立校精神(革命和创造)。复征求校内外专家意见,编制分年实施计划大纲,实为我国高等教育开一新纪元。

至生产教育的基础理论,系认定教育是社会意识形态的一方面,社会的经济结构和政治制度决定了教育的因素,教育只有在它与社会的、政治的、经济的相互调和的条件之下,始能显示它的作用。换句话说,所谓生产教育,便是以经济的生产为目的的教育,用劳作当做教育的手段,使自然界的事物变成与人类有经济意义的东西。这样不仅可使受教育者实际上认识自然界的现象,并且可使他深刻地了解人类生活及社会组织的意义。生产教育对于劳作和职业,完全用辩证法给予一个新的估定,着重自然、劳动和社会三种相联系的环境,而想打破长期在宗法社会和封建势力的支配下的文雅教育。这生产化的教育提倡最早和最有力的,要算民二十年(1931年)国民会议所通过《教育设施之趋向案》及民二十一年(1932年)十二月第四届中央执行委员会第三次全体会议关于教育之决议案,除规定各级学校应如何以生产教育为中心目标外,并且义正词严地说着:"今后学校教育应注重养成生产技能及劳动习惯,使学校毕业之学生,均为社会生产份子,以矫正过去教育徒事空说、忽略实践之弊。"其次,中国教育建设社在民二十年(1931年)春立社宣言中,就标示着"教育生产化"的口号。其主张实现生产化的教育,应当注重劳作,开发自然,以充裕民生。最近蒋委员长亦通令各省府教育厅,略以各地普通学校,应由行政相关与教育机关按照本地方需要及学生之个性与家庭状况,分别规定教育方针,以注重生产教育为原则。他的主张是:"政治教育化,教育生产化,生产教育化。"使政治、教育、生产三者打成一片,这实在是很有价值而很彻底的主张。

其上两种教育新趋向,政府或私人对于高等教育整顿计划和改进意见,其显著的事实有五:第一是教育部于二十一年(1932年)七月召集国立专科以上学校校长会议;第二是上海各大学联合会发起召集全国高等教育讨论会;第三是朱家骅的九个月来教育部整理全国教育之说明;第四是第四届中央执行委员会第三次全体会议《关于教育之决议案》;第五是国联教育考察团所论撰的《中国教育之改进》。现在让我摘取其要点分述之。

民二十一年(1932年)七月,教育部召集国立专科以上学校校长会议,在那会议录里有几项议决案值得特殊注意的:第一,先行充实现有农工医理学院;第二,注重各大学培养国防建设人才,请由教育部调查全国各大学现有学科之特点,就该科增设有关国防学科;第三,改善军事训练,各院校应慎重聘任优良教官训练,并于训练时着重野外实习;第四,严格大学毕业考试,各大学举行毕业考试时,基础科目由教部派人出题,各种专门学科由各大学交换教授考试;第五,整顿学校学风,各院校应先注重:1.确定学校经费,2.学校组织不应时有变更,3.实行会考制,4.教员以身作则,5.职教员竭诚与校长合作。此外关于国立院校经费应指定的款以为保障,及限制教员兼课办法、毕业生就业问题、大学组织法修改问题,均有很详尽的讨论和决议。

同年七月间,上海大学联合会发起全国高等教育讨论会,读其缘起序言云:"自'九一八'东省事变以后,上海教育界同仁,感到教育救国极为重要,迨淞沪战起,更觉教育与国家社会关系尤切,种种问题,必须会同讨论,通力合作。上海各大学联合会因之发起召集高等教育问题讨论会,征询全国各大学独立学院及专科学校之意见,以期促进文化,使全国高等教育得整个之发展。……拟定讨论范围三项,第一项为教育提倡问题(包括训育),第二项为课程标准问题,第三项为教职员待遇问题,……计到各院校三十余校,代表七十余人,讨论提案有二十四。……"在这会议里所讨论的问题,均属切实整顿高等教育的方案,而举其特别要点有六:1.注重学生生活的指导,各院校应实行导师制,组织健全的训育委员会,制定表格或举行个别谈话,以明了学生个性,并对新生有特殊的指导。2.改进大学课程提高学生程度,将大学一年级基本科目,类似高中之科目完全剔除;二、三年级课程,应规定完全学习专门科目并提高其程度;四年级课程,应注重专门研究;专门研究,须注重实际问题,如调查实习等项。3.学校体育宜力谋普及全体,正操教授柔软体操、国术、步伐、游戏、器械体操等项,球术、田径赛、游泳等项,应在课外练习,每人至少选习一项;一律实行早操,选手练习运动时间和场所,不得侵占非选手的机会。4.废止第二外国语为必修科,将腾出时间加重第一外国语或主要必修功课;凡有特殊需要第二外国语之学生,应于选课时由其所属院长或主任个别指定修习,以应需要。5.请求政府指定的款常年补助私立大学,其补助金约占受补助大学常年经费之什一,并指定某专税一部充补助费之来源;同时受补助之大学必须曾经立案成绩卓著者,作扩充设备或特设讲座以及专门研究之用。6.改善大学教员待遇,教员薪水按照各地方生活程度酌量提高,并延长聘用任期,保障按期发薪,规定年功加俸标准。

民二十一年（1932年）十一月，朱家骅又代表教育部发表《九个月来全国教育之说明》，关于整顿高等教育有下数项主要的主张：第一认定现在大学教育，务须能在学术文化上领导民族活动，以求复兴民族。第二，认定现在高等教育已成畸形发展现象，据教部统计：十九年（1930年）度文、法科学生为数达17 000人，而农、工、医、理诸科学生合并计算，仅为八千余人，不及文、法科学生二分之一。今后务使现有文、法诸科教育不事扩张，而于现有农、工、医、理诸科则力求充实，并须注重实习。第三，认定现在大学教育，各地设置不均，而复院系纷骈，不合社会需要，今后务必严格限制归并或撤裁院系，以节省教育力量。第四，认定现在大学对于课程巧立名目，未重实际，务使应加注重基本课程，充实研究设备，经费开支，不背部定标准。第五，认定现在师范大学失去其特殊性质，今后除切实改进师范大学外，应就国立大学之设有教育学科者酌设若干师范生名额，优其待遇，使于修读专门学科外，肄习若干教育学程，毕业时由教部严格考试甄别鉴（检）定。又现有师范大学中，更另收大学及专科学校毕业生，使其受一年或两年之教育学训练，以期造就职业学校的师资。第六，认定专科学校与大学的理科教育及职业教育的性质，均不尽同，乃为养成技术上极重要的实用人才，故须尽力扩充专科学校，并使专科学校的增设，限于农、工、医等实科。第七，认定现有留学制度限制过宽，结果造成为往国外受普通教育，并非往国外研究专门学术。今后对于公费留学应确定大学或专科毕业曾经服务具有成绩及大学优良助教两种资格为派遣标准，并限定其所习学科。即私费留学，亦须有大学毕业资格者。

是年十二月二十一日，第四届中央执行委员会第三次全体会议《关于教育决议案》内，改称各阶段教育名义为国民教育、生产教育、师资教育和人才教育，以人才教育阶段的现有大学及独立学院设备过陋，办理太滥，尤其私立大学任意招生，管理训练课程均极松懈，为极不良的现象。爰决议数项严格整顿的办法：1. 大学宜提高程度，充实内容，政府每年应拨给巨款扩充国立大学之设备，及补助私立大学之有成绩者。2. 现有之国、省立或私立大学，应由教育部严加整顿。同一地方院系重复者力求归并，或成绩太差学风嚣张者应即停办。3. 大学应设多数奖学金额，以造就家境贫苦而成绩优良之学生。4. 各省市及私立大学或学院，应以设立农、工、商、医、理各学院为限，不得添设文、法学院。5. 各大学及学院之课程，应注重本国教材。6. 各公私立大学及学院，应由教育部斟酌情形举行毕业会考。7. 教育部应详细订定大学及学院训练原则与办法。

其次,在民二十年(1931年)五月间,国际文化合作社遵奉国际联盟行政院决议案,组织国际教育考察团,实地考察中国国家教育的现状及研究古代文明所特有的传统文化,并准备建议最适宜的方案,以辅助中国教育制度的进展。该考察团组成人员为柏林大学教授前普鲁士教育部长柏刻氏(C. H. Becker),波兰教育部初等教育司长法基斯基教授,法兰西大学教授郎吉梵(P. Langen),伦敦大学政治经济学院教授叨尼(R. H. Tawney)等,于是年九月三十日抵地,留华约三月之久。那时正值沈阳事变,倭寇压境,国民情绪万分紧张,改革教育呼声最高的一个时期。而该团人员依照考察程序,北至北平,南届广州,所见公私立大中小学校百余所,对于我国近代教育的历史、社会的情况、国家的地位、政治的组织,乃至民族的情性均深切注意,作为一切观察判断的基础,而对于各级教育的制度方针及其内容的剖析,更多察及纤悉。同时以国内教育专家所发表的意见为根据,指摘利病,论撰一有价值的总报告书,由国立编译馆译为《中国教育之改进》。其对高等教育改革建设的主要点有五:第一,要组织全国大学会议,以大学教授、大学行政人员、社会闻人及教育部代表组织之。藉使专家利用顾问资格,协助教育部:1. 决定各区域应设国立大学的数目及种类;2. 大学教育经费的分配,并规定付款的条件;3. 校长及教授的委任;4. 规程的公布,厘定关于人员的安置,教职员的薪俸与晋(进)级以及学校设备的条件;5. 提倡诸大学间的合作,并使入学试验及其他试验取相当之一致标准;6. 凡促进大学教育及行法效率所必需的方法之实施,均应包括在内。第二,要使大学统一与合作,其应采取的方法:1. 教育部根据全国大学会议的建议,设法裁减同一城市或附近重床叠架的数个公立大学,其方式或将应归并之大学完全归并,或组织一联合大学,将应归并之大学作为该大学所属之学院,尤以前者收效较宏。2. 各大学之种类应有较大区别,仅注意于普通科目(包括法科、政治科及文科)之大学应设法裁减,而重视自然科学及工科者应即增设。3. 大学教育制度,应通盘筹划,所有公立大学应直隶于一个主管机关,将省立大学改为国立大学,其经费由教部供给,管理权亦归教育部。4. 同一地方设立两(二)个以上的公立大学应力谋合作,避免课程上无益之重复,保持入学试验及其他试验以及训育的共同标准,诸大学均应会同商洽。5. 立案的私立大学若能尊重教育部规程,应准其继续存在;至未立案而成绩恶劣之私立大学,应一律停办。6. 立案私立大学之工作,应求与国家教育系统有密切之联络,有代表列席全国大学会议。第三,大学教职员地位的改进,可采用下列原则:1. 公立大学校长,应由教育部根据全国大学会议的意见任命。任命时,只注意被任命者在教育界之名望及行政能力,凡政治的顾虑,均在严格排斥之列。2. 各大学应设教授会议,将关于教职员、课程及训育的意见,贡献于校长,并协助校长处理大学一般行政事务。3. 各大学应根据大学会议及教授会议决定讲座的数目及科目,得任讲座者应为专任教授。其资格由大学会议规定,任命之权,仍属于教育部长,但须根据该大学校长及教授会议的意见。4. 教授任教的一年或二年契约制,应即废止,改为终身制。若遇例外事件不得不辞退某教授时,教部应与大学会议协商执行,而被辞退教授得向大学会议提出抗议。5. 讲师、助教及行政人员,应由校长任命,惟须经教员部之认可。讲师及助教任期,开始以一年为限,续聘至少须在三年以上。6. 各级教师的酬报,应有一定标准,确定任用进级以及退休年龄的条件,并酌行养老金制度,以限制教授在校外兼课。7. 教授应知专为本校服务即其受聘的唯一条件,其责任不仅在登坛讲授,尤在领导小组学生讨论问题,从事探讨研究,并谋学问的增进。第四,确定支配财政的原则:1. 每年用于大学教育的经费数目,应由政府会同教、财二部决定之。2. 教部根据大学会议意见,斟酌各大学所呈报的报告及概算书,分配于各大学。3. 教部于支配各大学应得经费时应顾及整个大学制度的需要及各大学的性质与需要。如发现某大学办理成绩不佳或经费支配不符部章时,应即停止付款,藉以公款为工具而谋大学教育上所必要的改造。4. 教部应使各大学能预先计划其将来工作,明了实现此项计划所需的款确有着落,故供给经费时,至少应有两年以上的款,并按期发给。第五,确定大学教育标准及方法,采行下数种方式:1. 教育部应举行一大学入学总考试,确定取录标准,命投考学生叙明其所愿入的大学,考取后则按照各校设施的方便及其在考试中的名次,分配于各大学肄业。2. 大学应修正其工作的组织,以减少学生上课听讲钟点,增加研究工作、导师工作及实验工作的时间。3. 教部应速废止大学生习完相当课程、积得相当"学分"即可毕业的制度,须在最终总试验及格,方能毕业。4. 大学编制课程选择教材时,应尽力顾及将来生活于中国男女的需要,至若聘用教师,不但应注意其普通的资格,尤应注意彼辈应用中国材料及应用自己知识于本国特殊环境上的能力。5. 大学应使学生确有从事独立研究的时间,并有必需的图书馆及其他设备上之便利。6. 尽量减少留学经费,用该款改进国内大学。

上列各种整顿方案和办法,是否完全尽美尽善,固是一个问题,惟年来政府努力改进高等教育及各地公私立大学和专科学校的竞相研究设法发展,确系事实俱在。尤其最近教部分派专员详细视察各地大学和专科学校,为创办新教育以来第一次最有价值的实地考察,可谓是政府统制全国高等教育的先声,而足资他日确定改革高等教育根本方针的张本,不能不称是我国近代教育史上的一件壮举了。至现行学校系统关于高等教育的规定是:1.大学修业年限,医学院五年,余均四年;2.专科学校或专修科修业年限二年或三年,但医学专科学校于三年课目修毕后须再实习一年;3.研究院为大学毕业生而设,修业年限无定。兹将现行学校系统表列下,以资参考。

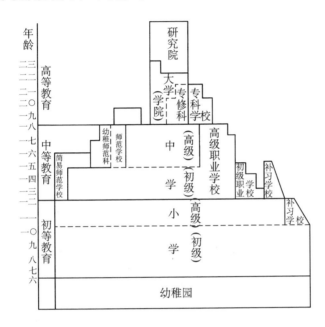

四、今后改进高等教育的意见

关于改进高等教育问题,在拙著《中国高等教育之过去与现在》一文内(《大夏丛刊》第一种),曾提出几点意见:物质方面,要依据部定经费标准去建设;心理方面,第一要注重健全人格的陶冶,第二要注重真知实学的修养。惟以国难方殷,内政混乱,高等教育界年来难有不少的进步,但距我们的理想尚远。现在就高等教育统计所昭示的事实和作者个人的观感,提出几点改进的意见:(一)安定高教人员生活;(二)注重经济效率;(三)扶助私立大学;(四)实现教部改进政策;(五)更进一步确定改革高等教育根本方针。

(一) 安定高教人员生活

教育专业化的呼声,尽管高唱入云,而事实上却完全得到相反的结果,就是教育正在日趋官僚化的路途上发展。关于全国各大学里教授、讲师、职员等进退记录,暂时无法统计,单就十年来几个著名大学校长人选的变更,便十足的显示高等教育界的不安定了。

十年来著名大学更换校长表：

1. 国立中山大学十年来历任校长：邹鲁①（十三年（1924年）六月），顾孟余②（大学委员会主席，十四年（1925年）十一月），顾未到任前，由陈公博③代，旋改任顾孟余为校长，亦由陈公博代，褚民谊④（十五年（1926年）二月），戴传贤⑤（十五年（1926年）六月），经亨颐⑥代，戴传贤（中山大学委员长，十五年（1926年）十月），顾孟余（副委员长），戴传贤（校长，十六年（1927年）六月），朱家骅（副校长），朱家骅旋升校长（十九年（1930年）九月），许崇清⑦（二十年（1931年）六月），邹鲁（二十一年（1932年）一月）。

2. 国立北平师范大学十年来历任校长：范源濂⑧（十三年（1924年）一月），张贻惠⑨（十四年（1925年）十月），李蒸⑩（代理校长，十九年（1930年）二月），徐炳昶⑪（二十年（1931年）二月），李蒸（二十一年（1932年）七月）。

3. 国立中央大学七年来历任校长：郭秉文⑫（十六年（1927年）七月前），胡

---

① 邹鲁（1885—1954），广东人，1926年任中山大学首任校长。著有《中国国民党党史》、《回顾录》等。——编校者
② 顾孟余（1888—1972），河北宛平（今北京）人，1925年12月至1926年6月任广东中山大学校长。——编校者
③ 陈公博（1892—1946），原籍福建上杭，曾任国民党第二次全国代表大会中央执委，后追随汪精卫，1946年被国民党以汉奸罪处以死刑。——编校者
④ 褚民谊（1884—1946），浙江湖州人，历任广东大学教授、代理校长，兼任广东医学院院长。抗战期间投靠汪伪政府，1946年被国民党以汉奸罪处以死刑。——编校者
⑤ 戴传贤（1891—1949），原籍浙江湖州，曾任黄埔军校政治部主任、国民党中央宣传部长、考试院院长等职务，1926年任国立中山大学校长。著有《孙文主义之哲学基础》、《国民革命与中国国民党》、《青年之论》等。——编校者
⑥ 经亨颐（1877—1938），浙江上虞人，参与筹建浙江官立两江师范学堂并任校长，1920年创办春晖中学并任校长。——编校者
⑦ 许崇清（1888—1969），广东广州人，曾三次出任中山大学校长，著有《人类底实践与教育底由来》等。——编校者
⑧ 范源濂（1875—1927），湖南湘阴人，历任北京师范大学校长、南开大学董事、中华文化基金会董事长、北京图书馆代理馆长。——编校者
⑨ 张贻惠（1886—1946），曾任高等教育处处长、北京师范大学教授、国立北平大学第一师范学院院长、北平大学工学院院长。——编校者
⑩ 李蒸（1895—1975），河北唐山人，曾任北平师范大学校长和西北师范学院院长。——编校者
⑪ 徐炳昶（1888—1976），河南唐河人，曾任北京大学哲学系教授、北京大学教务长、北平女子师大校长、北京师范大学校长。——编校者
⑫ 郭秉文（1880—1969），江苏江浦人，曾参与创办"南高师"，先后任南京高等师范学校教务主任、校长和国立东南大学校长。著有《中国教育制度史》。——编校者

敦复①(因闹风潮未接事),蒋维乔②,张乃燕③,吴敬恒④,朱家骅,段锡朋⑤,罗家伦⑥。

4. 国立同济大学七年来历任校长:阮介藩⑦(十六年(1927年)三月前),张仲苏⑧(十六年(1927年)三月),张群⑨(十八年(1929年)三月),胡庶华⑩(十九年(1930年)),翁之龙⑪(二十一年(1932年)九月)。

5. 国立暨南大学十年来历任校长:赵正年⑫,柯成懋⑬,姜琦⑭,郑洪年⑮,沈鹏飞⑯。

观上表各校平均更换校长时期(约计)

中山大学　　　　　一年一个月

师范大学　　　　　二年

中央大学　　　　　一年两个月

同济大学　　　　　一年四个月

暨南大学　　　　　二年

---

① 胡敦复(1886—1978),江苏无锡人,历任清华学堂教务长、"立达学社"社长、复旦公学教务长、大同大学校长、东南大学校长(未到任)、北京女子师范大学校长、大同大学董事长等职。——编校者
② 蒋维乔(1873—1958),江苏武进(今常州)人,历任光华大教授、上海正风文学院院长、上海鸿英图书馆馆长、国立东南大学校长等职。——编校者
③ 张乃燕(1894—1958),浙江吴兴人,先后任北京大学、浙江大学教授,国立第四中山大学、国立江苏大学及中央大学校长。——编校者
④ 吴敬恒(1865—1953),字稚晖,江苏武进(今常州)人,历任中央研究院院士、国民革命军总政治部主任等职。——编校者
⑤ 段锡朋(1896—1948),江西永新人,历任武昌大学历史系教授、广东大学历史系主任、教育部次长、国立中央大学代理校长等职。——编校者
⑥ 罗家伦(1897—1969),浙江绍兴人,历任国立中央大学、清华大学校长等职。——编校者
⑦ 阮介藩(1890—1960),名尚介,字介藩,江苏奉贤人,1917—1927年间任同济大学校长。——编校者
⑧ 张仲苏(1879—?),河北清苑人,1927—1929年担任同济大学校长。——编校者
⑨ 张群(1889—1990),四川华阳人,曾任同济大学校长。——编校者
⑩ 胡庶华(1886—1968),湖南攸县人,曾任重庆大学、同济大学、湖南大学校长。——编校者
⑪ 翁之龙(1896—1963),字叔泉,江苏常熟人,1932—1939年间任同济大学校长。——编校者
⑫ 赵正年,生卒年不详,1918—1920年间任暨南大学校长。——编校者
⑬ 柯成懋,生卒年不详,1920年夏至1921年秋任暨南大学校长。——编校者
⑭ 姜琦(1885—1951),历任温州省立第十师范学校、杭州省立第一师范学校以及上海暨南大学、大夏大学、中央大学、安徽大学文学院、湖北省立教育学院、厦门大学、浙江大学、西北联合大学等校校长、训导长等职。——编校者
⑮ 郑洪年(1875—1958),广东番禺人,曾任暨南学堂堂长(首任),1927至1934年再任国立暨南大学校长。——编校者
⑯ 沈鹏飞(1893—1983),历任北京农业大学、广东大学、中山大学、广西大学、华南农学院等校教授,上海暨南大学、同济大学校长。——编校者

兹就中山大学论之，由校长制改委员制（十三年（1924年）），旋恢复校长制（十四年（1925年）），十五年（1926年）又改委员制，十六年（1927年）复恢复校长制。若将十年来历届委员长、副委员长、校长、副校长计之，共十八度易人（邹鲁、顾孟余、陈公博、顾孟余、陈公博、褚民谊、戴传贤、经亨颐、戴传贤、顾孟余、丁维汾①、徐谦②、朱家骅、戴传贤、朱家骅、朱家骅、许崇清、邹鲁），则平均每换一行政主持人员，不过六个月有奇。实际上，由褚民谊（十五年（1926年）二月）任内移交戴传贤（十五年（1926年）六月）仅四个月即换一次大学校长。此外如交通大学由交部及铁部长兼任校长，大学教育随政潮而受牵制，此又其尤者。

似此种轻易更换大学校长人选，实有悖人才经济之道，不但计划无从实现，徒令后难为继。而学校一切风潮与学生破坏校规的行为，往往在新旧交替时发生。今后之计，深盼教育行政当局，慎重物色大学校长人选，果系硕学宿儒，委以十年二十年甚至终身任期，俾致毕生精力以图谋各该大学的发展。即身为大学校长者，亦应淡泊名利，认清自己职责，实现教育专业化，切勿见异思迁，五日京兆；应该使大学在安定中求进步，在专业中求发展，树立学府威严，使全国学术界咸能景从。

（二）注重经济效率

自从十八年（1929年）二中全会议决废除大学区制，同年六月改大学院为教育部后，即已致力于高等教育的整顿。当时由部令公布《大学各学院经济标准表》、《专科学校经费标准表》（表见前），限制颇为严格。十九年（1930年）第二届全国教育会议对于《高等教育经费总预算表》，亦有具体规定。但国立大学的浪费，系无可讳言的事实。所以耗费数万元建筑校门者有之，研究所的教职员人数超过研究生六七倍亦有之，一学系的教职员数与学生数不相上下者更所在皆是。

现在列述一点统计的事实，稍加以分析。先就几个著名公私立大学的常年经费和学生人数来考察他的办学效率。（参考二十三年（1934年）《申报年鉴》）

学校	经费	学生人数
1. 国立大学		
（1）中央大学	2 166 247 元	2 146 人

---

① 丁维汾（1874—1954），山东日照人，历任国民党中央执行委员会委员、中山大学校长等职。——编校者
② 徐谦（1871—1940），安徽歙县人，历任中俄庚款委员会主席、中俄大学校长、广州国民政府司法部长。——编校者

(2) 北平大学　　　　1 602 475 元　　　　　2 152 人
(3) 中山大学　　　　1 562 059　　　　　　1 379 人
(4) 武汉大学　　　　1 355 671 元　　　　　571 人
(5) 清华大学　　　　1 250 431 元　　　　　610 人
(6) 师范大学　　　　866 892 元　　　　　　793 人
(7) 浙江大学　　　　859 095 元　　　　　　615 人
(8) 北京大学　　　　760 701 元　　　　　　941 人
(9) 暨南大学　　　　731 438 元　　　　　　731 人
(10) 同济大学　　　　625 900 元　　　　　　281 人
(11) 交通大学　　　　482 934 元　　　　　　710 人

2. 私立大学

(1) 南开大学　　　　318 476 元　　　　　　455 人
(2) 光华大学　　　　279 064 元　　　　　　654 人
(3) 苏州国民大学　　245 001 元　　　　　　458 人
(4) 厦门大学　　　　229 980 元　　　　　　435 人
(5) 复旦大学　　　　196 578 元　　　　　　1 215 人
(6) 大夏大学　　　　176 051 元　　　　　　1 160 人
(7) 大同大学　　　　155 940 元　　　　　　227 人

若把上列数字分析为每生岁占经费的数目,可得:
国立大学每生岁占经费(约计):

学　　校	每生岁占费
中央大学	1 000 元
北平大学	740 元
中山大学	1 100 元
武汉大学	2 400 元
清华大学	1 880 元
师范大学	1 100 元
浙江大学	1 600 元
北京大学	800 元
暨南大学	1 000 元
同济大学	2 200 元
交通大学	700 元

| 平　　均 | 1 700元 |

私立大学每生岁占经费(约计):

学　　校	每生岁占费
南开大学	700元
光华大学	430元
广州国民大学	530元
厦门大学	500元
复旦大学	160元
大夏大学	150元
大同大学	680元
平　　均	450元

从上表看来,私立大学每生岁占经费最高额为700元,恰好和国立大学每生岁占经费的最低额相等。而国立大学每生岁占费最高额比私立大学每生岁占费的最高额多4倍,比私立大学的最低额多16倍。换言之,国立大学每生岁占平均费要多私立大学每生平均数4倍,这是值得我们注意的。统计的数字告诉我们,私立大学的效率比国立大学来得高,有时要高到4倍以至16倍,平均数也要高到4倍。即国立大学和国立大学比,其效率的悬殊,也相差到三四倍。我们希望今后大学经费的扩充和支配,一方面固然需要标准化,另一方面却更需要合理化,应该把无谓的浪费节省,使能顾到经济的效率。

（三）扶助私立大学

教育部对私立大学的取缔,素主严格,现在将成绩优良予以立案者,已有三十余校。其内容腐败者,或封闭,或限令结束,不一而足。综观教育部已往对于私立大学,只有消极的限制,从无积极的扶助。今年五月,中央为奖励优良私立专科以上学校起见,前由中央政治会议议决,拨国库720 000元,补助全国私立之优良大学及专科学校,教育部遵照此项决议,拟具补助费分配办法,呈奉国民政府及中央政治会议备案,这不能不算是空谷足音。

八月七日,行政院会议通过补助私立专科以上学校32校名称及款额如次:金陵大学30 000元,金陵女子文理学院12 000元,东吴大学10 000元,南通学院55 000元,大同大学35 000元,复旦大学15 000元,光华大学15 000元,大夏大学15 000元,沪江大学20 000元,中法大学药学专修科10 000元,东亚体育专科学校5 000元,苏州美术专科学校6 000元,之江文理学院8 000元,厦门大学90 000元,法商学院24 000元,华南女子文理学院8 000元,福建协和学院12 000元,岭南大学35 000元,广州大学6 000元,广东国民大学14 000元,广东光华医学院8 000元,华西协会大学20 000元,湘雅医学院35 000元,武昌中华大学8 000元,武昌文华图书馆学专科学校5 000元,焦作工学院35 000元,山西医学专科学校15 000元,燕京大学60 000元,辅仁大学10 000元,朝阳学院8 000元,南开大学40 000元,齐鲁大学30 000元,临时紧急救济费50 000元,共计720 000元。

上列补助费分配办法,教部自有权衡,我们也不欲多所评议。此次补助费虽属杯水车薪,但其意义却颇重大。惟盼今后将补助费金额大加扩充,由72 000增加到1 440 000元。因为这720 000的补助费只能勉强比得上一所国立大学最低额的经常费。即使加上一倍的数目,补助1 440 000元,也比本年度中央大学一校的经费少280 000,比中山大学一校的经费少336 000元(廿三年(1934年)九月五日《时事新报》载中央核定本年度文化教育经费,规定中央大学1 720 000,中山大学1 776 000元)。若维持原案720 000元,恰相当中央大学的零头数,比中山大学的零头数还够不上呢。我想政府只须拿出20所国立大学里面一所还不到的经费预算,便可以扶助32所私立大学。其实私立大学奉行教部的命令,为国家培植专门人才,不是和国立大学一样的吗?最可惜的中央核定本年度文化教育经费,总计17 658 233元,其中国立各学校便占13 674 741元,而补助私立大学的经费竟未列入分文。似此对私立专科以上学校的补助,尚系临时性质,并未列入经常预算。我们希望政府能够把补助私立大学经费列入国家文化教育经费常年预算,并于支配经费时,按照各私立大学办学效率和需要情形以及负债状况来分配,这样一方面务期确定补助私校经费的来源,他方面也可以鼓励私校办学的经济效率。

(四)实现教部改进政策

教部年来对于大学改进,不遗余力,举其要者厥有十端。

1. 厉行整顿学风。根据中央所颁《三民主义教育实施原则》厘订标准,以为大学训育的准绳。

2. 确定教育经费。筹议于可能范围内,力求中央教育经费的独立。

3. 限制滥设大学。颁布《大学组织法》及《大学规程》。对私立大学严订立案程序,并详细视察,不合规定概不准予立案;立案后成绩不良或发展无望者,即撤(撒)销(消)立案或令分年结束。

4. 整理大学院系。令饬将重复或设备未臻完善的院系,分别裁并归撤。

5. 整顿大学课程。特设大学课程及设备标准起草委员会,厘订大学课程标准,以期改进而资合理。

6. 充实大学设备。拟订定各级学校各项经常支配标准,以限制浪费。及强迫学生实习,俾学识经验,同时并进。

7. 注重实用科学。提倡科实,限制文、法科扩张。

8. 取缔宗教宣传。规定私立学校如系宗教团体所设立,不得以宗教科目为必修科,亦不得在课内作宗教宣传;学校内如有宗教仪式,不得强迫学生参加。

9. 增进教育效率。一面注重师资,一面注重学生程度。

10. 改善师范大学。对于现有师范大学组织、课程、训育各项,力求其切合中等学校师资的目的,以别于普通大学。

以上十项改进政策,除第四项整理大学院系与第七项限制文、法学院招生,我们未尽赞同外,其余均极希望能够实现。现在各大学院系的重复,诚如教部调查所云,惟各大学的设立,均有特殊环境与背景,固不容强之为同。整理大学院系固可集中人才(材),但凡事有比较始有竞争,有竞争力有进步。否则故步自封,适足长其夜郎自大的心理而已!至于被裁的院系应如何善其后,教部并未顾及,那末因此事而引起的纷扰,一定难免。

说到限制文、法科招生,骤然看来,似颇有理由,究其内容,亦有未尽然者。文、法科毕业学生果过剩吗?则建设新中国,在在均需人才。实科毕业生,现在学非所用不能从事实科工作的,亦颇不乏人。依我们看来,文、法科学生就业范围较广,谋生尚易;实科学生,就业范围极狭,日后产生不良现象,当更有胜过文、法科学生者。再者,最近教部规定自二十二年度(1933年)起,各大学兼办甲类学院(文、法、商、教育、艺术等学院)及乙类学院(理、农、医、工等学院)者,任何甲类学院所招新生数额,连同转学生不得超过乙类学院所招新生的数额;其甲类学院所设学系数目有不同时,任何甲类学院各系所招新生的平均数,不得超过乙类学院各系所招新生的平均数。各独立学院兼办有甲类学科及乙类学科者,其招生办法与上述相同。如依照此项规定严格遵办,我敢断信,有许多大学势必根本发生动摇,甚至陷于极危殆的情态中。我以为教部对于颁布法令,应多留各大学伸缩的余地,体谅各大学的办学艰苦情形,予以自由发展的机会。

还有一层,教部对于私立大学监督极严,辅导与扶助则不足,前已言之。每一政令的发表,必先于京沪各大学一尝试之;其实政令内容,并非绝对的客观的,说不定朝令夕改的。至离首都较远的平津川滇粤桂等大学,似稍放纵。最近教部发表视察北方各大学的报告,寥寥数话,其中真凭实据的重大积弊,秘不发表,部方投鼠忌器,其用心虽苦,但对改革高等教育,有何裨益?岂非多此一举!我们希望今后部令改革高等教育政策,先就国立各大学切实推行,给予私立大学以良好的模范,切勿只顾近者而忽略远者,只顾局部而忽视全体。

(五)更进一步确定改进高等教育根本方针

关于高等教育的改进,教部已颇努力推行。今春分派专员视察全国专科以上学校,七月间并将依据各专员视察报告,对于各大学应行改进各点,分别训令指示遵办。惟所指示者,仅系行政方面一部分的改善,对于大学教育根本方针的确定和厉行教授的专任,策进大学训育与教学,挽救颓废的学风,救济失业的毕业生等问题,都没有切实的补救办法。试就毕业生职业运动言之,因近年来中学毕业生的成绩极逊,根基不固,所以专科以上学校学生的素养较数年前为劣,故虽增加经费,扩充设备,但学生可深造的终是不多。更以农村经济破产,社会事业停滞,政治不上轨道,考试制度有名无实,所以年来许多大学毕业生,大多数感受失业恐慌,遂将为社会领袖的大学生转为社会不安的因素。

是故今后的大学,对于选拔学生、安排学生出路、慎聘教授等等,应谋通盘的筹划,不应枝枝节节的解决。总之,高等教育分(份)子,应为复兴民族的中坚,不应为国家的奢侈品、装饰品,政府更不应空唱高调,或敷衍局面的办法(如对大学生职业运动仅设画饼充饥的咨询机关)。大学本身,亦应致力培养真知实学的人才,使其能改造社会,转移社会思想。大学的教授和学生,具有真知卓识健全人格,以先知先觉的地位,领导全国民众,造成健全舆论,以为建设新中国的先锋队伍。

国难日亟,外侮日迫,太平洋的风云险恶,真有山雨欲来风满楼之象!我们将如何始能立足于20世纪之国际舞台,提高国际地位,复兴民族伟业,全仗我高等教育界同仁努力迈进。

二十三年(1934年)九月十四日于大夏新村

毕业生与母校之关系[①]
——自助互助,共存共荣

诸位同学!今天是本科第十届师范专修科第九届毕业生话别会开会的日子。话别会有两层意思:一是庆贺诸君毕业,二是临别赠言。

我们觉得今天的话别会,是诸君一九三五年的日记上或许是全部生命历史上极有价值、极可纪念的日子。毕业是非常重大的一回事,诸君从小学而初中升到高中一直到了专科和大学毕业,这是不很容易的事。根据教育部最近的统计,一万人口中只有一个大学生;换句话说,每一位大学生是一万人中的领袖。诸君现在已经把这一个重要阶段告一段落,解决了人生的极大问题。不过学业问题虽告一段落,事业问题却刚才开始,希望在座的男女毕业同学各抒所学,努力服务社会,将来在创造新中国的伟大运动中增加了八九十位生力军,这是诸君生命史值得纪念和庆欣的。

其次说到临别赠言。我们相聚一堂,同学和同学,同学和先生,先生和同学,多则四五年,少则二三年,平日质疑问难,切磋琢磨,共作学术上的探讨,德行上的砥砺。现在一旦要分离了,我们虽然没有举行盛大的毕业典礼,但是在座诸位先生有不少的嘉言赠别,所以我们在诸君没有离校以前,节省财力和时间在学校里举行这次的话别会。

我现在就王校长指定的题目,就是毕业生和母校的关系来和诸位谈谈。

我们觉得你们的母校——大夏大学——能不能够成功,完全看诸位的事业的成功与否来决定的。诸君的成功是学校的成功,诸君的失败也就是学校的失败;诸君服务的情形应该给学校很明详的知道以为办学的参考。毕业生是办学者一面大镜子,办学者可以从毕业生服务的状况中看出社会的需要来决定努力的方针。毕业生和母校应该有很密(蜜)切的关系,尤其是"师生合作"的大夏大学。现在诸君虽然离开学校,希望时常和学校保持在极密(蜜)切的关系;就是同学和同学彼此之间,也应该常常联络。

但是事实上毕业生和学校里通信的固然不少,大多数毕业生除了需要学校替他们介绍职业时才有信来,平常消息隔膜,对于服务的经验,我们不甚清楚,

---

[①] 原载《大夏周报》11卷16期,欧元怀讲,秀三记录,1948年。——编校者

遂至写起介绍信来内容不免空虚,随着影响到成功的成分,这是很可惜的。还有许多毕业生由本校介绍工作赴前途接洽时,成功和失败竟没有一个回音,有时工作成功了,还是延聘的机关写信来告诉我们,实际被介绍成功的毕业生反没有消息通知我们。这样使学校里感觉异常的困难,在这人浮于事、失业恐慌的怒潮高涨的时候,每封介绍信都能如愿以偿,这是没有把握的。不过虽是失败,我们也应该知道为什么会失败呢?这些地方虽是细节,也不应该忽视的。

至于毕业生彼此间的情形恐怕更隔关,除了同乡或在同一机关服务,会晤的机会很少,通信更不常有。致使数载同窗的朋友,无形中变为漠不相关的人。什么事情只要合作则容易成功,分散则力量薄弱。同是一个学校毕业的同学,应该好像兄弟姊妹般的互相关照。如果大家在同一机关服务时,更应极力帮忙,大家对着同是一个母校出身着想。全体的毕业同学务必认清,母校是你们永久的母校,个人的事业成功或失败,都要使母校知道。假使有什么事情委托我们的,我们总是很乐意替你们办的。

最后,我想出八个字奉赠毕业同学,这八个字就是:"自助互助,共荣共存。"希望大夏大学的毕业同学们都能够记着!

论今日大学教育诸实际问题[①]

我国大学教育制度，大半取法欧美，这种制度本不甚健全，在欧美各国，亦正在施行各种补救方法做改进试验。不过此制输入中国后，更徒具躯壳，失去真谛，而办学者因受大学法规的束缚，感人才经济的缺乏，虽欲改进而势有所不能，于是因循敷衍，流弊丛生。笔者办理大学行政有年，平时观感所及，经验所得，深觉目前大学教育状况有很多令人难以惬意的地方。兹值《教育杂志》社以"教育实际问题"征文，特概述数端，以与海内贤达相商榷。

一、师生情感问题

今日我国大学教育，有一种普遍现象，就是教授与学生关系过于机械化。各校师生，除于排定的时间在教室里见面外，平时很少有接触机会。这种现象，因自新教育实施以来，就是摇铃上课，摇铃下课，大家习以为常，恬不为怪；其实里面有很大的弊病——那就是师生情感不能发生亲切的联系。因为照现行办法，师生授课听课，如同买卖一般。"日中为市，市毕而散。"下课之后，学生往往找不到教授，作学问的探讨。结果师生间不仅谈不到师弟情谊，即普通友谊关系，亦很难办到。今日大学内一学程修习人数，少的有三四十人，多者亦有至百余人者；尤其是大学一、二年级各种基本学程（如政治学概论、经济学概论、普通心理学、中国通史、自然科学总论等），每班辄超过 100 人以上。像教这一种课的教授，每天上课，点一回名，就要花几分钟时间。如果逐日点名不但空靡学生宝贵光阴，教授亦难免敷衍塞责。假如概不点名，恐怕穷一学期上课时间，教授会一个学生都认不得。在这种情形之下，学生与教员间，当然不会有亲切的关系。师生的情感既无从建立，学校等于旅舍，教员等于贩卖智识者，学生变成智识店的顾客，彼此相视若路人，学校学潮，往往种因于此。欲补救此种缺陷，一方面固然要从经济方面着手，将各种基本学科，多开数组，限定每班人数，俾担任教授可有充分时间批阅课卷，常与学生接谈，促进师生情感；一方面则必须推行真正的导师制（我国国内也有数大学施行导师制，然若言其实效，则去理想尚甚渺远），俾学生得自由选定自己认为满意的教授，做其治学与为人的指导者。

[①] 原载《教育杂志》21 卷 1 号，1937 年。——编校者

我国旧时书院制度,实有许多优点,我们现在固不能开倒车,把各地书院完全恢复,但它的精神,实有发扬光大的价值。考书院制度导源于唐明皇置丽正书院,集全国名士于一处,一时天下士子,莫不慕名师前往求学。宋时有白鹿、石鼓、应天、岳麓四大书院,盛极一时,宛若今之大学然。元明清各朝尤为发达;我们晓得差不多每府州县,每一较为热闹的小市集,就有大小不同的书院。在书院里,弟子多系慕先生的学行而来学,先生亦多因弟子的资性而授以心得,所谓"因材施教"者,正于书院中可以看到。在书院制度之下,师生日夕相处,一如家人。师之视生若爱子,生之待师如慈父,融融济济,绝没有像今日大学里面,常有学潮发生。在今日大学师生情感非常隔阂与傲慢的时候,鄙意以为书院制与导师制实有挽救时弊的特长,因特提供于此,作欲谋改进大学教育者的参考。

二、基本学程训练问题

今日青年学子中英文程度的低劣,是无可讳言的事实。这种情形,我们在每年暑假各大学招考考卷里面,最容易看得到。往往每百本中文或英文考卷中,要找三四十本差强人意而够得上"精通"两字的试卷,都恐怕很难得。我们晓得这两门功课是求一切科学知识的基本工具,"工欲善其事,必先利其器"①,做工的人没有快利的工具,就不能"善"他的"事",为学之道也正是这样。一个青年的基本科学没有充分的训练,一切的学问,简直就无从谈起。这个问题在私立大学里尤为严重,因为国立大学,它尚可于招考时从严挑选程度较优的学生,私立大学就难办到。许多私立大学的经费,大部分是靠学费收入,收生难免从宽,中英文程度就更参差不齐。为补救是项缺陷,现在公私立大学,往往把一、二年级课程,偏重于基本工具的训练,三年级以后才授一些较为专门的知识,所以今日一般大学毕业生,其能于毕业后,独立继续研究一种学问,实在是凤毛麟角,不易多得。在大学里来注重学生基本训练,这实在是违反大学教育的本旨。大学是研究高深知识的场所,并非训练学生基本学科的机关。今日一般公私立大学都在做这种工作,这不能不认为大学教育的危机。大学既逐渐向"中学化"运动前进,又何怪乎我国学术文化水准之不能提高呢?

关于挽救这种危机,我想不但直接从事大学教育事业的人有其责任,全国教育行政当局及中学校教师都应负一部分的责任。我们一方面要加紧大学工

---

① 语出《论语·卫灵公》。——编校者

作，督促现在已进大学的学生在最短期间把基本工具训练好，一方面中央及各省市教育当局今后对中学教育应特别着重于学生基本学科的训练。中学校的课程，不妨酌量减少一部分，惟效率则必须提高。各学校当局，平时对学生国文、英文考成，须特加注意，务使每一个预备升学的高中毕业生，对此治学的基本工具，最低限度要培养到"精通"两个字。果能如此，学生到升大学以后，就可逐渐做专门研究的工作，大学教育程度，也就无形提高了！

三、教授资格待遇问题

讲到教授，在大学里好像没有什么问题，其实不然。教授在大学中的地位，实比经费来得重要。一个教授学验丰富和志操卓越与否，不但关系一个大学的声誉，并且直接影响学生的信仰与行为。我国今日各大学延揽教授，有一个共通的弊病，就是只注重教授本人的出身，而不注意他的学识与品性。我们综览各大学的教职员一览表，十分之九都是留学生。固然本国大学现在尚未达到能够培养大学师资的地步，但专请留学东西洋各国大学回国的学生来充当教授，实有很大的危险，尤其是许多连中学都进外国学校的教授。这句话怎么讲呢？一个国家有一个国家的历史、风俗、习惯和它的立国精神，它的教育政策，就各有其特殊性：美国的教育政策，与日本不同，英法的教育政策，更与意德两样。因为这个缘故，所以由外国学校出身的教授，其学识品性思想和日常行为，就未必皆适合本国的国情。试任举一端来说明：譬如"政治思想"、"民族意识"、"爱国思想"，谁都晓得是与一个国家有密切的关系，然而今日公私立大学教授中，就有许多缺乏国家思想贱视自己民族，或竟反对政府的专门学者。这一种的言论思想，假使在学生面前流露出来，那其影响的恶劣，委实不可思议。我们知道大学学生对于时事问题最有好奇心，最喜欢向教授们采问，而这些思想不健全或偏激的教授，往往信口开河，随便批评当局，指斥政府，甚至讥笑怒骂，不负责任的大放厥词，这最足引起青年对时政的怀疑与误会。惟是这种情形，仅对现状作不满意的表示，虽非善举，于整个国家民族独立前途，尚不致有绝大的恶影响。最可痛心的，就是有些教授们，碰着国家有什么大变局发生，或民族有什么缺点暴露，就作"中国真不得了"、"中国不亡，是无天理"、"中国人真坏极了"一套的论调，这给予学生对国家民族的蔑视，使其失去了自信的观念，于国族前途，实有无穷的隐患！我讲这些话，并非说作这种论调的人，一定都是留学外国的教授，也非对某一些现任教授作薄情的暴露，不过揆诸良心，今日公私立大学里是有像这类不幸之事。故特郑重指出,希望从事大学教育事业的人,应该时加注意。至于如过去数年上海曾有过以办理大学为攘夺政权的工具,专请政客官僚为教授,驱使学生为爪牙,那就更难设想了。

此外尚有一个问题,那就是教授待遇问题。这个问题在国立大学里或不至于若何严重,在私立大学里就很难解决。在国立大学里,教授只感觉到能否安居乐业,在私立大学里就不仅钟点多,报酬薄,且有学生多寡的问题。私立大学教授,每周除须担任十几小时课务外,尚须批阅每班数十份甚至百余份之笔记或考卷(私立大学设聘助教者甚少),这真是够麻烦了。一个人的精神是有限的。一个教授如果有四门功课是超过 50 人以上的学生,那每周就有几百份的课卷要批阅,试问尚有多少时间去预备功课,有多少时间可以继续研究呢?至言及教授的继续研究,学校设备充分与否,也值得吾们注意。今日国内大学设备完全者,固为不少,然尚须充实者,亦非少数。政府对设备尚欠完善之大学,宜有通盘的计划,尽量补助,以期大学都能达到应备的条件。

四、课程及毕业标准问题

大学校里的课程或教材问题,这不仅是我国大学教育中的严重问题,即世界先进各国,也时感这个问题的威胁。这个问题在我国大学中值得考虑的有两点:

(一)材料问题。我们在上面讲过,一个国家有一个国家的历史、风俗、习惯和它的立国精神,所以一国的大学教材,不应专采用外国教科书,尤其是社会科学,更不宜以他国著作家写成之作品为学生主要课本。近来商务印书馆及其他各大书局,出版《大学丛书》,关于社会科学方面,各著作家均能充分利用本国材料,这是我国大学教育的好现象。惟截至现在,自然科学的课本,尚少有本国人士的著述。间有一二问世,也多是根据外国某几种书加以整理或编制,自己的创见或发明则尚未之见。这当然是充分表现我国科学教育的幼稚,国内研究科学教育的人尚为少数。我们希望现在各大学理工教授,急起直追,竖起中国科学的旗帜,俾于数年之内,我们自己也有适合本国国情的科学课本。笼统来说,科学当然无国界。我国科学既未发达,应尽量推进科学化运动,但若严格来说,正因中国科学未发达,我们需要自编的课本,因为我国科学建设既落人后,国人科学基础智识尚甚薄弱,一个青年升入大学后,马上授以与西洋科学发达各国大学的同一课本,学生实在有许多地方感觉困难,不易领悟。如能自己编订课本,并以我国环境的自然现象相印证,则不惟青年的科学知识可以增加,且于研究科学的时候，亦能增强青年的爱国思想。要达到这个目的，笔者建议政府应立即成立专门编审机关，负责推进这种工作，或即责成现有之国立编译馆，罗致专门人才，从事编撰，或特约现在国内有名大学教授撰著，加以审查印行，通令全国采用。此外国立中央研究院各研究所亦当负起这种责任，协助中央编审机关，完成此项工作。

（二）毕业标准问题。今日公私立大学考成学生毕业标准，不外采用学年制和学分制两种制度，二者都有其特长与流弊（详见拙著《学年制与学分制之商榷》①）。我个人觉得这两种制度均太死板，都容易使学生变成"文凭"的奴隶。学年制固使高材生不能有迅速的进步，因为人类好逸恶劳，采用学分制，亦易养成学生避难就易的习惯。要补救这两种流弊，笔者以为今日的大学，应向"书院化"方面前进。一方面由中央规定各科系课程标准，通令全国各大学一致施行；一方面在大学里各科系应设置主任教授及副教授讲师若干人，常川驻校。每个教室须自成单元，设备充分研究室化，每日至少须有主任教授或副教授二人以上在室指导。学生上课，就在室内自由阅读，其有未能领悟或研究进程发生困难，就由教授从旁辅导或讲解，不必像目前机械化上课一样，彼此均受时间的限制。这种办法，不仅学生可随其资性与兴趣所及，自由研究某一问题，师生间的情感，无形中亦可增进不少。每一问题或每一学程于学期开始时，即由教授拟具研究大纲，并指定必需阅读之课本或参考书，发交学生研究，及学生对此问题能有相当了解或指定所读之书大体看完之后，就由主任教授择要考试，倘能及格，即可令该生续行研究另一问题或另一学程。一个大学学生（侯）修完中央所定课程标准，就由学校举行一次总考试，其能及格者，就算毕业，不必再问该生在校几年或修过多少学分。

五、大学行政问题

办理大学行政，困难的问题也不少。在国立大学里经费充裕，大学校长最困难之点，就在延揽教授与肆应学生；私立大学则除上述难点外，尚有经济上的问题。我们上面讲过私立大学因大部分经费靠学费收入，收生不免从宽；因收生之未能严格，学生良莠不齐，不仅开设学程时感难关，即管理方面，有时亦不易处置。此外近年官厅注意各级学校状况及统计等，每用一纸公文，通饬或函

---

① 应为《学分制与学年制之商榷》，载《大夏周报》67期，1929年。——编校者

咨各学校造册填报，纷繁复什，这予办理大学行政者亦有疲于应付之势。兹将大夏大学最近三个月来已填报或正在填报各种表格列表如下，以见一斑：

调查机关	填报文件
教育部	二十四年度校务概况调查甲种八项乙种十三项
教育部	呈报从前预科毕业生升入大学本科学生名册
教育部	二十五年度校务概况调查十三种
教育部	二十五年度新聘教职员及离职教职员二种
教育部	二十五年度秋季新生名册呈报
教育部	二十五年冬季毕业生名册呈报
教育部	二十五年度补助费第一期用途呈报
教育部	社会教育系设备设计呈报
教育部	免费学额呈报
教育部	转院系学生一览表
教育部	师专毕业升入本科学生名册
教育部高等教育司	本届新生入学英文成绩调查
教育部社会教育司	连环图书一览表
司法院	二十五年夏季法律系毕业生名册呈报
司法行政部	二十五年夏季法律系毕业生成绩呈报
全国学术工作咨询处	本校登记学生成绩调查
国立编译馆	全国教育专家调查
军委会资源委员会	本年教职员调查及历届毕业生调查
军委会资源委员会	二十四年度毕业生履历表
专科以上学校毕业生就业训导班	本校保送学员在校历年成绩表
上海市国民军事训练委员会	集中军训学生人数调查
上海市国民军事训练委员会	教设训练班备案表
山东教育厅	本校鲁籍学生调查
浙江教育厅	二十四年度浙籍毕业生二十五年度浙籍肄业生调查
河南教育厅	本年度豫籍学生调查
云南教育厅	本年度滇籍肄业生调查
上海市社会局	本年度教职员调查
上海市社会局	优秀学生调查
计政学院	本校投考学员学历调查

续表

调查机关	填报文件
圣约翰大学	出版刊物调查
交通大学	延聘教员待遇调查
上海市商会	商业教育调查
湖社	湖籍教职员及肄业生调查

大学教育行政上所发生的实际问题，不仅上述数点，然仅举一二，已足概见其余。笔者以为欲延揽好教授，最重要的还是经费问题，也就是教授待遇问题。故政府如有决心整顿大学教育，国立大学经费必须使其独立，私立大学每年度的补助费，则宜尽量增加。至于肄（肆）业（应）学生，只要上述的导师制能积极推进，或使大学渐具"书院化"的精神，则师生情感自日趋亲切，研究学术空气自日见浓厚，一切问题，也就不至于发生。再如最后所举的填报表格问题，个人以为政府须有一个统一调查机关，各校只对该机关负责，全国其他行政机关需要材料，即由该机关供给，表格内容亦宜简单化。

六、大学生品格训练问题

最后而最关重要的，便是大学生品格训练问题。现在抨击大学教育的，往往以大学生品格日卑，来责难大学当局。其实学生训育应由家庭、社会、学校三方面共同负责，如果有一方面不好，就可弄坏一个人的品性。学校对学生品格训练，只能负 1/3 的责任，其余 2/3，应由家庭教育社会教育去负责。且单就学校教育而论，照现行教育制度，小学六年毕业，中学六年毕业，大学 4 年毕业。综合起来，一个人受教育的时间，一共有 16 年，而大学则只占学校教育 4/16 或 1/4，因是之故，大学生品格不良，我们不能专归咎于学校教育，更不能专归咎于大学教育。这并非替办大学者推委却责，不过吾人应该把一个病诊断清楚，然后才可对症下药。

欧美各国大学多无正式训育，推其所以然之故，乃因各国对中小学训育管理非常严格认真，社会环境较为优良，家庭教育较为进步。故一个中学毕业生，在彼邦已是良好的公民，升入大学后，学生已能够自治，用不着学校来再担忧。中国今日不要说家庭教育不良，社会环境恶劣，即就学校教育而言，一般中小学除教学生一些书本上的知识外，对于学生平素行为及日常生活，甚少注意指导，放任异常，故大学不得不施行训育，以期有所纠正，而纳之于正轨。

"亡羊补牢,犹为未晚"①,大学施行训育,如社会肯与大学合作,则学生行为上、人格上苟有失当地方,犹可于在学期间予以指导纠正。无奈现今大学所处的环境太坏了,社会方面不但不与大学合作,共同负起训练青年的大责,反往往有野心家要利用意志未定的学生,从而破坏大学,因此办理大学训育的人,时常感觉棘手。这真是至可伤心的事!我们晓得照目前社会状况,无才无德不学无术的人,只要有人奥援,即可居高位而得厚禄,并且还可以恃势凌人,这实在给大学学生一个极大的引诱。今日一般青年,都以为只要能趋炎附势,能结识权贵,不怕毕业后没有出路。至于进大学的真正本义——研究学术,修养品格——反可以置诸脑后,此真是我国大学的怪现象,也是我国大学教育绝大的危机。这种危机,如果听其蔓延滋甚,其结果之恶劣,自不待言。笔者以为今后政府与大学应绝对合作,彼此互信,当局不利用学生,破坏学校,学校亦应推诚相见,在合理合法范围内拥护政府,大家戮力同心,共同负责培养有识有才有气节的青年领袖。至于在学校里面,单靠训育主任或几位训育员做训育工夫,也是不行,必定要全体教授共同负指导学生生活的责任。

今日大学校内所发生的实际问题,实不止笔者在上面所指出的诸点,但上述各点,实为目前大学教育最大的问题,需要我们速谋挽救。上面所举的每一问题解决方法,也许有些过于理想,一时不易办到,但我相信只要当局有决心,我们从事大学教育事业者能觉悟,大家拿定目标,立定脚根,迎头赶上,我想一定可以达到理想的目的,臻于完善的境域。

---

① 语出《战国策·楚册》,原文为:"见兔而顾犬,未为晚也;亡羊而补牢,未为迟也。"——编校者

战时高等教育[1]

一、高等教育在抗战建国中的任务

自从抗战建国的运动展开以后，我国沿海各省许多高等教育机关，都纷纷的迁入内地，于是各大学教授和学生也随着学校内迁，集中于后方的安全地带。中外人士对于我们知识分子不到前线去参加抗战反而躲在后方，认为是件骇异的事。因此有少数国人，就有废止旧有教育制度，实施战时训练的提议。其实高等教育在战时有它的重要任务，决不是无用的废物。现分述于后：

（一）保持文化学术。敌人侵略我国，最忌恨的就是知识分子，尤其是现在求学的学生，所以敌人首先要对付他们。敌人并吞了台湾、高丽之后，他们在台湾和高丽所设立的高等教育机关，仅仅限于职业、商业、医学等实科，不见有一所提倡文化和养成政治人才的大学，因而台湾人与高丽人化名来祖国进大学的很多。自从敌人发动侵略战争以来，只要敌人到过的地方，总是劫掠图书，烧毁学校，用了种种暴行来摧残我们的文化。因此我们为了对抗敌人这种恶毒的行为起见，对于我国的文化机关，更应特别加以维护。欧洲在中古黑暗时代，文化几乎被摧残无遗，幸得教会僧侣竭力保持，才能留传到现在。兹当我国文化遭受空前浩劫的时候，从事于高等教育的人们，有一种异常重要的使命，就是我国固有文化学术的保持。

（二）培植优秀青年。根据教育部的统计，我国 10 000 人中，仅有 1 个大学生。全国人口总共有四万万五千人，那末全国大学生的数量也不过 45 000 人而已。这些人所以能进大学，不是因为他们的家庭环境好，经济情形好，就是因为他们有志上进，能刻苦奋斗，或者具备其他超越的心理条件，所以这般人可算是社会中的优秀分子。我们维持高等教育来培植优秀青年，也就是充实国家的实力。

（三）领导国民思想。国家的强盛以及民族的永存，最重要的条件是国民思想的健全。大凡一个国家里面，种族不同，倒没有什么关系，最危险的却在于思想的不一致。例如美国从种族上看有白、红、黑等种，是很复杂的，可是这对于美国的立国并无丝毫障碍。又如苏联的方言非常复杂，人种比中国要多好

---

[1] 选自《战时教育》，正中书局，1941 年。——编校者

几倍,但它的思想是统一的,所以成为(功)一个能左右世界局势的强国。英国牛津大学有句话:"今日牛津大学的思想,就是明日英国的思想"(What Oxford thinks today, England will think to morrow),由此可见大学教育如何的重要。在抗战期中,大学教育有领导国民思想的责任,是无可疑义的。

（四）造就技术人才。自从抗战开始,技术人才的需要,更是迫切,有供不应求的现象。就从西南交通来说,交通器具并不感到缺乏,而所缺乏的是技术人才。例如驾驶者、修理者、制造零件者,都很缺乏,这是由于过去所养成的一班人才,只能计划而不能实践之故。我们在西南一带公路上,可以看到许多停着的坏车子,其中因为零件缺乏、没有法子修理、不能开行的,为数很多。为了缺乏零件,不能开动,搁置在路旁,废弃不用,实在是太不经济了！所以技术人才的训练,是件不可忽视的事。近来中央见到这点,所以特别注意改善训练方法。关于技术人才的训练,大多数是委托高等教育机关办理,因为高等教育机关人才设备都比较充实,培植较为方便。

（五）推进边疆文化。我国高等教育,在过去因历史关系,大都集中于沿海各省,因此造成畸形的发展。学生所受的训练,大多是都市繁华的生活习惯,民间疾苦,从不曾见到过。自从抗战发生,全国高等教育机关都纷纷迁入西南、西北边疆地方,可以乘此开发边疆教育,推进边疆文化,这方面所负的责任也很重大。所以我们断不能把大学的内迁,认为是教育界人士畏难不前,或者认为和抗战丝毫无补。

二、高等教育之过去与现在

抗战以前,全国专科以上学校凡 108 所,就学校之性质言之,可分为大学、独立学院及专科学校三种;自设立之性质言之,又可分为公立和私立两种,公立包括国立或公立(各部所设者)、省立、市立等几种,兹将历年学校数列表如下:

	大学及独立学院			专科学校			
年度	公立	私立	合计	公立	私立	合计	总计
16(1927年)	23	21	44	……	……	……	44
17	28	21	49	20	5	25	74
18	29	21	50	21	5	26	76
19	32	27	59	21	6	27	86

续表

大学及独立学院				专科学校			
20	36	37	73	20	10	30	103
21	38	38	76	20	8	28	104
22	37	42	79	20	9	29	108
23	37	42	79	22	9	31	110
24	36	44	80	22	19	41	121
25	35	43	78	20	1	21	99
26	36	40	76	22	10	32	108
27	32	37	69	17	9	26	95
28	35	37	72	20	9	29	101

战前专科以上学校分布概况，可分为北部、中部、东部、南部及西北部五区。北部：平津、冀、晋、鲁各省市，共计30校。中部：川、鄂、豫、湘各省，共计17校。东部：京、沪、江、浙、皖、赣各省市，共计45校。南部：两广、闽、滇各省，共计13校。西北部：陕、甘、新各省，共计3校。各区之中，上海占25校，北平14校，广州7校，南京6校。

抗战发动以后，战区逐渐扩大，专科以上学校大多数迁至西南、西北各省，分布状况因之大变。其分布区域，四川现有23校，广西8校，云南、贵州、湖南各5校，陕西6校，浙江、福建、广东、江西、河南、湖北等省保存12校。惟江苏、安徽、河北、山西诸省之专科以上学校，则一无所存。

三、抗战后国立、省立专科以上学校之设置与调整

这点可分为改组、新设、停办三项：

（一）改组。战时各校之改组或合并者，有北京、清华、南开合组的国立西南联合大学，北平、北平师大、北洋工学院合组的国立西北联合大学（按：现已分立，改为西北大学、西北师范学院），北平艺专及杭州艺专合并改组的国立艺术专科学校，交通大学唐山工程学院及北平铁道管理学院合并的国立交通大学唐山工程学院，江苏医政学院及南通学院医科合并改组的国立江苏医学院，西北联大工学院、东北大学工学院、焦作工学院合并改组的国立西北工学院，西北联大及西北农林专科学校合并改组的国立西北农学院，共计7校。战争发生前后，省立大学改组为国立者，有成都大学、成都师范大学及公立四川大学合

并改组为国立四川大学，省立湖南大学改组为国立湖南大学，东北大学改组为国立东北大学，省立云南大学改组为国立云南大学，省立广西大学改组为国立广西大学，共计5校。私立大学改组为国立者，有厦门大学1校。改隶教育部管辖者，有交通大学、吴淞商船专科学校、税务学校及国术体育专科学校等4校。

（二）新设。新设的专科以上学校，国立者有中正大学（二十九年（1940年）设）、上海医学院、西北农林专科学校（现改组为西北农学院）、中正医学院、牙医专科学校、药学专科学校、贵阳医学院、师范学院、西北师范学院、中央技艺专科学校、重庆商船专科学校、西北技艺专科学校、西昌技艺专科学校等13校，省立者有广东教育学院（按现改为文理学院）、勷勤商学院、山东医学专科学校、河南水利工程专科学校、湖北农业专科学校、福建医学专科学校等。

（三）停办。战争以前停办者，有国立劳动大学、省立吉林大学、河北水产专科学校、山西教育学院、湖北教育学院、广西桂林师范专科学校、上海兽医专科学校、中国公学、广东法科学院、河北法商学院等10校。因战事关系而停办者，有国立山东大学、省立安徽大学、山西大学、河北工业学院、河北女子师范学院、河北农学院、河北医学院、吴淞商船专科学校、山西工业专科学校、山西农业专科学校、山西商业专科学校、山东乡村建设专科学校、北平体育专科学校及上海体育专科学校，共计14校。

战前全国专科以上学校计108校，经战时之整理，至二十八年（1939年）旧存，益以新增学校，计101校，较之战前不过减少7校，足征我国高等教育不特不因抗战而停顿，且经整理后尚有发展之趋势。

过去大学院系之设置，缺乏一定之标准，在同一地点各校院系重复甚多，尤以战前之上海、北平两市为最。教育部数年来曾数度酌加裁并，或令停止招生，分年结束。战事发生后，各校现多迁设内地，此种情形较前更甚。因于二十七年（1938年）度作再度之调整，其重复者量予归并，简陋者酌予裁撤，缺乏中心目标者加以具体之规定，依此方针调整之学校，凡30校。至二十八年（1939年），专科以上学校之院系，计全国共有168学院，分设519学系，77专科及专修科。其中学院与学系以文、理为最多，法、医、工次之，农、商或师范为最少。专科则工、医为多，师范、文、商次之，农为最少。

四、教员与学生的救济

（一）教员的救济。战区专科以上学校教员，由教育部举行登记。登记合格后，分发担任教育部青年及民众读物临时编辑、国立编译馆临时编译、专科以上学校临时教席以及地方教育临时辅导员等工作。各人的生活费用，规定原任大学教授者，月给100元至200元；原任大学讲师或专科学校教员者，月给80元；原任大学或专科学校助教者，月给50元（数目随时变动）。他们的编辑、翻译工作成绩颇有可观，且有许多是极有价值的作品。所以这样办法并不是一个消极的救济，在抗战期中，能动员这许多知识分子，来做文化建设的工作，实在含有极重要的意义。

（二）学生的救济。一般沦陷区域的学生，辗转流亡，失学、失业情状至惨！教育部有鉴于此，遂举行战区学生登记。凡志愿担任战时工作者，由教育部保送至政治部，受相当训练后，分发至战地服务。凡志愿继续升学者，由教育部分发至后方各学校借读。

至于现在专科以上学校的学生，大都是家在战区，经济来源断绝。教育部又令各校酌量减免学杂用费，并支拨巨款，分令全国公私立专科以上学校举行学生贷金，凡学生家在战区，经济来源断绝者，可向学校请求贷金，每人每月全额8元或10元，半额4元或5元（按数目随时变动）。自二十七年（1938年）三月起，至二十八年（1939年）夏季为止，教育部津贴各校的贷金数目，共计将达百万元。因此，许多受战事影响、经济困难的学生，仍能继续求学。其中虽尚不免仍有感受经济压迫的青年，但值此财政困难之际，政府对于青年，实已尽了爱护与保育的最大努力。

（三）游击区中学毕业生升学办法的订定。教育部为便利游击区内高中毕业生升学内地起见，特订定游击区各省市选送中等学校毕业生升学内地办法，依照该项办法，游击区内各省市教育厅局每年得就该省市中等学校毕业生中选送志愿升学、成绩优异者若干名，应考内地之专科以上学校。其保送名额，二十八年（1939年）度规定不得超过各省市本届毕业生总数百分之十。应考入学考试不及格时，由部分派大学先修班。学生路费，由部酌予补助，入学后，并予生活贷金。

五、课程之整理与训育制度之建立

大学课程之整理，教育部进行业已数年，因时局关系，旋即中止。除医学院已于民国二十五年(1936年)公布施行外,其余各学院自二十七年(1938年)起,始积极进行。文、理、法三学院课程之整理,以(一)规定共同标准,(二)注重基本训练,(三)注重精要科目为原则。根据各大学各学系课程实际情形,参酌各教授意见,邀请各科专家拟具各学系必修选修科目草案,复寄发邀请同系专家数人审查,最后并邀集专家召开课程会议,商讨决定。二十七年(1938年)九月及十一月,已先后将文、理、法及农、工、商各学院分院共同必修科目,订定颁发。并令各校自二十七年度起,就一年级开始实行。至各学系之分系必修科目草案,亦经各专家审查完毕,分别举行分院课程讨论会议,颁行全国(按大学科目表已于三十年(1941年)在正中书局出版)。过去专科以上学校的训育组织缺乏共同之规定,训育方式亦无一致之标准。教育部为注重学生德育指导,并改进训育制度起见,特参酌我国师儒古制,并兼采英国牛津、剑桥等大学办法,规定《导师制纲要》,通饬施行。此制之施行,分每一学级学生为若干小组,每组设导师一人,对于学生之思想、行为、学业及身心摄卫,均应体察个性,施以严密之训导,使得正当之发展,以养成健全之人格。至各校训育组织,亦经商定。又专科以上学校尚分设青年团,直属区党部,先由教职员参加组织,再推行及于学生,俾青年训练与学校训育相辅进行。

六、高等教育与建设事业之联系

高等教育为专门人才的教育,其造就之人才,必须适应国家建设的需要,同时国家建设所需之人才,又须仰给于大学及专科学校,因此,建教两方不能不有密切之联系。教育部为谋解决大学毕业生出路问题起见,前曾设立全国学术工作咨询处,办理学术工作之登记与介绍事宜。又于二十五年(1936年)举办专科以上学校毕业生就业训导班,训练后,分发各机关服务之毕业生达千余人。抗战期间,大学毕业生服务问题,尤为重要。计先后经教育部录用及介绍至交通、财政、经济、军政、内政、军训、军令等部及航空委员会、卫生署、军医署、公路总管理局、中英庚款董事会、三民主义青年团实习及服务,或经训练后指派工作者,至二十八年(1939年)约2 200余人。至建教合作,除设立农、工、医各教育委员外,并于二十七年(1938年)八月成立中央建教合作委员会,为各级技术教育与生产建设机关,对今后教育与建设如何密切联络,招生及毕业生出路问题如何供求相应,均有缜密之讨论与详细之规划。此外如专门技术工作咨询处之成立,对于战时技术人才之登记与介绍,尤多裨益。至各省市建教合作,亦已订定办法，督促施行。

七、战时高等教育困难问题及应行改进之点

（一）战时高等教育的困难问题。目前高等教育的困难问题大别有下列数项：

（1）图书仪器之缺乏——此次各大学因迁校内地，图书仪器损失不赀，旧有者泰半丧失，新购者由于外汇及运输之困难，数量亦极有限，此其一。

（2）学校用品之昂贵——学校用品，如纸张、图籍、桌椅、杂物等，际兹物价高涨，视前昂贵不止数倍，学校经费预算有定额，致遭受无限的困难，此其二。

（3）聘请教授之困难——抗战以来，教授应政府征召从事国防工作者甚多，有的教授因其研究所近或转入工农各界，各大学聘请教授，均有无法延揽之苦，此其三。

（4）学生旅行就学之不便——就目前情势而论，交通工具缺乏，车费船费高昂，学生远道入学，耗费浩大，旅程艰苦，影响所及，大学之学术旅行，无形停顿，此其四。

（5）适应抗战教材之不易编辑——抗战突起，大学教材对于战时之适应，一时不易改弦更张，又因参考资料及实验设备之缺乏，各科抗战教材之编纂，时生有心无力之叹！此其五。

（6）学校流离转徙之损失——各大学因迁徙流离所遭遇之损失，如学业之损失，时间之损失，金钱之损失，以及精神消耗之损失，均无法补救，此其六。

（二）战时高等教育应行改进之点。战时高等教育应行改进之点，也大致有如下几项：

（1）避免浪费，充实设备——校舍应尽量利用，如礼堂、会堂、会议室之合用，课室与自修室之合用等；经费应力求节省，将办公费减至最低限度，以盈余为充实图书、仪器、标本、校具之用。

（2）改善内容，提高程度——各大学应提高行政效率，改变事务中心之作风，一切设施均须以教学为前提而工作，基础科目之训练务求严格，学生之研究创造应予奖励。

（3）实施分区计划，调整各校院系——抗战以前各大学集中都市之畸形发展，现正可藉抗战的机会，作地理分布之合理分配，实现大学分区设立的理想；同时各校重复及次要之院系，亦应速予归并裁撤，以增进教育品质。

（4）推进导师制度，培养领袖人才——为矫正现行大学之偏于知识传授而忽于德育指导及免除师生关系之日见疏远而渐趋于商业化起见，应历行导师制度，施行个别训导及团体生活之指导，以陶冶学生学业、思想、性行、行为等，并实施青年训练，培养学生正确的信仰、德行，以造就领袖人才。

（5）奖励教授、学生研究——大学以研究高深学术，培养专门人才为宗旨，故教授除讲学外，应负有研究任务及领导学生协同探讨学术责任。大学为鼓励学生从事科学研究，应设立奖学金、研究补助费及著作奖励办法，以促进大学之研究精神与学术兴趣。

（6）注重推进地方文化及开发边疆问题——抗战以来，各大学迁移于云、桂、川、陕等地甚多，各校为促进地方文化及开发边疆资源起见，对各该省县之历史、风习及自然环境，应作科学之考虑，对边疆地带之民族及矿产、农产等，更须及时进行调查，以为改进及开发的根据。

（7）其他——如学生贷金工读制度之改善，兼办社会教育之进行等，均为目前应行改进的要务。

总之，此时此地的高等教育，应如何实现抗战建国的任务？如何达到研究与实用结合的目的？如何消除现有的困难与改进现有的实施？百尺竿头，更进一步，实尚有待于教育界人士的共同努力。

抗战十年来中国的大学教育[①]

一、量的发展

大学是民族的灵魂,大学的兴衰,反映着国家文化的臧否。中国对日本的抗战,是反侵略、拒绝侵略的战争,同盟国对轴心国的世界大战,也是国际和平战线的反侵略斗争,无论我国的单独抗战,或世界的反侵略联合作战,胜利的保证,需要智慧与科学的贡献。大学教育和学术机关正是战胜的有力支柱,它们本着民主的精神,科学的方法,为真理和和平服务,以求赢得战争,获取和平。

自民国二十六年(1937年)七月起,高等教育遭受着极大的危机。最先是大学关门论的意见大逞威风,战时教育专家讥笑着高大森严的皇宫,认为毕业即失业、学生即学死的现象,已经宣告大学教育的破产,大学在炮火的炽炼中已变成抗战的累赘而需要加以廓清。可是这一主张,被"战时要当平时看,平时要当战时看"、"教育不应分战时"的理论否决了。于是高等教育在战时非但维持着,而且更大大地(的)扩张着。至胜利的三十四年(1945年)度为止,全国专科以上学校共141所,教职员数为10 901人,学生数80 646人,而抗战以前我国专科以上学校仅108所,学生数41 923人。这个简单数字说明了一个事实,即抗战并没有取消了大学,而是相反的繁荣了大学。十年来我国大学教育数量的发展,可列举如下概况的统计:

表一

学年度别	二十五年度（1936年）	二十六年度	二十七年度	二十八年度	二十九年度
校数	109	91	97	101	113
教员数	7 650	5 657	6 079	6 514	7 598
职员数	4 290	2 966	3 222	4 170	5 230
学生数	41 923	31 188	36 180	44 423	52 376
毕业生数	9 154	5 137	5 085	5 622	7 710
岁出经费（单位:圆）	39 275 386	30 431 556	31 125 068	37 348 870	58 296 680

[①] 原载《中华教育界副刊》1卷1期,1947年。——编校者

续 表

学年度别	三十年度	三十一年度	三十二年度	三十三年度	三十四年度
校数	129	132	133	145	141
教员数	8 666	9 421	10 536	11 201	10 901
职员数	6 503	7 192	7 064	7 414	7 193
学生数	59 457	64 097	73 669	78 909	80 646
毕业生数	8 035	9 056	10 514	12 078	……
岁出经费（单位:圆）	91 196 550	196 976 900	419 852 372	1 869 869 039	……

以上数字，如以每校平均数来表示：

表二

学年度别	二十五年度	二十六年度	二十七年度	二十八年度	二十九年度	三十年度	三十一年度	三十二年度	三十三年度	三十四年度
教员	70	62	65	64	67	67	71	79	77	77
职员	39	32	33	41	46	50	54	53	51	51
学生	388	342	373	439	463	461	489	553	544	572
毕业生	84	56	52	55	68	62	68	79	83	……
每一教职员负责学生数	3.56	3.63	3.80	4.18	4.09	3.94	3.91	4.19	4.25	4.47

其次，全国专科以上学校学生的科别、人数，也是一个很重要的问题，自二十五学年度至三十三学年度可统计如下(表三)：

表三

学年度 \ 科别 学生数	共计	文	理	法	商	工	农	医	教育	师范	其他
二十五年度	41 922	8 364	5 484	8 253	3 243	6 989	2 590	3 395	3 292	—	311
二十六年度	31 188	4 140	4 458	7 125	1 846	5 768	1 802	3 386	2 451	—	212
二十七年度	36 180	4 852	4 802	7 024	2 809	7 321	2 257	3 623	2 031	996	465
二十八年度	44 422	5 137	5 828	8 777	3 690	9 501	2 994	4 322	2 205	1 591	377
二十九年度	52 376	5 920	6 090	11 172	5 199	11 226	3 675	4 271	2 606	2 217	—
三十年度	59 457	6 156	6 202	12 085	7 231	12 584	4 673	4 607	2 624	3 295	—

续表

科别 学生数 学年度	共计	文	理	法	商	工	农	医	教育	师范	其他
三十一年度	64 097	7 055	5 852	12 598	7 691	13 129	5 038	5 108	2 257	5 369	—
三十二年度	73 669	8 455	6 099	15 377	9 039	14 582	5 599	5 714	2 428	6 376	—
三十三年度	78 909	9 102	6 177	15 990	9 742	15 047	6 042	6 343	2 608	7 858	—

(说明：本表所列"教育"学生数，在二十七年以前包括教育学院及师范大学学生数；二十七年度创立师范学院制度后，师范学院学生另计，至教育学生则仅包括教育学院及文学院内教育系两部分。)

如上表的统计，可另以百分数表示如下：

表四

科别 百分比 学年度	共计	文	理	法	商	工	农	医	教育	师范	其他
二十五年度	100.00	19.95	13.08	19.68	7.73	16.69	6.17	8.09	7.85	—	0.74
二十六年度	100.00	13.27	14.29	22.84	5.91	18.49	5.77	10.86	7.86	—	0.68
二十七年度	100.00	13.13	13.25	19.38	7.76	20.23	6.23	10.01	5.61	2.75	1.29
二十八年度	100.00	11.56	13.11	19.75	8.36	21.38	6.73	9.72	4.96	3.58	0.84
二十九年度	100.00	11.30	11.62	21.33	9.92	21.43	7.01	8.15	4.97	4.23	—
三十年度	100.00	10.35	10.43	20.32	12.16	21.16	7.94	7.74	4.41	5.54	—
三十一年度	100.00	11.20	9.12	19.65	12.01	20.48	7.86	7.96	3.52	8.37	—
三十二年度	100.00	11.47	8.28	20.87	12.27	19.94	7.60	7.75	3.29	8.65	—
三十三年度	100.00	11.53	7.82	20.26	12.34	19.07	7.65	8.03	2.30	9.95	—

再次，抗战前后我国高等教育的比较，可以校数、院科系数与学生数为凭依，分制成如下的统计表：

表五 校数

学年度别	共计				大学			
	计	国立	省立	私立	计	国立	省立	私立
二十五学年度	108	26	29	53	42	13	9	20
三十四学年度	141	56	31	54	38	22	—	16
三十四学年度较二十五学年度增减数	+33	+30	+2	+1	-4	+9	-9	-4
增减百分比%	+30.5	+115.4	+6.9	+1.9	-9.5	+69.3	-100	-20

续 表

学年度别	独立学院				专科学校			
	计	国立	省立	私立	计	国立	省立	私立
二十五学年度	36	5	9	22	30	8	11	11
三十四学年度	57	17	17	22	52	17	19	16
三十四学年度较二十五学年度增减数	+15	+12	+3	—	+22	+9	+8	+5
增减百分比%	+41.7	+240	+33.3	—	+73.3	+112.5	+72.7	+45.5

表六　院科系数

学年度别	研究所部数		学院数	学系数			专科及专修科数		
	研究所	研究所学部		小计	文类	实类	小计	文类	实类
二十五学年度	22	35	195	619	330	289	191	110	84
三十三学年度	49	90	192	741	337	404	238	103	138
三十三学年度较二十五学年度增减数	+27	+55	+3	+122	+7	+115	+47	-7	+54
增减百分比%	+122.7	+157.1	+1.58	+1.97	+2.1	+39.7	+24.2	-6.3	+64.2

（说明：文类包括文、法、商、教育等科系，实类包括理、工、农、医等科系。）

表七　学生数

学年度别	共计				大学			
	计	国立	省立	私立	计	国立	省立	私立
二十五学年度	41 922	13 882	7 376	20 664	29 416	11 694	4 689	13 033
三十四学年度	80 646	47 575	6 918	26 153	50 894	35 218	—	15 676
三十四学年度较二十五学年度增减数	+38 724	+33 693	-458	+5 480	+21 478	+23 524	-4 689	+2 643
增减百分比%	+92	+243	-6	+27	+73	+201	-100	+20

学年度别	独立学院				专科学校			
	计	国立	省立	私立	计	国立	省立	私立
二十五学年度	8 680	1 143	1 484	6 053	3 826	1 045	1 203	1 578
三十四学年度	19 734	8 236	3 347	8 151	10 018	4 121	3 571	2 326
三十四学年度较二十五学年度增减数	+11 054	+7 093	+1 863	+2 098	+6 192	+3 076	+2 368	+748
增减百分比%	+127	+621	+126	+33	+162	+293	+197	+47

最后,抗战胜利以后,第一学期(即三十四年(1945年)八月)的专科以上学校概况,亦可统计如下:

表八

学校性质别	校数	教职员数			学生数				毕业生数*			岁出经费数 (单位:元)*
		共计	教员	职员	共计	研究生	大学生	专科及专修科生	共计	大学生	专科及专修科生	
总计	141	18 094	10 901	7 193	80 646	369	66 957	13 320	12 078	9 450	2 628	1 869 869 039
国立	56	11 785	7 090	4 695	47 575	309	41 128	6 138	7 990	6 682	1 308	1 290 687 326
省立	31	1 978	982	996	6 918	—	2 879	4 039	1 019	414	605	39 879 510
私立	54	4 331	2 829	1 502	26 153	60	22 950	3 143	3 069	2 354	715	539 302 203
大学	38	10 119	6 468	3 651	50 894	326	48 837	1 731	7 765	7 166	599	1 199 366 606
国立	22	7 716	4 875	2 841	35 218	272	33 781	1 165	5 893	5 518	375	861 831 009
私立	16	2 403	1 593	810	15 676	54	15 056	566	1 872	1 648	224	337 535 597
独立学院	51	4 895	2 731	2 164	19 734	43	18 120	1 571	2 929	2 284	645	438 487 002
国立	17	2 561	1 393	1 168	8 236	37	7 347	852	1 516	1 164	352	281 688 528
省立	12	1 011	462	549	3 347	—	2 879	468	552	414	138	18 984 219
私立	22	1 323	876	447	8 151	6	7 894	215	861	706	155	137 814 255
专科学校	52	3 080	1 702	1 378	10 018	—	—	10 018	1 384	—	1 384	232 015 431
国立	17	1 508	822	686	4 121	—	—	4 121	581	—	581	147 167 789
省立	19	967	520	447	3 571	—	—	3 571	467	—	467	20 895 291
私立	16	605	360	245	2 326	—	—	2 326	336	—	336	63 952 351

(* 毕业生数及经费数系三十三学年度数字)

二、由量的解释

以上四类关于高等教育的数字统计,很值得我们做一个总合剖视的检讨。

第一,十年来我国大学教育的发展,抗战初起之年为108所,有学生41 922人,二十六、二十七两学年度,突然表示一个锐减的形态,学校数减少了11所至17所,学生数减为31 000至36 000人,这自然由于战争的影响,部分的学校停办合并,战区的学生失学了。从二十八年度后,校数及学生数才不断的向上伸展,七年以后,学校数较抗战的翌年,增加50所,几乎增加1/2,学生数增加1倍又2/3,即由31 000人,增至80 000。而经费支出由30 000 000的最低岁出经费起(二十六学年度),亦继续上升,至三十二学年度达到4万万,而三十三学年度更激增至18亿。但事实上有两点应该说明的:一是法币的贬值,如以贬值1 000倍计算,则三十三学年度的经费,实值仅当战前1 800 000元而已;二是实物的配给,这一数字未计算在内,即员生公粮的数量,是战前所未曾有的。

我们就教育效率来推论,如表二所示,每校教员的平均数:二十六年度至三十年度,均表示衰退,最低数62人,最高数为67人,这表示出师资的缺乏,待遇的贫困,以至各校均有教授荒的现象,三十一年度以后三十二年度突升为79人,三十三、三十四年度为77人,较战前的70人,颇有增加;次在职员方面,除抗战的第一年锐减外,自二十七年度起逐年增加,由每校平均33人至三十二年度增为53人,三十三、三十四年度为51人,计最后一年较第一年增12人,职员人数的增加,一方面虽由于战时事务的浩繁,他方面也表示行政效率的低落;第三学生数量方面:抗战的第一年,每校平均为342人,最后(三十四年度)的一年增为572人,但二十六年以后的毕业生数,每年的数字均不及48人;第四就是教职员对学生的比例言,抗战以前,每一教职员负责的学生3.56人,至三十四年度教职员与学生的比例为1对4.47之比。这就是说大学的班级扩大了,受教者增多了,因此教职员虽然增加,但对学生的人数比例仍然增加了。

第二,抗战以来,十年中专科以上学生的科别,就历史上看,过去因受政府重实的影响,理、工、农、医学生已有显著的增加。抗战以后,我们从表三中可以看出工、法、农、师四个院科的学生增加最快,工科的学生十年来增加了1.5倍,法科、商科增加了1倍,农科增加了2倍,教育和师范两院科合计也增加了1.5倍,这完全是抗战的需要。各种工厂增加了,工科学生出路好,政府增设农林部,征实增产,都是产业要政,银行企业林立,经济人才需要激增,同时政府采取了师范国营的方针,大量设立公费的师范学院,这就是农、工、法、医、师五院科人数增加的理由。反过来看,文、理两科,十年来的学生数,只各增 1 000 人左右,简直渺小得可怜,不过在抗战的第一年,受难乱战火的影响,学生失学极多,无论什么科系在二十六年度都是递减,大学生总数由战前 41 000 人竟减低为 31 000 千人,以后各年才慢慢地增加起来。

为了观察得更清楚一点,我们不妨看表四,看了各科学生数在各年度中所占的百分比,当中第一位是商科,由 7.73％增加 12.34％,第二位是工科,由 16.69％增至 19.07％,第三位是农科,由 6.17％增至 7.65％。在另外一方面,文理两院科的现象最为畸形,在二十五年度中文科生占 19.95％,理科生占 13.08％,可是到了三十三年度,文科生减占 11.53％,理科生减占7.82％。这两个数字,可以看出社会的病态,即语文史艺的不受重视与纯粹科学的无人问津,这个病态是亟(急)待纠正的。

第三,我们从抗战前后来比较高等教育的进步:

(一)就校数说,第十年与第一年的比较:学院专科和大学合计增加了 33 校,即增加了30.5％,但分开来看,大学却减少 4 校,减少了 9.5％,专科学校有了长足的增多,即新设了 22 校,增加了 73.3％,独立学院也增加了 15 校,占 41.7％。

(二)就院科说,第十年与第一年的比较:研究院所部,大大地增加了,研究所增加了 27 所,占原有数 122.7％,研究学部增加了 55 个,占原有数 157.1％,学院与学系增减比例,学院亦增加 3 个,占原有数 1.58％,学系数却增加了 122 个,占原有数 19.7％,专科数也增加 47 个,占原有数 24.2％。

(三)就学生数说,第十年与第一年比较:增加了 38 724 人,占原有数 92％,几乎加了一倍。当中大学生增加了 21 478 人,占原有数 73％,独立学院学生增加 11 054 人,占原有数 127％,专科生增加 6 192,占原有数 162％,独立学院和专科学校在战后增加的校数甚多,所以学生增加了不止一倍,自然不足为奇了。

第四,抗战胜利的三十四年(1945 年)九月,即三十四学年度第一学期,全国的专科以上学校,有大学 38 校,占 26.95％,独立学院 51 校,占 36.16％,专科学校 52 校,占 37.89％,合计 141 校,当中国立 56 校,占 39.71％,省立 31 校,占 22％,私立 54 校,占 38.29％。专科以上的学生有研究生 369 人,占 0.46％,大学 66 957 人,占 83.03％,专科学生 13 320 人,占 16.51％。据三十五年(1946 年)九月全国专科以上学校数为 182 校,内大学 53 校,占 29.12％,独立学院 62 校,占 34.06％,专科 67 校,占36.82％。我们可以大胆地说一句话,自抗战以至胜利,国家并没有忽视了高等教育,高等教育的学校增设了,学生增加了,并且尝试地走着统一与划一的道路,此中利弊见仁见智,不尽相同,且留待后面再加以详论。

三、新的学制

抗战以后,我国高等教育在数量上不因敌人毁扰而锐减,反因事实需要而增多,在此时期中,有的由于政治的原因,有的由于环境的需要,产生了如下新的制度:

(一)研究院所的扩大与独立。政府正式承认研究院,始于民国二十三年(1934年),是年教育部公布《大学研究院暂行组织规程》,民国二十四年立法院通过《学位授予法》,同年教育部制定《学位分级细则》、《硕士学位考试细则》,当时各大学的研究院所,寥寥可数,入学研究生未见增多。抗战以后,留学教育大受影响,大学毕业生不能不以研究院为进学之阶,政府亦以研究院为培养专门人才之所。民国二十八年,教育部公布修正大学研究院暂行组织规程,研究院分文、理、法、师范、农、工、商、医各研究所,凡具备三研究所以上者称研究院,研究生修业二年以上,修毕学分,通过论文,得授予硕士学位。第一届硕士学位考试,于民国二十六年举行,迄今共举行九届,授予硕士学位者达二百余人,研究院毕业生出任大学讲师、副教授、教授者渐众,颇能补救抗战时期师资之不足。研究院所由于地位及任务之提高,渐渐有脱离母体自成一格之趋势,经费独立,师资独立。但因大学经费枯竭,高级师资难求,研究院与大学分家,反驱前者于独立无援之状态,徒有其表而无其实,研究院逐渐忽略其"供给教员研究便利"之任务,而成为培养"硕士"的所在,量愈多,质愈差,颇为识者所诟病。抗战胜利,三十五年七月,教育部在京召开高等教育讨论会,关于大学研究院所,有一种重要的决议已见诸实行,即大学研究院不必独立设置,仍回复于原属之大学院系,与之平行合作,以求联络与充实。此一改革,加重大学教员参加研究之成分,较之二年修业考取硕士之晋级制度实多见地。

(二)专科新制的创设。专科学校,在抗战以前数量较少,二十五年度仅有30所,至三十四年度为52所,计增多22所,占77.3%。按第三次全国教育会议于重庆举行时,曾通过如下之提案,即高等教育阶段内,除原有二年制及三年制专科学校外,另设五年制专科学校,招收初中毕业生及具有初中毕业同等学力之学生。除了二年制、三年制、五年制的专科学校外,尚有四年制、六年制的医学专科学校。专科学校有工业、农业、商业及医学、技艺、师范、艺术等。本来依照抗战以来政府的大政方针,大学国立,专科省立,分途并进,前者研究高深学术培养专门人才,后者教授应用科学,养成技术人才。但事实上省设专科学校不多,国立的专科学校不得不由8校增至17校,以应当前的需要。因为抗战设备困难,师资难求,学术水准较低,有些专科学校,如海疆学校、东方语文专科等,训练性质不明;有些类似专科的临时政治学院(如苏皖政治学院,后改为专科学校),以训练班军事化的姿态开办,亦未能收到预期的效果。

(三)先修班的制度。先修班是抗战以后新创的制度,教育部鉴于战时失学的学生太多,为顾虑其失读失业,易流于偏激起见,同时因为招致战区学生入内地求学,不易配合学年学期,不能不另设班级,以资收容,于是二十八年(1939年)有先修班的设立。先修班的办理,有两种:一是独立的先修班,如四川白沙的大学先修班是,一是附设的先修班,如中山、浙大、西南联大的先修班是。进先修班的学生,必限于有高中毕业文凭而投考大学未能录取者。后又改变,可单独招生,课程除公民、国文、英语、数学四科定为必修科外,其历史、地理、物理、化学、生物诸科均列为选习科目,肄业期间定为一年,期满得保送成绩优良学生50%,免试升入大学。计独立办理的大学先修班有一所,设14班,附设于大学及独立学院者为20班。因为先修班是一种补习教育的变相,其成绩远不如以前的大学预科,反养成学生坐食公粮及嚣张的恶习。

(四)师范学院的兴办与没落。二十七年度起,教育部建立了师范学院制度,除了指定中央、中山、西南联大等校的教育学院系改为师范学院外,并先后改组或创立了国立浙江大学、四川大学的师范学院及国立西北师范学院、湖南国立师范学院、国立女子师范学院、贵阳师范学院等校,其后又收编了省立湖北教育学院、省立桂林师范学院改为国立。国立师范学院的原定计划,极其庞大,有各种各色的学系,有等于专修科性质的初级部,有招收大学毕业生训练一年的第二部,还有各种各类的教员进修班。师范学院的特质,第一是国营,因此有些私立大学如大夏、华中、华西诸大学,都遭受了歧视,大夏的教育学院且因此而奉令解体;第二是公费,除了免学杂费供膳宿外,并配给公费与制服费;第三修学期限定为五年,期满并须照修学期限加倍计算作为服务年限。平心而论,师范学院制度推行的六年之中,困难重重,问题复杂,不得不改弦更张,及时补救。首先大学战区生的贷金,超过了师院学生的公费;其次五年的读书生活,令人望而生畏,何况教师已成为战时最便宜的职业,到处闹师荒;还有师院的师生的品质,亦不无问题,一般均认此为杂牌军的收容所。教育部虽三令五申,加发多少费用,改变修学年限,宣布留学奖助,但言者谆谆,听者藐藐。至三十四年(1945年)师范学院制度可以说已宣告崩溃,部分改制,附设于各大学的师范学院,文组归文学院,理组归理学院,师范学院仅剩有教育、体育两系,虎头蛇尾,有名无实了。

四、划一化的教育设施

无论外界的毁誉如何,十年来的我国大学教育,确是朝着整齐划一的路线走。照社会进化的原则说,文化的发展特征,在于变化。抗战以前的大学,确如国联教育考察团的指摘与建议,地理分配不合理,学分制有流弊,入学的青年不多。在战前,社会人士批评大学是一块杂乱无章的地方,放任宽容,各自为政,所以一到了战争爆发,所表现的也是逃难与凌乱的现象。因此,政府为了配合政治的作风,有意或无意地逐渐走着统制管理的道路,甚至于大量扩充中央教育行政机构——教育部的人数,增至在二三倍以上。

说十年来我国大学在走着划一的道路,可以如下的事实来推敲:

(一)统一考试。专科以上学校招收新生,一向由考生分别投考,各校自行办理考试及榜示事宜。二十七年度起,教育部宣布实施统考制,成立统一招生委员会,统一招考公立各大学及独立学院一年级新生,各考区分设招生委会办理报名考试阅卷事宜。考试科目及日期由教育部统一规定,试题由部颁发,录取分发依照部定标准办理。计二十七年度参加统考者21校院,二十八年度为28校院,二十九年度为38校院。其后因战争日烈,各校迁徙分散,联络与分发的困难日增,乃改为联合招生,由各校分区联合办理。三十二年(1943年),教育部试办高中学生毕业与大学入学联合考试,指定贵阳、兰州、泰和三处举行,除贵阳区办理较优,具有报告问世外,其他成绩欠佳。这种统一或联合的考试,经费与交通都是不能解决的问题,最后政府不能不出于自动放弃的一途。

(二)划一行政。政府对于调整组织,划一制度,使大学定于一的努力,颇为认真。首先是大学各院系各名的厘订,过去大学各系名称既多不同,隶属学院亦有歧异,现均由教育部将各学院各学系名称及其所隶属学院,分别加以规定以昭划一。如各校单独设置某院之一二学系,而该院并未单独设立者,得附设于性质相近之学院;两学门以上并合组成的学系,由校自拟名称,但须呈部核定。其次是专科以上学校行政组织的订定,教育部为使各校行政组织统整合理起见,于二十八年(1939年)五月订定大学行政组织要点,规定大学设教务、训导、总务三处，各设处长，三处之下分设若干组，设组主任组员，并规定教务训导及总务会议，稍后并对于各大学教务职员人员的编制予以硬性的规定，凡超过此规定者，不予核发薪津。

（三）训导制度。专科以上学校训育，过去以教兼训，并无专设训导人员，战时教育部特别重视学生思想、学风、纪律等问题。二十七年，颁布《青年训练大纲》，以为学校训育之准绳。同年颁布《中等以上学校导师制纲要》，各校须设主任导师及导师，分组训导学生。二十九年，公布《训育纲要》，将训育实施事项作具体的规定。同年政府明定专科以上学校行政组织设立训导处，设训导长一人，训导员若干人，处下分设生活指导、军事管理及体育卫生等组，又规定学校训导人员一律须送部审查，合格后任用。但是训导制度的创立与实行，由于人事未减，侦察、压迫重于劝导感化，风潮迭起，颇为时贤所诟病。三十三年（1944年），大学废止军事训练，训导制度亦有不支之势。三十五年七月，教育部在沪召开大学会议，曾议决将训导制度改为训导委员会，主持人选由教授选任。"训育学术化"始可为今后大学训育制度的新作风。

（四）统一课程。大学课程的理想，于二十七年（1938年）春曾由教育部订定原则三项，即规定统一标准，注重基本训练，注重精要科目。并决定全国大学各院系必修及选修课程，一律由教育部规定，必修科目必须全国一律。各学院第一年注重基本科目，不分学系，三、四学年酌设实用科目，大学采用学年制，其毕业考试应包括四学年中重要科目。准此，大学课程遂分为共同必修、各系必修、各系选修三类。二十七年后，文、理、法、师等院共同必修科目表，各系必修及选修科目表陆续公布，并有施行要点及修订表刊行。工、农、商各院共同必修科目，亦于二十七年底公布，专科及专修科课程，亦比照上项内容明令施行。大学课程毕业标准，须修满132学分（一般）、142学分（工、法律）、170学分（师范）数种。此项课程之统一，纳全国专科以上学校学业于标准轨范，一目了然，修养整齐，是其长处；然徒具形式，各校因师资恐慌，致学程久悬，而教授未能将其专门学识教课生徒，学校无自由讲坛之风习，是其缺点。最近北京大学校长胡适，曾公开改订该校课程，删繁汰琐，独自施行，未见政府有所指责，则大学课程的改进，又有伸缩的可能。

（五）统制教员。大学教员资格的审定，过去系由各大学依其学术地位与传统，自行聘请。二十九年（1940年），教育部颁布《大学及独立学院教员聘任待遇暂行规程》、《大学及独立学院教员资格审查暂行规程》，分教员为教授、副教授、讲师、助教四级，其审定办法与升等年资均有严密之规定。公布以后，大学教授囿于自身学术性之独立与清高,不屑由政府官僚任意抉择,故送审者寥寥无几,而舆论对此制度认系伤害高等学术之尊严,亦不予以支持。三十年,教育部颁行国立专科以上学校教授休假进修办法,三十一年教育部设置专科以上学校教员奖助金,均明令以经审查合格者为限,于是送审人数陡增,教育部特设学术审议会董其事,计核定等级的大学教员四千余人,占全体40％左右。至部聘教授定为30人,于三十年分别遴选聘任,任期五年,大学教员之薪给,亦分等分级,有类似公务员之简荐委阶级。大学教员之名分与待遇,既受政府之约束,其身分成为国家人员之一部,逐渐丧失其自由进退的意味。

（六）优遇战区学生。政府鉴于战时学生的失学与生活的困难,曾于抗战初起时,施行战区学生贷金制,规定专科以上学生家在战区、费用来源断绝者,得申请贷金。廿八年度起复将贷金种类扩充,除膳食外,另发零用或特别贷金。廿九年终因物价高涨,复发实物,每生每月食米二市斗一升,另发副食费,副食费并得因物价情形分区分期调整。此制施行以来,纠纷最多,流弊最盛。第一,贷金由训导处办理,训导人员每以此挟制学生,并因人事上之恩怨而决定取择。第二,贷而不还,养成学生依赖坐食心理,甚至于以此要胁当局,各校学潮几无不与贷金制度有关,政府以贷金管制学生生活与思想之政策,不得不有所变更,而改行公费制度,分甲乙种公费生及甲种自费生补助膳食贷金等,与战区生贷金相并而行。三十四年,教育部订定公费办法及补充办法六项,定公费生为全公费、半公费两种,占入学新生40％,清寒学生、侨生、边疆学生均得享受,一扫过去战区生为天之骄子之恶制。核给标准以学业成绩与操行成绩并重,立法公允,施行简易,学校纠纷消弭于无形。

（七）管制留学。二十七年六月,自由出国的留学制度受到相当限制,当局明令国外留学以军、工、理、医各科为限。二十八年春,政府规定在抗战期内,非经特准之公自费留学生,一律暂缓出国。因此二十七年公自费留学生仅92名,二十八年仅65名,二十九年仅86名。至三十二年政府公布出国留学须经国家考试,并定期举行自费留学考试,考取及格者须入中央训练团受训,公费生出国亦须举行考试选送,甚至教授休假进修,亦应入团受训后出国。舆论大哗,认为统制思想者有之,认为轻视学术者有之,而美国文化界对此更为重视,半公开表示不欢迎此种受训出国人员,美方朝野更认为战时青年应效忠疆场,勿远涉重洋,致忘本身重任。此后留学风气大减,迄至三十三年底,始有农林教育两部之留美出国实习人员考试,取消受训办法。抗战胜利以后,三十五年七月,教育部举行公自费留学考试,应考者共8 290人,录取学生达千余人。

（八）试编大学用书。二十八年十二月,教育部令国立编译馆拟具大学用书编辑计划,并拨给编辑费用。大学用书分院必修、系必修、系选修三种,编辑方法分征稿、约稿、评选三种。二十九年三月,设立大学用书编辑委员会,同年十月,公开征求大学用书书稿,计划五年以内将全部工作完成。三十年,应征大学用书计52种,特约编著用书计29种,评选之用书计13种,合共93种。惟大学教学,教授应有讲学与研究之自由,用书定于一统,是为学者专家所反对,故教育部不得不将此项工作延缓,并申明大学用书与教科书不同,不必限制各大学必须采为课本,只供作大学教员学生之参考并备其采用。

五、现状及其未来

抗战胜利以后,在高等教育上所发生的问题有两大项:一是收复区敌伪所设专科以上学校的接收与处理,一是后方专科以上学校的复员与修建。

关于第一项,教育部所订定的原则是:有政治性质的敌伪学校,予以封闭,一般性的,予以接收,并依其性质改为国立、省立与私立,教职员与学生要参加甄试,敌籍学生勒令回国。稍后为了救济收复区专科以上学校失学生起见,特设临时大学补习班。至于收复区专科以上学校的甄审,教职员与大学毕业生由甄审委员会办理,毕业生要读《中国之命运》,做报告及专门论文各一篇,教职员由甄审委员会调查核定,在学学生经保证、登记、合格后,分发临时大学补习班补习。补习科目规定为国父遗教及主席言论、中国史地、国文、英文、抗战史料、时事、军训等,修习三个月后,发给证书,分发入学或自由投考。临时大学设在南京、北平等处,办理期间由于生活及训导问题,曾起波潮,结业后的分发与转学,亦引起纠纷,幸均旋即平息。

关于第二项,教育复员可分两类,一类是学校复员,一类是学生还乡。自三十四年(1945年)十月以后,最早复员回来的是国立交通大学,其他应迁回收复区的各校,奉部令应继续上课至三十五年五月以后,才得开始迁移。在复员中,国立女子师范学院请求迁京未遂,发生风潮,致被解散整理,由四川白沙迁往重庆复课。凡随校复员的教职员学生,均有复员费可领。由于交通困难,旅用浩大,以及人事物力的艰苦,迁徙的各大学,均备尝艰辛。学校的原址校舍要修葺,员生及设备要迁回,军事及交通工具均是阻碍的原因,公立学校纷请追加费用,私立学校当局均成无米的巧妇。其次,凡复员后仍在陕、甘、川、滇、黔、桂各省境内继续办理之国立专科以上学校的战区学生,还乡转学,教育部曾应该类学生的请愿,订定办法,凡志愿还乡复学的学生,可酌给旅费,自持证书自由转学。三十五年夏,教育部曾通令东南各省之公私立大学举行还乡转学考试,以利战区回籍学生,上海、南京、广州均如期举行。

胜利以后,三十五年九月,教育部公布全国专科以上学校共182所,内国立70所,省立45所,私立67所。关于我国大学教育的现况,本文不再作冗长的分析,不过作者以为今后我国高等教育的前途,有三件事是值得注意的。

第一,复员与还原。尽管全国教育复员会议中,蒋主席、朱部长以及到会人士都高呼复员不是复原,但就目前情形来看,仍不无还原之感。譬如大学复员后的地理分布,这182所学校,第一在京沪有43所,占23.6%;第二在川渝有18所,占9.9%;第三是平津有17所,占9.6%;这和十年前国际教育考察团的批评,除了集中趋势的地点有不同外,集中趋势,还是一样。以上三区的专科以上学校共78所,占全体43%,至于青海,迄今尚无一所专科以上学校,新疆、西康两省幅员之广,地形之要,新疆大学、西康大学,尚未能成立,这真是一件遗憾的事。其次各大学还原之后,它们所遭遇的问题,并非改进设备,添购图书仪器,建立学术风气,而仍是为了生活忙,为了经费愁,不论沿海与后方,学术工作者总不能安下心来,透一口气,没有一个好的环境可以安心教书、读书、写书和做研究,大学教授的穷态,依然存在,大学行政的困难如故。再次是政府及大学行政者,并无鲜明的治校新精神产生出来,官化和商化的大学,传统未能改善,这固然反映着复员以后的社会情状,也说明了大学教育还未能尽其领导的使命。

第二,统制与自由。从上列的分析中,我们看出在十年的战争中,高等教育在数量上增加了,但都是枝节的,在素质上,我们看出政府如何企图走着统制主义的路线,而终于不能不让步放松,以配合目前的政治主潮。统制不一定是坏的政策,可注意的是施行统制的条件,在我国自由惯了的人心,缺乏数字的观念,以及人的臧否,都不能保证统制的顺利推行,而文化教育的统制,尤有此路不通的倾向。我们看师范学院的惨败,留学训练的受误会,统一课程与教材的不必要,以及普遍的要求党团政争退出学校,都是表示统制怎样不为学府中人所欢迎。作者以为今日的大学教育,不必在统一上求整齐,不妨在同一上求进步。今日的中国教育,尤其是高等教育,渴待着民主与科学的训练,民主与科学的大学自由基础,大学应有讲授自由、研究自由的权利,也有向民族效忠并受爱国心约束的义务,大学应有它自己优美的学风和传统,万物并育而不损害,就好像一个手有五个长短不一的手指并不妨碍于将手掌统一的一样。中央教育行政机构对于大学的干涉愈小,则大学的自由进步愈大。像目前的情况说,一个失学的青年，可以找教育部请求分发指定的学校，一个被除名的学生，可以到教育部来请愿，教育部不经过学校而直接处理学生的事情，也是值得考虑的。

第三，谨严与试验。学术研究的可贵，便在它的多元性和具有不同的形(型)式，真理之所以能够进步，便在于在纷歧的主张之中寻找客观与标准。大学应该是自由研究的学府，过分的谨严与形式化，都足以影响大学的精神。在十年以前，各种各色的研究与试验，都在各个大学中进行，就教育方面说：有的大学做着社会教育的试验，如无锡教育学院；有的学府在做乡村改造的设计，如定县与邹平的工作；有的大学在研究缩短小学修业年限，如中山大学；有的大学在编纂教育资料与搜集教育著作，如大夏大学；有的大学是以心理实验与统计著名，如中央、清华两大学；有的大学是以教育理论见长，如北京大学；有的学府在做普及国民基础教育，如广西的国民基础教育研究院。这种蓬蓬勃勃的生气，是民族的精英、国家的瑰宝，我们为什么不让他们做下去？像现在的美国如芝(支)加哥大学、圣约翰学院及其领导者 Rokert M. Hutchine[①] 们，在领导着一种古典教育[②]（ariztocratic education）运动，他们主张要读古典名著，如柏拉图、亚里士多德、培根的著作来涵养青年的心灵，培养学生的学识，他们虽为民主教育（democratic education）的学府及其领导者杜威等所反对，但他们仍在鼓勇集神地试验着，并宣布要从这个试验来改造美国文化的品性。这就是大学自由的好处，有自由有试验，不正确的自然会被认识出来的人所淘汰，而不必用圣经或教条来取缔它的。现在我国的大学，便犯着谨严的毛病，而需要开创有新的试验风气。

总之，十年来的我国大学教育，虽有了它的历史贡献，但仍不免有其浪费与太滥的地方，从总的指针来说，我们缺乏着一个伟大的、合理的自由试验的高等教育政策，质之高明，以为如何？

---

① 应为 Robert M. Hutchins 之误。赫钦斯（1899—1977），美国教育家，永恒主义教育流派代表人物。著有《美国高等教育》、《为自由而教育》、《教育中的冲突》等。——编校者
② 即永恒主义教育。产生于 20 世纪 20 年代的美国，流行于 50 年代的英、法等国，代表人物赫钦斯、阿兰·利文斯通。永恒主义强调理性是人性的基础，社会秩序的稳定依赖于以永恒的真善美原则为基础的理性文化。永恒主义在推崇"永恒价值"的基调上，确立了"复古式"课程标准。——编校者

从纪念校庆泛论大学教育[1]

大夏创造即本学术研究之自由独立,涵育革命与民主精神;知识分子应着重探求事理,明白因果,镇定自己。

自今日始,大夏生命已转入24周年。

24个周年,并不是短暂的日子,一个人的生命会生长得勃发茁壮的。大夏凭着师生合作之传统,在全国各大学的历史中,已有深长厚实之基础,我们虽极注意于现实,实贵于我们的处境,但大夏的前途,仍无妨着眼于未来远景的衡量。

没有比今日世界级国家所遭遇之困厄更为严重,也没有比今日办理高等教育之不易,这个多难的时日,我们应该实在运用我们的知能作理智的反省。中华民族凭其光荣的历史,我们要在我们的手中拨开云雾的袭击,创造更光荣的未来。

宪法中规定,大学教育之使命为高深学术之探讨,为专门人才之养成。我们必须认清当前所处的时代,这个时代早已使个人的本位进而为团体的本位,而当前的战争也不是个人的争斗。我们中国青年如仍以个人为本位而孤立奋斗,即有壮志豪情,亦不能对国家作有价值的贡献,恃才恣肆,当容易踏入落伍的英雄思想。大学教育为有生命之整体——有目标,有理想,为一整齐一致互助合作以造福社会造福人群为职志的整体——我们师生同学之间毫无利害冲突,相反地,我们师生同学之间却有同一的关怀,我们应知一人之利即为全校之荣,因此,我们必须上下一心作一致的团结。

我们大夏在团结中创业,在团结中谋发展,虽然二十余年以来,国事纷扰不定,而我们的学校始终向上发展,配合国策,顺应潮流,从而领导社会。

目前,我们在报纸上看到一般人士纷纷控诉教育,他们以为中国的教育造就无能的青年。固然,教育的措施远未尽如理想,值得我们改革的地方也很多,但有许多问题不是教育的本身所能解决。举例言之,近来有许多人以为学生"毕业即失业"的情形归咎于教育,其实国家如不是战乱时期,则各项建设必如雨后春笋。他如矿产的增开,铁路公路的建筑,各县地方法院之普遍设立,普及

---

[1] 原载《大夏周报》24卷24期,1948年。——编校者

义务教育之切实推行，此中必大量需用人才，我们现有的人才唯恐不继，更无失业之现象，所以，建设的停滞，使实科学生无从致其力。战乱期间，各地政治因土地得失随而变化，知识分子在军事地区不易获展其才，相率迁徙转业，集中都市，故文类学生有嫌过剩。教育界本为专业训练之职位，而我国又以人事制度未上轨道，遂使教育事业为非研攻教育者所侵占，故攻读教育学生亦形成求业无门之现象。我们中国的人才已不多，知识分子为数更有限，造成教育与社会脱节的现象，不是教育界本身专负其咎的。再以大学的师资来说，我们不能否认大学的师资有低落的可能，此中原因与教授生活的清苦成正比例，但中国目前大学的教授仍多负学术众望与知名之士，他们到外国去讲学却到处受欢迎，而在本国则挣扎在饥饿线上，无心从事学术。我们教授的人数已嫌不足，而我们的教授却大事"外流"，政府及社会人士如不正视这种严重的倾向，大学教育的前途会造成不可想象的后果。等到大学有此种后果时，社会人士遂争相责难，这未免是一种苛求。

我们还清楚记得，前几年有一位从法国研究工科的留学生回国，因为找不到合适的工作，在重庆自杀了。我们造就一位人才实不容易，而我们对已有造就的人才又如此不加重视其发展。同样地，中国的大学生在全国人口的比例已少得可怜，而大学生却如此被利用，生命如此被轻掷。大学为研究高深学术的学府，是神圣的场所，我们教育工作者曾发出多次党派退出学校的呼声，而仍无些微的效果，致影响学校内部的安定，影响青年教育的训练，影响求学的专心，但是，我们还很少发现社会人士及青年为学校控诉！

我们大夏经过了24个年头，走过了北伐惊险的阶段，度过了抗战的浪涛。我们在师生合作的努力下，学校内部欢乐和谐，大家在研究上求自由，在学业上求进步，在同学中求助友，凡属毕业校友的事业，都有校友辅助其成，实例很多，不胜枚举。

大学教育的途径，先哲昭以"在明明德，在亲民，在止于至善"①。所谓"明明德"即人格教育的发扬，所谓"亲民"即新国民性运动，换句话说，新国民性运动，须配合人格教育的训练，然后使其"止于至善"，成为社会中的"完人"，因为"完人"能明事理当然之极，没有"人欲"之私，而此种教育的方法为"格物致知"，为"诚意正心"，因而在行的方面表现"修、齐、治、平"，使个人、家庭、国家、世界都蒙其利。我们知识分子，在求学时期，应着重"格物致知"，即以科学的精神探求

---

① 语出《礼记·大学》。——编校者

事理,使能了然于心有所认识,有了正确的认识,然后可以增进个己的修养,进而为社会努力。我们应该明白事情之因果,分析事理之重轻,克服个人的冲动盲动,理智地镇定自己,不为所惑。

24个周年以来,我们大夏一直干着"读书救国"的教条,不论学校经济如何困难,我们于图书仪器尽量添购。本学期开学之初,即计划建筑新图书馆,并使各研究室尽量充实其设备。我们的期望能多少加厚学术研究的空气,使每一同学出校之后能在学术方面有最高的成就,符合本校立校的精神。

今年行宪①选举,五千年来的古国,始成为以民为主之国家,我们饱经专制习俗,我们还得学习民主。大学为创导学术文化领导社会风气之最高学府,而我们大夏的创造即本学术研究之自由与独立,革命与民主精神之涵育,而对国家走上光明大道的今天,我们当本以往之精神随时空迈进!

六一为本校诞日,我们六千的毕业校友散处各方,他们关怀母校的心情定必殷切,于此,表示我们互思之忱!以往24个周年,我们为国家已尽其贡献,在今日颇具规模事大可为之际,我们当竭力再求发展,所望于我们大夏师生本"苦教苦干苦读"之传统,共谋学校未来之光明。我全校将近三千之同学奋发自动,自助助人,我校友服务社会,一本学校创业之苦读自强不息,然后,我们大夏与天地共垂而不朽!

---

① 蒋介石为使其统治合法化,决定1948年为行宪年。所谓行宪,就是开始实行民主宪政,并按照宪法规定选举总统,实行总统制。——编校者

战后两年来的中国大学教育①

国民参政会第四届第三次大会关于教育报告审查意见中,对于高等教育部分称:"近数年来,全国专科以上学校急剧增加,数近二百,然设备不充,师资不足,量丰而质薄,为有识者所太息。此后如何使质与量俱进,实为教育部所应时刻注意之问题。大学科目固已邀集专家修订,然各地情形不能尽同,过于机械,便将刻木求剑,徒存形式,应力求其富于弹性,俾于整齐划一之中,寓有自由选择之余地。……"

美国教授裴斐先生于来华返美后曾著文谓:"我留华期间曾视察过几个大学区,中国的学者与知识阶级一向被认为政治觉醒的阶级,是中国政治思想的源泉,在这一代,他们曾尽了革命、推翻帝制、促成国民革命、收回外国在华的租界和帝国主义的特权……"②

教育部朱部长于三十六年(1947年)五月在参政会大会中口头之报告:"高等教育方面,全国公私立专科以上学校包括独立学院和大学,已有193所,学生约12万人,比较战前学校增加了80%,学生增加了两倍。就目前国情来说,这也勉可适应需要,除非条件具备,设备实在,本部暂不轻易增加学校或改变学校体制的。……"

抗战以前,国联教育考察团曾云:"中国大学在地理上之分布,杂乱无章,在同一区域内,常有多数大学,所进行之工作,几全相同,诸大学间亦无合理之分工。"此项意见,于战后中国仍极恰当。

由以上几种议论,已可窥知战后中国大学教育的大略情形。战后中国教育的设施,应视为中国今后国运的转捩点,而战后二年的大学教育更应检讨其重大使命及现阶段之情况,期能得到一般的、正确的认识。

一、战后两年来大学教育制度之演变

(一)设置训育委员会——战时大学训育本推行导师制,以训导长为中心,以专任教授分别指导导生,潜移默化,以收道德启发及人格感化之功能。此种

---

① 原载《中华教育界》2卷1期,1948年。——编校者
② 国联教育考察团:《中国教育之改进》,国立编译馆1932年版,第160页。——编校者

制度采自英国，吾国各大学自推行以来，稍具历史，然未见成效。此中困难所在为各教授厄于经济，于本身生活已感严重，无暇治理学术，更无心指导导生；加以每一导师其所担任指导的导生众多，未遑兼顾，而分配导生的方法上也颇有问题，因此，导师制仅为一种具文而已。今教育部废除大学导师制，另设训育委员会，以校长为中心，欲加强各院系教授对本院系学生之领导权，推进训育工作。施行以来，尚不敢以言成效，因为训导工作的推行，在整个大学中须多数人分工合作，非一二人所能负其全责，而教授生活如此清苦的今日，以及尚无有效的成规，一切的措施均在研究实验之中。

（二）制颁大学研究所组织规程——废除各大学研究院所及研究学部名称，另颁大学研究所暂行组织规程，使每一学系得设一研究所，由系主任兼负主持之责，系内教授、讲师均为研究所工作人员，使研究所与学系打成一片。惟实行情形，未见统计。

（三）修改专科大学组织法——结束战时特设之大学先修班，自三十五年度起，另颁办法准国立大学及独立学院附设先修班，收容成绩较次之学生，于修满一年，各科考试成绩及格后，得免试升入一年级肄业。又三十六年十二月二十三日，立法院会议通过《大学法》及《专科学校法》，其中第四条规定："大学分文、理、法、医、农、工、商等学院，师范学院应由国家单独设立，但国立大学得附设之，本法施行前已设立之教育学院得继续办理。"今后之师范学院及已设立之教育学院将双轨推进。第十三条："大学设教务、训导、总务三处，置教务长、训导长、总务长各一人，秉承校长，分别主持全校教务、训导及总务事宜。"第二十五条："大学得设训育委员会，以校长、教务长、训导长为当然委员，并由校长聘请教授三人至十五人组织之，校长为主席，训导长为秘书，规划有关训导之重要事项。"第二十四条："大学各处分设处务会议，以各处主管人及各组馆主任组织之，各处主管人为主席，讨论各处主管重要事项。"后三个条文，特别在训导长的职权上有所变动，训导长既如教务长、总务长秉承校长处理该处事务，而重要之训导上事项须经训育委员会之决定后始可执行。

二、战后两年来大学教育之简况

（一）复员迁移——正当抗战胜利、教育复员之时，以交通工具之缺乏，教育部对于各校迁移之先后有所决定，除私立专科以上学校刻尚不易觅得迁移之详情统计外，综计国立专科以上学校之复员迁移可分为：(1)隔省迁移，(2)省内迁

移,(3)战时停顿院校之恢复,(4)留设原地,(5)敌伪学校经接收改设等五类,其情形有如下:

  (1) 隔省迁移之专科以上学校　　　　27校
  (2) 省内迁移之专科以上学校　　　　14校
  (3) 战时停顿恢复之专科以上学校　　8校
  (4) 留设原地之专科以上学校　　　　17校
  (5) 接收改设之专科以上学校　　　　4校

  前三类已于三十五年暑假遵照指定地点迁移设立,并于秋后与(4)(5)两类学校先后开学上课。

  (二)现有学校数——作者于本杂志复刊第一卷第一期于《抗战十年来中国的大学教育》一文中,曾将各种统计比较表胪列至三十四年度止,本篇数字系赓续上篇之记载。

  三十四年九月,即三十四学年度第一学期,日本投降之际,全国专科以上学校,计有大学38校,占26.95%,独立学院51校,占36.16%,专科学校52校,占37.89%,合计141较。国立的56校,占39.71%,省立的31校,占22%,私立的54校,占38.29%。兹将三十六年(1947年)七月前全国专科以上学校校数列表如下:

表一　全国专科以上学校校数(三十六年(1947年)七月)

地域别	共计				大学			
	计	国立	省立	私立	计	国立	省市立	私立
总计	194	74	53	67	53	31	—	22
江苏	10	3	4	3				
浙江	5	3	1	1	2	2	—	—
安徽	2	1	1	—	1	1		
江西	8	2	5	1				
湖北	9	3	2	4	3	1	—	2
湖南	8	3	4	1	2	1	—	1
四川	11	4	3	4	3	1	—	2
西康	2	2	—	—				
河北	4	1	3	—				
河南	2	1	—	1	1	1	—	—

续表

地域别	共计				大学			
	计	国立	省立	私立	计	国立	省市立	私立
山东	3	—	2	1	1	—	—	1
山西	3	1	2	—	1	1	—	—
陕西	8	3	3	2	1	1	—	—
甘肃	4	4	—	—	1	1	—	—
福建	9	3	3	3	2	1	—	1
广东	12	1	5	6	4	1	—	3
广西	6	2	3	1	1	1	—	—
云南	3	2	1	—	1	1	—	—
贵州	3	3	—	—	1	1	—	—
新疆	1	—	1	—	—	—	—	—
辽宁	5	3	—	2	2	1	—	1
吉林	2	2	—	—	1	1	—	—
台湾	4	1	3	—	1	1	—	—
南京市	10	6	—	4	3	2	—	1
北平市	13	5	1	7	5	2	—	3
上海市	29	8	2	19	11	4	—	7
天津市	8	3	3	2	2	2	—	—
青岛市	1	1	—	—	1	1	—	—
重庆市	8	3	1	4	1	1	—	—
香港	1	—	—	1	—	—	—	—

地域别	独立学院				专科学校			
	计	国立	省立	私立	计	国立	省市立	私立
总计	69	23	20	26	72	20	33	19
江苏	5	2	2	1	5	1	2	2
浙江	1	—	—	1	2	1	1	—
安徽	1	—	1	—	—	—	—	—
江西	1	1	—	—	6	—	5	1
湖北	3	1	2	—	3	1	0	2
湖南	2	2	—	—	4	—	4	—
四川	2	3	1	—	10	5	2	3
西康	—	—	—	—	2	2	—	—

续表

地域别	独立学院				专科学校			
	计	国立	省立	私立	计	国立	省市立	私立
河北	3	1	2	—	1	—	1	—
河南	1	—	—	1	—	—	—	—
山东	—	—	—	—	2	—	2	—
山西	—	—	—	—	2	—	2	—
陕西	2	2	—	—	5	—	3	2
甘肃	2	2	—	—	1	1	—	—
福建	4	—	2	2	3	2	1	—
广东	4	—	2	2	4	—	3	1
广西	3	1	2	—	2	—	1	1
云南	1	1	—	—	1	—	1	—
贵州	2	2	—	—	—	—	—	—
新疆	1	—	1	—	—	—	—	—
辽宁	2	1	—	1	1	1	—	—
吉林	1	1	—	—	—	—	—	—
台湾	3	—	3	—	—	—	—	—
南京市	2	—	—	2	5	4	—	1
北平市	8	6	2	—	4	2	1	1
上海市	8	2	—	6	10	2	2	6
天津市	4	—	2	2	2	1	1	—
青岛市	—	—	—	—	—	—	—	—
重庆市	3	1	1	1	4	1	—	3
香港	1	—	—	1	—	—	—	—

（三）教职员及学生数——三十四学年度专科以上学校共 141 校，教员数为 10 901 人，职员数为 7 193 人，学生数为 80 646 人。三十五学年度教职员及学生数有如下表：

表二　全国专科以上学校教职员及学生概况（三十五学年度）

学校性质别	校数	教职员数			学生数				毕业生数		
		共计	教员	职员	共计	研究生	大学生	专科及专修科生	共计	大学生	专科及专修科生
总计	185	27 345	16 317	11 028	129 336	319	110 119	18 898	20 185	16 409	3 776
国立	71	18 176	10 793	7 383	75 720	226	68 145	7 349	12 468	10 946	1 522

续 表

学校性质别	校数	教职员数			学生数				毕业生数		
		共计	教员	职员	共计	研究生	大学生	专科及专修科生	共计	大学生	专科及专修科生
省市立	50	3 408	1 790	1 618	13 035	—	5 156	7 879	1 911	463	1 448
私立	64	5 761	3 734	2 027	40 581	93	36 818	3 670	5 806	5 000	806
大学	52	16 150	9 951	6 199	82 246	282	80 108	1 856	13 316	12 752	564
国立	30	12 845	7 837	5 008	77 611	195	56 359	1 207	9 883	9 452	431
私立	22	3 305	2 114	1 191	24 485	87	23 749	649	3 433	3 300	133
独立学院	65	7 186	4 106	3 080	33 113	37	30 011	3 065	4 223	3 657	566
国立	22	3 668	1 955	1 713	12 898	31	11 786	1 081	1 633	1 494	139
省立	19	1 693	911	782	6 697	—	5 156	1 541	741	463	278
私立	24	1 825	1 240	585	13 518	6	13 069	443	1 849	1 700	149
专科学校	68	4 009	2 260	1 749	13 977	—	—	13 977	2 646	—	2 646
国立	19	1 663	1 001	662	5 061	—	—	5 061	952	—	952
省市立	31	1 715	879	836	6 338	—	—	6 338	1 170	—	1 170
私立	18	631	380	251	2 578	—	—	2 578	524	—	524

（说明：本表调查时间为三十五学年度第一学期，国立、省立、私立各少三学校。毕业生数系三十五学年度第一、第二两学期合并计算。）

依据上表，制成下列两表：

表三　公私立专科以上学校之教职员所占学生百分数表

类别	百分比
国立学校教员所占学生百分数	14.2强
私立学校教员所占学生百分数	9.2强
国立学校职员所占学生百分数	9.7强
私立学校职员所占学生百分数	4.0弱
国立独立学院教员所占学生百分数	15.1强
省立独立学院教员所占学生百分数	13.6强
私立独立学院教员所占学生百分数	9.1强
国立专科学校教员所占学生百分数	19.8弱
省市立专科学校教员所占学生百分数	13.9弱
私立专科学校教员所占学生百分数	14.8弱

表四　公私立专科以上学校教员平均所授学生数表

类别	平均数
国立大学教员平均所授学生数	7.1强
私立大学教员平均所授学生数	10.8强
国立独立学院教员平均所授学生数	6.6弱
省立独立学院教员平均所授学生数	7.4弱
私立独立学院教员平均所授学生数	10.9弱
国立专科学校教员平均所授学生数	5.0强
省市立专科学校教员平均所授学生数	7.2强
私立专科学校教员平均所授学生数	6.8弱

专科以上学校教员类别统计如下表：

表五　全国专科以上学校之教员数(三十六年七月)

学校性质别	共计			教授			副教授		
	小计	专任	兼任	小计	专任	兼任	小计	专任	兼任
总计	16 317	13 998	2 319	6 597	5 461	1 136	2 322	2 050	272
国立	10 793	9 851	942	4 156	3 751	405	1 451	1 326	125
省市立	1 790	1 594	196	685	585	100	365	343	22
私立	3 734	2 553	1 181	1 756	1 125	631	506	381	125
大学	9 951	8 833	1 118	4 105	3 548	557	1 264	1 122	142
国立	7 837	7 225	612	3 158	2 873	285	953	869	84
私立	2 114	1 608	506	947	675	272	311	253	58
独立学院	4 106	3 228	878	1 663	1 247	416	609	521	88
国立	1 955	1 715	240	660	575	85	297	266	31
省立	911	818	93	379	333	46	176	168	8
私立	1 240	695	545	624	339	285	136	87	49
专科学校	2 260	1 937	323	829	666	163	449	407	
国立	1 001	911	90	338	303	35	201	191	
省市立	879	776	103	306	252	54	189	175	
私立	380	250	130	185	111	74	59	41	

学校性质别	讲师			教员			助教	其他特聘教员		
	小计	专任	兼任	小计	专任	兼任		小计	专任	兼任
总计	3 553	2 732	821	85	79	6	3 395	365	281	84
国立	2 175	1 810	365	60	56	4	2 718	233	190	43

续 表

学校性质别	讲师			教员			助教	其他特聘教员		
	小计	专任	兼任	小计	专任	兼任		小计	专任	兼任
省市立	449	390	59	25	23	2	216	50	37	13
私立	929	532	397	—	—	—	461	82	54	28
大学	1 913	1 523	390	32	32	—	2 453	184	155	29
国立	1 432	1 206	226	32	32	—	2 126	136	119	17
私立	481	317	164	—	—	—	327	48	36	12
独立学院	1 016	684	332	18	14	4	672	128	90	38
国立	461	362	99	18	14	4	429	90	69	21
省立	202	169	33	—	—	—	138	16	10	6
私立	353	153	200	—	—	—	105	22	11	11
专科学校	624	525	99	35	33	2	270	53	36	17
国立	282	242	40	10	10	—	163	7	2	5
省市立	247	221	26	25	23	2	78	34	27	7
私立	95	62	32	—	—	—	29	12	7	5

依上表统计,专任教员之百分比如下表:

表六 专任教员百分比表

职位 学校性质	专任教授	专任副教授	专任讲师	专任教员
国立大学	90.9	91.1	84.2	100.0
私立大学	71.3	83.1	66.0	
国立独立学院	87.1	82.8	78.5	77.0
省立独立学院	87.9	95.5	78.2	
私立独立学院	54.3	64.0	43.1	
国立专科学校	89.6	95.0	86.0	100.0
省市立专科学校	82.3	92.6	89.0	92.0
私立专科学校	60.0	70.0	65.3	

(说明:统计专任人数,系各校聘请专任待遇之人数,事实上,有一人兼专任两校或两校以上者。)

其次,我们且将战后二年之大学学生数作一说明:

三十四年度之专科以上学校为141校,其学生总数为80 646人;复员以后,不仅在学校数量增加了1/4,即学生数亦激增为几近13万人,比前增加了5万许。这说明了战后二年来大学教育量的发展,已至飞跃之势,制表说明之:

表七 全国专科以上学校之学生数(类别)三十五年度第一学期

类别	共计	文类						实类					师范		
		小计	文	法	商	教育	小计	理	工	农	医	小计	子	丑
总计	129 326	60 542	14 524	28 276	13 851	3 891	54 296	9 091	24 389	9 364	11 452	14 498	12 299	2 199
国立	75 720	27 800	7 333	14 649	4 781	1 037	36 291	5 040	18 697	5 768	6 786	11 629	9 430	2 199
省市立	13 035	4 356	1 315	676	1 458	907	5 849	277	2 084	1 648	1 840	2 830	2 880	—
私立	40 581	28 386	5 876	12 951	7 612	1 947	12 156	3 774	3 608	1 948	2 826	39	39	—
研究生	319	182	91	50	18	23	137	69	30	35	3	—	—	—
国立	226	129	54	34	18	23	97	36	30	28	3	—	—	—
省立	—	—	—	—	—	—	—	—	—	—	—	—	—	—
私立	95	53	37	16	—	—	40	33	—	7	—	—	—	—
大学生	110 119	54 249	11 992	28 117	10 758	3 382	46 095	8 376	20 466	7 603	9 650	9 775	7 576	2 199
国立	68 145	26 104	6 245	14 615	4 319	925	32 588	4 602	16 525	5 202	6 259	9 453	7 254	2 199
省立	5 156	2 663	608	676	704	675	2 171	236	333	913	689	322	322	—
私立	36 818	25 482	5 139	12 826	5 735	1 782	11 336	3 538	3 608	1 488	2 702	—	—	—
专科生	12 397	4 418	2 057	—	2 093	268	5 737	437	2 968	1 232	1 100	2 242	2 242	—
国立	4 049	981	981	—	—	—	2 530	300	1 766	464	—	538	538	—
省立市	6 169	1 621	707	—	715	199	2 844	41	1 202	526	1 075	1 704	1 704	—

续 表

类别	共计	文类					实类					师范		
		小计	文	法	商	教育	小计	理	工	农	医	小计	子	丑
私立	2 179	1 816	369	—	1 378	69	363	96	—	342	25	—	—	—
专修科生	6 501	1 693	384	109	982	218	2 327	209	925	494	699	2 481	2 481	—
国立	3 300	586	53	—	444	89	1 076	102	376	74	524	1 638	1 638	—
省立	1 710	72	—	—	39	33	834	—	549	209	76	804	804	—
私立	1 491	1 035	321	109	499	96	417	107	—	211	99	39	39	—

（说明：子项系指师范学院学生，丑项系指文理工农各学院师范生）

表八 全国专科以上学校之学生数(性别)三十五年度第一学期

性别	共计	文类	实类	师范
总计	129 336	60 542	54 296	14 498
男	105 700	48 176	46 824	10 700
女	23 645	12 375	7 472	3 798
研究生	319	182	137	—
男	278	164	114	—
女	41	18	23	—
大学生	110 119	54 249	46 095	9 775
男	96 066	43 579	39 632	9 855
女	20 053	10 670	6 463	2 920
专科生	12 397	4 418	5 737	2 242
男	10 174	3 153	5 101	1 920
女	2 223	1 265	636	322
专修科生	6 501	1 693	2 327	2 481
男	5 173	1 271	1 977	1 925
女	1 428	422	350	656

表九 全国专科以上学校之学生数(年级别)三十五年度第一学期

年级别	共计	文类	实类	师范
总计	129 336	60 542	54 296	14 498
研究生	319	182	137	—
第四年	1	1	—	—
第三年	42	27	15	—
第二年	144	85	59	—
第一年	132	69	63	—
大学生	110 119	54 249	46 095	9 775
七年级	27	—	27	—
六年级	752	—	752	—
五年级	1 984	—	1 091	893
四年级	16 907	8 621	7 249	1 037
三年级	21 596	10 481	9 261	1 854
二年级	27 576	13 808	11 310	2 458

续 表

年级别	共计	文类	实类	师范
一年级	40 907	21 339	16 305	3 263
专科生	12 397	4 418	5 737	2 242
六年级	32	—	32	—
五年级	286	116	137	33
四年级	634	127	429	78
三年级	2 118	502	1 125	491
二年级	3 453	1 170	1 585	698
一年级	5 883	2 503	2 429	951
专修科生	6 501	1 693	2 327	2 481
六年级	—	—	—	—
五年级	103	25	22	56
四年级	187	14	120	53
三年级	859	59	337	463
二年级	2 372	797	807	768
一年级	1 980	798	1 041	141

依照上列三种统计表式，求出学生学习之趋向百分比如次：

文学院占　　　　　　11.2%强

法学院占　　　　　　21.9%强

商学院占　　　　　　10.6%强

教育及师范学院占　　14.2%强

理学院占　　　　　　7.2%强

工学院占　　　　　　11.0%强

农学院占　　　　　　7.9%强

医学院占　　　　　　8.9%强

同样依照上列男女性别之表式，求出高等教育之部门中，女子与男子就学之百分比如次：

男生占全数　　　　　81.7%强

女生占全数　　　　　18.3%弱

文类：

男生占　　　　　　　79.5%强

女生占　　　　　　　20.5%弱

实类：

男生占　　　　　　　86.1%强

女生占　　　　　　　13.8%弱

师范类（各学院之师范生已列文类）：

男生占　　　　　　　73.8%强

女生占　　　　　　　26.2%弱

本篇所列各项统计表均为战后第一年——三十五学年度之材料，三十六学年度正开始不久，民间尚无法搜集正确之材料。

（四）经费问题——由于法币的贬值，高等教育经费在数量上可说不少，且因国立学校的增加，所有经费仅供教职员之薪给，故国立大学之设备，除少数学校保存战前元气外，均因陋就简。朱部长在第四届国民参政会三次大会中之报告谓：教育文化部门的支出，在三十五年度的国家总预算中占2.06%，计479亿8 949万9 000元，三十六年度占4.079%，计3 821亿8 080万元。三十四学年度用于专科以上学校者为6 653 456 594元；三十五学年度，则尚未见数字。数字尽在增多，实值则愈减少，因而国立学校的经费全在穷困中挣扎，而政府又忽视私立学校之补助，所以，中国的大学中，国立的虽穷困，私立的以受学费之限制却更穷困，国立的可随时调整，私立的无法追收，其结果，彼此拖到了泥沟里转滚。

战前水准，据一般估计，即每一大学生每年要花（化）937元，以此折合战前中美币制之比值（即美金14元，合法币46元）则每一大学生维持战前水准，要花（化）180余美元。美国杜艾氏估计美国的学校财产占美国国富3.13%（Doane：*The Measurement of American Wealth*），杜氏将中国战前国富估值为840亿美元，如此则中国教育资财应有25亿美元而有余。

一般说来，现阶段中国大学有如破落户。可是战后数年来，中国大学在量的方面反畸形的扩充，而场面又要维持，故学校主持人及教授学生叫苦连天，但教育经费随国家战乱赤字预算而无法增加，以是教育的内容受了极严重的影响。

三、战后两年来大学教育的问题

（一）学潮问题——这两年来国内大学学潮此起彼涌，影响学业至钜。以学潮的性质言,十九有关于政治的要求及社会现象的混乱所致。政府要统制,人民要自由,如统制不合理,则自由的要求亦往往越出规范,形成纠纷。作者于本刊复刊一卷一期中曾言:"统制不一定是坏的政策,可注意的是施行统制的条件,……而文化教育的统制,尤有此路不通的倾向,我们看师范学院的惨败,留学训练的受误会,统一课程与教材的不必要,以及普遍要求党团政争退出学校,都是表示统制怎样不为学府中人所欢迎。"①

两年来,各大学的学潮,极少发自学校内部的改革的要求,如有关于学校内部的要求改革,大都系人事上的去留,而此种去留纠纷的主因,还是或多或少有涉于政治的关系。

在中国,政治性的学潮,曾有辉煌的历史,且为一种巨流,势非可强抑,此在政治上本身应加紧检讨,研究疏导及纠正之方法。中央教育行政机构及地方军警如动辄干涉,党团政事如相继争雄,明打暗斗,则大学成为政治上的赌本,已不是学术上的战场,国家民族前途是颇堪忧虑的事情。

(二)教授的解聘问题——去年暑假,一度盛传大批的教授解聘,我们无法证实这事实的真相,究竟有否强迫式的解聘情事发生。我们觉得,中国的大学教授已不够分配,各大学聘请为艰,如有学问有成绩的教授已得不到国家的优待,反而无职业的保障,形成人人自危的景象,则大学教育内容如何已不问可知。我们应要求大学为做学问的场所,此不问教授与学生,在学校之内,应在学术上自由地阐释与探讨,政治上的行动,是学校以外的事。

教授是"人",学生是"人",在"人"的自由权利的要求上是一致的。学生的被捕,教授发宣言,教授被捕或解聘,学生发宣言且有行动,这是二年来造成大学学风的混乱的主要原因。

现在,政府忙于戡乱,忙于选举,忙于结束训政,忙于行宪,宪法之外,尚有总动员法令,一切尚呈现矛盾及不安定的情形,我们应高瞻远瞩在国家百年大计上,求教育本质的进步。

(三)减缩上课时间——胜利复员以后,由于整理旧址,添造校舍,各大学上课的时间已受事实上的限制,均有减缩情形,甚至有的国立大学开课未及一月即告学期结束。但去年暑假离复员时期颇久,国立大学中秋季始业仍有延迟一二月后开课情形者,既未见大兴工程,又未见改弦更张。二年以来,学生实在求学日数,已缩短1/2,此种"偷工减料"之现象,于学生学业前途颇多损失。

---

① 欧元怀:《十年来的中国高等教育》,《中华教育界副刊》1卷1期,1947年,第15页。——编校者

总之,战后两年来,大学教育在多端的困难围困之中挣扎,把理想寄放遥远的天边,脚踏着泥泞的崎岖的土地。如何复兴?如何创造?如何配合?如何发展?问题多多,亟待努力,而本篇篇首所列珍贵之意见,应为我们所重视。

立法院通过之《大学法》中,明白规定大学教育之宗旨为:(1)研究高深学问;(2)造就专才。而高深学问应如何准备研究,专才如何求其专而切实用,当为今后大学教育之主要内容。

二年时间,大学教育在国家各部门事业中,还是比较进步的一环。朝野的重视,以及教育工作者自身的努力,当促进大学教育继续的改善与生长。在教育五年计划中,今后的三年应该是:

(一)筹措充实公私立大学的经费,安定教授的生活,添置设备,提高教与学的效能。

(二)尊重大学行政的独立,建立学术讲授及研究自由。

(三)养成大学生"向国家效忠"与"为人民服务"的德性,学校行政的本身首宜不能"官化"或"商化",以尽领导使命。

(四)文实并重,质量并重。

(五)精神创造与生产知能求其密切之联系。

学生问题

大学生指南[①]

一、大学生之意义

我国之有大学校，不过二十余年之历史耳。在此二十余年中，公私立大学之创设，风起云涌，学制系统虽曾几经改革，而大学教育之进步，远落欧美、日本之后，无可讳言。至于今日，社会剧变，在在亟需领袖人才，于是受有高等教育之大学生，遂大惹人注意。其间出类拔萃者固亦不少，然为人鄙视者有之，为人唾弃者有之。究其所以为人鄙弃者，实皆由于大学学生自身之无真正的学问有以致之。故为今日之大学生，若非急起直追，力谋自身之改革，必重负社会国家之希冀。兹就管见所及，先将大学生之意义分述于下：

大学生生理心理发达之程度　依十七年（1928年）《全国教育会议议决案》之规定，大学生入学之标准年龄为十八岁，其修业年限为四年至六年，医科及法科修业期限至少五年，如是则大学生之年龄适当青年后期，即生理心理发育至完全成熟期，普通女子十八九岁以上，身长不复增加，男子则更有二三年之增长。至于心智之发达，据专家之研究，以为自初生至青年后期之某年，心智逐渐发达。多数心智测验者，以十六岁后心智停止发达，即有增加，亦极细微。总之，吾人自二十岁以后，学问自可因教育经验以增加，而心智则至二十岁为完全成熟，故大学生身心发达之程度，其入学初年已达最高限度。

大学生在社会上之地位　吾国人口，据国际联盟主持调查世界人口之统计结果，中国共有四万万五千万人口，但能识字者仅什之一，至得受大学教育者，恐寥若晨星，兹根据下列二统计以研究之。

全国大学及专门学校学生数及经费数表
（中华教育改进社民国十四年至十五年调查）

学校种类	男生	女生	学校总数	全年支出经费总数
国立	13 763	917	14 680	8 189 187
省区立	7 330	103	7 433	2 896 069
私立	16 421	718	17 139	3 081 242
教会及外人立	3 512	397	3 909	5 044 963
总共	41 026	2 135	43 161	19 211 461

[①] 选自《学生指南》，勤奋书局，1929年。——编校者

国立大学学生人数及经费数
(大学院高等教育处编十六年度各大学概况)

校别	人数	男	女	全年支出经费总数
中山大学	1 469	1 384	85	1 878 911.2
中央大学	1 287	1 210	77	128 620
暨南大学	349	339	10	380 640
浙江大学	312	310	2	492 328
劳动大学	280	264	16	632 801.5
同济大学	168	166	2	373 794
艺术院	57	42	15	85 176
音乐院	45	32	13	28 057
总计	3 967	3 747	220	4 000 327.7

自第一表观之,则知民国十四年至十五年度,全国专门以上学生共有43 161人,假定全国人口为450 000 000,则每10 500人中仅得大学生1人,如全国女人占全人口之半,则每100 000女人中仅得大学女生1人,可见大学生在社会上地位极为重要。再就经费方面言之,国立大学及专门学校学生,每年每人耗费国币557元,省区立则每人年耗国币389元。就第二表言之,劳动大学学生每人年需经费1 234元,美术学院需1 503元,中央大学需1 459元,同济大学需1 298元,中山大学需1 234元,浙江大学需1 059元,音乐院需623元,暨南大学需520元。是知国立及省立各大学及专门学校在民国十四年至十五年间,每人少则耗费389元,多则为564元。十六年度,中央负担每一国立大学生之经费,至少为520元,至多则需1 860元。平均每生年需911元,大学生在全人口中,其数如是之少,尤其是女生,而所需经费,则如是之大,个人在社会上地位之重要,可想见矣。

美人Irving Fisher①氏曾计算一人在社会之价值,据其结果,以为每一美人在社会上之价值,平均为2 900美金。初生小孩则值95美金,五岁时值960美金,至二十岁时则其社会价值为4 000美金。我国虽为产业落后之国,然以千万人中仅得一人之大学生,与彼国二十岁之普通人相比,则其社会价值应什伯于此——4 000美金——也。

---

① 欧文·费雪(Irving Fisher, 1867),美国经济学家、数学家,经济计量学的先驱之一,生于纽约。著有《价值和价格理论的数学研究》《资本和收入的性质》《利息率》等。——编校者

大学生在学制系统上之地位　此次全国教育会议①之规定,我国学校系统共分三段:一为初等教育段,二为中等教育段,三为高等教育段。初等教育在小学以下设立幼稚园,小学分为二级,中等教育段亦分为二级。高等教育段,则废止昔日之预科,以四年为限,专门研究高深之智识;其上有研究院,惜未创办。故我国今日教育,可谓大学为最高之学府,大学之学生,经过若干次之选择与淘汰而得之人才,即其年龄亦可谓今日学生界中之最长者。总之,今日学制系统上,则以大学生所处之地位为最高。

　　大学生在学术上之地位　大学既为研究学术最高之机关,大学生即为将来学术界上占有重要地位之人才。目前训政②伊始,百端待举,正需多数专门人才。大学学生不仅为社会新建设之分子,抑亦新理想之发明与夫新文化之递传之柱石,故其在学术上之地位极为重要。况一国之文野,皆视其国学术上进步之程度如何而定。我人虽不能谓一切学术完全出于大学生,但至少可谓大学生在学术上之地位,极为重要而不能邈视之也。

二、社会对于大学生之批评

　　年来大学之数渐多,大学生与大学毕业生之数,亦与年俱增。社会对于大学生每有批判,其中亦常有明言至理可为我人鉴戒,未必尽为吹毛求疵也。兹分述如下:

　　爱好虚荣　我国目前高等教育尚未十分发达,贫寒子弟往往不能入学,故大学几为有资产者独享之权利。但彼等入学,多未能以学问为动机,总其用意,不外四点:第一为分数。分数多而名列前茅者,每趾高气扬;如不及格,强者则与教师争论,弱者则垂头丧气,此种情形,女子更多。第二为学分。现今国内各大学,因利于个性差异起见,实行学分制,许多学生孜孜兀兀,皆以增读学分为务。第三为文凭。自科举停止学校设立以来,社会人士"功名"之观念,遂移至文凭之上,父兄之企望于子弟者以此,而子弟之不远千里求学者亦以此。第四为学位。今日大学学生,每以大学资格为谋事之官衔。学位授予之日,即学问

---

① 指1922年10月第八届全国教育会联合会会议。会上通过《学制系统改革案》,当年11月以大总统令颁布。称"1922年学制"或"新学制"、"六三三学制"。——编校者
② 孙中山将建立民国的程序分为军政、训政、宪政三个时期。主张训政阶段实施约法,由国民政府派出经过训练、考试合格的人员,到各县筹备地方自治,并对人民进行使用民权和承担义务的训练,凡一省之内全部的县已实行自治,就可结束训政,开始宪政阶段。1927年,蒋介石宣布训政时期开始。——编校者

成功之日,亦即升官发财之日。常见学生假造学分以转他校,假冒某校学位文凭以夸耀于人。总此四点,可知爱好虚荣之念极为浓厚。

徒读死书 书本为知识记载之处所,然徒读死书,亦不得为学问。尝闻某大学毕业生暑期回里,途中致堕其书箱于江中,因此遂喟然叹曰:"我数年之知识,已随江水而去矣!"此种专凭书本,每有大弊,即专靠书本理论而忘却实情。在昔八股时代,士人专读四书、十三经,今则专研外国舶来之品而成为洋八股。须知书中理论每与事实相违,过重理论,甚或不如无理论之为愈。况各国皆有其特殊之环境、特殊之文化知识及特殊之传递知识之方法,故其一切典章文物,亦必自有其特点而不能完全趋于一致。均是社会主义也,在英则为基尔特社会主义①,在法则为工团主义②,在俄则为列宁式的共产主义。是以生当今日之中国,既不应生吞活咽,将西洋之理论完全采取,又不应故步自封以自暴弃也。溯自我国与外国接触,远早于日本。日本今日能竭力吸收西洋之特长而镕化之,以成独立的日本之文化,而吾国则依然故我。我极愿新时代之大小学生,对于中国之特殊情形,当深加之意焉!

过事奢华 衣食住行为人生所应讲究之事,但过事奢华,则于经济社会好尚大受其害。大学学生为社会高等人才,一举一动,影响于全社会者极大。迩来通商大埠之大学生,颇极奢侈,其衣食住行之需用品,又多为舶来者,相习成风,外货乃至充斥市面。大学生一年之用费,少者五六百元,多者一二千元,使父兄不胜其负担之苦,殊堪慨叹!

干涉校政 学生之思想及其所处之地位与学校当局不同,故学校之设施,学生每不能了解而作无理之干涉要求。少数好事学生,攘臂而起,波及全校,酿成巨变,而蒙重大损失者,又为学生自身,此诚吾国教育之特点也。

不求实学 我国大学文科学生特多。夫以产业落后之国家,发展实业,正需许多专门人才。文科学生,果极有裨益于国家社会,然为物质建设计,似觉其数较多于理科工科之人才。平心而论,文科学生以为文科功课较易,且多为恶

---

① 基尔特社会主义,又叫行会主义。产生于公元20世纪初期的英国,是费边社会主义之外,介乎社会主义与工团主义之间的一种调和理论,改良主义的一种,他们否定阶级斗争,鼓吹在工会基础上成立专门的生产联合会。——编校者
② "工团主义"原为法语,即英语工联主义。革命工团主义通常指法国劳工联合会书记费南德·佩卢蒂埃(1867—1901)的理论,以及该联合会在1902年并入法国总工会(CGT)后,由后者所制定的原则。工团主义(syndicalism或trade unionism)学说强调行动而不是理论,因此其学说并不十分明晰或确切,其基调是要求会员发扬主动性,提倡战斗精神(包括怠工、破坏活动),通过纯粹的工业组织和斗争来推翻资本主义和国家。——编校者

劣环境之好尚所推移,以为一入文科将来必有缙绅之途,此诚大错！我闻法人黎朋①之言曰："在骚乱时任重大之职务者,此一部分乃以社会中破坏分子组织之,其所集合,大抵为市井无赖乞丐盗贼以及无业游民贫困不能自存之辈,盖作乱之危险团体也。"其言虽有过当之处,然不求实学,必有无业与贫困之可能,无业游民贫困不能自存之辈,确为生活压迫而去盲目革命,不求实学。真危乎殆哉！

树立党派　学生结党,此为常事,广州中山大学在未清党②之前,各党各派,名目繁多,究其原因,实由于背后有人借党以营私也。近来各处封建式之党派,形式上虽见减少,而其实则未尝少减。至于小组活动,恐方兴未艾。总之,学生树立党派,实为不可掩之事实。

三、大学生指南

指南书籍,欧美各国极多,至在我国则可谓绝无仅有,除数册关于地方名胜指南及投考指南教育指南外,实寥寥罕觏,兹愿贡其一得,以供高明之参考。

关于大学教育目标之认识者　大学者,学生于中学毕业以后所受更进一级之教育也。其科目为文、理、法、医、农、工、商、师范、音乐、美术、陆海军等。大学为文化之执炬,亦文化之执钥,前代之智者以所成就之诸般文化,烛照而启发未来一代之英俊。大学教育之目的,即在造就此种能将前代智者所成就之诸般文化烛照并启发未来一代之英俊人才。详言之,可有下列三种目标：

1. **预备的**　须继续下级学校未完之作业,而教以研究高深之学术。

2. **文化的**　宜尽量吸收世界文化、现时学术,对于自然界之势力,人类之性情,社会之发生、演进、组织、分化以及当代之迫切问题,必有彻底之了解,庶可养成家庭、社会、省县、国家、世界之有效份子。故须识民众之目的、透视之焦点、自动之能力、理智之训练、主义之实行五者,此即求人格之改变。

3. **职业的**　此即谋适应职业景况之一种专门知识技能。

总之,大学教育目标不外陶冶新旧文化、研究深邃学术、养成高尚人格、造就专门人才数事。

---

① 古斯塔夫・黎朋(Gustave Le Bon, 1841－1931),法国社会心理学家,著有 *The Psychology of Peoples*, *English translation the Crowd*: *A Study of the Popular Mind*。——编校者
② 指1924年以来,国民党发动的数次清除党内"共产分子"的运动。——编校者

关于学问研究者

1. 择业　中等学校毕业生欲升入大学,其先决问题当为选择将来之职业,如欲以律师、医生、教员、新闻记者、工程师、银行会计、行政官吏、科学家、文学家等。尝见学生进大学时,问其所志何事,为何入大学读书,则十之八九未有确定计划。其升入大学,不过以中等学校毕业后无事可为,以大学为其出路耳。选择职业而复进大学,不啻为研究学问之指南针。高中三年级、大学一年级,每有职业指导之设施,即此意也。

2. 择校　职业既择定,即应选择相当大学以达其目标。今国内揣时投机、臃肿拳曲之公私立大学,如春笋怒发。青年稍有不慎,从其门者必徒费时间、金钱、精力,然国内亦不少比较优良之公私立大学,有志升学者应作彻底之调查,以为取舍。最近上海职业指导所及上海特别市教育局有指导青年入学之举,诚迷津中之一线曙光也。

3. 择师　其次为择师。举凡优良大学皆有学有专长之教授,学生应多选其功课,并时与接谈,研究切要问题。惜乎现今大学师生,除课室上课外,别无亲炙机会。比之英国大学之导师制,大相悬殊矣!

4. 择学

(1) 普通必修学程　大学学生无论其入何科,对于此种课程皆须修完。如是则可使其偏于求一种博通之训练,而兼及工具之训练。其应为普通必修学程者,如国学大纲、英文、自然科学、史学通论、经济原理、社会学原理、政治学、法律学、教育学、心理学、哲学概论、体育等。此种课程,可以救济选课制之缺点,使学生皆有一种公共理智之立场,而免除固执不通之弊。

(2) 专科必修学程　此即为专业预备之训练。例如大学教育科,则教育心理、教育原理、教育史、教育行政、普通教学法、教育测验及统计、中等教育等,皆为专科必修学程。此种学程,为教育科之基本,应先修完,始可读其他选修功课。惟入科之前,须加相当之考虑,否则学生之能力、身体、时间、兴趣、天才及社会诸方面之损失,不知凡几!至入科之根据,应有生活(个人及社会)训练进步成业上课时间效率兴趣诸原则,然后不至于见异思迁而一无所成也。

(3) 专系学程　专科学程之外,又须有专系学程,可谓关于专门之知识,如理科之化学系、数学系、物理系、生物系,或文科之国学系、政治系、历史系、经济系是。

5. 研究方法　方今人事日繁,科学之内容日广,必也一一皆习,则以数年有限之光阴,势不能尽,故研究方法尚矣。研究而得其法,可以最小之能力而得最大之效果,极短之时间而得许多之事理,无论开学放假,无论在肄业时与毕业后均可自行研究,其裨益于学问,诚非浅显!

6. 留学外国　大学生有志留学外国者,对外国语须特别注重。普通大学功课,似不必往外国学习。今国内之优良公私立大学,每可直接升入欧美、日本之研究院,前此吾国留学生在国内所受教育,多只中学毕业,留学期限少者五六年,多者十余年。离国日久,国情多所隔膜,甚至本国之文字语言而亦忘之。今后大学生欲准备留学外国者,对本国社会文化应先有明白认识,此与将来学成返国服务社会之成功与失败,有重大之关系也。

关于个人修养者

1. 锻炼强健体格　体格为一生事业之母,体格衰弱,所事不力,身心亦在痛苦之中。至于事业,不但彼个人之失败,即后辈青年,亦多受其痛苦。故大学学生生活,万不能浪漫,以免社会上之大损失。观夫日本维新时代之人物,除牺牲者外,皆享年七十以上。推其所以如此之故,第一彼等之种强,第二少时身心即受严格训练,故其奋斗力强,建设力亦强。我国大学生年龄悉在二十五岁以下,此时正当身体精神应受训练之时,尤宜特别注意,时时讲究体育卫生与道德,则国家社会前途,庶有豸乎!

2. 养成俭朴习惯　大学生受高等教育,处于社会最高地位。其一举一动,皆足左右社会之风尚,前已言之。惟今日大学生,每唱高调,不求事实,对于日常衣食住行诸方,徒事奢华,不顾家庭经济能力,日随社会时髦驱逐而已。在此民生困顿之时,为大学学生者尤宜痛改前非,以身作则,则俭朴习惯不难养成矣。

3. 选择良好学友　友朋为第二之我,平时琢磨切磋,直接指导,损我、益我,端赖于友。大学生方当青年后期,意志方面,渐趋坚定,但个人识见有限,往往处事不周,若近良友,获益非鲜,故在此选择之初,必须谨慎。彼不讲实学,徒务虚荣,平时有利则聚,患相忘,喜道人短,不服人长,终日相聚,言不及义者,实不足取也。

4. 对异性同学之态度　大学为自由研究学术之所,男女两性皆可入学。惟两性相处,应持纯洁态度,彼此互相尊重其人格,如是则可成精神上之良友,而无肉体上淫秽之观念也。

关于课外作业者

课外作业，于大学生事业之前途，极有关系。倘在校时专作书本生活，而于课外作业绝未参与，则离校后事，必甚困难。是以在校之时，在可能范围之内，参与各种会社，则一方既可增进其经验，一方又可增益其学识。课外作业，有数种原则为我人所应加注意者：第一，各种课外活动皆须使各生自动参与，学校方面，不能代庖。第二，各种活动须有教育之意义，其损害身心者，一概不取。第三，任何活动当与有组织之事业发生关系。第四，活动种类须丰富，使每能参与一二种，以便普及。第五，各种活动使全校学生皆有同等能力参与，换言之，即各种活动须适每人能力，而各有参与之可能。第六，教员应以全力赞助，且与学生合作。本此数原则，办理各种学生会、消费合作社、同学会、出版委员会、演说讨论会、音乐会、游艺会、膳食委员会、各种学术研究会等等，则甚裨益于大学生事业之前途者非鲜。兹将其重要者分述如下：

1. 结社问题　大学学生可以结社，但其参与之动机必须纯洁，切不可有与官吏相似之工作，以免受人利用，彼此互相攻击，互相猜忌。若大学生之结社皆如是，对于学问上事业上全无裨益，则不足取。故必离开无谓争论，刻苦求学，从学问上去求生路始可。

2. 入党问题　时至今日，大学生入党，已成为不可免之事实。惟入党之前，须再三思维，动机须纯洁，终不致贻害终身。

3. 参加爱国运动问题　国家兴亡，匹夫有责，况受高等教育之大学生乎？参加爱国运动，系公民应尽之义务，大学生非仅参加而已，尤须有指导群众能力，不为危害国家之举动，并向正当方面努力建设，以作根本之解决。总之，学校为一缩小的社会之雏形，应努力各种较为高尚化之活动，使得借其日常经验，得以了解今日社会之生活，然后离校服务，始不与社会背道而驰。

4. 阅读书报问题　优良大学之图书馆每有百余种之杂志，数十种之日报，数万卷之中外书籍，汗牛充栋，大学生每感美不胜收之叹。然最低限度，学生宜阅一种日报、一种政治社会周报、一种专门刊物，其他定期刊物，纵无时间浏览，亦应略知其性质。如有特殊公文，不宜错过阅读机会。至于书籍方面，除课外关于专科专系之名著，以阅读五种以上为宜。

四、结论

我国今后教育，不能全凭书本知识，书本果极重要，然书本之外，又有较书本为重要者存焉。大学为最高学府，其学生为身心完全成熟之成人，其在学校系统上、社会上、学术上所占地位极为重要，惟以过去办理不善，种种弊端皆坐是而生，我愿大学生诸君努力改进，则兹篇之作，或有万一之效也。

中国青年之训练问题[1]

诸位先生,诸位同学,鄙人因为到青岛来参加中华职业教育社年会与职业教育讨论会,承蒙本市行政长官殷勤招待,能够有机会在最近的期间内参观本市市乡区的建设情形,觉得非常愉快,非常兴奋,以为国家的前途,复兴并非无望。这几年内,青岛市经沈市长[2]的惨淡经营,把市政建设得这样好,这实在为我们民族争光荣的,这是事实,并非我过分的颂扬。一切建设的事业有三个原素:人才、经济与时间。没有人才,一切的计划无从做起;没有经费,更无从兴办;有了人才与经济而没有相当的时间、充分实行建设的计划,亦属徒然。所以中国有些地方并非没有人才,亦非没有经费,但是因为行政长官时时更调,致建设计划亦因人而异,结果便一事无成。我希望本市的行政长官,能有比较长久的时间做下去,那么本市可以称做中国的模范市,这是鄙人在这几天内参观本市建设以后所得的感想。但是今天要讲的题目并不是《参观青岛后的感想》,因为这个题目已经有人讲过了,况且也不是在短时间可以讲完的。刚才承市长过奖,说鄙人对于教育有如何如何的贡献,实在不敢当,不过兄弟自从回国到现在有十三年了,在这十三年中,从来没有离开教育界,也可以说从来没有离开讲堂,离开青年,自信所喜欢的也唯有青年,对青年问题极有兴趣,极愿为他们解决一切问题,所以今天我选择"中国青年之训练问题"来与诸位谈谈。我以为现在中国的青年有四大问题:

一、学业问题

二、职业问题

三、婚姻问题

四、救国问题

这四大问题,横在现代中国青年的面前,亟待解决,而事实上中国青年很少能完全解决这四大问题的。结果青年便发生烦恼,而造成现社会的不良现象。

现在我先讲学业问题。读书问题在中国,有二个极端的现象!一方面从教育部的统计来看,中国一万人中只有一个大学生、十一个中学生和二百三十六

---

[1] 原载《青岛教育》3卷4期,1935年。——编校者
[2] 沈鸿烈(1883—1969),字成章,湖北天门人,民国时期曾任山东省主席、青岛市市长。——编校者

个小学生，总算起来一万个人中只二百五十人因家里有钱而有读书机会的。在上海有一个幼稚园，因为办得颇有成绩，要入学的人比它的余额多上五六倍，结果它便用考试的方法录取幼稚生，这不是笑话吗？这两个事实充分表明了没有钱的人固然没有书读，而有钱的人也有没有书读的危险！另一方面便是设备完全的职业学校无学生，这是因为想找职业的人大都无力升学，急于要谋出路的缘故。以上种种都是中国教育的畸形状态。

现在我国的趋势是在提倡实科教育，以为文科是没有用的，没有出路的，致一般个性不近实科而被这种理论所惑的青年学生有无所适从的痛苦。我个人以为理科固然有用，而文科只要学得好，学得精，也一样的有用。文学家、法学家等等，社会上是一样地需要的！如果学得（的）不精，则无论学什么多没有出路的。这是要记住的。再在学校的时间究竟有限，要求学问非充分自修不可，学校不过是一个形式上的指导而已。关于这个问题，我曾经发表过一篇著作①，阐明求学问不一定要进学校，刻苦自修也能够达到求知的目的。电学的发明家爱迪生，他是小学没有毕业的，他的伟大的贡献，全是他自己刻苦研究的结果，是一例。商务印书馆总理王云五②先生也没有进过什么学校，而他现在学识的渊博，也是很受人钦佩的，又是一例。所以无力升学的青年，决不要灰心，只要肯努力自修，也一样能够成功的。

第二个问题——职业问题。有了职业，才能维持生活，而毕业即失业，到近年来已经变成了一般毕业生的口号。有人说，在廿年前中学毕业生没有事做，在十年前大学毕业生没有事做，最近从留学回国的硕士博士也感觉到没有出路了。这的确是中国青年不易解决的问题，一般学者都主张要补救失业，必须提倡生产教育，是的，我也希望生产教育能够实现。据我想来职业可以分做两大类：生产的和服务的。像开矿、造林、渔业等等多是直接在大自然界中求生产，但是还要有医师、教师、行政人员等等服务的人辅助生产，为人群服务才好。所以，职业最后的目的该是为人群服务。我们认清了这一点，那末地位高低薪金厚薄都可以不计较了。并且一个人如果能够为人群谋得更大的利益，他的地位自然可以增高的。像江问渔③先生以前从事政界及教育行政事业，地位和待遇都不可谓不高厚，但是他认定职业教育确有服务的价值，他便舍弃了那优越的

---

① 指《缩短学年与减少假期问题》，1925年发表于《教育杂志》25卷16号。——编校者
② 王云王(1888—1979)，广东香山人，出版家，曾任商务印书馆总经理。——编校者
③ 江问鱼(1885—1961)，名恒源，字问渔，江苏连云港人，近代职业教育家，著有《伦理学概论》等。——编校者

地位和生活,而致力于职业教育,这是我们一个极好的榜样。总之我们应该根据为人群服务的原则选择职业,选择一样有心得的事,专心一志地做去,一定可以成功,一定可以获得社会的赞赏的。样样都会做的人,是样样都做不好的人,须记住!至于对在座的女同学,我也有一点小小的贡献,所谓男女平等,是讲男女受教育的机会平等,并不是说男子所做的事,女子也必须来做,男女因为生理上的关系,大致该有一点区别,以女权最发达的美国而论,幼稚园的教师都是女子担任的,家事管理也都是女子负责的。近代的口号说贤妻良母应该打倒,做贤妻良母是时代的落伍者,这个见解实在有欠准确。我觉得要复兴中华民族,要国家富强,非提倡更进一步的贤妻良母不可!有了真正的贤妻良母,才能有良好的家庭,良好的小国民,才能够复兴民族,如果女子要和男子做求职业的竞争,试问家庭间抚养子女的事情,叫谁来负责?这是很明显的。

第三说到婚姻问题。这个问题本来极简单的,用不到多说,不过这也是四大问题之一,也只得略略地说一说。我以为婚姻问题是该放在学业问题和职业问题之后解决的。而事实上不论青年的本身——大中学生——或青年的父母,都是在学生时代便要谈恋爱问题或婚姻问题的。结果为了血气方刚和认识不足,形成了无数盲目的婚姻,发生了无数不幸的事件。所以婚姻这件事,无论自主也罢,由父母之命、媒妁之言也罢,总该事前特别审慎,定出一个适当的准标——不要过于求形式的选择,反而到人老珠黄的时节,又把标准逐渐减低——以免结婚之后,自怨自艾,怨恨家庭,怨恨妻子。我以为我们既自命为富有革命思想的新时代的青年,要改良社会的,何不先从家庭改良做起呢?注意,这里我并不叫你们去离婚,而是请你们对于婚姻问题,要在读书问题和职业问题解决了以后再说,要特别审慎,要有适当的标准,不要因为一时的冲动而贻无穷的痛苦!

第四个要讲到救国问题。这个问题,大多数人都以为在三者之后的,以为读书、职业和婚姻问题解决了,便可以高枕无忧,这是错误的!要晓得亡了国的国民,虽然一样可以受到教育,得到知识,求得好的职业,组织美满的家庭,可是公权失掉了,自由失掉了,而沦于奴隶的一群,无以自拔。我们都明白中国已经成为次殖民地①了,国亡无日了,在这个时候,我们青年是不是应该负起这个救

---

① 次殖民地指虽拥有行政机关、军队,但经济、军事、外交等一方面或多方面被别国控制的半殖民地国家或保护国,另外也包含其他委任统治地、托管地,以及殖民主义国家在这些地区设置的"海外领地"、"附属地"、"海外省"等。孙中山曾于1924年的数场演讲中,称中国为"次殖民地"。——编校者

亡图存的责任来复兴中华民族。固然,复兴中华是全中国人的责任,不过我们青年无疑地是应该站在最前哨的。青年除了有服务国家的精神以外,还该有国家的观念,可是中国现今一般的青年对于政治是非常淡泊的,毫不关心的,这实在不配做新时代的青年!新时代的青年无论站在什么地位,做什么事业,对于国家都应该有深刻的认识,有民族的意识存乎其间!过去萨尔投票时决定宗主权的时候,德国人民是何等的兴奋,甚至于上海有一位德国的侨民,特地赶回萨尔去投一票,这真是民族意识的具体表现。我们对于国家,虽不能个个人去参加政治工作,但是我们无论担任什么工作,只要各人认清各人的责任,真正以"为国家服务为目的",使国家一天健全一天,也便达到了救国的目的了。

综上所述,青年训练问题,也可以说就是服务问题,这次中华职业教育社开年会,所提出的六个中心问题,也首重青年训练问题。我们现在环观国内,虽然也有少数青年在关怀国事,而大多数的却仍是漠然无动于衷!青岛市现有服务团的组织,希望将来能推广到全市市民,都有服务的精神,那末青岛市在物质的建设上固然可以成为全国的模范市,而在文化建设上也便可以首屈一指,为中华民族扬眉吐气了。完了,谢谢诸位。

注:本文未经欧元怀先生校阅,若有错误,当完全由记者负责。

论大学应注重士气教育①

一、什么是士气

"士气教育"这个名词,或许是我杜撰的。我觉得在这抗战建国时期,办理教育,对青年一方固应注重"力"的培植,另一方应注重"气"的养成。在未论士气教育之前,先说"士气是什么"。

就字义讲,士气是智识阶级的志气。如果把它扩大,"士气"就是民族的生气,社会的朝气,天地间的正气。

试举一二古人有关士气的文章,以见所谓士气究为何物。屈原说:"既替余以蕙纕兮,又申之以揽茝;亦余心之所善兮,虽九死其犹未悔!"可说是士气;孟子说:"富贵不能淫,贫贱不能移,威武不能屈!"当然也是士气;《礼记》说:"临财毋苟得,临难毋苟免",②是士气;董仲舒说:"正其谊不谋其利,明其道不计其功",③自然更是士气。《正气歌》内说:"在齐太史简,在晋董狐笔,在秦张良椎,在汉苏武节。为严将军头,为嵇侍中血,为张睢阳齿,为颜常山舌。或为辽东帽,清操励冰雪;或为出师表,鬼神泣壮烈;或为渡江楫,慷慨吞胡羯;或为击贼笏,逆竖头破裂。"④可说是我国历代士大夫忠义精神的具体表现;接下所说的:"是气所磅礴,凛烈万古存,当其贯日月,生死安足论?"又足见士气伟大的地方。明诗人于谦有:"千锤万凿出深山,烈火焚烧若等闲。粉身碎骨都不怕,要留清白在人间。"⑤之句,这又可说是一首象征士气的诗词。他如"舍生取义,杀身成仁"的道理,"宁为玉碎,毋为瓦全"的气节,夷齐耻食周粟,仲连义不帝秦,这都是士气的精华,并且都须有操持节守的人才能做到。

士气是士大夫的志气,可不再赘了,怎么说把它扩大,就是民族的生气,社会的朝气,而且它就是天地间的正气呢?

有人说:"一个人最可哀的事情,莫过于心的死尽;一民族最可哀的事情,莫过于士气的凋亡。良心不死,终当可救;士气不衰,总有可为。我们要常存此

---

① 原载《新大夏》11卷2期,1935年。——编校者
② 语出《礼记·曲礼》。——编校者
③ 语出《汉书·董仲舒传》。——编校者
④ 语出文天祥《正气歌》。——编校者
⑤ 语出于谦《石灰吟》。——编校者

心,为正义与真理而奋斗。成功不是怎样要紧的,要紧的是伟大……我们只要求为伟大,由困苦与奋斗而成为伟大。……失败与成功,那是闲人盲目的评价。"这不是很明显的说士气就是民族精神的寄托所吗?日本的民族魂是"武士道",德国的民族特性是"创造"和"铁血主义",我们中华民族的国魂就是"至大至刚"的士气。民族的盛衰,全视士气的消长,士气旺盛,民族就生气勃勃,反之士气消沉,民族也就奄奄一息了。又有人说:"自古国纪废弛、社会堕落的时候,总有几个卑鄙龌龊的人出来颠倒是非,混淆黑白:赵高指鹿为马,李振的诬蔑消沉,是其明证。降至近世,新闻事业横行天下,几个不学无术天良丧尽的人,或作权贵走狗,或受金钱驱使,便把他们公正的心卖了……于是天下靡靡,不知所趋,社会就愈趋愈下。"士气不振,社会就每况愈下,难以收拾,足见士气和社会关系的密切。要使社会各方面呈蓬勃气象,富有朝气,恐怕舍淬励士气不为功。至若说士气就是天地间的正气,那更显然而易喻了。文天祥作《正气歌》,开首就说:"天地有正气,杂然赋流形。下则为河岳,上则为日星。于人曰浩然,沛乎塞苍冥。"文山先生的意思,就是说天地间的正气,在人类社会里面即系智识阶级的"浩然之气",士气和天地间正气,简直融为一体了。

二、什么是士气教育

对于士气两字,既有了认识,什么是士气教育?现在也应该加以检讨。士气教育,换句话来说,就是人格教育,也可以说是道德教育。这种教育,就是使我们智识阶级养成一个完全的人格。我们要知道人类的天职最重要的就是要令人群社会天天进步,要人类天天进步的方法,当然是在合大家的力量,用一种宗旨互相劝勉,彼此身体力行,造成顶好的人格。所谓顶好的人格,第一必须要立志,这是养成士气最紧要的一件事。立志要坚定而长久不变,那种不为势利诱惑的人,大半是得力于立志,这是可以断言的。从前我国的读书人,对于立志,看得非常重要。不过他们立那入学、中举、点翰林、做大官的志,和近代的思想,大不相合。近代智识阶级的立志,是注重发展人群,为大家谋幸福。目前我们中国人的立志,应当把捍卫国家、建设社会、复兴民族为己任,方为适合。第二要大公无私。有许多外国人,从客观上观察我们中国人的弱点,全在自私自利。凡是人类都有自私心的,或许我们中国人的自私心因环境关系比较利害,也未可知。我们的自私心,要以不妨害公共利益为前提,为了人类道德进步着想,我们更应有大公无私的精神。我们要认识先有了民族国家,才有家庭个人。

第三要有革命精神。本来大公无私的精神也是革命精神，不过我以为养成士气，应当特别注重大公无私，所以另外先说。这里所说的革命精神，是大无畏精神，能够进取，不惜牺牲，不怕死，不苟安。上段所说"富贵不能淫，贫贱不能移，威武不能屈"就是涵养革命精神的成功。无论立志，或是养成大公无私的精神，或是养成革命的精神，在心理思想上，必须要牢记着诸葛孔明所说的两句话："非淡泊无以明志，非宁静无以致远。"①从以上各方面的涵养，完成了个人的人格，就是有了士气，士气教育在大学里，就是使每一个大学生具备着以上各种的涵养。

三、士气衰颓的现状

近几十年来，我们中国的士气，从一般地讲起来不十分旺盛，而在"九一八"事变以后，且有不少事实证明了士气的衰颓，到最近全民抗战发生，斯文扫地，更谈不到所谓士气了。许多受过高等教育的人，自以为是国家的优秀分（份）子，怕死而不肯牺牲的情形，在这次抗战中，充分地可以见到。有许多已沦敌手的战区，不少知识阶级，为了小己（巳）而误大公，没有革命精神和敌人奋斗，以致使敌人得安心减少警备而能步步深入，这是何等痛心的事！不宁惟是，尚有一部分无耻文人，不仅为了小己而害大公，缺少革命精神，不能和敌人搏斗，而且认贼作父，为虎作伥，丧尽天良，完全做起汉奸来！王克敏②曾经任冀察政务委员会秘书长而做叛国的罪魁，黄秋岳③是当代诗人，且任行政院秘书，而做通敌卖国的间谍。他如梁鸿志④、汤尔和⑤、周作人之流，在没有做卖国勾当的时候，谁不敬仰他为士林中之佼佼者？而仅丧心病狂，一至此极，这更使人欲哭无泪！这种士气衰颓的情形，其普遍降落的程度，简直可以说是有史以来所仅见！

四、士气衰颓的原因

从这次抗战，我们已看见我国目前士气衰颓到若何程度，现在我们应当把

---

① 语出诸葛亮《诫子书》。——编校者
② 王克敏（1879—1945），字叔鲁，祖籍浙江杭州，广东广府人。1937 年任日本扶植的伪中华民国临时政府行政委员会委员长。——编校者
③ 黄秋岳（1891—1937），福建闽侯人，1924 年任国务院参议，后来被汪精卫看重，招为南京行政院秘书，后因向日本出卖情报，被以汉奸罪处决。——编校者
④ 梁鸿志（1882—1946），福建长乐人，抗战期间投靠日本人，沦为汉奸，任伪中华民国政府行政院长，1946 年以汉奸罪被处决。——编校者
⑤ 汤尔和（1878—1940），杭州人，1922 年后历任国民政府教育总长、内务总长、财政总长，"七七事变"后投靠日伪。——编校者

它的原因分析一下，以图挽救的方法。依我看来，今日士气衰颓的原因，大概有下述三个：第一个原因，是受了国外思潮的影响。本来在海禁初开的时代，我国读书人尚能以忠君、尊孔、尚武、尚公和尚实五者为修身的准则，后来西方物质文明逐渐输入，此种观念大抵被人斥为迂腐，不合时代潮流。西方的新道德犹未建立，而原有的旧道德却已被废弃无遗，于是大家讲求享受，侈谈平等自由，而士气就格外衰颓了。第二个原因，是国民经济的贫乏。现在是资本主义时代，把中国原有的自足自给经济打破了，新的经济建设还没有成立，于是国民经济感觉到极度的贫乏，个人经济就受到空前未有的威胁。因此有许多智识阶级，为了生活的压迫和家庭经济的负担，就利令智昏，不顾是非而斯丧气节，而文人操守也就每况愈下了。第三个原因，是受强国侵略的结果。尤其是日本的侵略，利用了种种不正当的方法和手段，勾结了一般官吏和文人，往往许多人投其陷阱而不自觉的。这最明显的例子，就是像今日战区里的绅士和失意官僚，被敌人诱骗出来组织所谓"地方维持会"，他们内心里确有一些安土救民的意志，可是无形中就这样的失节了。以上三个原因，我认为都可用教育方法去改进的。譬如第一个原因，我们即使一时新道德新思想建设不起来，利用原有的忠君、尊孔、尚武、尚公、尚实五德，也可把它改进，使消沉的士气重行发扬起来。我们可把"忠君"改为爱护与捍卫国家，"尊孔"变为拥护领袖，"尚武"就是今日推行之严格军事训练，"尚公"就是上面所说的"大公无私"与"大无畏"的革命精神，"尚实"就是注重实学，与今日"抗战建国纲领"中提高科学研究，使科学与军事配合精神并无二致。第二个经济原因，只要教育得法，亦可养成："穷且益坚"的气概。我们知道颜子的箪食瓢饮，并不改变他的求学乐趣，孔子的在陈绝粮，也并不影响他传道的雄心。当时的物质生活，比今日一般文人享受，不知道相差多少倍，但先圣贤之安贫乐道如故。我们如果能利用优良教育方法训练青年，改变青年环境，我想经济原因可以减少至最低限度。第三个原因，更可用教育方法来消除。所以士气衰颓的根本原因，还是在我们过去教育的不健全，以致有今日可怕的现象。我们过去小学教育和师范教育的不健全，这固然是事实，固然也与士气消沉有关系，而大学教育对青年精神训练的缺陷，更为我们不能否认的事实，也是凡办理大学教育的人，不能推诿的责任。

五、大学应当提倡士气教育及其方法

我们既知道士气的衰颓，大学教育当局不能推诿责任，那么在这士气衰颓的时候,我们就应极力提倡士气教育。因为大学是全国知识阶级的聚会所,也就是未来志士的发韧地,倘若能以作养道德为施教中心方针之一,使其蔚成风气,那末不到几十年,士气就可由衰颓萎靡的现象转变为辉煌蓬勃的风气了。日本当明治维新的时候,觉到幕府时代的恶习和衰颓的士气一时不易改变,明治就立了五条誓文,①令全国人民实行,但总没有多大效力,而推行也很困难。后来得到伊藤博文②秘密的建议,倡设帝国大学,利用大学的力量去推行誓文,不到二十年,日本的士气就由衰颓而转变为旺盛了。在中日之战和日俄之战两役中,可以看到日本士气的旺盛。好像在北海道的一个寒儒,因为受了日俄战争的影响,以至于不能生活,结果投笔从戎,杀死了俄兵三名,自己也受伤而死,临终时口里还在背念着佐滕教授解释誓文的讲义。从此我们知道大学应当提倡士气教育的重要了。在大学里提倡士气教育,第一,必须尽量延揽品格纯正的教授。因为有了品格纯正的教授做模范,学生在不知不觉中,潜移默化,就成为一个品行端方的好学生。学校当局,在没有聘定教授的时候,必须特别注重教师过去的精神修养,聘定之后,应当随时考察他的日常生活。学校里主要干部人员,更应当以身作则,切实革除以前的弊病,能够这样,就可培养出有操守有德行的新青年。同时大学教授的地位,在社会上是非常尊严的,大学教授的一举一动,在在足以影响社会上整个风气,所以大学教授如能以提倡士气教育为己任,得到社会的信仰,那效果一定是很大的。第二,学生也应当有修养的决心。大学生必须认识自己的地位是很高的,在中国目前的环境下,一个人能够受到大学教育的机会,非常困难,平均每一万人中只有一人,如果能有了这种觉悟,就不会自暴自弃,这于士气教育的成功,也有很大的帮助。第三,应当尽量补充士气教育的教材,就是在社会科学的各学程里,设法充实关于士气教育的教材,而这种社会科学的学程,须规定为普通必修学程。同时在国文、英文或其他外国语学程里的教材,也应尽量增加关于提倡士气的教材。第四,应当着重精神训练,在这全民抗战的时候,每个大学生,都要存有敌无我、有我无敌的决心,都要抱定宁死勿屈的意志,但是要学生有这种决心与意志,就全靠精神训练了。不过提倡士气教育,单着大学本身一方面努力还是不够,必须政府方面

---

① 1967年10月,日本明治天皇颁布《五条誓文》作为其施政纲领,正式拉开了"明治维新"的序幕。誓文内容如下:1.广兴会议,决万机于公议;2.上下一心,以盛行经论;3.文武一途,下及庶民,使各遂其志,勿使人心倦怠;4.破除旧来之陋习,秉持天地之公道;5.求知识于世界,以振皇基。——编校者
② 伊藤博文(1841—1909),日本近代政治家。——编校者

严明赏罚，激励士气，社会方面与各大学切实合作，使大学环境日趋优良。能够学校、政府、社会三方面共同努力，我想大学里士气教育的提倡，一定会更有伟大的收获。

六、结语

教育是民族精神所寄，国家百年大计所关，万世人心所系，大学教育尤处于各级各种教育的领导地位。大学校里如不能创造优良学风，培植出有能力有气节的人才，不仅影响到一时代的风气，而且还误了整个民族生存的前途。在这抗战建国兼程并进的时候，中华民族抗战能否必胜，建国能否必成，全视我们民族的新细胞是否具备了有一种足以担当惊涛骇浪的袭击而不颠蹶的能力，而要每一个民族新细胞都不颠蹶，都能肩起创造并适（肆）应这大时代的责任，自非先使这些新细胞在意志操守方面具有充分的修养不可。大学教育的对象，都是将近成年的青年，这些青年距离建设新国家的年限最短，三四年级的学生，今年是在学青年，明后年就是国家建设的继承者和协助者，这些人如操守不谨严，在这民族存亡千钧一发之秋，马上就会置国家民族于万劫不复的境地。所以士气教育在今日全国各级各种教育中固应极力倡导，而在大学里尤为不可或缓之举。窃愿全国办理大学教育者亟负起此种伟大的责任。

大学生应有之修养[①]
——上海市教育局播音讲演词

在中国,一个学生能够升到大学里念书,的确不是一件容易的事情。大学生在社会上和学术上的地位应该是很高很重要的,但是目前一般人对于大学生好像有许多地方不能谅解。像不久以前上海禁止大学生跳舞的问题发生时,几乎众口铄金的指摘大学生,其实大学生跳舞的也不过是少数,全体大学生何尝都去跳舞呢!那末,大学生为着本身的名誉,将来的出路,以及在社会上和学术上的地位打算,不能不有一番修养。

现在,就这三层意思,提出来和大家商量。

大学生在社会上的地位和学术上的地位何以是很高很重要的呢?先就大学生在社会上的地位看起来,根据教育部最近的统计报告,每一万人中仅只有一个大学生。一个大学生代表了一万人,也就是一万人中的领袖;他的机会的难得和关系的重要,可想而知。就是国家对于培植一个大学生,每年所花费的金钱,为数也是很大的。南京的国立中央大学每年经常费 2 166 247 元,学生人数 2 146 人,平均每 1 个大学生每年耗公款 1 000 元。武昌的武汉大学每年经常费 1 355 671 元,学生 571 人,平均每 1 个大学生每年耗公款 2 400 元。上海的同济大学每年经常费 625 900 元,学生 281 人,平均每 1 个大学生每年耗公款 2 200 元。就是像天津私立南开大学每年经常费 318 476 元,学生 455 人,平均每 1 个大学生每年占经费 700 元。大学生在全国人口总数的比例数既是如是的少,10 000 人里只有 1 位大学生,但是所需要的经费,则如是的浩大,全国各大学学生数和经费总数每年的平均比例数约为 800 元左右。社会上对于大学生的优厚待遇,也不能不算是另眼相待了。

民国二十年(1931 年),国联教育考察团关于我国教育经费的支配,曾作过报告:"依据近似值的估计,中国每一学生每年所占的教育费,在初级小学为 3 元 5 角至 4 元,高级小学为 17 元,在初高级中等学校约达 60 元,而在专科学校及大学校则升到 600 元到 800 元。所以国家金钱用于一小学生、一大学生的差数,在欧洲各国尚没有超过 1∶8 或 1∶10 的,在中国则达 1∶200 之数,实为空

[①] 原载《大夏周报》11 卷 17 期,1935 年。——编校者

前所未闻。"①他们主张减少各级学校此种过度的差异,实属刻不容缓的事。从他们的主张来反证,中国大学生比起中学生在社会上的地位,真是不可同日而语了。

大学生在学术上的地位也是很高的,因为大学是研究学术的最高机关。现在社会上各界领袖和有权威的人多半是从前的大学生。今日的大学生,便为将来社会上中心人物和有力的份子。改造社会,建设新中国的主力军,以及发明新事物、传递新文化的战士,都是要靠大学生来担负的。所以大学生在学术上的地位非常重要。我们要考察一国文化程度的高低,就要看一国学术上的进步怎么样以为判断。大学生担负着研究学术的使命,支配着学术隆替的关键,并且是全国专门人才的制造场,他所负的学术上的使命是异常重要的。

此外像家长的希望,师友的策励,社会国家的期待,处处都表示对于大学生的前途,是象征着无限的光明。

但是就事实上说,社会上一般人士对于大学生的批评究竟怎样?这几年来,大学生的数量一天多似一天,其中未免良莠不齐。常常听到很多人批评大学生的缺点,表面看起来好像是求全责备,其实也不能说一定没有理由。他们的批评是大学生没有学问,没有出路,是爱好虚荣,趋向轻浮。其实这几点的相关度是很密切的。

怎能说大学生没有学问呢?我们应该知道学问这一件事是应该要活的学问,不是死读书;书本是记载知识的册籍,若是徒读死书,不能算作学问。从前清末张之洞等在武昌推行新政,创办纺织工厂,聘请专门念书本的留学生充工程师,结果不能够管理机器,后来还是请南通纺纱厂里熟悉达练和多年经验的工人来管理,倒是胜任愉快。现在在无锡有许多大的工厂里也很不愿意聘请大学毕业生,他们自己厂里附办训练所,养成有专门技能的人才。专门靠书本上的学问,只是死知识,不是活学问。陶行知先生曾有几句话形容不会研究学问的学生,就是:读死书,死读书,读书死。② 这种学生是很可哀怜的。还有一部分大学生不研究真知实学,只求一点空学问,撑撑门面,出出风头,这也是大学生被人攻击的一点。

为什么说大学生没有出路呢?近几年来社会上人浮于事粥少僧多的现象,

---

① 见国联教育考察团《中国教育之改进》第45页,国立编译馆,1932年。——编校者
② 语出陶行知《陶行知全集·说书》(第三卷),长沙:湖南教育出版社,1985年,第295页。——编校者

激起了职业界的极度不安。毕业就是失业的呼声喊得很高。北平的大学毕业生组织了职业大同盟,扩大谋事的宣传。南京全国经济委员会和教育部合办全国学术工作咨询处办理失业登记,调查职业界的需要,想法子来调剂。于是许多人原来对于大学生抱着很大希望的,未免也失望。他们总以为大学生的末路到了,前途是很暗淡的。其实这种见解是很不对的,如果认真建设新中国,各种人才都很缺乏,决不致于人才过剩的。现在的情形,不过是暂时的矛盾现象。

至于大学生的爱好虚荣,这是不可掩讳的事实。因为目前受高等教育的大学生,贫寒子弟很少,大多数是有资产的人所独享的权利。他们自己以为在大学里念书是很荣耀的。平常在学校里只是争分数,争学分,领文凭,得学位。这都是一种虚荣心支配着整个的宝贵求学时间。还有许多在通都大埠的大学生,对于衣食等项极尽奢华,并且欢喜用外国货,崇尚欧化,遂致利权外溢。

再有许多大学生趋向轻浮。读书的时候没有把学理研究清楚,受着一时感情的冲动,就想表现到事实。假设有一点意见和学校当局不同,不能了解学校设施的原意,便作无理的干涉,非分的要求。竟至鼓动风潮,宣传罢课,影响本身的学业很大。更有许多学生,树立党派,排除异己。自己没有认清环境,难免不受人利用,落得植党营私、荒废学业的结果。

大学生受着社会上这许多批评,一方面固然是社会希望殷切,另一方面何尝不是大学生自己不争气呵!大学生!今后担负起时代使命的大学生!我们应该有怎样的修养,才能不辜负在社会上和学术上的地位呢?

我的意思以为:应该从充实个人修养,专心研究学问,协力挽救国难,共谋复兴民族四方面着手。

怎样才能充实个人修养呢?有四个要点,希望大学生严加注意的。虽说是老生常谈,其实意义是很深长的。第一点就是贞忠的节操。许多人说训练青年,总把锻炼身体摆在开端。据我的意思,在目前混乱的局面下,青年们的节操是很不讲究的。这种"文人无行"的影响,对于建设新中国运动的前途是很恶劣的。所以大学生,领导社会的大学生,应该崇尚气节,淡泊名利。做事要有责任心,奉公守法,生活要合理化、纪律化。社会上也应该对于士节有荣典,鄙薄趋炎附势的份子,奖励忠贞节操的青年。大学生可以进党,但是动机要纯洁,千万不要入主出奴,自损个人人格。大学生可以从政,不过立场要为大多数民众的福利着想。对于救国运动,更应本着这是公民应尽的义务的观念,不特踊跃参加,尤须指导群众遵着正轨进行。若是危害国家的举动,以及一切不是正当的活动,就应避免并给以制裁的。充实个人修养的第二点,就是需要良好的朋友。

朋友便是第二个我。要观察某人,先从观察某人的朋友着手。交友不慎,为害很大。古谚说得好:"与善人交,如入芝兰之室,久而不闻其香;与恶人交,如入鲍鱼之肆,久而不闻其臭。"①近朱者赤,近墨者黑,朋友们潜移默化的力量是很大的。大学生正当青春后期,意志方面虽渐渐坚定,但是个人的识见总是有限的,处事往往不甚周到。如果有几位好朋友切磋琢磨,受益一定是很大的。选择朋友,不在平时酒肉征逐,应该是患难相共。对于异性朋友,更应该保持着纯洁的态度,彼此相互的尊重人格,当作精神上的良友,不要有肉体上的淫念。第三点,锻炼强壮的身体。体格是一生事业基本,身体不好,不能胜任大事,身心一定是很痛苦的。不独个人事业失败,就是后辈青年也要受着影响。大学生千万不可以浪漫,应尽力避免不正当的娱乐。尤其不能任意斲伤身体,这不独是个人的损失,也就是社会的大损失。平常多讲究体育卫生,锻炼(练)一个结实的身体,以为担负着社会重要职务的准备。第四点,养成俭朴的习惯。在这民穷财困的时候,俭朴是人人应该的,尤其是领导民众的大学生。因为学生都在消费时代,自己还没有生产的力量,不应该无谓的奢侈,增加家长的负担。奢侈足以涣散研究学术的心思,穿着很漂亮很合时宜的华丽衣服坐在图书馆,站在实验室,不见得十分相宜,必定是想着看电影、跳舞、逛游戏场。还有,在学校里奢侈惯了,没有获得真知实学,只养成许多奢侈的欲望,出学校后不得不奔走钻营于权势的门庭,那就说不上什么人格了。我希望大学生能够安贫乐道,降低生活的欲望,养成俭朴的习惯。

  大学生如何专心究研学问呢?学问的门类是很庞杂的,社会上对于大学生的希冀是极关切的。大学生应有真知实学的修养,不要变做学分的奴隶。求学是为求学问,不是为了学分和文凭。决不可学分满足,文凭拿到手,便高兴得了不得。到毕业后,出而应世,才知道不学无术,那是后悔迟了。专心研究学问有四个途径:第一是丰富的常识。常识的范围很广,包括立身处世以及人生各方面的知识。这些小的地方看来好像不甚要紧,其实它(他)的关系却极重大的。例如说礼貌一项,这是人生常识中的一部分,就应该特别地留意。这种学问是从实际的生活经验体察出来,不是从书本上可以学习的。第二是远大的识见。一个人研究学问,要明达事理,有一种卓识见解,不可以囿于书本,食古不化。古人曾说过尽信书不如无书,就是这个意思。读书时还应有一个立场,从我的

---

① 语出《孔子家语·六本》,原文为:"与善人居,如入芝兰之室,久而不闻其香,即与之化矣。与不善人居,如入鲍鱼之肆,久而不闻其臭,亦与之化矣。"——编校者

观点去利用书,不要被书来支配我们。所谓读书要活读书,不要读死书。读书读得活,吸收了大量的现实的经验,日后做事,受用无穷。第三是修习基本的学问,便是大学里规定的普通必修学程。大学生无论打算进哪一学院、哪一学系,对于基本的功课,必定用心修完,这样才能免掉偏于只注重某一种精攻的训练,同时还要顾到工具的训练。大学里应修的普通必修学程很多,这里不必一一列举,不过像世界政治经济现势、人与社会、人与自然一类的课程有很多大学里还没有开设的,大学生们也应该想法子自己阅览才对。第四为专门的研究。学问有两个面积,一是要博,一是要精。基本的功课泰半是领向博的方面,专系的功课是要学生精攻某一种学术,获得某一种专长。大学生对于各个人专门的知识,应该修习分系学程。研究分系学程时,必定要留心研究的方法,采取心理学上经济的学习原则,就是用最小的劳力而得最大的效果,极短的时间而探讨很多的事理。不论在校肄(肆)业或是毕业后以及休假服务,都应该自行研究,不要错过时机,贻误光阴!

　　大学生应有之修养的第三方面,便是协力挽救国难。中国的国难,一天比一天的严重,大学生是继往开来的人才,不能不担负起挽救国难的使命。但是挽救国难的工作,不是一天两天便可挽回的。要想挽救国难,至少有三件事需要注意。第一是认识环境。认识环境须从内外两方面去体察。对内明了国内各种情势,审度自己的力量;对外知道国际情势的转变,以谋外交的调协。此刻国际形势,瞬息万变,若是不明了世界大势,一定穷于应付的。对于国内的情形,更应分析剖解,做一种透视,做一种显微镜下面的观察。第二是实力发动。现在救国,不是信口雌黄、空言可补的,应该脚踏实地地做。一切活动的表现,要充满了力量,不要徒尚空谈,遭人讥诮非议。大学生要表现出大学生的力量,学化学的,从国防化学方面努力;学教育的,设法普及教育,提高人民的知识;学政治的,就应致力于生产建设、和平统一的运动。在这非常的严重国难的时期,无论是谁都应表现出实际的工作,才是救国的正当途径。第三是持久不懈。在这个时候不独需要干,并且需要刻苦地干,继续不断地干。外人常常笑我们五分钟热度,这种耻辱是应该极力洗刷的。我们对于外侮相逼而来,要忍辱负重,不要轻举妄动。认定某一件工作,一经答应下来,就应办得好,彻底地拼命地去干。一个人干好一件事情,合起来全国的大学生所能干好的事情便不在少数了。再把这种精神传播到全国民众里面去,则所表现的力量,决不可轻视的。每一个大学生,从今天起个个人发下一个宏愿:认识环境,实力发动,持久不懈,对于挽救国难前途,一定是极可乐观的。

现在说到大学生应有的修养第四方面,就是共谋复兴民族。这一种修养,也可以说是大学生应有之修养的最后目标。自从中国废科举,兴学校,差不多三十多年。但是民生凋敝,士气消(销)沉,政治混乱,国际地位低落,一天甚似一天。目前世界大战,不久就要爆发,中国恰恰是列强拼个你死我活的战场,以后危险的日子,正是很快的来临!我们应怎么样因地制宜,把国家生命永久维持?那么(末)今后采取的教育方针,如果继续崇拜欧化,国民便没有了自信力,假设拘束在科学教育,便没有招回国魂的希望。国家以人民为根本,民族不能复兴,哪能谈得上救国?大学生是国民的先知先觉,更应努力复兴民族。复兴民族的路线很复杂,从大学生的立场上来说,应从下面的几个要点着手。第一是恢复自信力。我国的民族,日显衰老状态。此刻返老还童的第一剂药,便是对于复兴民族的伟大事业,应有一种自信力。不要因循敷衍,听天安命,更不应消极颓废,玩物丧志。我们虽不愿意每一个大学生都有一种夸大狂,但是却不应偷安苟活,畏惧艰难。我希望"没办法"三字在有作为的大学生字典里是找不出的。只要认定吃苦耐劳,百折不挠,最后的胜利总是属于我们的。第二是坚定互信心。大学生应该加紧团结,聚沙成塔,众志成城,一心一德地共赴国难。大学生平日对于朋友,都应抱着自助互助、共荣共存的见解。大家团结起来,就是一种很大的力量。力量的表现,可以作中流砥柱,挽救狂澜。第三是调和中西文化。目前一般大学生都迷信着欧化,往往数典忘祖。其实中国固有的文化,有许多优美的地方,决不容忽视的。像中山先生忠孝仁爱信义和平的遗训,全体大学生应该忠诚服膺,以为恢复我国民族的固有道德。注重国学、本国史地等学科,对于我国民族伟大悠久的文化,有较深切的认识。同时对于西洋文化的长处,也不应该一笔抹煞,弃其缺点,采其长处,融会贯通,调和一种新的更合实用的文化。第四是发扬民族精神。今后大学生应该纾展国难,宏济时艰。发扬尚武精神,气节精神,合作精神,创造精神。恢复自信,坚定互信,认识中华民族之(作)伟大,把握住风云险恶的现阶段,创造民族复兴的新生命。大学生!全国有志的大学生!大家赶快团结起来,担负起这种时代的使命。

经济恐慌下之青年求学问题[①]

一、青年之苦闷

青年时代,求知之欲至为旺盛,故其对于就学问题之关心,恒较其他问题为切。无如人生遭遇不同,环境之限制,每难使人如愿以偿。在产业落后之中国,近数年来受世界不景气高潮之袭击,社会经济日趋衰落,于是一方面因商业萧条,而工厂倒闭,而农村破产,另一方面因紧缩关系,而裁员,而失业。经济恐慌,弥增无已,生活且极堪虞,子女教育自属更难兼顾。故不特胼手胝足之勤苦青年,固早已与教育绝缘,即小康之家,亦频因教育经费之无法筹措,其子弟相率由学校退出。此种现象,逐渐普遍,于是无力升学与中途辍学之青年指数,日益激增。

青年上进目的既不可达,为维持生活计,势不得不转而就业。然值此各业紧缩、人浮于事之际,泛论就业,更非易事。乃有大部分青年,升学就业两俱不可,歧途彷徨,益增烦恼。

此外,因夷族之入侵无已,河山破碎,大局动摇,使一般纵有求学机会之有志青年,更不能无动于衷,怆然于怀,悲慨忧抑,未能安心向学,因而怀疑到现代教育价值及一切社会制度者,自亦难免。

凡此缘由,均足使青年之生活观念易沦错误,求知之欲不能获得正常解决之蹊径,但青年于此,正不必悲观失望,须知际遇虽不可求,努力还在自己。幸而经济能力充裕,尚有机会升学,则当认清高等学校之价值,就本身之需要与兴趣,根据治学原则,确定读书计划,以冀更大造就。否则社会为一大学校,即使失学,无论就业或失业,亦可各就其机会环境,择其所好,确定目标,善自研习,倘果运用得宜,则锲而不舍,金石可镂,收获或许还非学校所可及。本文兹以此为旨,从而分论之。

二、关于失学就业者

求学与职业虽不能混为一谈,然职业中常含有学习之意味,教育之作用,实充塞于全部生活之中,非仅为生活之准备而已。人之一生,处世接物,应酬进

[①] 原载《教与学》2卷11期,1937年。——编校者

退,经验渐增,学问渐进,此为一定之规律。就业以后,即已加入社会实际场所,对于实际问题之幻化及其处理之方法,无不亲身经历。此种自然之教育场所,苟能随时运用,细加留意,以生活问题为研究对象,以人事为导师,则成效较之学校教育更为切实而专门化。是即求学并非限于学校,亦非生活之片断的明证可知。就业又何必以失学为虑哉!兹再分别言之:

1. 职业专门技能之熟习熟练。通常以求学为就业之准备,职业为生活之目的,是亦未免轻视生活之意义过甚。夫人担起社会责任,同时当解决生活问题,故必须具有社会生活智识及生活技能,而学校教育价值亦措基于此。学校教育除授予青年以普通智识外,尚有专门职业技能之讲授实习之机会。就业以后,直接参加社会活动,因于社会实际生活之间,体察人生与社会之真理,明悉个人所具社会之责任,并因直接参加职业活动,对于职业上之专门技能愈趋专长独到,自属当然之结果。从业之余,在可能范围内,择暇再从事修养,以生活之经历作学术之研究探讨,则学术技能更易同时精进。

大学教育目标之一方面,为专门技能之养成,但业务上之幻变及其应付之方法,颇有非课本讲义及简单之实习所能指授完全者,大学教育遂失其穷,而职业上之长期经历,对于专门技能因熟习熟练而愈趋精进,自极可能,有如前述。例如师范生实习一项,每以实习时间及其教育客体关系,至多对于教学略有认识外,所有教学上实际困难所在,儿童心理之一般,特殊问题之产生,类都不及前知。及实际从事教育生涯以后,此类问题均须逐渐发现,一经发现,自须计划相当应付方法,发现教学上问题既多,从而陶习益溥,应付益易,技术能力已于无形之中日益加增。其他无论文、理、法、商研究员生,其应付本身职业上所遇困难之所需技能,无一不须重新学习。故就业青年大可不必因失学而悲伤,知识何处不可探求?就其应付之间,随加研习,进而精研其原理原则,此乃一种最切实之学问,迥非在任何高等学校中所能获得。

2. 职业上良好品性之修养。人与人间之倾轧排挤,乃常有之现象,故有职业者未必无失去之危险,罕能维持永久。则因斯故,在业者除尽一己应尽之义务俾亏职守外,其待人处事,自然处处小心留意,种种品性上之美德于焉养成。如因欲保持生活之安全,自知撙节费用;因谋事之不易,不敢存非分之想,安分于职守;因防人攻击而处事十分精细,即零碎琐屑之事务亦必力行不息;因欲得人合作并避免排挤而对事不敢一意孤行,对人自不意气用事。所有节俭、安分、精细、和平、互助诸德,苟能随时体察,大多于职业生活时候及实际事实教训中可以获得。

3. 职业上行为之锻冶。职业上行为之检点更非书本上之知识,青年就业以后,自知所有一举一动与本身职业至有关系,而有不时检点之必要。当行事之初,首先明白事理,辨别是非,临事镇静,能断能行,有次序,有组织,能尊一,能勤慎,诸凡各种社会行为之能适应,类多从社会生活中锻冶而成。

综观以上各点,如对于职业之意义果有确切了解,则职业实非生活之目的,而为吾人欲达到生活目的之际所用以教育吾人之手段及工具。就业以后,苟能善用此种手段与工具,则求学问题即已解决,又何必以失学为忧乎!

三、关于失学而又失业者

立身处世,学问最为可贵,惟其学业上有所成就,事业上才得有所成功。求学作用关系一生,故人一切富贵利禄可以不取,而不可以不学。而社会除出于万不得已,断不忍令青年失学,以致自暴自弃。青年所负使命至为重大,国家兴亡,青年理应积极负起责任。然求学不仅在乎学校,亦无须乎仅恃学校;学校之外,更有学校,社会亦广大之学校也。虽然,学校之中有导师之讲授,同学之切磋,应用参考书之便利;然求学成功之根本要诀,首视动机,必然出乎自动,根据需要,兴趣浓厚,一心一力以赴之。否则求学目的未清,亦乏真诚向学志趣,自动之意识微薄,虽良师良伴及完善之设备当前,究有何予?所以现代教育,崇尚自动之学习,新教学法采取自动辅导之论,原由于斯。学习成功舍自学而外,实无他道。自学精神,不特可行之于校内,抑可以试之校外。青年一方面既乏经济能力以继续升学,又不能参加职业活动以取得实际学问,惟有循自学之一途,以满足其学问上之需要,补救其机运上之不济。

然自学实际过程之中,因时间与身心不易固定,及无善导督促之教师,困难甚多。不过任何困难,并非颠扑不破,如果意志坚强,自信力深,则克服困难亦非不可能。第一,自学者须注意于生活与思想之规律化。盖读书要点,首在注意力之集中,而注意力之能集中,尤须生活有规律。苟生活毫无规律,思想纷然杂乱,注意力必然薄弱。然社会环境紊乱如此,既已失学,又复失业,经济生活时堪忧虞,自属难得有秩序之生活,加以国事纷纭,夷族侵逼,思想更难获入正轨。不过应于万难百忙之中,力持镇定,即平日作息必守时刻,起居动静亦有次序,因之生活与思想渐趋一致,则注意力自然集中。第二,预定读书计划,所以避免环境刺激所引起之分心,可以促进研究之志趣及效率,减少精神及时间之浪费,并可使与其他生活相调和。此外,就性之所近,常与学者及实际有经历者相接触,听取其言论意见,博览图书杂志,以促进理解力与发表力。

总之,自学成功,非不可能,只须意志坚强,毅然自信,严自规约,以社会为学校,人事为导师,未尝不可升堂入室。青年如果渗透此种精神,或许可得无上成功,虽未入学亦复何妨。读近代名人传记,颇多自学成功之例,无论文学、科学、艺术、诗人,均多出人头地之人物,如法勒第①(英国物理学家)、拜伦(英国大诗人)、狄慈根②(德国大革命哲学家)、爱迪生(美国大发明家)、高尔基(苏联大文豪)尤其著者。

四、关于升学者之应有认识

高等教育,虽称普通教育之继续,然目标迥异,旨趣各别。普通教育之目标,在获得人生之基本知能,高等教育则重学术研究及专门技术之养成。设若生平既无学术研究嗜好,又无专门技术之必需,中等或中等职业教育已感足够,自不宜勉强升学,不如专心就业,定有相当成就。每有升学青年,其本身并无若何高等教育之需要,仅出诸家长授意者,实非少数,至于家长心理,希望"一举成名",是读书所以为家长;更有未明求学真义仅因怀慕学府生活及其毕业文凭,于学问反不注意;或为虚荣心趋,不自量力,贸然入学;或明知本身毫无此种特长,勉强为之,终而毕业能力缺乏,中途退学。上述诸端,无非升学太滥,其结果于本身为浪费,使社会亦受无谓损失。

良以此故,国内大学毕业生不复为社会所重视,致使现代大学教育及教育制度备遭怀疑。同一毕业生也,设自外洋回国,其所获社会待遇及地位,特别优厚。吾人姑不论是否为社会用人心理之偏颇,而自身之不健全无疑为一大弊病。此种弊病之肇因,即在青年未明求学目的、本身需要及能力。此升学青年所当注意者也。

所以青年入学之先,首宜认清目的与需要,并应考虑专门学校之价值。简言之,如果对于下列四点:(1)满足学问需要,促进理解力及发表力;(2)为事业上之训练;(3)为职业上之训练;(4)得广交良师益友等等之助益,认为相合,则本身才有受高等教育之需要。此外,更宜自审本身兴趣能力,选择相当学科而致力之。循序以进,则升学始可获得善良之效果。

---

① 现译法拉第。——编校者
② 狄慈根(Joseph Dietzgen,1828—1888),德国哲学家。——编校者

五、结论

总之，青年求学问题，得失非仅属于个人，整个社会文化程度，实亦有联系。学问为生活之全部活动，就理论言"教育即生活"，则生活中恒寓有教育之意义，得以继续向上。就实际言，人生困难至多，须得随时陶习，并凭日常经验，以求解决。知识青年为社会之中坚分子，国家对于青年期望甚深，苟能不自暴弃及不蔑视其所有之社会使命，均应各就实际，排除万难，循正当途径，努力砥砺，以养成有用之材。是不仅个人可获成功，社会改进民族复兴亦厚有望焉。

学生军训问题[1]

一

高中以上学生施行军事训练,从表面上看似是近十年来我国效法各国青年训练的一种新设施,实则此种尚武精神的提倡,在我国已有二千余年的历史。我国古代教育向以德智体三育为纲,礼乐射御书数为目,这种以六艺为基本学程的教育,可说是"文武合一"的教育。它不仅教育人在平时能执笔写文,拟定各种治国、建国方案,而且教育人在战时能执干戈以卫社稷。这种优良教育制度,到秦汉就逐渐转变,唐宋以后,科举制度盛行,主持教育者误解六艺真义,于是文武合一教育,乃完全分开,一般文人,率皆文质彬彬,弱不胜风。书生必须"白面",才算是典型的学者,元明暨有清三代,教育制度一仍旧惯,清代更变本加厉,不许普通人民练习武艺,于是我国国民体格,每况愈下,远东病夫,因以著称。民国以来,政府虽三令五申,定德智体三育为国家训练青年方针,恢复古代文武合一精神,然一因内乱频仍,各级学校不能安心训练青年。二因国民染习既深,积道难学,学校中校长、教员、学生三方面对体育能认真提倡、彻底力行而与智德两育兼程并进者,究为少数。今年以来,强邻窥伺,得寸进尺,全国上下鉴于亡国灭种之祸迫在眉睫,认为非加速锻炼国民精神与体力,不足以救亡图存,于是临渴掘井,在学校中凡高中以上学生,施行军事训练,且于每年暑假,全国分区举行大学及高中学生集中军事训练,在各省市县举行社会军事训练,征召适龄壮丁,授以各种军事知能,故军事训练可说是我国目前增强国民抗战力量的一种救急方法。本文因篇幅关系,只论学生军事训练问题,至于社会军事训练,俟有机会,再另文检讨。

二

学生军事训练在教育上地位的重要、历史的悠久以及它在现阶段的中国之必需推行,既如上述,那么全国学校自宜认真举办,青年学子,更须无条件地遵行,以养成健全的体格、高尚的人格、纪律的生活,而对国家有所贡献。然而事实上受了军事训练的学生,他的生活与未受训练者并无若何区别。有些地方,

---

[1] 原载《教与学月刊》3卷28期,1938年。——编校者

吾人也常听见学生虽不反对军训,而对教官却异常轻视。这种现象,难道是青年学生不知爱国救国而不愿刻苦耐劳吗?我想绝对不是。这种现象,吾人绝不能单怪学生不是,教育行政当局、军事主管机关、学校中校长及训育人员、军事教官,应共同负责,而学校中训育人员与军事教官之不能合作,教官本身之缺乏高深学识,尤为军训所不能长足进展之主因。兹缕述如下:

(一)教育行政当局忽视军训。军训施行至今,教育部秉承最高当局意旨,虽然三令五申,训饬各省市教育厅、局转令各校推行,显因教育行政主管机关内并未设置专员主持军训事宜,往往于不知不觉之中对此关系国家复兴大计的青年军事训练难免有忽视之嫌。我们知道今日教育部、教育厅所设置督学专员视察各校,只能视察校内图书、仪器、设备充实与否,教员上课情形怎样,学校组织暨行政情形若何,学生生活的一般情形奚似;至对于军事训练推行的实际成绩,因为他们自己缺乏军事学识及经验,也就不能置一词。军事教官任免之权,实际乃操于政治部,教育主管机关仅为政治部与学校间之承转机关,并无权管辖,以致对于教官本身之训练问题、资格问题、任期问题,皆不能得到合理之解决。教官不得其人,教育行政当局与学校当局不能直接免其职;教官得人,亦不能阻止其中途被更调。而且学校与教育主管机关间,教育主管机关与政治部间,往往一纸公文之往来承转,动辄费数星期乃至数月之久。这是军训使人失望的第一个原因。

(二)军事机关缺少通盘计划。一种事业的成败,由于下级各部人员推进者半,由于首脑或中级机关主持计划者亦半,今日学生军事训练的失败,一方面固应咎各级学校推行的不力,他方面乃军事机关缺乏通盘计划的结果。例如教官人数不敷分配,教官缺乏专门教育的训练,教官薪金必饬由学校支付,这都是没有通盘筹划的现象。我们认为学生军事训练教官,应与其他普通统率军队的军官不同,学生军训教官,不徒应具有丰富的军事知能,而且须有充分的各种学科知识,尤须有坚定不拔的精神和高尚纯洁的人格。这种教官,非经过专门训练机关训练不可。但是不幸得很,今日学校教官,距离上述的标准远甚。国内训练军训教官机关,除了中央陆军军官学校而外,就未闻有训练军事教官的机关,更未闻有专为训练学生军训教官的机关。吾人姑不论中央陆军军官学校所训练出来的毕业生,是否在学识与人格上足够担任学生军训教官,仅就人数来说,就常常有不敷分配的现象,各学校军事教官之常被更调,原因就在于是。教官缺乏专门训练与教官之常被更调,影响学生军训前途,不言而喻。最容易产生的结果,就是学生对教官的情感隔阂,轻视与不信仰,以及教官本身之发生五日京兆心理,敷衍因循,不负责任。学生之不信仰教官和教官之不负责任,都足使军事训练无法进展。教官薪金划由学校支付,也是军训难以进展的一个极大的原因。我们知道今日各级学校学生,少者数百人,多者辄至数千人,教官薪金由学校支给,学校经费有限,无力多聘教官,结果一个数百人乃至数千人学校的军训,势必依赖于少数教官去推进,这种现象我想必蹈过去训育制度的覆辙,把全校学生生活指导事宜,交由少数训育人员负责,结果谁也不管,训育人员等于虚设。所以教官训练与教官薪金,军事机关没有通盘计划,可说是今日军训使人失望的第二个原因。

(三)校长、训育人员与教官不能合作。我国文武合一教育,衰替已久,一般人都中了重文轻武的遗毒。一时要把它矫正过来,实在是不容易的事。学生军事训练推行不久,遗毒似尚在作祟。在校长、训育人员方面,往往以为学生非兵士,而是社会中优秀分子,不能与兵士相提并论,操练时即使纪律较差,精神稍弛,也不能不篾于曲容,勉事避就;但是在教官方面,则认为服从命令、遵守纪律是军人天职,教官命令一下,学生就须无条件地履从。结果双方因观点互异,学生如有不遵规则,缺席妄动,校长、训育人员与教官,处置绝对不同,而纪律的维持,遂亦大成问题。这是军训使人失望的第三个原因。

(四)军事教官缺乏专门训练及修养。今日各校军事教官,具有丰富学识和高尚人格者,固不乏人,然基本知识不足和修养欠缺者亦所在多有。教官基本学识的不足,常会引起学生的轻视和反感。例如去年某省举行集中军事训练,某教官每日清晨升旗后,必向学生做精神讲话,前后一周之久,都说"我们要爱国家,重秩序,守纪律"一类的话。结果学生很不耐烦,认为空费清晨宝贵光阴,乃群请主管机关更换教官。从此可知教官知识的缺乏,实可影响训练的进行。而教官修养的不足,亦足影响学生军事训练。例如现在各校教官,多少都曾经过若干时期的军队生活,因为军队生活和学校生活不同,教官来到学校,殆难免有言行失态之处,而遗同事及学生以口实。此种情形,直接固影响教官个人的成败,间接就阻碍军训本身的进行。学生必由轻视教官转而轻视军训。事体之大,无逾于斯。这是军训使人失望的第四个原因。

此外学校中的功课过于繁重,学生应付不暇;一部分家境富裕学生,平时受父兄余荫,养尊处优,不惯于刻苦耐劳生活;高中军训与大学军训内容大同小异,学科与术科训练过于单调呆板,未能引起学生兴趣,也都是军训失败的原因,而值得我们重视的。

三

知道了军训失败的症结所在，我们屏除一切偏见，就事论事，认为在目前推进军训，要使其由失败转入成功，使今后受过军训的中国青年，能真正肩起复兴民族的大任，下述数点，我们必须努力做到：

（一）教育部应添设国民军训机关。此点笔者认为非常重要，因为在学校中施行军训，负实际督导之责者仍在教育行政机关。各地军事机关人员，似只负从旁资助之责。学校教官固多由军事机关委派，然因目前教官薪金乃由学校支付，事实上教官在学校中的地位，与其他普通职教员无异。军训成绩不良，教官只负一部分的责任，大部分还须归咎于校长及训育人员与导师。而且上段讲过，教部、教厅中缺少具有军事知能与经验之督学专员，结果无形中会使军训遭受顿挫。补救此种缺陷最妥善的办法，当以各级教育行政机关设置军训专门人员为佳，在中央设置国民军训司或国民军训委员会于教育部，各省教育厅亦分设军训督导机关，延揽国中具有军事知能及经验者担任督学专员，督导全国国民军事训练事宜，每年定期巡视各校军训推行情形，指导改进，明赏罚，严奖惩，如是则各校当局与青年学生对军训必予以极大注意，文武合一教育必能达其预期之目的。

（二）军委会对训练教官暨教官薪金应有通盘计划。学生军训直接负推进责任者首推教官，培养教官的机关自是军委会所统辖的各军事学校，过去各军事学校招收学生，多为初中或高中程度的青年，加以训练后，即派往各军事机关实习或派往高中及大学充当教官，这是极大的缺点。加以全国各部队应用多少中下级军官及各学校应用多少教官，漫无调查计划，以致学校教官时被更调，数量不敷分配。今后必须有整个计划，提高教官入学资格，加长训练时间，派往担任大学军事教官，尤须有大学毕业资格者再加以严格军事训练方可，并须参酌全国各学校实际情形，按学生数目的多寡，训练大批富有知能的新教官，派往各学校服务。笔者以为至少每百名学生中即须有教官一人，并须设总教练一人，司全校指导之责。如是则平时军训既严格推行，迨集中军训时，学生对军事知能既有基础，自可授以较深的训练。不但可以减少集中训练时宝贵时间的虚度，且可增强学生对军训的兴趣。今日的集中军训，虽较平时军训为严格，但训练方法的浅显与单调，殆与平时无异。故有人目集中军训为浪费青年宝贵光阴与学业，倘能进一步的加以有计划的训练，三五年之后，且可采全国分区总检阅制度，按年定期举行检阅，把目前集中训练制取消，节省巨款以为平时加紧军训之用。至于教官薪金，亦应由军委会统筹统发，因为各学校经费有限，目前许多私立学校聘请一二位教官,已经感觉困难,苟教官增至三五位乃至十数位,自更感经费无着了。

(三)学校校长、训育人员与教官应切实合作。一种事业的成功,必须各方面通力合作,齐一意志与步骤,方能有望,训练青年亦然。过去军事教官与学校中训育人员因观点互异,处置学生方法不同,因而使校长左右为难,弄到学校风纪扫地,已为不可掩饰的事实。今后彼此必须各自反省,认清时代与国家教育政策,和衷共济,通力合作,然后军训才能有长足的进展,青年训练方可希望其成功。

(四)教官自身应充实基本学识与修养。目前国家在万分紧急的状态中,外有强邻压境,内有蟊贼为奸,倘欲军事委员会所属各军事学校立即训练大批新教官,事实上殆有许多困难。所以现任各学校军事教官,应痛下决心,努力振奋,充实各科基本学识,尤须认清军队生活与学校生活不同,处处要如其他各科教师以"师表"自居,慎言动,严操守,予青年以良好的印象。

(五)全国各地应普设国民兵演习场。学生军事训练其宝贵固在为一种精神训练,崭新的人生观,论其视听行动,惟礼是依,论其态度,则"温而厉,威而不猛,恭而安"①。然一种繁难的技术养成,固亦甚重要。今日学生军事训练,吾人至多只能说在纪律方面稍有长进,离繁难的技术的演习与操作,实尚远甚。各学校及集中军事训练,殆都只着重于简单操法的练习,而忽略于各种战斗技术的养成。在清末以前,全国各府县尚有校场的建立,民国以来,旧的校场已废,新的演习打靶场则未之见,此于国民尚武精神的提倡,影响甚大。我以为今日全国各地应普设国民兵演习场,无论学校平时军训或集中军事训练,当地驻军都应发给枪械子弹,让学生实弹演习,以鼓舞学生的精神。

学生军事训练是今日训练青年的急救剂,也是使青年走上救国建国的康庄大道。惟以办法未周,推行不力,以致弊病丛生,反使一个至善至美的制度,成为学校教育上一个严重问题。笔者对军事学素少研究,惟以平时观察所得,聊一得之愚,并于去年第二次国民参政会开会时,联合二十余位参政员,提出改革案,结果与胡参政员元倓②等所提改革案,均由大会通过,交至主管机关实施。兹当第三次全国教育会议召集之前,特将原提案加以发挥,愿全国教育界同仁有以教之。

---

① 语出《论语·述而》。——编校者
② 胡元倓(1872—1940),字自靖,湖南湘潭人,近代教育家。——编校者

儿童的世纪①

瑞典名教育家爱伦·凯②,是当代女子教育、儿童教育的权威。在这个新世纪到来的第一天,即一九零一年的元旦,她出版了一部新书,名《儿童的世纪》。她预祝在本世纪当中,儿童们将受着顶优良的教养,过着顶幸福的生活。所以才用了这么一个迷人的题目,当作她的书名。自从这本书问世以后,不仅树立了儿童教育的理论基础,同时更唤起一般人对于改进儿童教养事业的重视。因为随着种种心理上的转变,世界各国儿童教养事业的实施,也就进到一个崭新的阶段。

中国人传统的观念,往往视儿童为具体而微的成人,儿童们的生活,如能依成人的生活方式而行,则最合理想。我们常用"少年老成"一句话,来奖赞年轻人,就是一个例证。其实这种传统观念,是完全错误的。我们要求老年人都能"返老还童"而不可得,为什么还要求年轻人早早便"老成"呢?所以在这种错误观念之下教养出来的儿童,不仅难免早熟,而且因为早熟,也就必然早衰。一个国家的国民若是健康的,那么,六七十岁还能替国家服务,而在中国,年轻人往往学业未成,已经老态龙钟,年未半百,就得告老还乡。中国的一个国民,只做得别的国家半个国民的事。这是一个多重大的损失!

到目前这个世纪,就是爱伦·凯所书"儿童的世纪",因为心理学、社会学、教育学等研究的进展,已使我们觉悟从前的错误,而不欲再因袭那种错误的传统观念了。我们发现,儿童是儿童,并不是具体而微的成人。儿童生理、心理的发展状况,自有其特征,而与青年、成年、老年,都不相同。倘若我们还以儿童为具体而微的成人,那么我们只多将儿童放大数倍,便应当与一个成人无异。而事实则不然,情绪、经验、习惯等心理现象,他将于一般成人,大相径庭,甚至身体,他也将成为一个头部非常硕大,而与全身极不相称的怪象。儿童与成人,实非"具"与"微"之别,而乃性质上之有别。因此,我们乃知强使儿童追随成人方式而生活之非正道,我们应当让儿童过着他们自己生活,而且还要让成人们也至少一部分为儿童而生活。于是,先进的思想家,乃为我们提出"儿童的世纪"

---

① 原载《贵州教育》3卷4期,1941年。——编校者
② 爱伦·凯(Ellen Key, 1849—1926),瑞典作家,社会问题研究与儿童教育家,著有《儿童的世纪》、《妇女运动》等。——编校者

的口号。

然而,我们切不可误解,以为这种思想,是在放纵儿童,任其为所欲为,或让成人们将他们所已获得的宝贵生活经验,一律舍弃,反而过着一种幼稚愚蠢生活的意思。我们乃是应当按照儿童身心发展的情况,根据成人所有正确的经验,以使儿童获得正当合理的生活。换句话说,我们应当以近代儿童研究的结果为依据,施行一套更完美的儿童教育。

学龄以前的儿童,全部生活在家庭中,即是达到学龄而上学的儿童,每日也只一小部时间离开家庭。所以论到儿童教育的实施,最重要的责任,不在学校,而在家庭。至于家庭教育的重心,而又为儿童的母亲。所以谓"母亲是最伟大的教育家",实为至当的名誉。教育方法之最优良者,莫若人格感化,那么,试问还有谁,对于儿童的感化,力量能较目前为大呢?

孟母三迁、欧母画荻,都是历代相传家庭教育上的佳话!真的,一个儿童,倘若使能得到好母亲,那只真可算他无上的幸福!一个儿童,受到母亲的好教育,在家为好孩子,在学校便必然成为好学生,将来对于国家,也必能成一个好国民。因为他之做一个"好人"的基本条件,是已受他的母亲教育完备了。可是,反过来看,一个儿童,倘若未能得到母亲良好的教育,那不仅是他个人自身最大的不幸,而且他还不免养成暴戾乖张或偏狭自私种种恶劣的性格。他在校成为一个不堪造就的坏学生,为老师所不喜欢,为同学所厌弃;他在任何团体,都难免成为一个不能与人合作,败坏公共事业的害群之马;他对于国家,更难免成为汉奸国贼。

可惜,在我们这"儿童的世纪"里,我们中国的幸福儿童,却太有限啦!举目一看,能数得上几位真能实施正当儿童教育的母亲?贫苦妇人,自己就未受过适度的教育,当然不懂得如何教育自己的儿女。她们常将襁褓的幼儿,捆在背上,自己则仍辛勤操作。孩子的头,终日被摇荡得如捣蒜。为了经济的原因,使她们不得不如此,倘觉情有可原。最可恨者,是一般中上流人家的妇人们,她们本已曾受相当高等的教育,对于自身的修养,对于教育儿女,应当不是完全蒙昧无知,可是她们却常常过着反常状态的生活。她们为着自己终日经岁沉湎于一些低级趣味的娱乐之故,把自己亲生的子女,一概委托无识无知的乳娘。关于儿童的品德习性,衣食住行,她们完全置之不问。有时,孩子们稍稍违拗她们的意思,或是当她们牌兴正浓而孩子来向她们纠缠时,她们便任性地将孩子毒打一顿,打得孩子哭到力竭声嘶,惨不忍闻,她们还不忍闻,她们还不满足,还不罢休,还咬着牙恶狠狠地骂着:"我打死你!我打死你!"家庭原是温暖的、安乐的,可是，像这种的家庭，只是一场悲剧，何来安乐与温暖？童年本是天真的、欢乐的，可是像这样的童年，只是一场苦难，何来天真与欢乐？

今日的儿童，就是三十年后国家的干部，今日儿童教育的成败，就可决定将来国家的前途。因此，我们为了中国前途更大的光明计，不得不发起筹划儿童教育更进一步的改善。我以为目前最且要的，有下面几件事情：

一、托儿所制度的推广——目前生活艰难，妇女就业日众，儿童不得不送入托儿所。且托儿所的保姆，多于幼稚教育学养较深；不谙教育的父母，也可将子女送去，请代为保育，未尝非一善制。所以托儿所的数量，最好能酌量增加，将来收费更求低廉，则收容儿童，便能普及了。

二、幼稚园的推广——儿童入托儿所，则每日离家；入幼稚园，则每日短暂离家。父母若能分一部分时间教养子女，那自然以入幼稚园为佳了。目前全国幼稚园和幼稚班，为数尚极寥寥，亟待增设，若有私人设立，也应奖助。

三、师范学校和一切中等以上女学校、中心学校、国民学校、成人班、父女班，应当加授家庭教育的学程或常识谈话，务使每个父母都具备最低限度教育子女的知能。

儿童教育的重要，已如上述。我们祷祝国家的前途光明无限，同时我们更应当祷祝今日的民族幼苗得受到最优良的教育，而这责任最大部分是落在今日已为父母者的肩上。我们盼望大家共有此认识，还盼望舆论界起来，共同倡导！

训育是教育的中心[①]

一

一切教育方法，都必须根据教育心理学研究的结果决定。因为教育心理学阐明人性之中有些什么可以受教的因素，再进而研究施教的方法。

人性之中有两个因素为教育心理学所认为最重要的施教的根据：一是情绪，一是智慧。此两因素，若施教得宜，得充分将教育而正确的发展，则可以建树一个完美的人格；若施教失宜，任其错乱发展，则其贻患亦将有不堪设想者。

一般学校机构，主要不外两大部门：一为教务，一为训育。此亦足以表示教育历程之中，主要不外二大轨道：一为教学，一为训管。此种制度，适与教育心理学研究的结果相吻合：教育心理学中认为智慧与情绪为人性中最可施教亦最需施教之二因素，而关于智慧之施教即为教学之活动，关于情绪之施教即为训管之活动。也可以说，一切教学之实施，应以智慧为根据，一切训管之实施，应以情绪为根据。

对于智慧的施教，结果若成功，则造成一个有才有智的人，结果若失败，则造成一个愚鲁无状的人；对于情绪的施教，结果若成功，则造成一个方正平和的人，失败则造成一个暴乱乖僻的人。智慧的发展，则个人对于任何问题的兴趣增加，因而趋于热烈，甚至冒失。智慧供给人以生活方法，情绪则供给人以推动此方法的动力，如宇宙中推动一切的能（energy）一样。智慧教育的失败，决定一个人才的才庸，情绪教育的成败，决定一个人的善恶。于是，教育的效果，可以造成四类的人：

（一）教学与训育，俱告成功，则其人必才德兼备，具有完美的人格。此种人，仁且智，可称之曰圣人。

（二）教学失败，训育成功，则其人愚而善，无才而又德。对于国家社会难有积极的贡献，但亦不为破坏公共福利的行为。此等人，可以称之曰庸人。

（三）教学训育，俱告失败，则其人必既愚而复恶。但此等人对于国家社会并不足为害，因其品德虽卑，然为恶的才干亦有限。适其诡谋尚未成熟时，早已被人发觉。故此等人，可以称之为妄人。

[①] 原载《贵州教育》第 9 卷第 7、8 期合刊，1943 年。——编校者

（四）教学成功，训育失败，则其人必既智而复恶。此等人最为可怕。其对人则可以笑里藏刀，对国家，则治世为能臣，乱世为奸雄。《史记》言纣："知足以拒谏，言足以饰非。"①正是此类之人。历史上、现社会上的元凶大恶，都为此类奸人。

由上面四类人看来，教育当然以造成第一类人为理想，以造成第四类人为最失败。教育之中，教学失败，不过养成无才的人，训育失败，则养成坏人。但无才不过为社会上的消极分子，而坏人则为一社会的破坏分子。教学失败，所关尚小，而训育则千万不能失败！故我们以为训育应当是教育中的中心工作。办理教育者，应认清目标，教育以造成善良的人为第一要义，至于天文地理、博闻强记，不过次要工作。此种作风的教育正是中国固有教育的特征。孔子曾勉励弟子为学，应当"入则孝，出则弟，谨而信，泛爱众，而亲人。行有余力，则以学文"②云云，正是此证。

二

不幸，我国近代新教育，完全与此旨相远了！因在创办新式学校之处，原以研究西洋学艺为目的，故仅重在教学之改进，将教学视为教育工作的中心，而于训育则不免疏忽。其先社会安定，士风尚觉纯良，及至民国以来，若干传统思想道德皆随政治情况之变迁而被摧毁，思想行为尽情释然，于是学生自从在北平赵家楼痛殴国贼③以后，认为随时随地，无不可用团体的力量打教师、打校长、打政府的管理，破坏国家法纪，了无顾忌。至于教师，则以能唱高调、攻击政府负责人、宣传超时代不合国情而更不切实际的主义以投合血气方刚的青年的心而最受人崇敬。曾有某名大学中某教授，因行为不检受社会责难，该校校长竟谓："学校聘请教授，只视其学问优劣，至于教授的其他行为，学校无暇过问。"此种荒谬言论，正可以代表此种潮流的一般。

中国社会，读书讲学的士大夫教授，恒居社会领导地位，今学风沦罔如此，则其影响所及，当然也达到社会的各方面和各阶层。从前的士大夫，以服官为其正当出路；近代的学校毕业生，又何尝不相同？因社会新兴事物有限，故无论其学矿、学商，都莫不趋于仕宦一途。更因以前读书人之较少，国家复有统一考

---

① 语出《史记·殷本纪》。——编校者
② 语出《论语·学而》。——编校者
③ 指五四运动时游行的学生痛殴章宗祥、火烧曹（汝霖）宅事件。——编校者

选制度之调节,故不感候补公务员与政府官职双方供需不相平衡的情形。近代学校,则大量制造毕业生,国家考试制度,又复废弛。于是公务员候选人之数,遂大量超过需求。公务员的供需关系,既因而大行混乱,于是钻营请托之事,亦即层出不穷。既获得一官,即对于职守任务、民族国家种种观念,一齐置诸脑后,但求如何可以营私自肥,以图一逞而已。我们读到曾文正公所说:"无兵不足深忧,无饷不足痛哭,独举目斯世,求一攘利不先、赴义恐后、忠愤耿耿者,不可亟得。或仅得之,又屈居卑下,往往抑郁不伸,以挫以去以死。而贪饕退缩者,果骧首而上腾,而富贵,而名誉,而老健不死,此其可为浩叹者也。"①仿佛正为此时代写照的话。

读史至晋,晋代士风颓废,国势凌夷,当时所谓清谈者,毁弃名节,恣意放荡。其士风、士习之骤下,正与近代情形相类。《晋书·怀愍帝纪》云:"学者以老庄为宗而黜六经,谈者以虚荡为辨而贱名俭,行身者以放浊为通而狭节信,进仕者以苟得为贵而鄙居正,当官者以望空为高而笑勤恪。……其依仗虚旷,依阿无心者,皆名重海内。"又裴𬱟傅云:"立言藉于虚无,谓之玄妙;处官不亲所司,谓之雅远。奉身散其廉操,谓之旷达。故砥砺之风,弥以陵迟。放者因斯,或悖吉凶之礼,而忽容止之表,渎弃长幼之序,混漫贵贱之级。其甚者至于裸裎,言笑……"②此种情形,又何尝非近近数十年来的写照呢?

三

近十余年来,我们的国家,一天一天走上觉醒更生的道途。新兴的政治,需要新兴的人才。由于此种新的需要,也就促成教育界自身的猛省:教育若再不能造就新的人才,以适应此需要,即将不免走到被淘汰的境地。黄埔军官学校,造就富(赋)有新精神的军事干部,因而造成雄厚的党军,有北伐的迅速成功。正是教育与政治需要相互配合,以达成一种新的使命的例证。

新时代不需要仅有才干而无品德的人了!新时代的教育,不应当再视教学为中心,而把训管工作忽略了!

近十余年来,国内教育界,有两种新训育制度产生:一是导师制,一是军事训管。此两制度之产生与普遍推行,足以表征教育界一个大转换的潮流。数十

---

① (清)曾国藩:《曾胡治兵语录》第三章《尚志》。北京:长征出版社,2008年版,第9页。——编校者
② 语出《晋书·裴𬱟传》。裴𬱟(267—300),西晋哲学家,字逸民。河东闻喜(今属山西)人。曾任散骑常侍、国子祭酒兼右将军、尚书仆射,反对王弼、何晏的贵无论,著有《崇有论》。——编校者

年来，国内教育界的新创建，多不外课程标准、教科书或新教学法之实验。总而言之，皆不外教学方面之问题，至于训育方面，无论监学、学监或训育员等制度，名目虽略有不同，而实质则多换汤不换药者。由此更见此两种新制度之确立，意义尤为重大！

论及教育方法，训与管似略有不同：训仿佛慈母的态度，管则仿佛严父的态度；训的方法为柔性的、启发式的，管则为刚性的、锻炼式的；训重视学生行为动机的善恶，管则重视学生行为结果之优劣。若问在教育工作上何者更为有效，是无异问管教儿童，母亲或父亲孰更为重要更为有效，一样不合理。若谓二者或且互相冲突，以为训管有何根本不同，更如以为父亲母亲之教管儿童，有何根本之不同，一样不合理了。故训与管二者，目的完全一致，皆在培养学生优美品德。惟于方法上，置重点略有不同，一刚一柔，相辅为用，然后可竟全功。

导师制之基本精神，乃在采取教训合一之方式，以施行导师对于学生人格感化之教育。前此教训分立，教师对学生，仅传授知识，学生对教师，仅在要求分数；教师不必明了学生之品德性情，学生不必问及教师之修养人格。至于训育人员，所理皆为饮食起居之琐事，学生恒以为入校只在读书，至于管理此等琐事之人员，自然无足轻重。于是素守校规之学生，对之漠不相关，不守校规者，则视之若厌物。在此种情况之下，尚何人格感化之可言？于是学生在校数年，对于为人处世之道理，固茫然无知，即论书本知识，除熟读几本教科书，得毕业，得升学，即可称之为高材生而外，也因教师与学生生活之毫无联系，故学生于真正的为学门径，亦茫然无知，而不得不自己完全在黑巷子里钻。此等教育，误子弟、误社会、误国家，其罪真不胜枚举！总裁①于二十七年（1938年）对湖北师生训话，尝论我国近代教育之失败，谓："我们中国近几十年来倡行所谓新教育，在表面上似乎是理论方法，应有尽有；实际上除这种新教育，只是盲从粉饰凌乱空乏，无计划、无目的的教育，教出来的一般学生，大部分都不知道怎样做人，也没有立志要做怎样一种人，更不知道做人的道理。所以有许多学生，什么事情都不能做。生在世界上，于社会、于国家、于个人，都毫无益处。其结果，使我们国家民族，到今天要受到敌人无止境的侵略，蒙受现在这样奇重的耻辱！老实说一句，最近这二十七年来的教育，几乎多是糊涂的教育，其影响所及，不仅足以亡国，而且将致灭种！这种无目的的无方针的教育，简直就是亡国的教育，是灭种的教育！我们现在要救国家，复兴民族，首先就是打破过去亡国灭种的教育，

---

① 指蒋介石，下同。——编校者

来实行抗战建国的教育。"(总裁讲:《革命的教育》)

二十七年三月,教育部颁布《中等以上学校导师制纲要》,通行全国。导师制在训教合一的方针下产生,然导师却非仅为以前的教师与训育员相加之和。以前的教育,无论教师或训育员,均仅偏重于消极的工作——教师仅在消极地灌输知识,训育员仅在消极地维持秩序。导师则于教学之外,必须积极指导学生以深造的方法、为学的门径。对于训育工作,更当身为楷模,树立风气,以作学生领导。试问教育事业,设使缺乏此种蓬勃生气,则尽可令学生各备一部字典,以解决书本中的疑难,更制一行为手则,以指示日常生活的方式,何贵乎有师?故导师制最根本之精义,即在以人类特有一点性变,以为施教之依据。教育之方法为人格感化,教育之目的在教"学为人"。

军事训管,亦为训育方法之一。总裁于二十八年在中央党政训练班训话,称军事训练之要领,尝谓:"军事训练是我们一切训练的基本训练,因为军事实在是我们一切学问事业的基础,而为我们国家与个人生存所必具的要件。"又说到军事管理,是"贯彻军事教育的中心科目",说:"所谓军事管理,就是以军事的组织和部动,以武德——智信仁勇敢的精神,以战争的纪律——军纪,来节制受训人员,管理受训人员,而使他们的生活行动思想体格,凡所以构成气人的品格之要素者,都要由管理者负其责任,使之遵循新生活六项原则——整齐、清洁、简单、朴素、迅速、确实——与礼义廉耻四种的训练标准……之外,还要使他能够养成负责任守纪律的习惯。如果一般受训人员,对于这几种人格要素,有一缺憾,那就是他做人的品格没有完彻,这也就是军训管理人员,没有尽到责任。所以军训管理要职,亦就是这个道理。"又说:"总之,军事管理,应以管理日常生活行道和工作细微切近的事务为起点,以管理'人'、'事'、'物'、'地'、'时'为要项,而以整齐、清洁、简单、迅速、确实为管理的标准,更要以对受训人员德智群体各种之训育为重心。"(总裁讲:《军事基本常识》)

由这些话,我们可以明了:第一,军事训管之主要目的,不在使受训者习得军事智识和技能,而实以品德涵养为根本。第二,军事训练之方法,在由日常生活之细微处着手,以逐渐养成全部生活之新精神。由此两点来看,可知我们视军事训管为训育上的重要制度之一,完全无误。

教育部于民国十八年(1929年)颁行《修正高中以上学校军事教育方案》,规定"军事教育之目的,在锻炼学生身心,涵养纪律服从负责耐劳诸观念,提高国民献身殉国之精神,以增进国防之能力"。其后续颁《高中以上学校军事管理办法》,亦有类似之规定。十余年来,现在也遍行于全国高中以上学校了。

四

制度的优劣,不能自制度本身评判,而当视实施所得的效果。而制度之推行,则在乎人也。以为制度是死的,人是活的,活的人自有使死制度通融办理的余地。所以坏制度也因得好人而收大效,良法美意也可因不得其人而变为具文。特别是教育事业,虽有同一制度,而其成效因人而异之可能性更大。例如就导师指导自修言:导师静坐己位,以待学生前来质疑,和导师巡视全室,以查学生温习,二者均为合法,而后者所得的反应,则必较之前者为优。就共同生活言:导师与学生共寝同食,固已合法;倘若能共同黄昏散步,假日远足,则所得反应,必又不同。凡此类事,皆足以证明,教育效果,随在因人而异。有了优良的新教育制度还不够,还须得具有正确的新教育观念的人来实施。

导师制与军事管训制。十余年来,确已收到不少的效果,可是距我们的理想标准,还相当遥远。其中困难之所在,不在制度,而在乎人。

推行导师制,主要责任在导师,可是现在担任导师的人,正是十年、二十年前,在自由主义气氛中熏陶出来的。我们不敢谓他们都不能够胜任现代导师,我们却不能否认,他们从前养成的若干思想习惯,未必尽能与我们目前的需要相适应。尤以对于军事管训生活,他们大多数不一定熟悉,以致不但不能有所襄助,有时或且使学校增加困难。至于推行军事管训,则主要责任,在军训教官。然一般现任教官,多自专门的军事学校毕业。他们的修养,成为优良军人或有余,成为优良军训教官则不足,尤以关于若干教育或训育原理与方法,他们也不一定熟悉,因而他们若干自觉十分优良的设计,有时或适为导师所反对。导师与教官,见解各殊,步调不一,于是轻则不合作,重则龃龉纠纷。一家之内,设父母双力因对儿童训育态度不同而时相争吵,则儿童的习气必愈训愈劣。导师与教官,若有同样情形,则其对于全部训育之恶劣影响,亦必与此相类。

一般讨论导师制或军事训管问题者,多将两事分别视之。实则二制之互赖,正如人足:缺一固不能行,不缺而步调不一,亦必倾蹶。今后任务,在一面培养了解军事训练官,能协助军训教官的优良导师。这任务,应当常贡之师范学院;另一面则须培养了解教育,能协助导师的优良教官。则于此,二十八年(1939年)第三次全国教育会议中,曾有决议,建议政府,创立一专门训练军训教官的学校。现各省多一面调训现任导师,补充其关于军事训管之智识,并即使亲历军事训管的生活。为调训教官,使能多多了解教育者,则行之尚少,似亟应施行。将来更进一步,使双方共同受训,则收效或可更大。至于师范学院之中,是否可以增设一军事训管系,或在公民训育系中增设一组,须待国内名家从长计议了。

高中毕业生服务问题的我见①

《高中毕业生服务办法》于本年一月颁行,七月实施于全国(现因有甚多客观困难问题,中枢已决定暂缓实施。——编者)。这件事轰动了行政当局,学者、学生家长和青年学生密切注意,认为是今日教育上的一大革命。其实,这在二十九年(1940年)的时候,贵州省已经颁行一种单行法,规定本省、县的中等学校毕业生,凡是不升学的,就应该参加地方行政干部训练,结业后派赴各地服务,使本省智识青年能够服务桑梓,促进地方自治事业。三年后的今天,同样意义的设施,竟推行于全国,虽然范围和性质有出入,但基于发挥教育功能、培养服务精神的目的上却是彼此一致的。

中学毕业生为什么要服务,从教育上的意义上说,服务是一种完全的学习,行动的学习,青年学生在学校里所得到的知识是静的、抽象的、未经检验的。如果由小学而中学而大学,一辈子这么念下去,知识固然丰富,考试虽然及格,但到六、六、四年②之后,由学校进入社会,却有"满腹经纶无法施展"之感!所以青年应该在求学时代中有个机会在工作中认识社会、了解自己,把所有所知的拿来体验和应用,由行动中明白自己缺乏的是什么,社会所需求的是什么,然后身体力行所得,进一步再入学校深造,立志为谋全社会幸福而努力各种学术研究,这种学习才具有学用相长的、完美无缺的价值。

从政治的意义说,服务可以说是政教合一的实现。在后方各省,实施新县制③需要一千万的县行政人员和乡、镇、保干部,推行国民教育,更需要大量中心学校、国民学校的教职员。以贵州而论,以上两项即需要用干部6万人以上。在收复失地的时候,前方和沿海各省、县的行政,在汉奸政权末日到临之后,也要千万的代替者和生力军来肃清奸伪残余,建立三民主义的政制。而战后民族复兴的建设人才,根据国父实业计划,最初十年内,总裁指示需用各级干部2 464 200人,内需用中级干部即中等学校毕业生达1 980 400人。如此数量,把

---

① 原载《贵州教育》低位卷第7、8期合刊,1943年。——编校者
② 按照1922年《壬戌学制》的规定:初等阶段(分为初级小学和高级小学)6年,中学阶段(分为初中3年,高中3年)6年,高等阶段4—6年。——编校者
③ 1939年9月,国民政府公布《县各级组织纲要》,开始实施新县制,确立"乡镇、保、甲、户"为下层行政组织体系。——编校者

青年从书本内号召出来,为建设新中国而共同努力,乃是极有意义的彻底三民主义化的事。

这样说来,高中毕业生的分发服务,并非非常的就业可比,而是执行整个国家之一纲。它的特质还有下列三项:

一、见习性。高中毕业生计入社会服务半年的意义相当于医科学生到医院实习,农科学生到农场实习,工科学生到工厂实习。高中毕业生应该择其性之所近到社会行政界担任地方自治基层辅佐员、办事员或保甲长,到农场、工厂担任技术员或管理员,到教育文化界担任中心学校、国民学校教员。中学生于毕业服务之后,得到了见习的经验,才能把学理与实施相互印证,获得真正的知识经验,成为能坐言起行的人才。

二、服务性。人生以服务为目的,不以夺取为目的。国父昭示我人:"凡聪明才力为大者当尽其能力,以服务千万人之务,造千百人之福。"又说:"现在文明进化的人类觉悟起来,发生一种新道德,这种新道德就是有聪明能力的人,应该要替众人来服务。"①可见服务是一个美德,也是青年学生应有的义务。

三、强制性。高中毕业生要升学先要服务半年,要自由就业,更要延长服务时期,至少要一年。服务的分发与管理,盖由政府主持,服务之具有强制性,乃是毫无疑义。现代文明发达的国家,青年训练都列为首要工作,而青年训练方式中,定期的劳动和服役,都是强迫性质。抗战以来国家已有征兵、征役的规定,人民的义务劳动已开始推广,学生的强制服务也是自然的结果。

青年学生需要从事服务,既是一种必然的事实,那么,问题便不在乎应否服务,而在乎应如何服务。因此,当前的问题,便是怎样指导服务和考核服务。

要希望学生了解服务的国策性和教育性,要使学生服务不成为机关、场厂、学校的累赘而大受欢迎,要使学生选择服务工作与地点能温和其个性与生活,要使学生对于服务具有坚强的信念与兴趣,这都不是一纸命令所能奏效的。公私立中学在实施高中毕业生服务以前,会否实施服务指导,乃是决定服务工作成败的关键。

为求毕业服务的活动能够顺利进行,各校应该举办服务指导周,由校长或地方行政领袖根据国策与教育的观点说明服务的重要及其意义,以培养青年服务社会的信念与兴趣,学校应切实调查学生的学科与兴趣、智力与个人心性体格的健康程度以及家庭状况、父兄职业等,以协助学生选择服务的工作。高中

---

① 《孙中山全集》第九卷《民权主义》,中华书局 1986 年版,第 298—299 页。——编校者

毕业生从事服务的详细办法、服务的类别及其内容、服务的道德及其工作态度，均应由学校分别讲述及指导，以促进学校对此类工作的了解与认识。个别谈话与分组指导，要由导师切实负责执行。高中毕业学生对服务有认识、有信心、有兴趣，一旦分发服务，必能胜任愉快，表现出优越的成绩。

各校不但在高中生毕业前实施服务指导，而且要办理继续指导，学校对于在各界服务的高中毕业生，应保持密切的联络，经常通讯，解决困难，指导进修。这些学生可能提出许多因服务而体验到的对于母校改革的建议，学校也可因学生服务而知道教学上、管理上缺乏些什么，以为改进校务的根据。

有了指导，要继之以考核，考核的责任应该由服务所在的场厂、机关、学校来负责，考核的标准不外四项：

一、工作的量——时间有多久？是否如期到职？有无拖延情形？

二、工作的质——服务自始至终有无进步？工作的勤惰和优劣相关如何？

三、工作的品格——有无良好的服务道德？工作态度如何？对于掌管事务是否忠勤尽职？待人接物是否严肃活泼？

四、公余的进修——有无阅读书报及做日记的习惯？能否进行自我教育或发动集体的进修？

因为服务也是一种学习，所以我们的考核也应该用教育的尺来加以衡量。青年学习的范围已由学校扩至社会、场厂、学校、机关的主管人都是青年的导师，爱护他的最好办法，就是教导他，要让青年在服务中改变他的书生气，同时要借重他们热烘的力量来廓清社会上不良的积习。他们服务的时间虽然嫌短，但这种服务是源源而来、川流不息的。青年的气质大致相似，建立一种良好的服务风气，终使后来的服务者萧规曹随，而获得极大的帮助。

最后，本省中等学校毕业生行政训练与高中毕业生的工作服务，却是并行不悖，相得益彰的。大凡中学生毕业后的途径不外两条：一条是升学，一条是就业。志愿升学的六个月的服务是一种社会化的活教育，受了这活教育以后再去升学，学生观感自然不同。志愿就业的便应该参加行政训练，使青年在政府的计划政治之下，云果待用。同时高中毕业生服务半年之后，因故不能升学时，政府也可以依其工作的性质分别征调受训，使成为正式的地方行政干部。抗战建国的最高理想，是要人尽其才，地尽其利，物尽其用，中学毕业生有了服务和受训这两大出路，来解决升学与就业两大难题，的确是人尽其才、才尽其用的良好措置。

从广义的方面解析，人生终身都是不断的学习，"活到老，学到老"。青年们应该把服务当做一种"求知"的行动,接受领导、诚挚工作;各界当局应该把青年服务当做一种有益的教育工作,指示详细,爱护备至。社会的革新,需要新的血液加入奋斗,庶能廓清黑暗,全面光明。国家正期待有才能、有操守、有革命精神、能刻苦耐劳的青年。愿参加服务的中学毕业生能够了解服务、力行服务,不负总裁的期望和手谕,担当起时代与历史赋予他们的使命。

青年读书问题[1]

今日的青年人问题很多,不仅是一个读书问题,而这问题也不是青年所特有的。可是,这个问题之于青年,有比较深切的关系。因为读书只占青年人生活中一个较小的问题,而儿童对这个问题,又并非他自己负责,唯有青年对这问题特别关心。一个人在青年时期,要特别充实自己;充实自己虽不能完全仰仗读书,而读书究竟是一个较重要的途径。

青年应该读些什么书?记得从前《京报·副刊》及《读书月刊》上有人开过许多青年必读的书,但这殊有问题。因为个人的见解不同,个性不同,个人所选的只能代表个人的嗜好,没有多大标准的作用。从前美国哈佛大学的教授们会想出一个长单子叫每一科的学生必读,讨论许久的结果,单子上只有一本书,即亚里斯多德的《政治》[2],而这一议决结果也没有实行。

据作者看来,青年人的读书,概括可分两项:一是职业的读书,一是兴趣读书。关于前者,就学校就业的青年们,应听从教师或专家的指示,读些所应读的书,因他们的抉择是正确的、有经验的。至于兴趣的读书,那是全凭兴趣,如得到一部有趣的书,就得把次要的事丢开,用全副精力去读它。这在表面看来,虽无系统,但久而久之,自能兴趣集中。频频研读某一类的书,优游溺泳,以奠定这一科学问深广的基础。历史上许多大学问家,都是从兴趣的读书成功的。英国人统计过,真正伟大的发明家,最大多数是"业余"的,他们另外有本行,得闲特令研究些东西来玩玩,并攻读有关的书籍,因而有了大发明。

读书的具体方法太繁琐,我不想来列举。其实各个人的个性不同、环境不同,某甲的方法未必适用于某乙。如某甲长于记忆而短于理解,某乙则长于理解而短于记忆,那么他两人的方法不必苟同,而应视个人的个性及环境而定。此处还是说一些原则上的话,比较重要的那就是"有中心"与"要博学"。

我们要维持读书的永久兴趣,就必须"有中心"。初学的人以科目为中心的方法得宜,那就是精选某一科重要书籍,一部一部地读完,以求得着概括的了解,做进一步高深研究的准备。读心理学以派别为中心,读文学以作家为中心,

---

[1] 原载《贵州教育》第5卷7、8期合刊,1943年。——编校者
[2] 即亚里士多德《政治学》。——编校者

都属于这一类。一般做研究工作者则通常采用以题为选择中心的方法,即是读者先有一个研究的问题,然后选择关于这个问题的书籍,以搜集资料,并广汇各家对于这个问题的意见,以供选择,精细地推求结论。权威著作须全看,其他东看一章、西看一节,只要搜集到材料,即可放手。初学的人,这方法虽不相宜,但以科目为中心时,仍可略采微见。宋朝大学者苏东坡、朱熹等皆为经劝,读书用每一书作几遍看,每一遍只着重某一方面的办法。譬如看史书,第一遍但求古今兴亡治乱圣贤的作用,第二遍但注意事迹文物等的情形,第三遍但明了作者的史观以及叙述的方法材料的来源等等,都可以照这样一步一步的逐次研求。其他各部门的书籍均可如此读法。

读书既有中心,方容易有系统组织。这里举一个例来说明。譬如看司马迁《史记》一书,假定注意的中心是政治与经济的关系,则全书中所有关于这问题的史事都被这中心联系起来,自成一个系统;以读到其他类书籍如《孙子》等之类,自然也遇着关于政治与经济的史实与理论,它们自然拐到从前看《史记》时所形成的那个系统。一个人脑海里可以同时有许多系统中心,如一部英文字典有 ABCD 等 26 个部首,每得一条新知识,就依类聚的原则归纳到性质相近的系统里去,就如拈新字帖进字典里去,是 A 字新知识与旧知识连贯起来,围绕一个中心汇集到一个系统里,久而久之,到了所谓"读书多积进富"的境地,自然能有新的收获、新的创见。

读书须"有中心"外,尚须"要博学"。各科学问的分门别类总是相当勉强,门类之间有多少可以相通的地方。因为宇宙本为有机体,其中事理彼此息息相关,所以研究各种学问在表面上难可分别,在实际上却不用给你分科。王荆公①《答曾子固书》曾说到这一点:"世之不见全经久矣,读经而已,则不足以知经。故某自百家诸子之书,至《难经》、《素问》、《本草》诸小说,无所不读;农夫女红,无所不问;然后于经为能知其大体而无疑。盖后世学者,与先王之时异也。不如是,不足以尽圣人之故也。"

"读经而已,则不足以知经。"难道读一书就足以知一书了么?"半部《论语》治天下"②,已是过去的事了。比如读政治学须读历史、经济、法律、哲学、心理学以至于外交、军事等等书籍,读墨子须知道光学、几何学、力学、工程学、伦理学、心理学等,方才读得透彻。世间绝没有一科孤立绝缘的学问,不能通就不能专,

---

① 即王安石。——编校者
② 语出(宋)罗大经《鹤林玉露》卷七。——编校者

不能博就不能约。我再读达尔文研究生物演化的故事来说明这个道理:达尔文研究生物演变的现状,前后凡三十多年,聚积了无数材料,想不出一个简单贯串的说明。有一天,他无意中读了马尔萨斯①的人口论,忽然大悟生存竞争的原则,于是得着物竞天择的道理,遂成功一部破天荒的名著叫做《物种原始》②,给后世思想界打开一个新纪元。

所以先博学而后守约,这是任何学问所必守的程序。我们只要看学术史,凡是在某一科学问上有大成就的人,都必定对于许多其他各科学问有广的基础。这是因博学则容易增加参考的资料,使我们读书时容易得到暗示;遇着疑难时,东一个暗示、西一个暗示,就不至于呆读死书了。

还有在现代,一个人如果只读中国书,他的见解难免偏陋,而且就是中国书也不一定能读得好。学术和其他事物一样,必以比较见优劣,必得新刺激才可产生新生命。所以一眼光有志的青年读书人最好能学得关于一种外国文的能力。只能阅读本国文的人,关于外国人的名著当然有译本可看,但是在我国译述的缓慢,以及正确译本的不易多得,关于外国文的能力仍然是很重要的。就是在欧美各国,有志研究较深学问的人对于一种或二种外国文的阅读能力也是很注重的。苏联是大众对于学习最热烈的国家,青年学生以及学者们不用说,就是男女工人里面,随时随地可以发现他们能阅读德文,有的能读法文,有的能读英文。学术本没有国界,学习欲望愈高,外国文的阅读能力愈有迫切的需要。

再能读外国原文的书,比读译文的舒服得多、迅速得多,也就是可以使读书的效率增加得多。正确的译本不易得,尤其是较深的书,常常是被译者译得走样。仅能看译本的人,若把译得走样的知识装满了一脑袋,这是多么不值得的事!所以有志读书的青年,最好能够学习阅读一种外国文,只须读得法,一两年至两三年的努力是可以达到目的的。这种阅读外国文的能力培养,将来实在是受用无穷。

最后须顺带谈到的一个问题,就是怎样阅读报纸杂志。本来报纸杂志是现代人极重要的精神食粮,因为它是社会问题的反映,是现实生活的报道,生长在现阶段文明社会里,阅读每天的报纸和出版的杂志感到如同吃饭一样的需要。特别是在抗战建国的伟大时代,报纸杂志成了我们全国精神总动员最有力的武

---

① 托马斯·罗伯特·马尔萨斯(Thomas Robert Malthus, 1766—1834),英国人口学家和政治经济学家,代表作《人口原理》。——编校者
② 即《物种起源》。——编校者

器,通过报纸杂志,增加了全国人民对日本帝国主义者的仇恨心,坚定了全民族抗战到最后一定会获胜的信念,集中了全民的意志和力量,并且鼓舞前线数百万武装同胞们努力杀敌的勇气和无情的用舆论揭发与裁判汉奸、国贼出卖民族利益的行为。所以受教育、受训练的青年们,在今天阅读报纸杂志是有着一种重大意义,其功用绝不在阅读书籍之下。

但我相信,有不少的青年是把阅读报纸杂志当做一种无聊的消遣,也有当他阅读报纸杂志的时候,只是对其中某一项的内容发生兴味而特别注意到它,真正懂得能把其中重要文字和消息作一番客观的分析与批判,来作为社会现象发展的动向的推测,采取一种研究分析的态度,恐怕是不会十分多的。这里因篇幅所限,不能多谈,我只希望青年们当阅读报纸杂志的时候,注意到下列几个要点:(一)与抗战有关的消息和文章要阅读;(二)各报纸杂志的政治背景、主张、立场和特点要注意;(三)各报纸杂志内容正确与否要鉴别。假如能够这样,不但不致空耗精神去阅读那些不必读的报纸杂志,而且能根据有特色、有内容、有主张的报纸杂志的立论,来加以综合的比较、科学的分析。这样,自可大概明了当前国内外政治形势的动态,以决定我们每个中华儿女所应走的路。

读书是增广知识的重要途径,知识推广到极度,不但可以满足求知欲,而且可给人们以一个丰美的人生。不论在学问上有无成就,生活毕竟是愉快的。这是西洋人所谓"a good life"的起点。未来民族主人翁的青年们,努力吧!

师范教育与教师

师资训练的根本方针[1]

吕浦士（Lipps）[2]教授说："若比较起教师职业的重要来，那末，师范教育，比任何高的程度之教育，都不能说是高过它。一国国民精神文化的高低，可以借其国民评价教师职业的高低而定之。"由吕氏的几句话，已可充分说明师道尊严和师范教育的重要性。盖师范教育，为国民教育的保姆，国民教育发达与否，全系乎师范教育的推进。我国今日国民教育之不普及，公民道德之不讲求，固有政治经济的背景，亦强半由于师范教育不能尽其天职。四十年来教育制度的变更，不一而足，然教育制度的变更，不能获得其教育的真正改革。因为前者仅是一种学制上的变迁，而真正推行教育者，则为教师。有良好的教师，纵使教育经费窘乏，设备不大完美，他也能制胜环境，建立树人的事业，故为国家文化的振兴，民族精神的发扬，社会道德的提高，与夫国民教育的普及，都要赖于优良教师的努力。而欲教师的克尽厥职，尤须事先注意师资的训练，这是最显明的道理。

我国师范教育，自创办迄今，不下四十年，而成效未著，弊质滋多。简明说来，过去师资的缺点：第一是政治意识的缺乏，第二是专业训练的不足，第三是忽视高尚人格的陶冶。故就今日民族复兴运动中的现阶段教育来说，我个人对于师资训练问题，认为必须注意下列三大方针。

（一）提振政治意识。我国国难，不自"九一八"事变始。乃数十年来，身为儿童与青年师表的教师，大抵缺乏民族自救时期应有的精神与志趣，对被教者不能予以如何救亡图存的指导。往往教师自身陷入于职业的近视眼，误认教育可以脱离政治经济而独立，以不谈论政治为风尚，故所造就的学生，或不知国家为何物，或因国事烦闷走入歧途。一旦国家有变，号称智识阶级，竟不能负起匹夫之责。顾今太平洋风云日紧一日，国际情形的变化，国内政治的变迁，农村经济的破产，社会普遍的不景气，都直接、间接足以影响个人的生命事业。纵欲如太古时代的人民，抱守"不在其位不谋其政"的态度，实为环境所不允许！尤

---

[1] 原载《教育杂志》25卷7号，1935年。——编校者
[2] 西奥多·吕浦士（Theodor Lips, 1851—1914），德国心理学家、哲学家、美学家，1886年在慕尼黑成立心理学会，著有《空间美学和几何学·视觉的错误》《论移情作用、内摹仿和器官感觉》等。——编校者

其最近强邻并吞东北,德国扩展军备,引起全世界的不安。再在欧美资本主义支配下的国家,与在苏俄劳动阶级统治下的国家,人民生活方式截然不同,明攻暗斗日趋尖锐化。总之,在20世纪的人们,谁敢说没有政治的意识,而能应付这复杂的社会环境与世界的汹涌潮流?至若身负教育后代国民的教师,那自然更不待言了。姑退一步说,不问国际环境如何,即在我国以党治国的训政时期,关于四权的运用,平均地权、节制资本的变法,以及一切自治事业,如交通发达与文化关系,合作事业与农村建设,均宜研究有素,彻底明了,始能针对环境的需要而为树人工作的目标。

(二)充实专业。居今20世纪社会,无论从事哪种职业,对其业务所必要的知识、技能、态度、习惯,都宜有充分的准备,我们称之为专业训练。教育是百年树人的大计,其师资的专业训练,尤为迫切。乃今社会一般人士误认教育就是"教书"。以为教小孩子念几句书,是顶容易的一件事。一个从未受过师资训练的人,也能口讲指画,娓娓动听,何必要懂教育原理、教育方法和教育心理呢。不过我们晓得教育方法不是凭空产生,一方要根据教育哲学做理论的基础,一方以科学的研究结果为改进的凭藉。我们需要的教师,系能以教育为终身事业,有服务教育的热忱与责任心,明了教育原理,熟练教学技术,对于各学科的教材组织,有充分的知识和技能;并能运用最经济的方法,指导儿童学习;同时了解儿童身心发达的事实,善用问题贯聚其研究精神,随时随地本和慈的态度去教导,制作适宜的环境,以鼓舞其心理上、生理上继续不断地生长。以如此复杂艰巨的工作,安可不赖平日有丰厚的学养呢?乃今各地不合格的教师,为数甚多。据陈东原统计,无锡小学教师登记的资格,在全县1 071人中,中学毕业者人数最多,占21.85%,次为中学肄业者占15.87%强,再次为旧制师范及高中师范毕业生占14.84%。① 在教育素称发达的无锡,其不合格的教师,尚有如此之多,则在教育素落人后的穷乡僻壤,那就更不待言了。似此优良教师的缺乏,国民教育安得有发达的希望?我们今日不欲国民教育发达则已,如要国民教育发达,以为民族复兴的根本方针,则实有充实师资专业训练的必要。

(三)涵濡高尚人格。我国现在弄到这样糟,一般人没有道德心,实是一大原因。虚伪、敷衍、寡廉、鲜耻诸现象,几乎蔽罩全部的人生!往往一个人办事认真,不吹拍,不妥协,不为恶势力所压服,不为权利心所诱惑,一本个人应尽

---

① 陈东原:《地方教育服务人员之现状与其问题——根据无锡县教育登记表之研究》,《教育杂志》20卷8号,1928年。——编校者

的责任,向着大公无私的道路走去,结果反受尽人间的欺侮怨忌。反之,做事只求虚表,不顾实际,只事敷衍,不去认真,平日注重宣传和交际,专作谄上欺下的勾当,结果是名利两得。在这种社会环境之下,就没有外患,国家前途也是万分危险。孟子早已说过:"城郭不完,兵甲不多,非国之灾也;田野不辟,货财不聚,非国之害也。上无礼,下无学,贼民兴,丧无日矣!"①现在亡国条件,差不多都完备,我人偶一念及,真觉不寒而栗,教育是心理建设事业。以身作则,感化社会,改革人心,维护道德,转移习尚,是教育者应尽的天职,也即中华民族复兴的关键。韩文公说:"师者所以传道授业解惑也。"凡欲为人师者,其平日对于学术的研究,固属重要,而高尚人格的涵濡,尤不可缺。我人细察现今社会的积弊,与一般士大夫的堕落,认为今日实施人格教育的标:第一在崇尚气节,淡泊势利;第二在负责任心,奉公守法;第三在纪律化,明耻教战;第四在勤俭化,坚苦耐劳。务使青年学子及时猛省于修身正心、克己复礼功夫上痛下针砭,一洗过去虚嚣浪漫、荒淫奢侈的恶习,培养优美淳朴的学风,树立自治协助的生活,明辨义利,认定是非,砥砺志气,坚定节操,造次必如是,颠沛必如是,朝斯夕斯,一不苟且,所以进德敦品者在此,所以教育树人者亦在此。

师范教育是一切教育的基础,凡欲振兴国民教育的,莫不以训练优良师资为其先决条件。德意志在普法战败国运凌夷的时候,大家都想把物质的损失,以精神去恢复之;因此提高国民教育,遂成为根本问题,而师范学校的改善,乃不惜倾全力以赴之。法兰西在欲图谋国运发展当中,也以提高国民文化为急务,虽当国内动乱之时亦不为阻,而以非常的抱负创设师范学校。美利坚则自开国时起,即视师范学校为民众教化的中心而力谋发达,联邦各州莫不设有州立师范大学。凡此诸例,均足以说明师范教育与一国国民精神文化的密切关系。我国今日为民族复兴前途计,为适应世界潮流计,对师范教育皆不能不望朝野人士特别注意。本篇所述,仅就个人年来观感所及,略提一二师资训练的意见,尚希读者指正。

---

① 语出《孟子·离娄上》。——编校者

中国师范教育的危机[①]
——欧校长于四月二日应师范教育宣传周之请,广播于中央电台讲词

诸位听众:我们中国整个的教育事业到现在很少有可乐观的地方,而师范教育的危机却更显著。谁都知道一个国家的强弱全看国民教育的程度,我国国民教育的不普及为尽人皆知的事实,以愚蠢无知的大多数的国民来担当强国的责任,无异缘木而求鱼。

师范教育为教育事业中的首要教育,师范毕业生为国民教育的保姆,未来国家的主人翁。这一代的儿童与青年的知识与行为的训练,关系我们未来国家的盛衰,要是师范教育失败了,那中国的前途将五十年无法挽救。

现在,我国师范教育怎么样了?问题多得很,危机深得很,我们只要调查一下各小学的师资,只要调查一下师范生生活的实际情况,只要看一看青年对师范学校却步的心理,我们就可断定中国师范教育是面临着极大的危机。

不错的,我们政府是重视师范教育的,是优待师范学校的学生的,但是这种"重视"与"优待"所得到的效果,我们应该检讨一下在实施的方法上所获得的反映。

第一,国民学校的教育是不是师范生所愿意致力的工作?照理,师范生受了几年的专业训练,对教育神圣的使命已能了解,对教育的方法亦已稍具知识,师范生乐于实习,但师范生怕做教员,问题在什么地方?一句话,教员的待遇太低。目前各省各县大多数的国民学校的经费异常困难,平均内地小学教员的待遇每月恐不能超过 50 000 元,说不定连这每月 50 000 元的薪水还得拖欠,如此情形,师范生哪得不溜,又哪得不改行?

教师的酬报如此,而教师还得做了债主;债主本是资本家所惯做的,但教师做了钱米的债主,又是多么可怜的债主,我们还能谈到教育的效率吗?

第二,师范生是受国家的优待,但职业学校——如工业、商业、农业各种职业学校的学生也同样地受了政府的优待,可是政府对师范生的规定却特别苛刻。简师毕业生要服务三年才准升学,普师毕业生亦同样经服务且得到服务成

[①] 原载《大夏周报》23 卷 8 期,1947 年。——编校者

绩的证明书才能调换文凭,三年的期限服务,原无可非议之处,青年受了国家的培养是应该尽其规定的义务,但是其他职业学校的毕业生却可直接升学,为什么对师范生有如此特别的苛求?中国国民教育师资虽然缺少,而其他事业的干部又何尝不缺少?并且,如商业职业学校的毕业生一入收税机关银行服务,其酬报又超过师范生几倍甚至于几十倍,故目前青年的心理以普通中学为第一志愿,以工商与职业学校为第二志愿,而对于师范学校的门槛先存戒心,望之却步,这是给师范教育发展的前途以重大的打击。

第三,教育是教人育人,所以教师的职务不全是"教书",目前各级学校优良教师的溜人潮仍极普遍,各学校师资仍然恐慌,小学毕业的教小学,中学毕业的教中学已成为普遍的现象。抗战时期,教师所受的繁忙与清苦,已使青年退避三舍,致优秀的青年再也不愿学习教育。青年不学习教育虽是小事,但国家却不能没有优秀的教师,教师既为儿童与青年之乳娘,影响其前途,可说占100%。而各校优良的教师老的已老,中途溜走的溜走,而补充进来的或为代用性质未合资格的"教生",或为官场失意暂时驻足的"教官",或为某种机关而兼职专拿公粮尊师金之"地绅",或为杂牌之无名肿毒,他们既不懂教育,又无心教育,天天攒到这里,攒到那里,所谈的无非物价、钞票、生意经,还摇头叹气以做教师为可耻。学校自从这些人进门,便鸡飞狗跳,无时或宁,儿童与青年耳濡目染,教育的效果遂亦丧失,教育前途顿成为极严重之问题。

本人目击师范教育之危机,特乘师范教育宣传周之机会提出几点意见:

(一)请政府及省市各县参议会设法保障教育经费之独立,并扩充其来源。依据教育部三十三年度(1944年)的统计,各省市教育文化费支出仅占6.96%,教育文化事业几濒破产。至少达到宪法所规定的省市经费总预算占25%,县行政经费总预算中占之35%标准,从而提高教师之待遇,以安其职守,然后青年乐于终身从事教育事业。我们应使提高教师的待遇不成为空言。

(二)请政府对强制师范生服务后可取得证书或升学的办法能加改进,使青年的心理上对师范教育少一种畏惧不前的心理,为鼓励优秀青年学习教育,作后一代之优良教师计,应使青年的心理上乐此一途。教师的来源既多,师资自然容易完整,故"强制服务"的办法似可考虑。师范生与职业学校的学生所受政府待遇既同,所受教育年限亦同,他们毕业后就不应有不同。四月一日报上登载师范生与职业学校的学生毕业后同应四年服务,此消息如果确实,则师范生较之职业学校学生已近乎等,但四年期间之限制太长,而师范生服务期间之待遇仍过薄。

（三）不论国民学校、师范学校或中学的师资，政府应规定未受教育一科者不得充任教师或校长。这正像做法官的定要研究法律，做银行行长的定要研究银行学，做医生的定要研究生理解剖，做工程师的定要懂得工程学，而教育"人"这样复杂的问题，难道普通中学或大学各院系毕业的就可充任？难道能将书本解释得出的就可做教师？若然，那法律的解释极容易，何必定要研究法律的人？因为教师是"教人"，所以要懂得国家的教育政策，因为"教人"，所以要懂得心理学，所以要懂得教育学，所以要懂得教育哲学，所以要懂得教育行政、学校行政，所以要懂得各科教学法，所以要懂得学校卫生、社会教育……教育事业为有理想有作为关系国家之根本事业，故政府对于师资务须再加严格之规定与考查，但严格选择师资，必从培养优秀教师及优待现任的教师做起。

教育不像其他事业，或缓或急地可作为国家之点缀品，五年或十年后国家之命运全在此一决了。

（四）鼓励各中学设立师范科。目前各县设立简师虽已普遍，但全县之学龄儿童及各国民学校之师资仍然大量需要师范生，简师或普师的毕业生在分配的数量上依然不够，且相差甚远，似可鼓励各中学兼办师范教育，以补国家设立师范学校之不足。如无合格教员，即令一保一校，其内容如何可想而知。

（五）教师职业应予保障。每个学校有其优良的传统，教师既为专业训练人才，须使他们久安职位。政府曾竭力奖励久任的教师，但教师的流动性依然很大，每随校长进退或遭校长解职，职业上已无保障，影响教育前途至大，教育行政当局宜随时注意于培养合格师资并使他们安心于教。

（六）容许私立学校办理师范教育。数年前，政府规定师范教育宜由国家办理，故各私立大学之教育学院或私立之师范学校全部停办或合并，此在政府当以教育的推行应适应国家教育宗旨与政策，表示政府着重教师的训练。倘公立的师范大学或师范学院，或普师、简师在量与质上都已足够且又尽善尽美，适合国家之要求，则师范教育当毋须私立的大学或私立的师范学校办理，可是事实并不如此。即以国立的大学而论，未必都能超过私立的大学，中学或师范的现任教师，出自私立的大学居多，他们服务的成绩与忍耐，公私立的大学毕业生无分轩轾，这就可证明师范教育可由私立的学校办理或兼办。我们的国家经济力量，在今日尚不能培养大量足以分配的教师，政府当局似可考虑这一点使中小学的教师在质量上都不感困难，借以配合国家教育之迅速普及的计划。医生、会计师、法官、政法工作者等等都可由私法人办理，他们对人类国家的责任与教师同样的重要，国家既然容许私立大学的存在，而过去私立大学兼办的师范教育依然为现任的教师中之主力,为教育界之中坚,这可见私立的教育训练机关,对国家已有极大之贡献。蒋主席在《中国之命运》的书上鼓励青年立志为中小学教师,现在可有几个师范大学或师范学校足以容纳此广大青年做中小学教师之志愿?全国学龄儿童这样多,国民学校这样多,师资这样不齐,而师范学校共有多少?全国中学这样多,师范学校这样多,而国立师范大学、师范学院又共有多少?

根据教育部三十五年(1946年)十月的统计,三十三年度在学儿童总数为17 221 814人,同年度普师及乡村师范学生为44 976人,简师及简易乡村师范学生为12 830人,两者合为157 806人,即令每个师范生都服务于教育,则每人平均教一百余儿童,但在事实上师范生休业停学或改行者定多,而每年因保国民学校之扩充,入学儿童必多多超出现在的数字,那每个师范生要教200个儿童。加上几近200 000 000的不识字人数,则师资尚须大量的增加。二十九年国民教育新制实施后,教育部计划于五年内二十省市共应造就"短期"师资638 252人,以五年内全国普设600 000小学计,每校平均分配三人,就需教师1 800 000人,教育部三十三学年度之统计,现任国民学校及小学教职员为655 611人,尚少110余万人,即令计划中造就600 000人外,尚少50余万人。师资问题不可谓不严重。

又据三十三学年度中学校数为2 759,师范校数为562,教职员合共80 000人,其中受过教育学院或师范大学之课程者,恐为数不多。而中学学生数为929 297,合师范生共108 703人,而大学教育学院之学生为2 608,师范学院之学生为7 858人,故师范与中学之师资亦极严重。故极盼政府能鼓励私立大学兼办教育学院。

我们中国已为五强之一,我们的国民教育须积极地广泛地普及,然后能提高国民教育水准,然后有强国之实,然后可为胜利之民,而这国民教育的乳娘的乳娘——高等师范教育也亟宜多多设立,然后中学或师范才有完整的师资。

本人应本市师范教育运动宣传周之约,特将中国师范教育的危机提出,深盼政府及社会贤达多方扶助师范教育之发展。

新教师与社会领导[1]

我们知道一个时代的学术思想，可以孕育成一种伟大的力量，促使社会进步，但是学术思想的主流，如果误入歧途，可以使社会发生紊乱或者退化。教师既是以传授学术思想为专业，所以教师对于社会的进步或退化，发生很大的作用。我们要想使社会进步，达到一个理想的境界，固然要从各方面去着手，而对于在社会上发生领导作用的教师，却应该有新的认识，教师们自己，面对着当前伟大的时代，尤其要有新的警觉和新的努力。

现在先从历史上来看教师和社会的关系：

教师对于社会的领导作用，很早的时候已经被发现了，但是很不幸，每一朝代的统治者，都把教师利用来当做拥护封建便于宰割人民的工具。所以我们中国虽是自古以来一向都有尊师的观念，而它的含义却是毫无可取，表面上凡是读书人往往高人一等，居于社会的崇高地位，所谓"万般皆下品，惟有读书高"。无非利用读书人的功利观念，在科举时代猎取功名，进而为维持封建专制的统治，社会上流行着"士农工商"之说，以"士"居万民之首，并且教师和"天地君亲"联在一起，成为宗法社会里最崇高观念之一，都有一贯的用意与作用。读书人在这种封建气氛极端浓厚的社会里，很少人能够卓然自拔，彻底认清自己的使命，实际从事领导社会的工作。我们中国专制政治，能够维持二千多年，以及文化中落，并且一蹶不振，可以说不是由于统治者的武力，而是由于知识分子，尤其是教师的腐败与无能，至于现在社会混乱、政治不良等等情形，教师们实在不能轻卸应负的责任。

从这些事实检讨起来，以往专制时代的士大夫或者说是知识分子，不但没有促使社会进步的能力，而且完全丧失了他们领导社会的资格，他们自己既是依附于宗法社会封建制度里苟延残喘，当然谈不到改革社会和领导社会了。但是我们也不能忽视另一个事实，那就是以往若干时代里，仍有不少卓越的知识分子，在政府腐败民生凋敝的时候，不惜牺牲一切，从事于觉醒人群，领导社会的艰苦工作，只可惜传统的封建势力，异常庞大，很难获得成功，然而他们的精神与毅力，是值得钦佩与效法的。

---

[1] 原载《广播周报》267期，1948年。——编校者

其次就现时代的观点来看教师和社会的关系:

现在是民主时代,亦是科学的时代。民主时代,需要优秀的知识分子来领导社会,科学时代,尤其需要高深的知识来做改造社会的动力。教师的任务是一方面传授知识,一方面教育后代,影响所及,不仅广被于全社会,而且垂诸久远。我们教师处这民主的客观环境,要把握时机,认清使命,切实从事领导社会的工作,我很愿意在此贡献几点意见:

第一要自尊。过去教师的心理,受了几千年来士大夫传统观念的影响,不免妄自尊大,以种种虚荣,自欺欺人,对于社会没有什么贡献,后来社会变动,豪富得势,尤其是艰困的抗战时期,教师和一切文化人,为着穷苦饥饿的威胁,渐渐丧失自尊心,多数人且不免妄自菲薄,以为自己远不及一个汽车司机或者黄包车夫,于是埋怨知识的无用,根本抛弃书本,不再做学术思想的探讨,一些所谓比较有办法的人,纷纷改业,或者做官而贪污,或者经商而盘剥重利,由于教师生活之不能维持温饱,直接影响到教师的自尊。时刻求去,见异思迁,卑视自己的职务,羡慕达官豪富的享乐,自尊乐业的观念,可说扫地以净了!教师自己尚且如此,又何怪一般社会相习成风,看不起教师,看不起知识,教育事业变作无足重轻的工作,由于教师的不能自尊,形成社会对于教师的轻视,阻碍教育的发展,确是当前最严重的危机。

第二要自信。由于教师生活的困苦,丧失自尊心,同时又丧失自信心,在最近若干年来,教师们为了忙于追求衣食,多数忘记了自己对于社会,应该担负什么责任。本来应该站在时代前头,领导社会,却是随波逐流,做了社会的尾巴,对于社会政治各方面,应该兴革的事情,往往是无力过问,而且抱着不在其位不谋其政的观念,不愿过问。于是社会混乱,政治腐败,日甚一日,无所底止,这固然不能完全归咎于教师,然而教师丧失自信,不能从积极方面领导社会,这是无庸讳言的事实。今后我们必须要认清自己的职责,恢复自信,领导社会,维持正义,明辨是非,促成复兴建国的革新运动。

第三要提高研究精神。因为上述的种种原因,一般教师的研究精神,非常低落,凡是一种专门学术的成就,绝(决)不是在学校读书的时期,而是在出学校服务的时期,一定要穷年累月,继续不断的研究,才有成功的希望。但是我们教师们,用全副力量来谋衣食,已经不能免于匮乏,又何能谈到研究学问,于是陈陈相因,文化水准逐渐低落。最近各大学的入学考试,交(缴)白卷的学生,常占一个相当巨大的数字,这一可怕的现象,真是令人不寒而栗!我们要想救助下一代的子弟,要想缩短黑暗的混乱时期,早日走上光明的建设大道,当前的教师们，必须忍受饥寒，把眼光放大，提高研究精神，一方面充实自己，一方面以较丰富的精神食粮，来培育下一代的国民，否则"复兴建设"将仅是一句口号，永远没有实现的希望。

第四要加强服务毅力。教师的生活原是比较清苦，要有坚强的服务毅力，才能够克服环境，有所成就。国内和平，一时当无希望，生活上的痛苦，将有相当时期的延长，在这继续混乱不安的社会里面，对于自己所从事的职业，必须要有一个清楚的认识。周围环境对于我们教师往往有各种诱惑和威胁，脚跟稍一不稳，就难免动摇起来，倘有统计数字可考，一定可以说明抗战以来，各级学校教师改业转业的数字，大得惊人。我们应该服膺孟子的名言："富贵不能淫，贫贱不能移，威武不能屈。"有了这种精神，才是理想的好教师，才能够肩负领导社会的工作。

最后对于政府和社会，更不能不寄以衷诚的希望：

我们相信，多数纯正的教师都很淡泊，都很俭约，希望政府和社会能够真实了解教师的生活，给以较大的同情。在物质方面，每月收入要使他们足以维持一个家庭的生活；在精神方面，应该绝对尊重学术研究的自由，使得每一位教师都能发挥他较高的智慧，贡献国家，如果处处加以束缚，文化水准，只有日趋没落，那末，不但不能尊重教师，而且无异是侮辱教师，摧残教育了。

我们深信复兴建国是有希望的，在这大变革的时期，全国教师同志们要有新的认识、新的努力，从自己岗位上肩负起领导社会的工作，完成神圣的使命。

（上海台播）

战时教育

非常时期教育①

一、过去教育方针屡变之失策

我国自清同治元年(1862年)实施新教育(是年京师总理衙门设同文馆)以来,迄今凡74年。其间学制屡更,方针迭改,无确定政策,致近年教育制度遭人攻击,几于体无完肤。依照目前情形,教育诚宜彻底改革,以应时代与环境之需求。惟在未改革之先,吾人必须明了过去病根所在,对症下药,方不至再蹈头痛医头、脚痛医脚之故辙。作者认为鉴古可以推今,知新须先温故,故在未提对非常时期教育意见以前,特先检讨过去,后论来兹。

我国实施新教育至今,方针屡变,此是新教育失败之主因。自同治初元至光绪廿七、八(1881、1882年)年约40年间,可谓无方针时期。光绪二十九(1883年)年张之洞等编《学务总要》,标明以"端正趋向,造就通才"为兴学之旨,此为中国教育有方针之始,但其中甚难臆测当世所谓精神训练与民族意识。光绪三十二年(1906年)荣庆②等奏以"忠君、尊孔、尚公、尚武、尚实"五者为教育目标,此较张氏八字方针虽稍切实,然不久清社遂屋,教育方针亦随之改变。民国元年(1912年),教育部颁布以"道德教育"、"实利教育"、"军国民教育"、"美感教育"为民国教育方针。平心而论,若以之与张、荣二氏所订方针相较,实反为抽象;一般人视之,已是莫明其妙,遑论实施成绩?四年(1915年)袁氏帝制心炽,改以爱国、尚武、崇实、法孔孟、重自治、戒贪争、戒躁进七项为教育标准,虽后以帝制未成而废除,已足使教育根基动摇矣。八年欧战结束,国人信仰杜威"教育本身无目的"之说,主张废除教育宗旨,以养成健全人格,发展共和精神之意义代之,此在今日观之,尤觉涉于笼统。在此种政策下,至多只能养成为"盛世"之良民,而不能望其在"乱世"当荷枪御敌之斗士。十一年教育部颁布《新学制学校系统》中有五条类教育宗旨:(一)适应社会进化之需要,(二)发展平民教育精神,(三)谋个性之发展,(四)注意国民经济,(五)注意生活教育。此其涵义虽较进步,但仍缺一贯精神。十五年中华教育改进社年会,议决以"(一)注意中国本国文化,以发挥民族精神;(二)实施军事教育,以养成强健体格;(三)酌施国耻

---

① 原载《教育杂志》26卷5期,1936年。——编校者
② 荣庆(1859—1917),字华卿,号实夫,清末重臣。——编校者

教育,以培养爱国志操;(四)促进科学教育,以增益基本知能"四者为教育方针,此衡诸今日局势,颇觉适合,惜未经政府采纳,且不久国内即发生空前大革命。十六年后,革命势力膨胀,霸军所至之地,即有"党化教育"呼声。至民十八教育部遂明定:"中华民国教育,是根据三民主义,以充实人民生活、扶持社会生存、发展国民生计、延续民族生命为目的,务期民族独立、民权普遍、民生发展,以促进世界大同。"此其规定,无论在本国国情、世界潮流及教育原理上,皆有其地位,然不二载"九一八"事变又爆发矣。现行教育宗旨,吾人亦觉立论过于空阔,陈义且似太高,如将"教育"二字删去,冠以任何国家政治、经济事业名词,均无不可。"九一八"事变发生后,国人感疆土日蹙,民族阽危,咸认目前教育不足以应付严重国难,加以客冬华北问题发生,于是此举国一致要求之"非常时期教育"新名词,遂在报端杂志上散见矣。吾人以为教育系国家百年大计,方针不能轻易更变,且据上述情形,过去新教育失败之主因,就在教育随政潮而演变。教育既无永久的中心目标,当然会演成今日麻木不仁之现象。故在今日如要改变教育方针,绝不宜如已往将教育置诸政治之范畴中。教育之宗旨或方针,势须有两种作用:一是适应当前环境,一是巩固立国根基。吾人须确定最后目标,以一贯政策促其实施,是为我对教育事业之中心见解。

二、非常时期教育之原则与目标

新教育失败之主因,既在于过去方针之屡变,尤在于教育随政潮而浮荡,则今后安定之策,首宜将教育从政治涡中救出,俾其独立。依照愚见,认为新教育自实施以来,不能谓绝无成绩。远者不论,试观最近通车之浙赣铁路,即足为新教育成绩之证明。浙赣铁路据闻不仅不借外债,且未聘外国工程师,于极短时期内完成,谓非新教育成绩而何?不宁惟是,今日中国专家学者,其学术见解,有时且可与西方学者相抗衡。故中国之所以酿成国将不国之局面,新教育至多只能负一部分责任,若谓国难之来全由实施新教育所致,未免太冤枉新教育。吾人综观国内各方情形,觉目前除国防技术人才而外,其他专门人才并不甚感缺乏,而最可为国家前途忧者,乃在国民道德心之堕落。就此点言,或谓即系新教育之罪恶,因新教育未实施前,尚有"三纲"、"五常"等旧道德钳制人心,实施后,旧道德既经废除,西方输入之"自由"、"平等"等新道德未全树立,结果新未学而旧已去,全国滥用自由平等,目无法纪,遂造成今日汉奸充斥之局面。此固言之成理,然亦系片面之词。诚以吾人苟能于实施新教育之时始,全国一心一德,积极培养新道德,则旧者虽废,新者早已起而代之。依此推论,问题之核心,系在吾人实施之不彻底,非新教育本身之有若何大缺陷也。今者国人既认过去教育有缺陷,则补救之道,自当研求,请就非常时期教育之原则及其目标论之。

（一）原则

第一,要含有献身国家的训练——国难严重,于斯为极,照理目前应有许多奋不顾身之徒,出而为国效力。然返观全国,不但少见此种好汉,且有许多"丧心病狂"、"为虎作伥"之汉奸,煽惑蠢动,此则不能不引为痛心之事。古人云"哀莫大于心死"①,今日局面,就是心死局面,故今后教育方针,应从挽救"人心"始。换言之,吾人应想法如何训练有"忠义精神"及"为国效劳"之人才。此其一。

第二,要含有领导人才的训练——中国今日文盲到处皆是,以其智识缺乏,易为奸人利用,而此辈无知良民,苟能领导有方,却又是救国之莫大力量。领导民众工作,如单赖政府中多数员司,实甚有限,吾人必须动员全国有智识青年,通力合作,方克有济。欲使全国青年皆能领导民众作救亡运动,目前各级学校,尤其是高中以上学校,应着重于青年领导民众智识之训练。此其二。

第三,要含有特殊技能的训练——按照已往实况观察,大部分青年,只能发表空论,欲其任实际工作,辄视未受教育之民众为逊色。例如农民,多半不受教育,最低限度尚能运用其体力以产谷物,试问今日大学农科毕业生,其能改良种子及耕种方法,且肯下乡同农民劳动者究有几人? 吾人常闻民众称学生为空口说大话之徒,此固伤心之语,亦足见技术教育之不容或缓也。为要实施特殊技能训练,我提议目前各级学校宜普遍举行学生技能调查,依其结果分请专家严密训练,以期人均是才,才均可用。此其三。

（二）目标

非常时期教育之目标,应极其单纯而划一。简言之,只有"激发民族情绪,鼓励为国牺牲"十二字。惟因各级学校在国家所负使命不同,故在原则上各级学校教育之目标,当亦有些微之差异。鄙意以为中小学教育目标,必须确定与划一,因中小学学生是稳固社会力量之来源,国家之基本队伍,自非求其一致不可。至于高等教育或大学教育,不妨任其自由研究,俾社会思想得以日进。进一步言,非常时期之大学教育,应就各大学所在地点及其现有教授与设备,

---

① 语出《庄子·田子方》。——编校者

分工合作，研求其应付国难之策略与力量，而不应强求一律，致减低其效能。例如甲大学有著名国防军事科学教授与设备，则应着重于国防建设人才之培养，而不必再分精力从事于其他学科之研求。当然有许多基本学科如国文教材应侧重于激发民族情绪文章，史地课程应侧重于近世帝国主义者自身之发展与其需要殖民地之原因，殖民地弱小民族抗争之事实，以及中华民族在历史上所遇之国难及其应付之方法与事实等等之研究，吾人仍须求其一致，然除此有关国族前途之基本意识外，其余各种特殊学科，势须予以充分自由研究之机会。至于改造后之教育，亦不应只限于学校。目前有一严重问题，即吾国实施新教育虽瞬逾70年，社会上之旧势力，仍是牢不可破。学生在学校中所得，往往失之于家庭社会；大都市中之恶劣环境，尤足以戕贼意志未定青年，予彼辈身心上以莫大之损害。可见欲使学校教育发生效能，对于学校以外之电影、歌词、小说，甚至街头巷尾小书摊上所排之民众读物，均宜想法改良之。

三、非常时期教育之特性

非常时期教育最特殊之意义，在其性质与"生产教育"或"生活教育"不同。生产教育或生活教育，吾人从字面观之，一望即知其立场在教人如何求"生"，如何求更有意义之"生"。非常时期教育则反是，乃系教人求"死"，教人如何"死"方有意义，死在何时何地最为适宜、最值得后人景仰。古人云："死有重于泰山，有轻于鸿毛。"非常时期教育所教人之"死"，即系"重于泰山"之"死"。吾人如再以宗教家之语气比拟之，"生产教育"可谓是"人世教育"，"非常时期教育"则系"出世教育"，因为"非常时期教育"有其特殊之含义，故其性质殆与任何教育不同。依我个人见解，非常时期之教育，至少应含有下述各种特性：

（一）奋斗性。今日之世界，一斗争之世界也。吾人如不奋斗，即为外力侵袭，亦必渐趋衰亡。他国不论，即回溯我族过去之历史，每一朝代之灭亡，其最大原因亦在于未能奋斗。周之衰，肇自平王东迁，未敢与犬戎相抗；晋之亡，由于晋人偏安，未敢与五胡斗争；宋之南迁，明崇祯帝之缢死，吾人穷源竟委，又何一而非本身或臣下之未能奋斗有以使之然欤？今日之国难，不亚于历朝末造，故教育之内容，允宜引上述各时代之衰亡为龟鉴，尽量祛除苟安畏葸不奋斗之积习，发挥先民奋身卫国之精神。

（二）牺牲性。欲尽奋斗之本能，必先具有牺牲之决心，故非常时期教育之第二特性,就是要人民有牺牲之决心。我以为在我国历史上如申包胥[①]、岳武穆[②]、文天祥、史可法、刘宗周、郑成功等临难不苟之精神,均足为青年模范,各级学校社会公民课程,应尽量教授此类教材,俾青年知所瞻仰。

（三）团结性。中国民族通病,因为愚、私、弱、散四者,而"散"在今日生存竞争时代,尤易促民族于死亡。过去吾人上海长城之抗战,结果功败垂成,原因就在于吾人之未能团结。故今后教育,政府与学校当局均宜以身作则,力促青年及民众一致团结,挽救危亡。

（四）对流性。一壶水置炉上烧之,不久即见其壶底之水上升,同时上层之水又向壶底下沉,物理学上谓之对流。及全壶之水沸腾,能将壶盖冲开,此就是蒸汽力之表现。我以为非常时期之教育,亦当如是。过去站在上层领导之人,总思一切由上而下,将下层民众置于被动地位,实大错误。因为上下层隔膜既深,酿成分崩离析现象,影响所及,势非使国土尽丧民族灭亡不可。所以今后所施之教育,应立即将隔膜打开,使成对流状态,领导者虚衷接受民意,民众明了领导者之政策及苦衷,如是对流不已,一旦沸腾时至,自能发出猛烈力量。

（五）普遍性。单教学校内学生受非常时期教育,不能发出伟大力量,理由在我国目前受教育者并不多。根据第一次《中国教育年鉴》,吾人每10 000人中,只有大学生1人,中学生10人,小学生230人。换言之,吾人每10 000人中,只有学生241人,吾人如仅使241人受非常时期教育,而使9 759人漠不关心,其所生之力量,自必甚微。故非常时期教育就原则上讲,吾人要培养领导人才,就对象上言,吾人要唤起民众,共同参加民族解放斗争。

总之,"非常时期教育"在目前呼声固遍满全国,教育界人士对本问题却正在研商。政府征集各方意见,据闻不下百余件,但具体方案及实施办法,尚未正式颁行。将来内容究应若何,国人见仁见智,自能商讨一完善方案。我于此仅提供一些意见,如能抛砖引玉,期同志者批评指正,则幸甚焉。

---

① 申包胥,春秋时期楚国大夫。公元前506年,吴国攻破楚国,申包胥到秦国求救,在秦庭痛哭七日夜,终使秦国出兵救楚。——编校者
② 即岳飞。——编校者

国难教育①

各位同学,今天的演讲,可以说是本校举行"国难教育"讲座的第一讲,也可以说是这个讲座的序幕。我觉得我们中国人,尤其是教育界中人,是一个最喜欢而且最擅长制造教育名词的民族。在短短的四十多年新教育史中,差不多每隔了几年,即有一种教育新名词出现。在清代末叶,废科举,兴学校,当时教育的中心,除注意"洋务"、"西学"外,是一种忠君尊孔的教育。民元以后,政体变更,忠君尊孔的教育,当然不适时代的需要,于是遂有军国民主义的教育出而代之。民国八年(1919年),欧战结束,各国感穷兵黩武之不合人道,力倡和平,我国受世界教育思潮的影响,教育界人士遂亦高唱"德谟克拉西"的教育,意言之,就是所谓"民本主义"或"民主主义"的教育。民国十四五年,国内发生空前的大革命,十六年,国府奠都南京,乃又有所谓党化教育的出现。"党化教育"的根本精神,据说是要把教育置于"革命化、平民化、科学化"之上,数年来实施成绩究竟达到若何程度,我们固是怀疑,即社会上亦无定论。民二十"九一八"事变发生,东北半壁河山沦于敌手,全国人士鉴民族日益危殆,于是又有实施复兴民族教育这个新名词。在事变发生以前,政府以国内文法人才过多,且大部分失业,成社会隐患,因有生产教育的提倡,直至今兹,"生产教育"尚不失为政府措施教育的重要政策。客岁(民二十四年)华北问题发生,国土日蹙,于是此甚嚣尘上举国一致千呼万唤的"国难教育"新名词,就在报章杂志上散见了。如今"国难教育"的内容方案究应如何,殆尚未至完全具体化或标准化时期,故其名称亦不一致,或称"国防教育",或称"非常时期教育",或称"特种教育"、"特殊教育"、"国难教育"、"战时教育",五花八门,令人炫目。其对此新兴教育名词已定有具体方案者,据我所知,有广州国立中山大学教育研究所出版的《教育研究》六十四期《战时教育工作计划》、北平学联会之《非常时期教育草案》、上海文化界救国会的《国难教育方案》、中国教育学会的《非常时期教育方案》、中华职业教育社的《复兴民族教育方案》、本校的《救国工作训练方案》及教育部集大成而尚未正式颁布的《特种教育方案》,据报载教育部汇集各方方案有一百五十余种之

---

① 原载《大夏周报》12卷12期,1936年。欧元怀讲,周报社记者记,是为大夏大学举办"国难教育"系列讲座第一讲。——编校者

多,足见在这国家被严重国难笼罩之下,我们全国教育界人士,无论是教书的,或是求学的,都正在想如何把教育改进,以应付国难挽救亡国灭种的惨祸。不过"国难教育"的名称及方案虽未完全具体化,它的意义,我们不妨加以适当的解释。依照我的观察,国难时期的教育与平常时期的教育,只有程度上的不同,而没有什么根本上的差别。"国难教育"殆除了训练青年注意学科技能而外,还应特别着重青年"节操"或"人格"上的修养。"国难教育"似与"生产教育"立场根本不同:"生产教育"是教人求"生"的,是教人如何去图谋更有意义的"生存";"国难教育"却刚刚与之相反,它是教人去"死"的,去做有意义的"死",去舍身取义、杀身成仁的,这是二者分野的地方。

刚才所讲的,可以说是"国难教育"名词的由来,同时对"国难教育"的意义,我们也加以片面的注释。现在再讲它的对象。我以为"国难教育"的对象,应该是广义的,而不是狭义的,应该把民众教育、社会教育、义务教育包括在内,而不是单指学校教育,在某一时期,前者比后者还更为重要。根据《第一次中国教育年鉴》,我们只有44 000人专科以上学校的学生,只有51万人中等学校的学生,只有1 100万小学校的学生。换句话说,我们每一万人中只有大学生1人,中学生10人,小学生230人,也就是每1万人中,只有241个是学生,我们决不能单教这241人受"国难教育",而把9 759人置之于不顾。当然这9 759人中,也有略略识字的,或喝过"洋水"、中过"洋翰林"回来的,然究竟是少数,他们至少尚有80%以上是不识字的。单教各级学校里的学生受"国难教育"而使大多数民众不识字,谈不到共赴国难,挽救危亡。所以推广义务教育,推广民众教育,都是国难时期所亟(急)待办理的事。中山先生积四十余年革命的经验,临死的时候,还殷殷然以为"欲达到中国自由平等的目的,必须唤起民众"。①诚以"民为邦本,本固邦宁"②,欲抗外敌,民众是我们的基本队伍。学校教育只能训练出领袖人才,而不能训练出"抗敌队伍",敌人来侵,我们领袖应该做发纵指示的工作,直接与敌人肉搏抵抗者,还是要靠此大量的民众。所以我们实施"国难教育",学校教育与民众教育应兼筹并顾,然后才能够达到"教育救国"的目的。但是我们的话要说回来了,民众与领袖之关系,正如"火车头"之与"列车","列车"如果没有"火车头",当然是无法行驶,"火车头"而无"列车",亦必失其效用。东

---

① 语出《孙中山全集》第十一卷《国事遗嘱》,中华书局,1986年。——编校者
② 语出《尚书·夏书·五子之歌》,原文为:"民惟邦本,本固邦宁。"

晋时,如果没有王导、刘琨、陶侃、祖逖、温峤①等支撑危局,负起救亡图存的责任,领导民众去抵抗胡人,五胡早已南渡江左,东晋还能存在吗?宋室南渡以后的局势亦然,当时之所以能苟延残喘,全赖李纲、宗泽、赵鼎、张俊、岳飞②这些人领导民众去做救国的工作。我们从历史上的教训,可以知道国家当危急的时候,组织民众训练民众固是紧要,培养领袖人才也是当务之急。根据以上的分析,我们可以大胆地说:"国难教育"之对象,乃在唤起民众,参加救国工作,培养领袖人才,领导救国工作。"我们的小学教育,应注意公民训练,健康训练,尤应该着重国耻教材。最近我国留日华侨,在东京创办小学一所,因采用中华书局出版的课本,内容指明东三省是我国领土,结果学校被封。东北有个小学教师因受爱国心驱使,教授学生称:日本是"满洲国"的仇敌,中国是"满洲国"的友人等,结果手足均被打断,大尝铁窗风味。东京某日报社评曾载:"中国是土匪的国家,我们即当以剿匪的手段对付中国。"我国留学生所办的《留东新闻报》因录该报社评而注释称:"既系匪国,何必再谈亲善?"主笔遂被捕上狱。这些事实,都充分表现敌人之如何用"奴化教育"或"文化侵略"来侮蔑我们,欺凌我们,我们现在既不是置身"东北"、"东京"、"华北战区",就应该尽量训练小朋友,使他们知道我们的"国耻"究竟是怎么一回事,我们的"国难"究竟严重到如何地步。初中教育,我以为除注重公民训练,培养民族意识而外,应充分利用现行童子军制度,做他们身心的训练。高中以上教育,则应着重于指导人材之训练,尤应严格考查他们的"节操"修养。女子教育,照现行教育编制,与男子教育无甚区别,今后应特别注重于新贤妻良母的训练,以期造成新的民族。惟现行高中以上课程,每周钟点似嫌过多,今后应酌量减少,才可以谈到精神训练。青年训练,今后应扩大范围,举农工商学兵都包括在内,公开训练,而不应只限于学校青年,

---

① 王导(276—339),字茂弘,山东人,西晋政治家、军事家。主持平定王敦之乱。——编校者
刘琨(271—318),字越石,河北人,东晋军事家。永嘉之乱后,据守晋阳近十年,抵御前赵。——编校者
陶侃(259—334),江西人,东晋军事家,平定陈敏、杜弢、张昌起义,又作为联军主帅平定了苏峻之乱。——编校者
祖逖(266—321),字士稚,河北人,东晋名将。313年率军北伐,数年间收复黄河以南大片土地。——编校者
温峤(288—329),山西人,字泰真,一作太真,东晋名将。参与平定王敦、苏峻之乱。——编校者
② 李纲(1083—1140),字伯纪,福建人,南宋名臣,靖康元年率兵击退金兵。——编校者
宗泽(1160—1129),字汝霖,浙江人,南宋抗金名臣。——编校者
赵鼎(1085—1147),字元镇,山西人,南宁政治家。——编校者
张俊(1086—1154),字伯英,甘肃人,南宋将领,建炎三年黄天荡之役重挫金兵。——编校者

或秘密的训练。我们知道苏俄的共党青年团,德国的国社党青年团,意大利的法西斯蒂青年团,都由政府公开训练,我们现在的政党,既是当政的政党,是公开的政党,自然也可以公开训练,用不着秘密。闻最近教育部将颁布《青年训练团办法》,入团者据说并不限于高初中学生,商店学徒练习生及青年工人均可加入,这是一个好消息。我希望该团成立后,政府应责成各省市地方当局督饬各学校校长、教职员、各工厂厂主、商店主人、各乡村保甲长一体奉行,切实训练,收效自必很大。

现在我们稍为谈谈"国难教育"的内容。刚才讲过,"国难"教育与平时教育只有程度上的不同,而没有根本上的差别,所以我们很难分野一个国家如果有什么大事甚至于有什么外患,都应该"未雨而绸缪",不能"临渴而掘井","平时不烧香,临难抱佛脚",是没有多大用处的。中国之有国难,不自今日始,我们可以说自中英鸦片战争后,即是国难的开始。为什么到今日才来讲求"国难教育"呢?这不能不归咎于过去政府的昏庸及教育界人士对某一种主义的教育未能作切实的推进。我相信每一种主义的教育,如果平时能够切实推进,都可以拿来应付"国难"。如今全国朝野人士,既感觉目前教育编制无法以应付严重的国难而要改弦更张,则"国难教育"的内容,自应加以精详的考究,切实的推进,才不至于再蹈已往的故辙。根据教育部最近预拟的大纲,以为"国难教育"的内容,应包括:(一)人格训练,(二)有关国防的智识技能,(三)精神训练三点。我们现在就逐一的加以发挥或解释,其实这三点与平时教育的内容也没有什么不同的地方。

第一,先讲体格训练。这是一句老话,我们不能说国难时期应训练体格,平时就不要训练体格。不过在国难深重像今天的时候,我们体格上的锻炼,应特别加紧罢了。欧战一举,可以说给世界各国一个深刻的教训,那就是各国都感觉到国民体力之不足。因是之故,美国在战后虽穷乡僻壤,皆设立公共体育场,奖励国民参加体育运动。英国也普遍的提倡婴儿园,以造就体格健全的新国民。此外意大利全国有一千以上人民的打靶场,苏俄前年全国运动会开幕时,参加国防体育的青年,数近百万人,这都是各国政府提倡体育,人民自动参加锻炼体育的好榜样。反观我国则如何?政府最近数年来虽极力提倡体育,如前年在京去年在沪开全国运动会,参加的人究属少数,而且除了学校学生外,各界参加者更寥若辰(晨)星,这不能不说是国民对体育之少加注意。如以我国人所享年龄的平均数目来看,更觉得可怜!中国人平均岁数仅22岁,以视日本人之平均岁数45岁即相差一倍有余,其余各国更无论了。我们中国人活到45岁,即辄云:"老夫老矣,无能为也。"①以视德之前总统兴登堡②,美之发明家爱迪生,捷克斯拉夫之前总统马萨立克③(Thomas G. Masaryk),日本之故财相高桥是清④,皆八十多岁犹任政府中枢事务或做科学上的工作,当然要愧死万分。本校前年起实施普及体育新方案,今后更要认真施行,希望大家要自动的积极的参加。

第二,讲到有关国防的智识或技能。这范围包括非常广阔,例如战时经济问题,战时粮食问题,战时交通问题,战时一切用品,军事工程,军事动作技能,救护技术,防卫技术,国际形势,中外时事等,都是我们所应该深切了解的。具体一点说,如最近日本发生少壮派军人枪杀内阁重臣的空前政变,⑤我们以冷静的眼光来观察,认为政变与中日关系并无若何影响,我们决不能幸灾乐祸,以为敌人是在内讧,可以高枕无忧了。要知道日本近年的外交政策,本已采纳军部意见,此次政变,一方面固然表现日本少壮军阀的蛮无讲理,日本的宪法精神行将荡毁靡遗,他方面也正暴露今后日本内阁将大受军人把持,对外政策行见日趋积极,加速地侵略中国,对俄战争。故事变爆发后,西欧各国舆论及政府发言人对今后远东时局,咸抱悲观的态度。我人绝不能因人家内部发生意见,而遽抱乐观、松懈抗战的情绪。又如法俄协定最近成立,骤视之,似与远东局势无关,但如一旦日俄发生第二次战争,日德据闻有密约,德如攻俄,法必攻德,日又必攻略法之远东殖民地,如是则法俄之成立协定,岂不是与远东时局前途,有绝大的关系吗? 更不是与我国前途,也有绝大的影响吗? 所以我们对国际间某一问题发生,都应该加以深切的探讨,以为将来应付的准备。

第三,最后讲到精神训练。单靠"体格"好,或单有"学识"、"技能"都未足以言"救国"。怎样说"体格"好不足以救国呢? 上海印度巡捕即其好例。他们的体格高而且强,雄赳赳(纠纠)地在马路上巡查或指挥路人,他们却老早做了英国的亡国奴。怎么说单有"学识"或"技能"未必可以救国呢? 现在冀东的殷汝耕⑥,是个好例。殷是留学生,不能说他没有智识,但他却做了"汉奸"、"叛逆"。

---

① 语出《左传·隐公四年》。——编校者
② 保罗·冯·兴登堡(Paul Ludwig Hans Anton von Beneckendorff und von Hindenburg,1847—1935),德国政治家,1925年当选德国总统。——编校者
③ 托马斯·加里格·马萨里克(1850—1937),捷克斯洛伐克共和国的缔造者和首任总统,在80岁前曾三次当选总统。——编校者
④ 高桥是清(1854—1936),第20届日本首相,第7届日本银行总裁。——编校者
⑤ 指日本1936年"二二六事件"。1936年2月26日,皇道派青年军官率领的近卫步兵第三联队为主的1500名日本军人袭击了首相府等政府重要部门,杀死数名政府高级官员。——编校者
⑥ 殷汝耕(1883—1947),字亦农,浙江温州人,曾出任日本扶植的冀东防共自治政府要职。——编校者

所以我说只有体格与智能训练而没有精神陶冶,不过行尸走肉,躯壳仅存,不足与言救国。但是如何才可以叫做有精神训练呢?说起来又是老话,在这里最要紧的就是要"奋斗"、"牺牲"和"团结"。"奋斗"是人的本能,同时也是动物的本能。语云"困兽犹斗",这是说一只老虎或一只狮子已被人家擒住,它犹想摆脱牢网而"奋斗"。人类的"奋斗",当然比动物为有意义,我们在无论如何艰困的境遇中,应发挥此种精神,保留我们"人"的本能。这种"奋斗"本能,凡是"人",无论男女都有,最近阿比西尼亚①许多女子踊跃从戎,就是一个好模样,在我国历史上如花木兰、孟姜女、沈云英②也是好例。我们希望本校男女同学,倘若一日战事发生,至少有四分之一以上的同学,投笔从戎。"牺牲"就是牺牲生命与财产。我记得日俄之战,俄国在旅顺口设置电网,日兵无法冲过,后有乃木二子③为国牺牲生命,冲破电网,结果使日军得直趋奉天(即今沈阳),迫俄军退回北满;及明治帝举行奉安典礼后,乃木夫妇既感亲子阵亡,又伤元首殂落,遂各自剖腹而死。这种举家为国牺牲精神,至今尚为日本全国所传诵。又如去年意大利因与阿比西尼亚开战,引起国联实施经济制裁,罗马妇女争将首饰捐与政府,亦是难能可贵的事。(意军侵阿,固然是不合理,但此是另一问题。)我们希望全体同学,个个人都抱有"马革裹尸"的精神,去做救国的工作。既尽"奋斗"的本能,"牺牲"的决心,最后尚须殿以切实的合作——团结。假如不能团结,即虽有牺牲奋斗的精神,犹不足侈谈救国。过去长城之战,淞沪之战,可为借鉴。我以为当时全国上下,如果真能一心一德,合力御战,淞沪及长城之战,均不至于功败垂成。欧战将作时英国正闹爱尔兰自治问题,④但战事一经爆发,两方立即团结一致,共同对外。所以我们要想救国,于既具牺牲奋斗的决心而外,尤须充分发挥团结精神。要知"覆巢之下,必无完卵",在上者须领导人民抗敌救国,在下者尤应在统一指挥之下共赴国难,那国家就不怕没有挽救的希望,民族又安有不复兴呢?但是一个国家是由无数的小团体组成,本校同学过去组织一个学生自治会,就闹出许多无聊的意见,我希望自本学期起,我们师生一致团结,健全大夏的组织,充实我们的力量,以为政府抗敌救国的后盾。

---

① 埃塞俄比亚旧称。——编校者
② 沈云英(1624—1660),浙江萧山人。明末女将,文武双全,青年随文征战,曾在家乡办塾讲学。为名垂青史的巾帼英雄。——编校者
③ 指日俄战争中,日军主将乃木希典之儿子乃木盛典、乃木保典均战死。——编校者
④ 爱尔兰在1916年复活节期间发生的一场暴动,名称"复活节起义"。1916年4月24日持续到4月30日,起义在6天后被镇压。——编校者

准备百年战争的教育①

一

抗战以来,我国的基本国策,是抵制外辱与建设后方兼程并进,换句话说,就是一面抗战,一面建国。在抵御外辱方面,我们因为国家甫经统一,力量远逊敌人,所以在战事初期,不得不于每一重要据点索得相当代价之后,作为战略的转移,期以空间换时间,牵制敌人兵力,使其陷入泥淖而无法自拔。在建设后方方面,我们因为人才缺乏,经济困难,虽经举国一致努力,得有长足进展,然距我们预定目标,仍甚遥远。现在战事延长两年有半,敌人国力经我长期的消耗,业已日趋衰弱,国际上的地位也大为低落,惟暴敌变成骑虎,非至在华军事比目前更为惨败,或国内爆发革命,绝难促其猛省,退出国门。因为敌寇的执迷不悟,所以中日战事,大有迈入像欧洲史上百年战争的可能。我们要安渡这旷古未有的难关,延续我们国家五千余年的光荣历史,自非全民族团结一致,大家一条心,齐一步伐,坚定意志,死力奋斗不可。不宁惟是,吾人尚以为这一次的国难,绝非仅仅靠我们这一代国民努力,就可使国家转危为安,民族变奴为主,建设一个崭新的独立自由的新中国。要达到这个伟大的目的,还须靠我们后一代乃至于子子孙孙继续不断的接替,新陈代谢,前赴后继,才有希望。所以目前我们除了自身加倍努力之外,还要培育我们民族的幼苗,使他们有抵御外侮建设国家的能力,可以继续我们的使命。关于这一点,国人见仁见智,主张应殊,作者不敏,愿以《准备百年战争的教育》为题,略抒管见,就正于海内贤达。

二

讲到《准备百年战争的教育》,很容易使人发生误解,以为作者在提倡黩武主义的教育,会使中国也走入帝国主义的路线,其实不然。我们知道中国是一个被侵略的国家,现在的抗战,是被迫而"应战",而不是像敌人的"侵占"。抗战的目的是自卫,是求国家主权的独立,领土行政的完整,而不是像敌人想要攻人土地、掠人财务、淫人妻女、灭人国家,甚至大肆猖狂,竟欲亡人种族。我们抗战获得胜利后,充其量也不过收复东北、索回台湾,绝不想陈兵大阪、屯戍东京。

---

① 原载《教育通讯周刊》3卷2期,1940年。——编校者

况且我国是以奉行中山先生的三民主义为最高基准,将来变成独立自由的新国家,社会经济极度的发展,我们自己有了这样肥沃广袤的领土,能够全民族生生世世地(的)开发利用,也绝不会去侵略人家。所以我们今日提"准备百年战争的教育",其目的异常纯正。我们只求后一代的国民,知道祖宗创业的艰难,子孙守成匪易,而应该如何警惕,如何勉励、发愤图强,以保卫吾中华民族固有的版图;知道立国于今日错综复杂瞬息万变的国际环境,非坚忍奋斗、努力向前,不足以与人竞争;知道中华民族是世界上优秀民族之一,它有光荣璀璨的历史,它有悠久优良的文化,因是它在世界上也有其独特的地位,不能任人侵犯;并知道如何更进一步的取人之长、补己之短、拾其精华、去其渣滓,以建设中国本位的新文化,此外我们则绝无他求。准备百年战争的教育,它的特质完全是自卫性的,而不是侵略性的,是防御性的,而不是攻击性的,其最高的理想,是光大我中华民族固有的"王道",而不是像目前敌人横行残酷的"霸权"。这一点,可说是写作本文的中心理想,特在讨论"准备百年战争教育"内容之前,向读者声明的。

三

今请进而论它的内容。准备百年战争的教育,与现行教育的宗旨并不相悖,所不同者也许是它的方法与其着重点罢了。依照近年国内贤达之士对于青年教育,大概分智识训练、体格训练、精神训练三方面。作者则拟于讨论上述三方面之后,再发以政治训练,兹逐一说明如下:

智识训练——所谓智识训练,通常即指学校中的学科训练,其作用在使青年对某种学科能有深切的了解、高深的研究,并能以其研究所得,贡献给国家社会。关于这一方面,过去似乎陷了下述几点弊病,即:(1)学校与社会少有联系,不知社会上究竟需要什么人才,因之学校培养出来的毕业生,多非社会上所需要,结果乃形成近年社会上流行的所谓"人人找事"与"事事找人"的局面。(2)学校中所采课本教材,编撰与教授者未能尽量应用本国材料,尤其是大学中各科教材,率多采用西文,结果学生学习所得,乃系适合欧美国家的来路货,而对于本国实际情况,反未能明了,因之毕业后如果在国内或沿海各大都市如外商洋行或本国新兴的工商业界谋一服务机会,或能勉强应付,倘令其至内地广大农村中为大众服务,就感觉棘手。(3)学校中只着重学生对书本作公式主义的探讨,而忽略其实习或考察的实施。一般学校每学期能举行一次旅行,两次远足参观，即认为非常满意；对于自然学科的实验，往往因设备简陋，仪器药品缺乏，尤其是内地学校，未能给学生以充分试验的机会。因是学生毕业以后，对各科原理公式，或能背诵烂熟，设令其应用到实际上面去，则大有"一部二十四史之繁，不知从何读起"之概。因为这样的缘（原）故，所以近年来青年常有"毕业即失业"的呼声；这，我们无论为救济青年或国家建设计，都应该设法纠正。关于(1)项，年来少数学校，尤其是大学已能与政府机关取得联络，如中央党部及中央通讯社委托中央政治学校办理新闻记者训练班，航空委员会委托中央大学添设航空学系，赈济委员会与复旦大学合办垦殖专修班，贵州教育厅保送小学教师进大夏大学师范专修科……这固然是一个好现象，但我却认为不够，我们还应该策动全国各级学校切切实实地与社会打成一片，真正做到学校即社会，社会即学校的地步。关于(2)项，近年国内出版界及学者们已能利用本国的材料，写作中等学校或大学教科书，如商务印书馆出版的大学丛书，其中就有好几部是根据外国学者或我国先贤的理论，而用我国现实的材料配合写成的，这可说是我国学术史上的一个大转变。我们应该引以为慰的。可是我们却也不能以是自满，今日学校中(尤其是大学)还有许多课本，因为缺少本国学者的著作，采用外国版本，教员教学时也很少能搜集本国材料来补充，因是学生学习的知识与"适合国情"四个字距离还是很远。固然有许多实际科学，中国较为落后，不得不采用外国课本来补救，但我们如要建设中国本位的新文化，却不能不极力设法"拮其所长，去其所短"，把它与我们固有的学问冶为一炉，使之发生化学作用，而凝成中国的新科学，以期学生实习之后，可以更适合本国的需要。关于(3)项参观考察，远足旅行，我认为各级教育行政当局，应该随时督促学校举行，这一次因为敌人的侵略，使我们被迫发动全面抗战，一般有血性的青年，由华北或东南随学校退至西南西北诸省，都走了几千里几万里的路程，这可说是他们在受活的"本国地理"课程。这种活的课程给青年的印象，可以胜过读十年的地理教科书。老实说，青年们不经这样的锻炼，不会认识祖国的伟大，也不知道祖国的可爱。今后各级学校对于旅行考察，应该多多举行。新生活运动总会每年有大学生暑期农村服务团的组织，我以为每一个大学生都应踊跃参加。学习工科或化学的学生，如果学校附近有工厂，尤应随时前往参观，参加工作。古人说"学以致用"，如果这句话是真理，而我们办理教育又是为国储才的话，智识方面的训练，我们应该有上述的改革。

体格训练——仅有适合国情的智识训练，若无严格优良的体格训练，青年体格衰弱，精神萎靡，纵有怎样高深的学识，仍难望其为国家效力。中国国民久有远东病夫之称,新教育实施以来,虽也培养出一小部分体育人才,但为数却渺小得(的)可怜!而且过去学校采取选手代表政策,以银盾锦标来号召青年锻炼体格,这简直是在自杀,而不是提倡体育。我们知道采取这种政策,学校中选手球员,成为天之骄子,在校时不仅物质享受较一般学生为优,养成骄奢懒惰习惯,而且把每日宝贵时间,浪费在练习球艺赛跑上面,结果球术跑步固相当进步,身体也相当康健,代表学校出席比赛,有时也博到相当荣誉,但如问他的学业成绩,往往比一般学生为低。教育的最高目的,在训练青年有更健全的知能,有力为国家社会服务,如今变成训练一部分(份)养尊处优的特殊阶级而又使他(它)毕业后缺乏服务做事的能力,不是自杀是什么呢?况且采用选手政策,充其量也只能训练小部分(份)人的体格较为康健,学校中大多数学生仍是弱不禁风,萎靡不振,夫何怪乎前年报载某航空学校招考飞行生,体格检验及格者仅5%,去年重庆市举行小学生健康检查,5 031人中仅有96人完全无病的呢。我以为准备应付百年战争的青年体格训练,应该注重学校卫生及施行普及体育。各级学校对学生健康应严密注意,随时加以指导纠正。要这样,才能使学校中所有男女青年体格逐渐的向健康水平线上升,体格训练才不失真正的意义,训练出来的青年,才能担负起荷戈卫国的伟大责任。今后国家需要的新国民,是能日行百里而不觉劳烦,是日做十时十二时工作而精神依然健旺,是日理万机而不至神昏意乱,而不是早晨非吃牛奶咖啡不能走路,稍遇凌乱事务而感觉难以应付,更不是只能在体育场上驰骋遨游而不能在层峦叠嶂中履险如夷的代表选手。这是作者对学校中青年体格训练的一点浅薄之见。至若民众教育因为提倡为时甚暂,自看不到若何成绩,但我们如果要民众注重体育,必先由社会上造成一种风气,例如举行国术比赛、斗牛比赛、巡回体育表演、各种卫生宣传等,先引起民众对体育训练发生一种兴趣,然后才能使他们逐渐地讲求卫生、注重体育。各地公共体育场,政府尤应严饬各级地方政府暨教育行政机关督促体育场主持人广为扩充宣传,并欢迎农村青年苍场练习,方能收宏大的效果。

精神训练——学生有了丰富的知识,强健的体格,倘不加以精神训练,亦不能称为健全的国民,尤其是在目前国家遇着空前的大难,国民精神的训练,可以说比智识与体格训练更为重要。这一点我们在"九一八"事变发生后,可以得到很多的证明。许多甘心卖国的政客,何一非受过高深教育且在社会上有相当地位而竟失节去为虎作伥呢?此无他,就是他们缺乏修养,失去灵魂。一个人到了失去灵魂,失去了正义感,就是行尸走肉,非但对国家民族不能有所贡献,而且会祸国殃民。作者于三年前在《大公报(上海版)双十纪念特刊》上,曾撰《士气教育》一文,就唤起国人对青年教育应特别着重精神训练;如今抗战两年余,目睹汉奸顺民与日俱增,民族气节扫地,更觉得精神训练在教育上的重要。我们历史上有许多士大夫"对国家行其至忠,对民族行其大孝"①的忠义史实,应该尽量发扬,俾青年知所效法;有许多亡国惨痛的例证,应该多加阐明,俾青年知所警惕;更有许多"辟草莱斩荆棘"的建国光荣伟业,应该尽量宣揭,俾青年知祖宗创业匪易,应如何竭尽知能,捍卫国土,使国家命脉得以延续而不坠。今日各级学校都有升旗典礼、总理纪念周及国民月会等集团仪式举行,我认为政府应严令学校当局利用此种机会,多做有关青年精神训练演讲,各级学校教师尤应善自检束,敦品励行,以做青年的楷模。盖中日两国,因为日本的贪得无厌,侵略日甚,在国民心理上实已结成没世不忘的仇誓,目前战事纵有一日和平,将来难保没有再行冲突的可能,所以无论为应付目前的大难或未来的事变,明耻教战,殆为今后训练青年不可或缺的方针,这是任何人都不能否认的。

政治训练——我们深觉得中国民众对国家观念的薄弱,一方面固由于过去中国是一个农业社会,交通不便,人民多在自己或租用的土地上耕耘取用,与外界绝少往来,造成所谓"日出而作,日入而息,耕田而食,凿井而饮,帝力何有于我哉?"②和"不在其位,不谋其政"的传统腐旧观念在那里作祟;他方面也是由民国成立以来,政体虽改为共和,政权却仍旧握在少数特殊阶级手里所致。加以北伐以前,内战频仍,政府只知在权利上你争我夺,明抢暗斗,而不知如(若)何训练人民、组织人民,使人民有治事能力,参与政事,结果更使人民对政治感觉乏味,对政府发生误解。最近国民参政会开会,议决呈请政府定期召集国民大会,实施宪政,六中全会且决定二十九年(1940年)总理诞辰为国民大会召集期,我们认为这是政府要支持长期抗战必有的措置。不过我国幅员广袤,国民教育尚未普及,人民对于治事能力,实犹十分幼稚,甚至能充分了解和应用民权初步者也很少,所以我们训练青年,除了上面三种训练之外,对于政治训练,亦应特为着重。这还不仅是培养青年治事能力,增强青年政治知识,训练青年"群"的生活,而且是使青年知道祖国可爱的起码条件。我们办理教育,如果能使青年有高深的智识、强健的体格、纯洁的人格之外,再使他有坚强的治事做(作)事能力,使他们对政治发生兴趣,知道国家之事就是他们自己之事,那就是使青年与

---

① 语出1939年3月国民政府颁发的《国民精神总动员纲领及实施办法》,原文为"对国家尽其至忠,对民族行其大孝。"——编校者
② 语出先秦《击壤歌》,原诗为:"日出而作,日入而息,凿井而饮,耕田而食。帝力于我何有哉!"——编校者

国家打成不可分的化合体。也就是国民与国家打成一片，成为单一性的凝结体，国家一旦有事，国民自会踊跃出钱出力，从容就义，慷慨从戎，赴汤蹈火，均所弗惜，更何怕国土不保、强寇侵凌呢？

四

　　抗战建国是举国推崇的国策，也是举国一致努力的总目标。抗战能否必胜，建国能否必成，端视吾们目前与今后培养出来的民族幼苗，有否继承我们的能力，备否继承吾们的条件，而如何使他们有此能力，备此条件，又全看我们今日所传授给他们的是什么。种瓜得瓜，种豆得豆，如果吾们今日所种的不是一面抗战一面建国的种子，那么将来所收获的一定不是既能抗战又能建国的果实。中日战事既有百年化的可能，我们办理教育，如果不是朝这一方面迈进，则这一次的抗战，纵使由我们自身坚忍奋斗得到最后胜利，第二次的抗战，或甚至第三、第四、第……次的抗战，我们子孙缺少这样能力，一定无法应付，国家还是被人灭亡。所以我们不欲自己为人奴隶，国家民族将来被人灭亡，此时就应设法使后一代的民族继承者甚至无数代的继承者有抗战建国的能力，而且应设法使他们有比我们更强固的能力。作者厕身教育界有年，深恐平时努力未能达到上面的目的，所以趁此岁序更新之际，提出这个有关国家命脉问题，所论各点是否确当，尚望教育界人士共同讨论，宠加指正。

实施国难教育与本校今后所以报国之道[①]
——纪念本校立校十二周年

溯自去年华北问题严重化以来,[②]国人怵疆土之日蹙,外侮之有加无已,因而在教育界遂有实施国难教育以图救国之呼声。国难教育方案,截至教育部颁布各级学校特种教育纲要止,各方见仁见智,将意见撰述论文或简短文字在报端杂志发表者,可谓琳琅满目,美不胜收。本人亦曾就管见所及,发挥一二,在本刊及《教育杂志》刊布,想读者当亦阅及。惟过去所论,皆偏于通论或整个方案之轮廓的论述,本文内容,则全依教育部所颁《专科以上学校特种教育纲要》,讨论其实施时应行注意之点,一则以纪念本校过去奋斗坚苦卓绝之精神,一则以为今后办理校务行政遵循之轨则。

依照教育部所颁《纲要》,专科以上学校在目前国难严重之秋,教育实施,必须注意(一)精神训练、(二)体格训练、(三)特殊教学研究及(四)劳动服务四者。此在本校过去及现在大部实已在推进中。例如就精神训练言,《纲要》中谓各校今后对学生生活行为,宜由校长、军事教官、体育教师及重要教职员组织学生生活指导委员会主持其事,并须聘请各专任教授为导师,依照学生所选科系,分别排配,以补救指导委员会耳目所不及。查学生生活指导委员会之创设,在本校已有五年之历史,导师制之推行,且已九年,二者今竟共见之于政府颁布之《特种教育纲要》,通令全国奉行,足证吾人过去努力,并未走错路线。今后吾人自应继续努力,加倍认真推进,务使每一青年,均能立己立人,自救救国,认清目标,为国家民族争气。

又如《纲要》中谓各校应利用纪念周或课余时间,举行有关青年修养、立国精神、政治情状、国防常识等特种讲座,此在本校过去数学期中,亦经分别进行。缘吾人于沈阳事变后,感民族生存日形危殆,乃以"实施复兴民族教育"为办学方针,数年以来,一切施政,可谓以达到此目的为归宿。事实之最为显著者,即为利用纪念周时间,举行有系统之特种讲座,如民国廿二年(1933年)举行"太平洋问题讲座",廿三年举行"未来世界大战讲座",廿四年举行"救亡图存讲座",

---

[①] 原载《大夏周报》12卷8期,1943年。——编校者
[②] 1935年9月24日,侵华日军新任司令官多田骏就华北问题在记者招待会上叫嚣"逐渐使华北明朗化,这是形成日满华共存的基础",公然宣称支持华北自治。——编校者

本学期举行"国难教育讲座"是也。去岁华北问题发生，吾人凛丧亡之无日，认为非加倍努力，不足以应付此非常之局面，且觇年来寇焰日炽，汉奸充斥，实为其最大原因，故于寒假期间，特成立"救国工作训练委员会"，其主旨除训练学生从事实际救国工作应有之智识与技能外，尤着重于青年精神上之陶冶。矧吾人以为一国之"兵甲不利，城郭不完，货财不聚"①均非国家大患，所患者即在于"上无礼，下无学，贼民兴"②。今之汉奸，即古之"贼民"，故吾人应付目前环境之教育，实应以铲除"贼民"为鹄的。大学为培养国家领袖人才之境地，领袖之一举一动，动足影响全国人之景从，吾人尤应以培养"有气节，有骨格"之人才为理想目标。本校年来之所以特重青年人格训练，精神陶冶，其理由即在于此。此点吾人除在"国难教育讲座"中敦请名人讲述"忠义"等精神外，且举行足以激发民族意识爱国情绪之集团唱歌。其他有关国防常识、政治情状之特种讲座，截至本文属稿时，已举行者有"日本研究"、"国际形势"、"战时农业管理"、"战时交通问题"、"毒气化学"、"国防问题"各种讲座。

至军事管理化一点，本校以校舍设备及上海环境方面尚欠完善，拟于暑假内将宿舍等加以一番修理改造，自秋季始即实施较严格之军事管理。本学期业已实施者有起床、升旗、下旗、上课、就寝等加吹军号，每周举行宿舍整洁检查等，而升旗、下旗、吹号，本校则于廿三年秋季就已实行。军号一吹，全校员生无论在校场、办公室、宿舍，均脱帽面朝国旗立正致敬，表示爱护国家，现经成为习惯。

再就体格训练言。《纲要》中所述各点，在《纲要》未颁布前，甚至在"国难教育"新名词未出现前，吾人即已积极进行。例如《纲要》中第二条普通体育谓过去各校对学生体育，颇有侧重少数选手之训练，而忽略全校学生普及训练，今后应痛予矫正，此点吾人在两年前实已见及。缘本校以前体育，亦确陷上述偏重选手训练之弊病，后见徒然培养少数选手，俾选手变成学校中天之骄子，殊非国家提倡国民体育之主旨，乃于民国廿三年秋，厉行普及体育，两年以来，成绩颇称不恶。现每日下午四时后，运动场上人山人海，空气异常雄健。此次赴苏军训学生，事先检查体格，除极少数外，余均尚属健全，此殆即吾人努力之成效欤？

不宁惟是，《纲要》中谓各校对女生应实施军事看护训练，本校则于民国二十年即开始施行。本学期除加紧训练，授以军事看护基本知识而外，上月尚接

---

① 语出《孟子·离娄上》。——编校者
② 同上。——编校者

连假本校体育馆举行数次救护训练实习。至体育成绩不及格不能毕业,本校早已实施,无待赘言。《纲要》中又谓各校校长应督促军事教官指导学生作各种实地演习,凡与军事有关之后方勤务如防空、警卫、民众组织等,吾人均拟于最近时间切实施行。其次言及特殊教学与研究。本校一部分课程,自本学期起亦加以整理。如国文教材多侧重于足以激发爱国情绪之作品,鼓励学生从事国防文学与民族文学之建设与探讨,史地科学侧重于中国民族在历史上所遇之国难及各代民族英雄为国效死之事实研究,应用政治经济立场,分析中国近代史构成之原因与事实,帝国主义者之研究,并分析其向外找寻市场或殖民地之必然性等,化学侧重于毒气化学之制造与防御,测量学侧重于桥梁之测绘,材料强弱学侧重于路轨之敷设修葺、桥梁之建筑,无线电除叙述其构造之原理外,侧重于收音配音之实习与应用修理等,亦可谓已在分头改进中。秋季始吾人拟依照《纲要》,再作进一步之整理或增置数门特种学程。

最后言及劳动服务一点。从前大多数人都目大学生为双料少爷或小姐,只能消费嬉游,难望其耐劳刻苦,实则此种观察,未必尽合事实。本人认为只要学校教职员能以身作则,学生当无不能吃苦者。此证诸本校此次赴苏参加集训学生,在宿舍出发时及上海北站①登车时,大家均能自搬行李被褥,即足见吾人过去观察之子虚。青年之习惯行为,我以为均受文化环境与前辈人行为之影响。吾人要使青年能刻苦耐劳,能养成为公众为国家劳动服务,必须从吾人自己刻苦耐劳始。吾人要自己以身作则,要先将过去享乐之习惯改变,要先将耐苦之风气养成,我相信青年之习惯未始不可以丕变矣。如吾人自己过于享乐,而只在嘴巴上喊青年要耐劳、要刻苦,结果必适得其反。不能以身作则而在嘴巴上喊耐劳、喊刻苦,至多只能骗青年作一二次或短期间之耐劳刻苦,绝难望其能养成历万劫而不变之习惯。本校以"三苦主义"为立校精神,十几年来自强不息,学校物质固赖以发展,所培养之毕业生,在社会上亦多能奉公守法,黾勉从事,此即是过去吾人努力成绩。今后自应依照《纲要》,继续奋斗,以培养青年之组织能力与做人方法。

综上所述,教育部所定纲要,似与本校数年来施政方针,不无吻合之点。而今而后,吾人尤当秉着本校过去已有之方针,参照教部所颁之纲要,埋头苦干,向前迈进,以期挽救国难于万一,愿与诸同仁及全体同学共勉之。

---

① 上海火车站旧称。——编校者

学制改革

学分制与学年制之商榷①

自十一月十六日，上海各报发表教育部通令大学改学年制的新闻之后，吾校同事同学对我谈起这件事的甚多。他们的意见，大概可以归纳做三派：有的赞成改制，以为如是可以废除学分制的积弊。有的反对改制，以为学年制未必就有利无弊，也许弊比学分制的更多。还有消极派的人，以为这种改制，不过是政府朝令暮改的官样文章，大学区制既可改回来做教育厅，那么学分制即使改了，当然也可以再恢复，我们顶好还是实事求是地去办学，管他改制不改制。这种种的话，可谓公有公的道理，婆有婆的道理，媳妇也有她的道理。我个人觉得天下没有绝对有利无弊或有弊无利的事，也不应该有一成不变的制度，制度是人类进化的产物，人类不是制度的奴隶。下文所讨论的，不过就管见和经验所及，贡献给办教育的同志，并非有何主张，这是应当先声明的。

学分制盛行于美国的大学，已经有四十余年。② 美国大学把全部课程，分科别系，各科系又厘订若干性质类似和有关系的学程，用学分去表明各学程的教材数量，学生可以自由选读。美国的大学，多数以120个学分计算普通大学（College）的教材数量。平均每年修习30学分的学程，四年修毕，得学士学位。再以30个学分计算研究院的教材数量，一年修毕，得硕士学位。至于博士学位，是比硕士加修30个学分。有的普通大学，得学士是要做长篇论文的。进研究院去修硕士博士学的功课，都要有专门研究文字发表。博士的论文，往往是一本几百页的厚册。著成之后，经教授会审定及格，再通过一个很严肃的考试，便可得博士学位。

这种学分制利处甚多。高材生可以多选学程，多得学分，缩短肄业年限。对于资质平庸者，亦可量力选课，稍为延长修学的期间。所以在学分制之下，学业可以自由伸缩，无所谓升级留级。而且人类的兴趣好尚，个别差异很大。学生既有选课的自由，便可依照性情所近，才力所长地去求学问。愈有兴趣愈能努力，结果进步也愈迅速。做小学生的，整个的日课表，都是先生替他排的。中学行选课制的不多，中学生的日课表，也不要他自己费心去定。

---

① 原载《大夏周报》67期，1929年。——编校者
② 1884年，美国哈佛大学医学院在选课制的基础上创建了学分制，20世纪初，学分制被美国大多数高校所采用。——编校者

所以小学生和中学生的学校作业,总不免带被动性质。至于学分制下的大学生,他的日课表,是他自己选择的、排定的。这样自动地(的)去计划(画)有益的日常生活,不消说是可贵而应有的训练。学分制还有一种好处,就是它所代表的教材数量,比学年所代表的要精细得多,用学分去表志学业进程,比学年所表志的合于科学。学分制仿佛是一把米突尺①的精细,学年制是一把旧式中国尺的粗节罢。

不过在过渡时代的中国,社会充满着好新厌旧、欲速喜功的心理,什么制度都要腐化恶化。大学区制成于少数人之武断,宣告死刑于少数人之成见,是个例子。中国大学的学分制简直是仿效美国的。美国实行四十余年成绩卓著,到现今还是群策群力地去改善而推广。一到中国来,流弊就繁多:第一,学生变做学分的奴隶。求学不是求学问,乃是为了学分和文凭。学分满足,文凭拿到手,高兴得不亦乐乎。到毕业出校,才知道不学无术,无以应世。从前的士子,做八股的奴隶,近代的学生,做学分的奴隶,五十步不可以笑百步呢。第二,国内各大学,对于毕业学分,从未有整一或差不多整一的规定。学校各自为政,标准迥不相同,使人莫明其妙。我举一个例子来说,国立中央大学商学院定128个学分毕业,私立光华大学商学院定152个学分毕业,私立持志大学商学院定160个学分毕业,三校都授商学士学位。如以学分多寡来评判学士衔头的贵贱,那恐怕他们这三校的毕业生谁也不甘愿承认的,究竟标准在哪里呢？第三,学生在学分制下难有团结精神。在小学中学行学年制时,一班的学生同学几年,彼此相知有素,感情联络得好,精神便易团结,在学行上切磋琢磨是自然的。进了大学,受学分制之支配,各人班次不定,选课特殊,同班学友接触的机会不多。除了同乡和旧游以外,往往同学数年不相往来,到毕业还不相认识。遇有风潮,误会滋深,团体受学分制之瓜分,难得有合作和共同研究的精神。第四,在学分制下所得的学问,往往缺乏系统。学问应该循序而进,不应躐等,应该有连带关系,不应散漫。当今学生选课,往往没有统盘计划,读心理学的没有预修生物学,哲学系的学生去选广告学,三、四年级的功课让一年级的学生修习。学问是零碎的、片段的,漫无系统。科主任、系主任和教授不负责指导学生选课,教学上发生莫大困难。这种紊乱情形,事实上很多。第五,学生选课,每避难就易。他们喜欢选初步概论的学程,选容易及格的学程。选放任教授,上班不点名,不举行考试的学程,选名目时髦的学程。因此以上各种学程,选修学生多超出名

---

① 即米尺,米突是英文"meter"的音译。——编校者

额,而大学理科、工科、医科学生特别少。功课容易及格,所以四年的功课做三年乃至于不到三年都修完。这种畏难偷安,欲速见小的习惯养成之后,当然没法再研究高深学问或做伟大的奋斗。第六,任学生自由选课也会有偏枯的流弊。这一点和上面所说散漫的毛病正相反,散漫可比一只船在大海中,没有指南针,茫然不知方向。偏枯病就像坐井观天,所见不广。普通大学的课程和专修科的,性质有区别。前者除领导学生探讨一二门高深学问以外,还要使他获得一般比中学更进一步的普通学问,做成健全人格的基础。所以 College 的课程,好比一座埃及式的金字塔,塔基是学生应具的普通学问,塔顶是他应具的专门学问。不过登峰造极,尚有待于研究院。至于 Traing School① 的课程可比一座中国式的宝塔,上下大小略同,从头到尾差不多尽是专科的训练。受学分制支配的学生,常常误会这一点。他们尽量选修主课专系的学程,别种功课,置之度外。教育系的学生专选教育功课,国学系的学生偏重国学,数学系的学生不肯修别系学程。在一个大学里面,每学系每学期是不能开许多专门学程,我知道有二、三年级的学生转学,理由是某某大学没有功课给他念,转学到别校去,还是没有功课念。于是乎心满意足,以为一切高深功课都修完毕,余下的学年,只好干干所谓课外作业的事。

我们把学分制的流弊,都推到学生身上,似欠公允。事实上教职员也要负责,并且他们也吃亏不浅。担任指导学生选课的教授,不把学生的课表学历详细审查,随便替他签字,流弊很大。教授非由学分制出身的,讲授教材,分配段落,殊觉棘手。原来定三个学分的学程,一学期不把它教完,第二学期任意拖下去,学生或因种种原因不续修,结果所得的学问是零碎不全。原来一种学程,教材不多,作两个学分算已够,而学校时或任意把它算作三四个学分,结果是教授无故请假太多,因为没有材料教。口才欠佳、教书认真的教授,班上学生太少,教学均欠兴味。还有初开课时,班上学生很多,到几星期后,多数学生退出,剩下的寥寥无几。办学者不加调查,以为学生退出班,尽是教授的错,这真是冤枉好教授。至于概论入门之课,班上学生过多,教书太卖力气,名也无从点起。教书几年,师生不相认识,不是国内大学司空见惯的怪象吗?教员不知学生,当然不能因材施教。全班学生程度参差不齐,采取教材,更加困难。所以在学分制下,教员也大有苦衷在。至于教务处职员对于排课表,定教室,登记学生选课改课及增减功课的麻烦,可谓一言难尽,现在也不必赘述了。

---

① 指美国的职业学校,师范学校。——编校者

照上述的各种积弊,似乎学分制非打倒不可。如今教育部已明令废止,并订学年制来代替,或许可以把学分制的奴隶,即刻解放,恢复自由。不过我们现在还不知所谓学年制的内容,自然不敢妄加判断。照愚见猜想,教育部决不会颁布顶旧式的学年升级制度。每年级有固定的课程,一门功课不及格,就要予以留级处分,除此以外,学年制可有四种的解释:

(一)大学各学系每学年有固定的课程,学生没有选课机会,按部就班,由浅入深,四学年修学完毕。

(二)大学各学系每年大部分的课程是固定的,学生有选课机会,但须受严格指导,四学年修学完毕。

(三)大学各学院或各学系第一、二年级功课是固定的,到第三、四年级,继有分系和选课的机会,四学年修学完毕。

(四)大学各学院或各学系定若干门固定及选修功课,做四学年修完,但毕业前须通过几种最低限度的考试。

第一种是欧美工科、医科大学订定课程的办法。第二种办法在美国有许多实行学分制的大学就是如此,在中国也并非完全没有。第三种便是美国 Junior College 的办法。第四种国内外大学,也有实行过的。总而言之,将来教育部无论是采用那一种的学年制,都是要确定四年修学的期间。

我们对于改学分制为学年制觉得有几点应该注意的:(一)大学肄业期限确定为四年,用意至善。不过在这四年之内,究竟学什么功课,这是根本问题,四年或许太短或许太长,全看大学课程标准如何。(二)查教育部已颁布之大学条例规程,并未规定一学年分两个学期或三个学期。也没有说在暑期学校所修的功课不得作毕业功课算。那么假使大学办暑期学校或把一学年分作三学期,可否把四年的期限缩短。(三)在学年制下总要有一个方法表志各种教材的数量,比方说在四年内修完多少学程,读完几本书,或学完多少绩点,或通过几种试验。这样一来,和现在行学分制而严定四年毕业的大学简直没有分别。(四)在学年制下功课应该适应学生的能力和兴趣,务使学生各取所需各尽所能去求学问,再不要做学年制的奴隶。(五)在某范围内应给学生选课的机会。(六)学年制影响学校经济很大,假如各学系都要开四学年全部的功课,经费必定大大增加,在经费困难的大学,或许绝对办不到。高年级开班功课,学生一定很少,或许开班不成,或许开班而教学上缺少兴味。(七)课程增加,教室也增加,现有校舍及教具设备均有扩充之必要。

末了,我觉得现在中国大学教育的中心问题,是在课程标准和训练方法,并不在乎学分制或学年制。东京帝国大学本科修学期限定三年并且近来也行学分制。芝加哥大学每年分三学期,使学生得缩短修学期限,而不至减少活动课的量。英国的大学,有毕业最低限度和最高限度的课程标准,而学士学位也有普通和优等的分别。法国大学修学期限,文科二年以上,理科无年限,法科三年以上,医科四年以上。可见修学期限这件事,各国大学不同,也不是顶重要的事。如其课程无标准,训练不严格,管理不认真,即增加修业期限也不过使青年学生虚度光阴而已。学分制有它的好处和坏处。美国各大学,已经在积极改良,中国有许多大学,也在设法补救。方法很多,结果很好。将来我再做一篇报告,本文就此结束。

讨论学制应行注意之点[①]

教育是国家百年大计,教育政策和制度,不应朝令夕改。教育政策和制度递变不定,不徒象征着国家失却了中心国策,而且使国民思想难以集中,彷徨失措,无所适从,流弊所至,足使国本动摇。至于每次制度变更后,改编教科书的经济损失,尚在其次。教育部最近将召集全国教育会议,集国内办理教育行政者及专家于一堂,研究抗战建国时期之各种教育重大问题,"学制"一项,且列为首要提案,预料会议之日,对于维持现状及改弦更张,定有一番精彩辩论。兹就管见所及,以为讨论学制应注意下列原则及办法:

(一)中国本是一个穷国家,国民经济力薄弱异常,经了这一次大兵变之后,元气必大断丧。国民能负担子女教育费的,必寥寥无几。所以要使一般青年在战后都有受教育的机会,吾人必须多设公立学校,减少学生各种费用,并将在校肄业期间缩短,以轻国民负担。此其一。

(二)中国是一个比较落后的国家,距离现代化尚远。本来国家即无内忧外患,埋头建设,尤需相当时日,几能使国家逐渐"现代化"。无奈我们刚刚走上工业建设的路,国家即遭遇了空前的大苦难,外寇深入,沿海一些民族工业基础,率被破坏无遗。战后无论建设新工业,复兴旧工业,或建立各种国防工业,改进农业等等,势必需要大量建设人才,故吾人此时就应通盘计划,确立制度,准备培养大批实科人才,储为国用。此其二。

(三)中国家庭教育最需改进。一个人品性的造就,习惯的养成,均系于幼小时代在家庭中奠立基础,而儿童在家庭中感受影响最深者,莫过于母亲,所以家庭教育,也可称为母亲教育。战后复兴新民族,必须重视民族新幼苗之培养,而如何使此民族新幼苗都成为健全的新国民,须先从女子教育做起。换句话说,就是先要使今日每一个青年女子,都能具备"良母"的条件:有智能、有卓见,然后才能使家庭教育与学校教育配合,才能培养出健全的国民,才能使整个民族复兴起来。此其三。

(四)抗战以来,全国官民能深明大义,不成功便成仁者固不可少,但同时认贼作父充当汉奸加入伪组织者,亦所在多有,足证过去吾人对培养民族意识及

[①] 原载《教育通讯(汉口)》2卷9期,1939年。——编校者

国家观念工作,努力尚不足。今日在前方浴血作战的兵士,率皆来自田野,平常国家给予他们的享受,实在微薄得很,而今日他们居然能挺身出来,执干戈以卫社稷,奋勇杀敌,为国捐躯,这真是可歌可泣的事。故今后社会教育,应确立制度,使成年民众,人人有享受教育的权利,一边借以铲除汉奸的流毒,一边借以培养卫国的斗士。此其四。

根据上面四原则,今后学校制度,宜有相当改进。兹缕述办法如下:

(一)缩减各种假期。我国现行学制,全国均一致奉行一年两学期制,每年都有漫长的寒暑假和无数的例假。这样浪费时间,应加以改进。前年中央委员孙哲生先生曾建议减少假期缩短学年,以期增加学生作业时间。缩短在学年限,实有卓特见解,惜政府尚未采纳施行。照现行学制,小学六年毕业,倘若缩短期限,六年课程,当可于五年修完;中学六年课程,五年可以修完;大学可采一年三学期制,则四年课程,不难于三年修完。学生在学年限缩短,国民对于子女教育费负担自亦减轻不少。况且这改革,不过是增加学生作业时间,对教材分量上毋须削减,所以对学生学问"质"的方面,并不发生影响。既非速成,也不是粗制滥造办法。

(二)添办专科学校。今后高等教育,应多设专修科。因为战后疮痍满目,百废待兴,复兴建设,在在需人,而建设方面所需的人才,实科学生必比文法科为多,各种技术人员,如电机、土木、化工、机械、建筑、航空、兵工、造船、驾驶、采冶、纺织、水产、农林、兽医等,急应大量训练,即性质较狭技术较专之专修学校,亦宜广为设立。至中等教育阶段,亦应多设各种职业学校,使一般贫苦青年无力续进大学者,可就其性之所近,择科进校,毕业后,就可就业谋生。

(三)改进女子教育。今日我国所施行的女子教育,很显然地不能使一个女子受了教育,就可负起养护子女、教育子女的天职。原因是我国受了自由平等洗礼之后,一般人都误认男女必须进同样学校,受同样教育,方算平等。我国现行学制,男女教育并不区别。在大学或中等学校,很少看到母亲学、看护学、儿童学、家事学一类的课程。一般学校对女生教育,亦缺乏特殊设备,学生亦很少能认真学习,有时且存一种错误心理,以为选修这种功课,是预备要嫁人。或以为这种功课,不值得学习,误信自己早已具备了做母亲的知能。这种现象,实宜及早补救。女子学校制度,似宜重新确定,使一般女子受特殊训练,以为完成天职之准备。

(四)确立社会教育制度。培养儿童民族意识及国家观念,在学校中固可借各种爱国教材或精神谈话多所灌输,而一般失学之青年民众,如何使社会教育补习教育普及，确是极严重的问题。今后必须使中华国民，无论男女，凡年龄在十八岁至四十五岁者，均有进民众学校之义务与权利。民众学校强迫修业期间，宜有明白规定，譬如少则半年，多则二年，应并斟酌民众实际生活状况，令其分期补习，不必作一次修完。每期修满规定教材后，亦如学校教育一样，发给修业证书，如是则成年民众，人人都有享受教育的机会。知识提供，自不会中汉奸的流毒，且能为建国卫国而努力。

（五）师资训练机关应彻底独立。大凡一种制度的推进，结果如何，端赖有无适宜的人才。有了理想的学制，必须有适宜的师资切实推行。教育部洞鉴师资训练的重要，自二十七年度（1938年）起训令国立大学之设有教育学系者，改为师范学院，并添办独立师范学院，此其眼光远大，至堪钦佩。惟是师范学院或师范学校是专门训练中小学各科师资的机关，应该彻底独立。因为训练为人师表的师资，其训练与他人才不同。师范生品格的陶冶，要异常严格，学科的训练，要分外认真，如附设于普通大学，很难养成其特殊职业精神。所以为重视师范教育，重视将来新国民的训练，此时对于训练新师资的师范学院应认真办理，把它从普通大学内划分出来，单独设立。

关于整个学制问题，上面已说过：教育是国家大计，不应朝令夕更。但若现行制度流弊丛生，当然要设法改进，是否有当，愿贤达有以教之。

缩短学年与减少假期问题[1]

二十三年(1934年)十二月五中全会开会时,孙科先生等提请"各级学校每年放暑假30日,年假3日,国庆纪念假1日,每两星期放假1日,其余各日不得放假停课,而大学及高中修业年限比现行者各缩短1年"一案,其理由是认定在这国家民族危急存亡的时候,一切教育建设,当力求时间和金钱的经济。乃我国现行的教育制度颇多不合,例如专科以上学校每年实际上课日数,仅有184日,占全年日数50%,恰足半年;中等学校每年实际上课日数,仅有197日,占全年日数54%,半年有余;小学每年实际上课日数,仅有202日,占全年日数56%,亦是半年有余。似此各级学校学生优游岁月,旷费学业,是应减少其假期,而缩短学年,对学生的学业程度毫无降低,对国家的经费节省大有可观。中央为审慎起见,将是案交由教育部广征专家及各级学校办学者的意见,以备采择。这件事一方面是表示中枢要人关心教育,另一方面是证明当局博采众议,不轻易变法。

原来,我国现行教育制度不合国情,流弊百出,时为国人所诟病,为挽救国难复兴民族计,须彻底改革教育制度,确属事实上所必要。不过关于孙先生等所提议各级学校减少假期缩短学年办法,是否不违背教育原理,而能适合中国现社会实际情形,则我认为必须先从下列几个问题,做一番缜密检讨的功夫,始可肯定取舍标准,而为从事学制改革的根据。

第一是教材与时间分配的问题。现行部颁《中小学校课程标准》及《中小学校规程》里所规定的必修学科的教材内容,是否与所分配的时间恰相符合?绝对不会过长或过短?有无可靠的实地教学经验与根据?或是徒凭课程起草委员一时理想的所及而订定呢?这种种都是一个大疑问的。即使订定课程标准时确有可靠的实地教学经验为根据,而各学科里所规定的材料,又能否完全算是全国公认为"至少精粹"的而绝对不容增减的教材呢?我人常取中小学校各学科的课程标准一看,即深深觉得许多材料是过于繁难,而许多重要问题反未提及,或是过于简略了。尤其是那中小学校的衔接学科,每多重复的地方,例如高小算术一科,四则问题当然是教得很熟的,而在初中算术课里,照旧一大半是

---

[1] 原载《教育杂志》25卷16号,1935年。——编校者

讨论四则问题，不但是空花时间，而且影响学生学习的兴趣。他若高中师范科的教育功课，更是重复得厉（利）害，在教育概论里要讨论到的问题，在教学法、教材研究和教育心理学各学程内，又要重新讲授一次，诸如此类，不胜枚举。同时又往往把那范围较狭、材料较少的学科与那范围较广、材料较多的学科，均规定每学期每周二三小时教完，弄得许多中小学教员深感左右为难不知要怎样支配时间而能恰得其当的苦痛，这也是事实俱在，不容我人讳言的。总而言之，就各级学校课程与时间支配来观察，学年长短固是一个问题，而其更重要的问题，还是如何的利用教学时间。倘使利用得法，稍为缩短些时间，似无大问题，反之利用不得其法，则徒延长时间，也难奏效的。

第二是中外古今的学制年限问题。查世界各国现行的学制，对于其国民所受教育的年限，并无一律整齐的办法，如美国规定小学 8 年或 6 年，中学 4 年或 6 年，统计其普通教育期间为 12 年；英国小学 7 年，中学 6 年，其普通教育期间为 13 年；法国小学 4 年或 5 年，中学 7 年，其普通教育期间为 11 年或 12 年；德国小学 4 年，中学 9 年，其普通教育期间为 13 年；日本小学 6 年，中学 5 年，高等学校 3 年，其普通教育期间共为 14 年。再就中国 30 年来学制变更的沿革来看，也是参差不齐的，如光绪二十八年（1902 年）《奏定学堂章程》所规定小学 10 年，中学 4 年，大学预科 3 年，大学本科 3 年，统计受教育期间为 20 年；光绪二十九年（1903 年）修正学制系统所规定小学 9 年，中学 5 年，大学预科或高等学堂 3 年，大学本科 3 年或 4 年，其受教育期间为 20 或 21 年；民国元年（1912 年）教育部重新公布学校系统，规定小学 7 年，中学 4 年，大学预科 2 年，大学本科 4 年，其受教育期间为 17 学年；民国十一年（1922 年）又公布新学制学校系统表，规定小学 6 年，中学 6 年，大学 4 年，其受教育期限为 16 年；至民国十七年（1928 年）大学院厘定教育系统及现行学制，其受教育期限亦均定为 16 年。要之，无论从各国学制年限的比较来看，或从中国 30 年来学制变更的沿革来看，均有彼此前后或长或短的不同，可知学制年限是没有统一固定的办法，只要为现阶段环境所需要，而确定利大害小的计划，盖有商榷的余地和可能性。

第三是历年假期的增减问题。查我国历年放假日期，多依时代为转移，其间长短增减颇不一致。如民国元年部颁《学校学年学期及休学日期规程》，暑假休业日定为 30 日以上，54 日以下，而高等专门及大学得延长 20 日或 30 日。年假休业日定为 7 日以上，14 日以下。春假休业为 7 日。又于民国纪念日、孔子诞日、地方纪念日、本校纪念日、日曜日及阴历四季节（元日、端午、中秋、冬至）日各休业一日。至民国十六年（1927 年）大学院时代，正当革命军北伐过程中，为要扩大革命宣传起见,对于革命纪念日(如一月一日中华民国成立纪念日,三月十二日总理逝世纪念日,三月十八日北平民众革命纪念日,三月二十九日革命先烈纪念日,四月十二日清党纪念日,五月五日革命政府纪念日,五月九日国耻纪念日,五月十八日先烈陈英士①纪念日,五月三十日惨案纪念日,六月十八日总理广州蒙难纪念日,七月九日国民革命誓师纪念日,八月二十日先烈廖仲恺②纪念日,九月九日总理第一次起义纪念日,九月二十一日先烈朱执信③纪念日,十月十日国庆纪念日,十月十一日总理伦敦蒙难纪念日,十一月十二日总理诞生纪念日,十二月五日肇和兵舰举义纪念日,十二月二十五日云南起义纪念日)均为休假一日。同时将阴历季节例假,一律废止。并明定寒暑休业,专科以上学校为70日,中学以下为50日;寒假一律定为2星期,年假3日,春假3日,较之民元颇多出入地方。洎乎最近几年革命事业告一段落,故二十年(1937年)六月教部修正《学校学年学期及休假日期规程》,又稍为不同,规定专科以上学校第一学期上课共为136日,第二学期135日;中等学校第一学期143日,第二学期142日;小学第一学期146日,第二学期145日;如遇闰年,则各级学校第二学期各加1日。并明令除孔子诞生、国庆纪念、总理诞生逝世纪念、中华民国成立纪念、革命先烈纪念、国民革命誓师纪念及星期日外,一律不停课休假。至二十三年(1934年)十一月间第四届中央执行委员会第147次常会修正颁行的《革命纪念日简明表》,又规定总理逝世纪念日,只分别集会纪念,不放假。由此推论,则今后的废除各种假期,原非不可能的事,如有国家重大纪念,也很可暂停一二小时的功课开会演讲,而用不着空花整天的时间,反给学生借口不来参加,弄得开起会来冷落不堪。此外关于星期假日,也是各国不甚一律的,如英国学校大概是上课5天,休假2天,美国则一般学校星期六下午是不上课的,就是一礼拜内只有五天半的课内作业,其余为学生自修时间。我国从前教会学校,也多采用这种制度,近来则大体已改为六个整天了,这也是表示假期很有活动的余地,而渐有倾向减短的趋势。

第四是假期在教育上的价值问题。我们晓得教育的主要使命,是在改进人类一切的行为,其环境愈有变化,则愈易引起注意,势力旺盛,进步益速。乃学校教育绳以一定的规律,范以呆板的程式,稍久必为厌惮,而减低教学的效率。

---

① 陈其美(1878—1916),字英士,浙江湖州人,国民党人官员,后被暗杀。——编校者
② 廖仲恺(1877—1925),广东归善(今惠阳)人,国民党高官,后被暗杀。——编校者
③ 朱执信(1885—1920),名大符,字执信,祖籍浙江萧山。著名出版人,国民党官员。——编校者

苟给放相当的假期,使学生暂时脱离严肃而恢复自由,则生活变化,精神奋发,既可接触外界事物以提高研究的兴趣,复能自动温习功课,而获得反省的功用。且读书过久,精力疲倦,倘无优游的时间,必致损坏身体。再如修养德性,也为放假的一种功用,因为学校的教育训练,每为规律所约束,学生完全处于被动的地位,殊难发展其独立自治的能力,现在借用放假的机会,使家人相处,朋友相交,实地观察社会变化的物象和人事,以运用和引证书本上的知识,同时借受社会的间接训练,可为立身处世的观摩。不过理论自为理论,而今事实则大不然,就一般学生来说,十九误解放假的意义,以为学校既然命我回家休息,便应尽量的快乐一番,束书高阁,佚居宴眠,不但无从获得旧知识,且因游玩的疲劳未复,放心不收,而影响于返校后的学业。据最近美国帕克(Parker)和安特生(Anderson)比较暑假前后的小学一、二年级的学生的阅读速率,找到暑假以后的成绩远不及暑假以前的成绩。一年级上学期学生在暑假前每分钟平均阅读50个字,暑假后每分钟平均只阅读44个字;一年级下学期学生暑假前每分钟平均阅读84个字,暑假后每分钟平均只阅读49个字;二年级上学期学生暑假前每分钟平均阅读125个字,暑假后每分钟平均只阅读68个字;二年级下学期学生暑假前每分钟平均阅读145个字,暑假后每分钟平均只阅读125个字。读法如此,其他科学当然也不能例外。据此而论,因暑假而减退的成绩,学生或须花费开学后一二个月的功夫来补习,这岂不是一种很大的损失吗?更有进者,当那学生第二学期返校上课刚起兴趣的时候,忽来一个春假7天,欲回家则交通有的不便,单在路途上来回一次已来不及;欲旅行参观,则囊空如洗,强半学生是办不到的,结果进退两难,既无功课可上,乃群相奔逐于街市上,实行马路参观了。再那星期日的放假,也往往对学业方面发生很大的影响。每有些学生,因在星期六要计划星期日的娱乐方法,即心不在焉的读书,及到星期一又因星期日娱乐过度,弄得精神疲倦,还是不能专心上课,此中流弊,凡有实地教学经验者类皆体会得到这种事实。以上还是就世界各国普通情形而说,至若我国,这问题更是特别的严重。因为外国学生,大都能利用寒暑假、春假和星期日,作一种有益身心的活动,如赛球、骑马、旅行、参观及参加训练营、讲习会之类,所以功课上虽不免荒疏一点,实际上还是得益的。而我国学校一放假,大家便忙着回家,过那闲游的生活,踢脊卑居,起居无常。年长学生匿比损友,打牌看戏,熏染恶习。至那年幼学生,则在街头屋角吵闹打架,饱食终日,无所事事。不但把学校里所学得的知识和陶冶的德性,破坏殆尽,且原欲借假期而重生,今反适足以断丧其生命,甚或将社会的不良习惯,传播于学校间,增加了训育上的莫大困难。

第五是天气寒热对于教学的影响问题。现在一般人主张要放长期寒暑假的另一种理由,大概是说暑天太热,冬天太冷,均不适宜于教学工作,这种言论似是而非,直到今日为止,尚不能找出科学的具体证据。试观年来世界各国,常在暑间举办暑期学校,其成绩颇为优良,从未闻有发生什么卫生上大流弊。是则暑期学校既可开办,难道各级学校即会特别不同而不能照常上课的吗?且我国地居温带,除极少部分外,常年暖和,并没有十分热寒的时节。举凡社会上各种职业,无论劳心的或劳力的,多无寒暑假制度,终年照常工作,也未闻有怎样大不了的事情。其主张放寒暑假者所谓妨害儿童在生理及心理的健康,又将何说?抑尤有进者,所谓天气寒热能影响人类身体的健康,则儿童当然要比成年人来得厉害些,乃查现行部颁假期规程,是明显地规定专科以上学校放暑假70日,中等学校放暑假56日,小学放暑假50日为限。学生年龄愈小,假期愈短,这又岂不是一个矛盾的现象么?

且据最近桑代克等实验研究结果,发见我人若能鼓励学生竭力做其工作,则他们在热、温、湿、陈腐及停滞的空气(温度为华氏86度,湿度为80%,并无新鲜和流通的空气)内工作的成绩,与他们在理想情形(温度为华氏68度,湿度为50%,每分钟每人得有45立方尺的新鲜空气)下工作相同。再者,桑氏等又发见被试者每人8小时在热湿及陈腐的空气内做极无兴趣的工作,且无特别的鼓励,其成绩亦与在理想情形下工作时相仿佛。可见天气的寒热,对于学习并无发生很大的影响。据此以论,则长期的寒暑假,实无积存的必要。至一般人所说学习与其他作业不同,应有特殊休息时间,以资身心调剂的作用。则现在发达时代,学生每日上课、自习、休息、睡眠等时间,很可做适宜比例的分配,使无碍其生理和心理的健康。且这种工作分配问题,也只限于每天的调剂作用,而绝非说每周六日后必须有一天的休息,每四五个月后必须有一二个月的休息。不过因为这种放假制度,乃为各国所通用,且流行于国内有年,一般学校习之若素,积重难返,不能一日削除,则逐渐实行缩短,是亦一种折衷办法。

我们从上述各种问题的探讨,对于孙先生等减少假期缩短学年的提案,在原则上是可以赞同的,但在实行改变的过程中,为针对现状教育起见,似乎还有几个先决条件,也是我人不能不特加注意的。

(一)现在中学科目繁重,上课时数过多,与其缩短学年不如把那减少假期所多出来的时间拿去匀分在每周间扩充教学。我们试就目前中学生来说,既要娴熟国、英、算的基本工具,又须明了史、地、公民等社会知识,培植生、理、化学等科学基础，更须具有劳作、艺术、体育、军训、童子军等特殊训练。初中每周上课时数为34至35小时，高中每周上课时数为31至34小时。若照中学规程第二表，有蒙、回、藏语或第二外国语，初中更多4小时，高中更多6小时。这种科目时数的繁多，不但为自由主义教育的英美各国所望尘莫及，即拿那欧洲与日本所谓集权主义下的中学生来比较，也是要超高一步。盖当今在任何各国上课时数，无出30小时者，如法国中学前6年21至23.5时，后一年24至25时；德国中学平均26至29时；意大利文科中学21至26时，理科中学25至26时，女子中学24时；日本中学28至30时（参看《中华教育界》22卷第3期，张文昌《我国中等教育之危机及其挽救》一文）。似此学生上课时数之多，一星期要上三十五六小时，一天要上五六小时的课，剩下来的每日内空班只有一二小时，连晚上的一小时自习时间也算进去，每天也不过有三四小时的预备时间，怎样可以应付这繁重的功课呢？有的连饭后休息和课外运动都无功夫，不得不"开夜车"、"开早车"，有的索性一门也不读了。无怪国联教育考察团对于我国中等教育的批评要大惊异而感慨地说："在许多中等学校中，尤其在初级中学中，上课之时间太长……此种时间支配方法，极似故意以教育为工具，使儿童成为废材！"据此以论，减少假期，正可利用那多出来的时间，为每天上课时数的合理分配。换言之，就是将前在三星期内的功课，均分为四个星期来教授，使中学生负担较为轻松，课业内容亦较为娴熟，不至咀嚼不烂，消化不良，而成绩低下，而怕会考，而反对会考了。

（二）在减少假期缩短学年的实施办法下，更须多方注意学生实习与社会联络方面。我国现有教育所造就的人才，不能适用于社会。其最大原因，即由学校与社会隔阂过甚。在现制下的各级学校，尚有长期寒暑假及春假、星期日，为学生接触社会的机会（目下学生误解假期作用，只向娱乐方面做功夫，这乃是变态现象），而所造就的人才，结果尚且如此。今再缩短假期，则学生终年在校，完全与社会脱离，其将来势必更不适用于社会了。且按照各级学校组织法，凡师范职业及农工商等学科学生，须于每学年暑假或寒假期内，在相当场所实习若干星期，方准毕业。其必须实习的理由，即恐学生对书本上所求得的理论与实际情形不符，必须经过实地试验一番，可增长心得。今将寒暑假期减少，则在学年内实习时间，不得不特加注意，以求获有合理的分配，如此广造的人才，方可保得原有好处，而适应社会的需要。

（三）欲用缩短学年以普及教育广造人才，则政府更应先注意毕业生出路问题。今日中国的教育不适合国情，以致学生毕业即失业，不但不能为社会生产份子,反成为都市高等流氓,这一方面固是教育根本方针的错误问题,另一方面也由于政治不上轨道,经济没有出路,封建思想的遗毒,生产事业的不发达。当今中国无疑地是在各列强政治经济侵略之下的一个半殖民地的国家,是土匪天灾人祸交迫之下的一个纷扰不堪的社会,政治则变乱频仍,廉耻沦丧,经济则农村崩溃,十室九空,外货充斥,实业益不发达,民生凋敝,失业日渐严重,不但没有安静的地段好让新毕业者去从事建设,即年来所有的实业机关,也多关门大吉。如去年四月间全国纱厂联合会有减工20%的议决案,上海丝厂从120余家,到十一月间即仅剩二三十家勉强维持营业。又最近上海市面的恐慌,全国普遍的不景气,这都是影响毕业生出路的致命伤。在今各级学校少数毕业生,尚以社会消纳力的不良,而引起人浮于事的现象;倘使学年缩短后,则学生出产量愈多,岂不是更增加社会失业分子而扰乱国家治安吗?故今日欲求普及教育广造人才,除促进教育制度本身健全外,还先要注意社会环境的安定,生产事业的兴办,借以推广毕业生出路,庶于国家前途有利。

(四)为实行减少假期缩短学年的办法,对于各级学校的行政管理、教育设备和入学年龄等方面均须重新厘定标准以求健全合理化。我们要将各级教育年限缩短一年,使学校教育事业得提早一二年结束,则在这种学校所需求的师资,因其职务加繁,自必增加人数,俾得于一星期内轮流休假一日,于一年或二年内轮流休假数月,继续进修。在大学、中学若改为学制,此点尤易实行,同时学校行政的管理,卫生的设备,教材的分配,教具的充实,均应有切实的改革和整顿,而提高教育职员的待遇,宿舍的供给,年功加薪及休养金制度的实行,尤为刻不容缓的事。他若各级学生入学年龄,也有改进的必要。依照现行教育常例来说,儿童六岁入学,十二岁小学毕业,十八岁中学毕业,二十二岁大学毕业。今将大中学校各缩短一学年,则将来中学毕业者为十七岁,大学毕业者为二十岁,其对所习课业,无论为自然及社会科学,均缺乏其生活上亲切的观念,诚恐经验愈形缺乏,年龄过于幼稚,更不适合国情了。故今后各级入学年龄,均应提高一二年较为合理。

(五)我国领土广大,南北环境各异,似不适用一种固定办法,应多留伸缩的余地。如北方寒假期间不妨稍长,南方不妨稍短;反之,暑假时间,则南方应较北方为长些。最好办法,是能规定在热温湿度若干度时,酌量放假多少天,否则概行上课。此外依照社会实际情形,每过农忙之时,小学似亦应放假一二星期,以便学生回家帮助家庭操作。更有一个必不可忽视的步骤,就是在实行缩短学年减少假期之前,最好先由教部选定南北大学各一所,各省选定中学二所,小学四所，或划出大规模各级学校一部分，作为新学制的实验。在实验期内，各校应将实际情形及实验后成绩详细呈报主管机关，汇齐统计，编成总报告书籍供国人研究参考，徐图改进。如果成绩确系优良，再限于某年度起，各级学校始业时，将新学制实验范围扩大及于一切学校。如此有步骤有计划地实验新制，再定去取，则在今日影响的范围既小，不至摇动全部教育而又可免徒持空论、意行立异的流弊。质之原提案者孙先生等，未卜以为何？

（六）最后还有一个必须附带说明的事，原来我国从前的老师宿儒，和现世各国的学者，他们的学问，大都是不限于时间地点，自由研究得来的。依照现行学制，做学问要受部定空间和时间的限制，在家里念书，得不到文凭资格，必须进学校，进了学校，晚上不许读书，暑假不许读书，因为进夜校和暑期学校所读的功课，是不能当作正式毕业学分算。夜校和暑校，纵有营业性质，但认真办理成绩优异者，不能说没有，只要教育当局严密视察，鱼目就无从混珠。我认为承认夜校和暑校所修习的学分，也就是缩短学年的办法，这虽然符合孙先生等提案的精神，然而和现行教育法规不免有抵触了。

评缩短现行学制总年数案[1]

一个月前,中国教育学会寄来通知,并附中国教育学术团体第二届年会时该会提出的《缩短现行学制之总年数俾能加速造就抗战建国所需之人才》一个方案,征求对于该方案的意见。当时作者觉得这个问题关系教育前途极大,所以就草拟了一个意见书寄去。最近又接到《教育研究月刊》编者来书,为"学制改进问题专号"征文,作者因二年来办理黔省教育行政,所得感想颇多,因此更觉得改制问题必须慎重,爰就观感所及,根据中国教育学会提出的方案,略抒意见于后。

该方案对于缩短总年数的理由有二,一是认为现制的年数太长,儿童自初小一年入学起算,欲经中学、大学及研究院而获得最高学位,须历21年。反观德法两国由小学或基础学校,以迄大学获得博士学位,仅需15年。美国学制所需总年数亦较我国少2年。二是认为在学期间的增加,即为服务期间的减短,所以在时间上,殊不经济。根据这两点理由,提出了三个可能采取的方案。兹将这三个方案各阶段归总起来,列表如下:

初等教育阶段
- 方案(一)改国民学校为五年(不分初高级)……缩短一年
- 方案(二)初等教育阶段仍旧(即初级二年、高级二年)……不变动
- 方案(三)国民学校四年(现制高小二年并入中学阶段)……缩短二年

中等教育阶段
- 方案(一)中学五年(不分初高级)……缩短一年
- 方案(二)中学四年(原高中二、三两年改为大学预科)……缩短二年
- 方案(三)现制高小并入中学阶段合为八年(初高中各四年)……加长二年

中等教育阶段
- 方案(一)大学阶段不变
- 方案(二)原有高中二、三两年改为大学预科或大学先修班(现在大学一、二两年共同必修科目均于大学预科授完)大学本科三年、研究院硕士一年、博士二年……缩短三年
- 方案(三)大学阶段同前项……缩短三年

综合上面三个方案,办法都是缩短学制的总年数,对于中等教育这阶段主张变动的最多,其次则为初等教育与高等教育。在理论上讲,似乎很简单,缩短了年期,只要把教学进程调整,就可以解决。其实牵涉的问题极多呢。

一、初等教育阶段缩短年限问题

(一)国民学校改为五年制问题。如将现制小学初高级合并为五年,予以

---

[1] 原载《教育杂志(广州)》103、104期合刊,1943年。——编校者

缩短一年，在理论上，一面可以减少小学求学的年期，一面是将强迫教育的年期加长了一年，从而提高国民基础教育的水准。但在实际上就发生下列几种困难。

1. 师资问题。学生程度的提高，与师资优劣成正比例。如江浙两省的小学师资，较内地各省为优，学生程度亦因之较高。艾伟①先生于民国二十五年（1936年）在江浙两省测验的小学国语和算术的成绩，和民国二十五年在贵州省小学测验的成绩比较，贵州小学毕业生国语的成绩不及江浙小学五年级上期，算术的成绩，只近乎江浙小学四年级程度。虽然这种差异的原因不是单纯的，但至少师资的优劣是重要原因之一。再就贵州省各县的师资来说，往往高级师范毕业生不及全县师资总数1/10，偏僻县份竟有不及12%的，如施秉县高级师范毕业的只有2人，中等学校毕业的只有32人，大多数教师是小学毕业的。在这种情况之下，要这般教师去担任五年制小学高级班课程，无疑是难能胜任愉快的。兹要施行五年制的小学，就要先准备一批合格的师资，在目前各省各县的乡（镇）中心学校高级部师资不敷分配的时候，中心学校尚不易求健全，而完成共辅导保国民学校改进的使命，至一般保国民学校的师资更差，因为教学方法的拙劣，教学效果自然更低。据作者最近巡视黔南各县，发现一部分保国民学校教师，因为学历程度太差，教学方法错误，以致教学效率极低，甚至全无效率。所以推进国民教育必须从量的扩充与质的改进，同时并重，而师资之造就与训练，尤为当务之急。我们必须从健全师资着手，来提高国民学校毕业生的水准，但此绝非在短期内可以完成。总而言之，要把国民学校改为五年，第一个师资问题就不易解决。

2. 普及义务教育年数问题。我国教育法令上所规定学童应受的义务教育本为四年，或短期小学之一年或二年，如国民学校改为五年后，则义务教育延长一年，这一年的延长，究竟适合国情否？依据一般的农村情形，学童能修完四年的，往往不及十之一二，如以往江浙一般的乡村小学，办了十多年，往往平均每年不过几个毕业生。一个儿童进学校读二三年书，就休学了，以致便条不会写、账目不会记、书报看不懂；又因为所学的不够运用，自己无从练习进修，日久荒废，与文盲无异。这种现象，变成所办的教育全是浪费而无效率。推其原因，无非因为江浙沿海一带地狭人多，以人口平均，每人仅得两亩耕地，所以农民生活艰难，非操作副业，不足以维持生计。儿童到了十岁以上，不是去学习工艺，便

---

① 艾伟（1981—1955），湖北江陵人，教育心理学家。曾任教于大夏大学、国立中央大学等校。著有《高等教育统计学》、《教育心理学大纲》、《教育心理实验》等。——编校者

要在家帮助父母生产，以求解决衣食问题。由于农村经济的枯竭，就影响教育的普及。内地各省，村落疏散、山路崎岖，儿童入学年龄，大多数亦因此提高。一般儿童一面入学读书，一面牧羊砍柴，到校日少，请假日多。尤以风气闭塞之区，穷苦民众，不感识字之需要，民众之漠视教育，亦系实情。以目前事业而论，办理小学教育，其问题使一般儿童均能入学，受满四年制的教育，以宏教育实效，其问题实较延长一年更为切要，而五年制的小学，恐更影响普及的计划。

3. 教学进程问题。儿童年龄幼稚，身体正在发育，智力发展迟缓，所以学习的进程不能太快。如以前部编的短期小学课本，因为进程太快了，儿童往往不易跟着进步。又据过去在江浙当过多年小学校长和视导员的某君谈及，江浙一般的小学，当发现一班中留级的学生，少的占 1/3，多的竟达 1/2，普通一个学生能在四年内按年升级而没有留级过的，并不多见。于此可见过去一般小学教科书的教材进程，是否编得太难等，这是值得研究的问题。假使再把学年缩短，教材加快传授，会不会影响儿童的学习力，能否达到现制六年制小学毕业生所具有的文化水准，这是应该注意的。

有人也许会说，过去江浙省立学院惠北实验区，以及河南省立开封教育实验区，都做过缩短义务教育年期的实验，能把初小四年的课程，在两年或两年半内完成而有成效的，这不是表示可以缩短年期吗？但是这里有几个不可忽视的条件：第一是师资优秀的高中以上的毕业生。第二把入学年龄提高至少儿足岁以上。第三废除了星期日及不需要的假期，无形中增加了教学时间。第四教学方法优异，设备完善，如惠北实验区的教学方法，采做上教和做上学；开封实验区着重教学工具，先采用卡片教学，次采用道尔顿制与自学辅导的精神，备了大批的读物，指导儿童阅读。第五他们实验的地点是在文化发达交通便利之区，学生的生活环境愈优越，进步也愈快。但是他们修业期满的学生程度，是否和优良小学的成绩相等，还是一个问题。同时这些条件，都是不合于作者前面所指出的一般乡村的情形。所以只能把它当作一种特殊情形，而不易普遍化的。

（二）国民教育改为四年制问题。该方案"（三）将高级小学二年并入中学阶段"，即把六年制的初等教育阶段，减为四年，有下列的缺点：

1. 减少乡村间高级小学学生的求学机会。自推行新县制普设乡（镇）中心学校后，中心学校普设小学高级部，乡（镇）中心学校所在地附近学生均有受高小教育机会，不若以前各省各县之高级小学数量极少，大部设在城内及重要市镇，以致乡民子弟入高级小学者必须寄宿，非富裕者无力入学。在村落周密、人口集中之区域,则可以使乡(镇)区域内全体学生走读入中心学校高级部求学。如将高小这阶段取消,合并于中学后,中学数量当不如中心学校高级部之多,其容纳学生亦不能如全县中心学校高级部所收容之众多,势必使目前在受高小学教育之学生失去其求学高小阶段之机会。此其一。入两年制高级小学学生之家庭经济,未必有力量将子女送入中学,实行寄宿求学,无形中又剥夺了一般农民子弟求学较高教育之机会。此其二。

2. 减低一般国民应具的文化水准。六年制的中心学校设在本乡(镇),近的学生走读,远的学生清早提着饭菜入学,吃自备的中饭,小学生的生活习惯,与家庭生活不相隔阂,如目前乡(镇)中心学校高级部学生,课后或休假日,大多数能够拿起斧头扁担上山去砍柴、肩挑农产品赶市场去贩卖,农忙插秧割稻,时常操劳,不失为农夫身手。如农民的子弟离家去求学,经过四年的劳心重于劳力,把一个具有农工本质的小学生,变成文质彬彬的中学生,结果他不愿回去再做农夫,他的体力也不配做农夫了。这可以说,因为高小并入中学,反而减少一般农民可以到达高级小学程度的文化水准。更有一个问题,就是原来高级小学毕业生,年龄只有十二三岁,叫他去学做各种艺徒,不论木匠、泥匠、理发匠、机器匠,都不成问题。这也是增加各行业中从业者的文化水准。假使高级小学废去,改为四年的初中之后,四年初中毕业的学生,不会再去学工匠。所以如把高级小学废去,对于农夫工匠的文化水准,不但无法提高,反而降低了。

(三)现行国民教育制度问题。在现前,我国因为受到资本主义国家物品的倾销,手工业产品竞争不过工业的产品,同时落后的工业也被优势的工业国所压倒,结果不论工厂、手工业均濒于破产,农村亦趋于崩溃,以致一部分农工子弟,连日常衣食都发生困难,求学问题更不易解决。所以一般教育者主张把学年缩短,由四年改为二年,以求适合于崩溃的农村社会。抗战五年以来,沿海口岸被封锁,外货无法倾销,内地工业、手工业、农业因之得以抬头更生,农村经济渐趋繁荣,农民较战前宽裕,努力者的收获,较薪水阶级者超过数倍,所以目前农工同胞对于遣子弟入学,较战前为踊跃。抗战胜利以后,不平等条约废除,工业农业有关税可以保障,国民经济自能日趋繁荣,小学教育必能循轨进行。目前需要做到的,乃是学龄儿童入学后不中途辍学,均能修毕四年,再进一步使大多数的学童能完成六年的教育。美国小学教育规定为八年或六年,德国的国民学校八年或七年、九年,英国小学七年,日本的国民学校六年,文明国家的基础教育年数虽各不同,惟其设法提高国民的程度,则趋于一致。我国目前内地各省的情形,就是读了六年制小学的毕业生,学业成绩尚不能达到江浙小学毕业生的程度。所以目前的问题,是如何提高学生程度,这问题比缩短学年,重要得多。

1. 假期农事化。学校放长期的寒暑假,对于天气太热太冷,不适于教学,当然是一个理由。但我国地跨亚热带、温带、寒带,气候转变参差不齐,有的地方夏长秋短,有的秋短冬长,有的地方严寒酷热,有的一年四季皆春。因为我国版图广大,寒暑假期,大有伸缩余地。而最成问题的,就是因为我国是一个农村社会,85％以上人民务农,散居乡村,他们的生活,全靠耕种,农忙时必须阖家动员,分工合作,大的儿童要帮助耕种,小的也要看护弟妹。所以一般农村学校,到农忙时该放农忙假。农忙假又因各地气候不同,物产各异,耕耘及收获时期参差,所以不得不由各校自行决定,政府无法齐一规定。(本来照政府法令的规定,放了农忙假,是该缩短寒暑期。而事实则不然,反而多了放假日期。)加上寒暑假期、纪念节日和例假,以致一般乡村小学放假日多,上课日少。在暑期寒假里,有的地方是农民空闲的时期,不但儿童可以上学读书,成人、妇女也可以入学补习。但是现制的寒暑假期,把这可以利用空隙的教育时间,轻轻地放弃了。这是教育时间的浪费,对于教育效果方面是重大损失。所以关于小学的寒暑假期,我们如何把它缩短或取消,而改为农忙假,以适合农村的实情,这也是不应忽视的问题。

2. 设备标准化。一般儿童学业的进步,与学校设备关系甚大。例如一个学校有小图书馆,备了各种书籍,分为若干阶段,指导儿童课外阅读;另一个学校没有一册图书,只有儿童自用的课本,甚至连课本也欠缺,当然前者优而后者劣。在教学算术常识科时,有教具和优良设备的,教学效果自然比设备欠缺的学校好。内地各省各县的国民学校及中心学校的设备如何呢？就以贵州省说,据作者所见,各校除黑板、课桌外,别无他物,甚至有的连课本课桌也不齐全,在这种情形之下,教学效果自然差了,学生成绩自然低浅了。所以如何使学校设备标准化或合于最低限度,间接就是提高国民的文化水准,这是今后应该急起直追的。

二、中等教育阶段改制问题

(一)五年一贯制问题。五年一贯制的特点,乃是便利升学。目前初中与高中的两校制,科目教材采用循环编制,不免重复,学习时间与精力均不经济,为便利造就人才计,将初中、高中合并,调整课程,缩短为五年,在理想上学生的程度,或不致降低。但如若将全国中学一律改为九年,原有的初中师资也必须加以调整,设备费与经常费势必大量加赠,国家在最短期间内能否造就出一大批高中的师资？能否筹措一笔大量增加的设备费和经常费？这是问题。同时中学生的家庭经济力量是否能在五年内无变化，完成他的学业，又是问题。我们更要注意的，国家设立中等学校，并非专为升入大学的准备。过去的中等教育，就不免过分偏重升学准备。如国联教育考察团所著《中国教育之改进》一书，关于中等教育的缺点，曾说："高初级中学太迁就大学的需要，而实际上多数中学生不升大学。"①就事实讲，中学生升入大学的，平均二十人中难有一人。就拿教育发达的美国来讲，中学一年级生，十人中一人进大学。中学生完全偏重于升学准备后，对于大多数不升学的青年怎样安排，如何使他们立身于社会，这事情太重要。要知中等教育的任务，乃在造就中级干部的建设人才，不论农业的改进、工业的发展、国民文化的推进、地方政治建设的完成，都需要中学毕业生去做各部门的中级干部，以完成其建国之任务。所以假使施行五年制一贯中学，那么如何把升学的与从业的划分，使各得其所，不致蹈过去中等教育所发生的流弊，这也是值得慎重考虑的。

（二）中学改为四年问题。方案（二）把中学改为四年，原高中二、三年改为大学预科或大学先修班。这办法可以把升学准备的责任，让大学预科或先修班去负责，中学的年数缩短后，能适合于一般国民经济力，但是也有缺点。盖如中等教育缩短二年后，欲以四年替代六年，无论缩短假期、调整科目与课程内容，其程度恐难到达现有之一般水准。尤以师范学校及职业学校，如亦与普通中学同改为四年，则对于专业的训练与学识技能的造就，其水准势必低于现制，如是则工农商三科毕业生，恐难胜任中级技术员之任务，即师范毕业生水准，亦将因之降低。如职业科年数与普通中学不同，则对于升学者便生问题。所以施行四年制中学前所应考虑的是如何使中学生程度不低落，而能完成其应负的使命。

（三）中学实行四、四制的问题。方案（三）将现制高小并入中学阶段，合为八年，分初高各四年。在理论上，初高中还是分制而高中改为四年后活动性较大，可以分科造就中级人才，无可置议。但在实际上，问题就落在高小与中学的合并上，就是说提高了中等教育的程度，反而减低了初等的程度，使一般国民应具的文化水准减低了。关于这点的理由前面已经说过，毋庸再赘。

（四）现制初中阶段的存废问题。目前全国的初级中学，可分两种，一种是初级中学独设的，大部都是县立；一种是初高中合办的，大都是省立，或是国立。初高中合办的中学，初中毕业生升学的多于就业，单办初中的县立中学，

---

① 国联教育考察团：《中国教育之改进》，国立编译馆1922年版，第144页。——编校者

毕业生就业多于升学。在战前关于县立中学初中毕业生的出路，极感困难。抗战以来，处处需要大量人才，故绝无过剩失业之虞。如军事、交通、电报、机器、地方政治建设、国民教育师资等各方面，都在尽量吸收初中毕业生，故初中毕业生大有供不应求之慨。战后工农业之发展，在建国工作上，需要培养初级建设干部人才更殷，而须以初中毕业生为其泉源。抑有进者，县立初中之本质问题，亦大有商讨改进之余地。如广西省将县立初中改为国民中学，转为地方造就基层建设干部。江西省教育厅规定县立初中应以培养地方实用干部人才为目的，以适应地方建设事业的需要，便于地方建设事业之推行。认为对于学生之训练，应根据地方建设事业之需要，设置实用科目。各种普通科目，亦应依照训练目的切实与科目发生联系，注重实用化，以增进教学效能。归纳各方主张，对于县立初中这阶段的教育，趋于地方性与实用性，已成一种新的趋势。盖后方各省教育比较不发达，在偏僻县份，民众受过中等教育的为数极少，以致对于地方建设干部人才，极感缺乏，保长、乡长竟有目不识丁或不甚识字者，欲以学识低浅的人，去负责推进政治、文化、经济、警卫四大建设，希望不能过奢，所以我们急需训练新的干部去接替。如贵州全省 1 593 乡镇、15 423 保，那么至少需要四五万地方政治建设的干部人才。无疑地，这些干部需要初中以上毕业的青年去充任。又如要普及贵州省国民教育时，至少需要 4 万个教师，但现在全省师资的总数只有 1 万余人，要靠少数的师范学校是无法培养这许多教师的。所以我们必须使县立的初中共同负担，同时也需要招收初中毕业生施以一年制的简易师范训练，以资补充。总而言之，在抗战建国的道路中进行，初中这一阶段，有它不可埋没的任务和价值，实在存在的必要。

（五）高中阶段分化问题。关于县立初中的任务和使命，前节已经说过。对于国立、省立中学的初中毕业生，以及县立初中毕业生，有志于升入高中而受分科或职业训练的学生，经过了三年初中，使他可以发现自己的能力与兴趣以及经济环境等等，而能考虑并决定就学途径。我国目前对高中这一段，普通中学最多，师范学校次之，职业学校最少。但以目前建国工作上，对于后两种的中级干部人才，十分需要。前者除升学者外，其余的出路极成问题。所以我们如何使高中这阶段对于普通、职业、师范三种教育分配合宜，以适应建国需要，这是值得研究的。

三、高等教育阶段缩短年期问题

关于方案（二）所主张将高中二、三两年改为大学预科或先修班，因为牵涉了中学的制度问题,前面已经说过,这里不能再加评论。至于大学本科三年这问题,先决的条件不是中学程度的提高,便是先修班或大学预科的举办,这当然也有问题。目前大学制度的缺陷尚少,重要的还是提高研究学术的精神,如何使大学生程度能与欧美大学相互颉颃。教育部最近颁布的大学各院系课程,是四学年的标准,三年恐不易修完,如缩短一年,又要做一番削足就履的工作。至于研究院一级,把原定的硕士二年、博士三年,改缩为硕士一年、博士二年,对于现制变动上无大关系,对于深造建国所需要之高级人才当可加速。但是研究院里充实图书仪器的设备,以及添聘硕学高才的教授,务使教授无生活之忧,而埋头研究者可以随心所欲,这是高等教育阶段的核心问题。

四、总结

学制的改变,必须随着国内的社会情况、教育现状以及国家需要,而后对症下药,以期有效。我国近数十年来,学制当有变化,但是往往变了行不通,又回转头来。如师范与中学合并后,又不得不分开来办,即其一例。目前我国的学制是仿照美国而来的,原非尽善尽美,不必为它辩护。但是我国的学制,的确也在趋向于逐渐地(的)改革中。如施行新县制下,创设乡(镇)中心学校,增设高小部,普设保国民学校,就是在无办法的处境中,想出了急救的办法来。一面在普设保国民学校中来普及国民教育,一面在设置中心学校中企图提高一般国民的水准。我们的初等教育,正在培育幼苗,正在发芽生长,这嫩芽需要好好地施肥,栽培它长成,我们不能把它重新削短再栽,再去做不需要的浪费工作,以求经济。中等教育方面,年来限制设立普通中学,增设师范学校与职业学校,试行六年制一贯的中学,以为升学者准备等等,也在不断地改进中。我们对于中学这阶段,不是专为升入大学的准备,所以初中高中的分制,也各有存在的价值,以求适应社会的需要。但是为了便利升学者起见,便使六年一贯中学办得有成绩,而实验后能缩短为五年的话,我们也希望除了初高中分制之外,另有五年一贯的中学,专备升学。这虽然犯了双轨制的病,有失民主国家的教育精神,但如能行之有利,适合需要,我们当然也是赞成的。作者认为我国目前的教育问题,程度的提高比缩短年期为重要,科目的实用性比学程的改革重要,实用人才的造就比研究高深学术的需要更广大。为了抗战,为了建国,我们需要如何来提高一般国民的水准,如何来造就建国工作的各级干部,所以师资问题、设备问题、学生程度标准化问题,就是今后教育者应努力解决的中心工作。质之高明,以为如何?

其他

改造乡村学校课程问题[1]

一、乡村学校课程之重要
二、编订乡村学校课程之一般原理
三、编订最低限度标准之方法
四、中国乡村之三大需要
五、乡村学校新课程之目标

一、乡村学校课程之重要

中华民国邮政局，最近调查全国人口，除蒙、藏、青海无法调查外，其他各省统计为426 530 000。全国人口，集中之状态，则小村落由三四十人至五十人，无市集之乡村，由50人至500人，乡镇由1 500人至1 000人，小城20 000人至100 000人，大城均在100 000人以上。现全国所有之乡村，约有十万，小村落则达百万之巨。该统计并云中国现有25 000 000人，即全人口6％，居于城中，有300 000 000人，即75％，现居于小村落之中，其余则分居于未成市集之乡村及已有市集之乡镇云。是则自广义言之，乡村教育问题，即全国人口94％之教育问题。自狭义言之，乡村学校课程问题，即全国学龄儿童94％之教育问题单就数量而论，已足唤起吾人绝大之注意矣。

乡村学校课程，既若是重要，试一观国内乡校现行之课程，则不能不使吾人失望，而急谋研究改造之原理与方法者。穷乡僻壤之私塾，染科举教育之流毒，冬烘老师，日以课授《三字经》、《千字文》、《百家姓》、《千家诗》、《幼学须知》、四书五经为能事者，姑置不论。即号称新式学校，亦惟有遵照教育法令，定机械之年级，沿袭书坊课，作机械之教学。至乡村儿童与城市儿童兴趣及需要，有何区别；乡村学校与城市学校教材及教法，应否相同；沿海渔村与平原农村，教学目标，是否一致；适用于江苏乡村小学之课本，是否适用于云南；乡村男子所醉心之学问，应否使乡村女子学之。凡此种种切要问题，率皆置之不理。作者对于改造乡村学校课程问题，因环境与时间之关系，深以未能实地调查、对症下药为恨事。是篇不过略述研究之心得，尚希阅者有以教之。

---

[1] 原载《教育季刊(上海)》1卷1期，1927年。——编校者

二、编订乡村学校课程之一般原理

编订课程,须有教育原理之基础,美国麦利安博士(Dr. Junius L. Merian)①著《儿童生活与课程》一书(Child life and the Curriculum),依据 Dewey, Thorndike, Bonser, Bobbit 诸氏之学说。揭示课程原理五则。特为译述并参加愚见如下:

(一)课程须以供给儿童应付现时生活之效能为本,以预备将来生活之效能为辅。

向来教育儿童,每注重将来而看轻现时。父兄对子弟之希望,教员对学生之要求,以及教材之选择,学校之组织,均以将来生活为标准。不知儿童之兴趣与其现时之需要乃学习最好之动机,决不能忽略而抹杀之。且注意现时身心发展状况,满足其需要,即为预备将来生活之担保品。譬如农民之需要为强健耐劳之身体,而乡村儿童当身体发展时,其需要与兴趣之最显著者为运动与游戏。斯宜因势利导,使其体康及感觉知觉能力能为健全之发育而不贻将来之伊戚。即就学习转移(Transfer of learning)原理观之,现时有效能之动作、方法、态度及观念亦常能转移为将来之胜利,如教育专备将来之效能,则教材非为儿童之经验,而为成人之经验,儿童只觉干燥无味,厌恶之心以生,遑言学习。

(二)课程须采择实际生活之材料,并须促进环境生活。

课程乃应付环境之利器,必采自实际生活,方能增进应付环境之才识。故乡村学校,自然学教材,须为乡村之自然景象。算术应学田亩赋税之计算,国文须指示田契、借券之做法,农业应注意地方农作物之培植,是皆为教育之实际生活化,使儿童不至虚掷宝贵之光阴,学无用之教材。惟是环境之变迁无常,故应付环境之课程,亦必时加改造,使环境文物渐次演进。此杜威所以云教育即生长也。

(三)课程须适应儿童个别。

从法律及人道方面看,人类乃为平等,从心理及教育方面看,吾人即不能不注意个别。集合一校中同一年龄儿童,则见其差别之点不一而足,身体有高低肥瘠之不同,抵抗疾病能力有强弱之各异,如观察心灵方面之动作,则个别更繁,兴趣、智力、记忆及习惯种种,皆言人人殊。今学校乃聚富于个别之儿童,而施以同一之教材,智者削足就履,愚者拔苗助长,势所必至。吾人须知分班教授,一傅众咻,乃舶来品之教学法,而个人教授因材施教,乃吾国固有之教学法。

---

① 此人生平不详。——编校者

今欧美各国从事实验教育者,皆极力主张改革分班教授法,提倡适应个别之课程。则吾人当如何猛省,研究改造方法。譬如吾国乡村学校课程,当然是以养成具科学的头脑、农民的身体之人才,为教学目标。然人之兴趣各异,不能强异以就同,亦即不能强使全民农业化,故乡村学校课程,应使学生有选课机会、伸缩余地。学生需要既能满足,就学人数,必较前加多。

（四）课程之组织,应使各科在一时期内,易于联络。

吾国小学,由七年制改为六年制。全国教育会联合会标准委员会,曾订定《小学课程简表》,采录如下

体育	音乐	形象艺术	工用艺术	园艺	自然	地理	历史	公民	卫生	算术	国语				学科目
											写字	作文	读文	语言	
10	6	5	7	12		社会 20				10	30				初级小学 百分比
				4	8	6	6	4	4		4	8	12	6	高级小学

该委员会并订有《新学制小学各科课程标准纲要》及《毕业之最低限度标准》。此种课程组织,系假定儿童于一定时期内,应修毕一定之课程,其时间由学校支配。是则上列课程简表之百分比的时间,不过达到目标之方法而已。至小学各科目所用之课本,亦足代表课程之组织。大多数教员,皆按照课本讲解。课本授完,则一种课程即告结束。

此种课程组织,至少有二弊。其一则难以顺应。儿童每因一二种科目成绩欠佳,而至于留级者。其二则使儿童敷衍了事。彼以为课本读完,即为该科目之终结。人生所需要之智识,适如课本之组织,及实际生活问题发生,又异于课本之章节词句。此时刻舟求剑,乃至不能解决问题。近来道尔顿教学法及设计教学法,即为矫正沿习课程之组织而产生者。此二种教学法,以实际生活问题或动作为组织课程之单位,教材不过为研究问题及实现动作之利器,一种问题或动作,胥有借于数种之课程而极易于联络。譬如研究北军与党军①在某省交绥时胜败谁属,若研究两军占地之险要,必参考地理课本;计算两军之兵卒,必

---

① 指北洋军阀军队和国民党军队。——编校者

用算术；阅读两军之宣言通电，必用国文；调查两军军伙军饷之由来、外国军舰之派遣，必牵涉公民教材，外交、历史教材余类推。

（五）课程应养成工作及休闲之习惯。

吾人于劳苦作业之后，必须有高尚之娱乐，以期能休养身心，增进兴趣也。农民在野外操作，朝暮寒暑，鞠躬尽瘁，此种单调劳动，如无娱乐生活以调剂之，苦莫甚焉。今吾国农民娱乐，惟有迎神、赛会、赌博、浪游而已。故乡村学校课程，除使儿童养成工作习惯外，宜矫正此种废业伤财之娱乐，提倡自然物之欣赏，正当娱乐之设备，使乡村生活饶有乐趣。今乡村之读书者，每慕羡城市之文明，远离乡党，而小学教员，亦每不欲掌教农村。因是而乡村文化进步极迟，甚至于退化，此改造乡村学校课程者，不可不注意也。

三、编订最低限度标准之方法

适应环境生活，非编订课程之惟一原则。一方面尚须注意一国或全世界共同之教材，方不流于偏隘固蔽。故课程要目中，最好须定最大限度之教材，使教员可以斟酌地方情形，自由处置，并且在要目之外，尚须鼓励教员乘机充插临时教材。然教材范围，既若是宽博，教学上自不得不权量价值之大小，择取社会最重要之事项，立为最低限度标准，使教员在广漠之范围中，有所归宿。新学制课程标准委员会所定之课程标准纲要，乃适用于全国之最低限度标准。至于一地方应自有其适用之标准，如是则地方最低限度标准与全国最低限度标准，参酌并用。既能适应社会进化之需要，又留地方伸缩之余地也。

吾国新学制课程标准委员会所定之标准纲要，可谓空前之全国标准。至一省区或一地方之标准，几乎绝无模范小学及实验中学，自订一校之课程要目者，亦不多觏。至若美国则全国 48 省①中，各刊行全省课程纲要（Stale Course of Study）或全郡课程纲要（County Course of Study）美国之师范大学及大学教育科中，几无一不研究某科目之教材最低限度标准者。其研究之方法颇多，缕述于后。

（一）组织课程委员会

聘请专家或有名望者若干人，予以编订课程之责。由委员一二人编订课程草案，交委员会讨论，以多数表决通过后，即将课程纲要公布。此种课程，大抵出于少数人之主观也。

---

① 即"州"。——编校者

（二）比较课程纲要

此法系搜集国内最有名之课程纲要，比较其所列之项目。按一项教材被列次数之多寡，而推知其重要，定为标准。比较法所发现之事实有二：一则各地方课程实施之差异极大；二则最著成绩之课程，必有最重要之标准在焉。

（三）征求学校当局意见

课程纲要所列之教材，仍虞其有不足。其目为不重要者，或因实施之未普遍研究课程者遂征求办学者之意见，而定教材之内容。然意见常非本诸经验，理论或不能见诸实行。学校当局十之八九未曾担任小学或中学教师之职，如仅凭当局之意见而定课程标准，则日与儿童接触之小学教师经验，岂非默认其毫无价值欤？

（四）试验地方人民

此法系选择各科目之教材作为问题，试验地方领袖人民。如全数不能通过一项试验，即可证明是项教材无益于日常生活，应排斥之于课程之外。课程之材料，只限于实用方面。此试验之结果，又可证明凡遗忘之学问皆无价值者，但遗忘之学问未必即为无用。既得学问而遗忘之者，其人之才识是否较全无学问者为劣能记忆之学问，是否适应社会进化之需要，皆须一一研究之。

（五）调查报章材料

课程之最低限度标准，又可取材于报章及杂志。举凡报章杂志发载最多、讨论最常之事项，即代表社会之最需要者。但销路最广之报章杂志，每因其材料之稀奇夺目，而不必因其有何价值。反是则最有价值之问题，新闻记者或不敢详加讨论。可见报章之性质与阅报者之品格，均应先加研究。至国家社会重要时事，当然有编为教材之价值在焉。

（六）比较课本材料

搜集多数同一科目之课本，比较其内容，亦订定最低标准之一法。如编辑教材书者，一方面能采取社会演进中之材料，而他方面精选沿习之旧教材，则比较教材书材料当为编订课程者必经之手续。教科书之著作者，如有多年教学经验，当更有价值。

（七）征求专家意见

专家意见，最有价值。譬如多数历史专家均以为西历 1842 年中英订《江宁条约》[①]一事，读史者不能不学而志之。同时多数历史课本，亦均以《江宁条约》

---

① 即南京条约。——编校者

事实列入。从可知其重要,而许以最低限度标准之位置也。

(八) 考查作文用字

学生作文所用之字与其误写之字,如有大规模之调查与统计,可作国文及习字教学之南针。某年级学生,应有若干字之字汇,其最常误写之字为何。补习、纠正与练习,均宜以调查之结果为最低标准也。

(九) 测验儿童学识

某年龄或某年级之儿童,应具何学问与能力,可由测验多数儿童得之。课程最低限度标准,即根据测验之结果,用此法编订教材者颇多。

(十) 调查社会需要

社会实际生活之需要,恒可为课程最低限度之标准。譬如编订算术教材,先调查家庭日用、市面贸易、银行储蓄、地产买卖、赋税捐纳等所需要之算法如何,即可采为最低算术标准。

(十一) 实验教学成绩

上列各项方法不外根据讨论、调查比较或征求所得之结果,编订教材标准。实验法则异是。Prof. Rugg① 近在哥伦比亚教育院附属林肯中学改造社会科学教材,溶铸历史、地理、公民为一科所用之法,即为实验法。Rugg 氏之人手工作,为(1)自质、量两方面,详细分析国内学校所通用之历史、地理、公民等教材书之材料;(2)征求政治学、经济学、社会学诸专家及工商领袖对于中学生应具社会知识之意见;(3)分析著名杂志及报章之材料;(4)研究现行史、地、公民之教材标准;(5)胪列应研究之现世社会政治、经济问题;(6)编辑暂行教材;(7)实验教学成绩。以上各步,不过为编订正式教材之准备。Rugg 氏所采用之方法,可谓集大成之科学方法也。

四、中国乡村之三大需要

课程宜适应地方需要,前已略言之。需要之涵义有三:一曰觉悟缺点之存在,二曰确信缺点可用人力补足之,三曰满足缺点之欲望。挟泰山以超北海,非人力之所能为,人类不必有此需要。使饥者足食,寒者足衣,是人生最低限度之需求,应使之满足。需要又由比较过去及现在与将来,而生五十年前之民生状况,是否比现今富裕,甲省之乡村文化,何以不及乙省,理想之乡村生活,与现今

---

① 此人生平不详。——编校者

相去几何。比较优劣，力争上乘，则时有需要。今中国之乡村有三大需要焉。

（一）农民生计之艰难

我国自古以农立国，历朝贤明君主，无不以使农民安居安业，为治国平天下之政策。故升平之世，粮食丰富，生计宽裕。及其乱也，则饥馑遍地，饥殍盈野。民国成立以来，兵连祸结，人民流离转徙，生业丧失殆尽。兵队所至，闾里为墟。少壮流为盗匪，老弱转于沟壑。云南、贵州、四川、甘肃，白米乃贵至40元一担，非平民所可得尝。他如鄂、湘、赣、闽、皖、豫、陕诸省，亦均岌岌可危。饥馑之象，日之甚一日。上海为一国商业中心，食米乃贵至十七八元一担，历一年而未低减。据上海银行界之统计，十五年（1926年）上半年，我国购进暹①米，流出现金六千余万。情势之严重，可以概见。中国工业不振，制造品购自外国，已成绝大之漏卮。今号称古大农国，乃并食未而亦倚赖外国之供给，直可制吾人死命矣。吾国农民耕地面积甚为狭小，据民国六年之农商部统计表，就农家户数与其耕地之多寡计算，约如下表：

耕地亩数	户数
未满10亩者	17 805 125
10亩以上者	13 248 474
30亩以上者	10 123 214
50亩以上者	5 348 314
100亩以上者	2 835 464
总计户数	49 360 591

就上表观之，耕地未满10亩之农家，占全部户口数1/3以上。查本部各省除山西、江西二省外（四川、广西、云南、贵州四省未报部），均以10亩未满之农家为多，而实际上50亩以上之农家，自行耕种者甚少。全国自种农家占50%，租种农家占28%，二者兼有者为22%。故吾国农家，大部分为耕地在十亩以下之自种农家及佃户，其收入之微可以知矣。吾国各省人口密度实超过土地之容养能力，据邮政局之调查，每一平方里之人口，平均密度如下：

安徽	337	浙江	600	福建	284
山东	550	河南	454	湖南	341
甘肃	47	陕西	125	江西	353

---

① 即暹罗，今泰国。——编校者

江苏	875	广东	372	贵州	167
东三省	61	新疆	5	直隶	294
山西	550	湖北	380	四川	228
广西	158	云南	67		

总平均全国每一方里有178人

查中国面积，比美国约大1/4，人口则4倍之。美国每方里人口密度约36人，比中国约稀五倍。中国耕地约16万万亩，美国约5万万英亩，即美国养给一人之耕地，在中国须维持八人。得天之时，穷地之利，尽人之力，吾民只差堪维持生活。况自民国五年（1916年）洪宪政变①以来，内乱属起。各省军阀多恃鸦片为军费之财源，公然强迫种植烟苗，云、贵、川、闽、陕、甘尤盛，豫、皖、湘、热河亦多烟苗。贵州交通阻隔，除鸦片外，别无他顺土产可以运入邻省。陕西历年战争，鸦片满地，无法收拾。以上各省肥田，多因种烟太多，人民赖以生活之谷物顿形减少。米珠薪桂，生活维艰。农民血汗之所得，尽捐穷兵黩武杀人放火之需。且福建、四川、陕西各省之烟税，至少每年当在15 000 000元以上，宜昌为川黔烟土出口之门户，每月烟税竟达百万，川省普通县份，每年所出烟款亦有数十万之巨，是真可骇人也。农民之穷困交迫如此，管子曰"衣食足而后知荣辱，仓廪实而后知礼义"。乡村教育首要之目标为何，不言而喻矣。

（二）卫生情形之腐败

吾国公共与个人卫生，素不讲求。自城市以至乡村，无甚差异。试一入村落乡镇，则比比触目者，无非如冈如陵之垃圾积秽淤塞之沟渠与夫露天之厕所、粪缸，暴骨之死猫、死鼠也。至农民生活，尤不卫生。房舍黑暗，空气污塞。逐臭之蝇，吸食粪毒，忽又飞集室内，以当豆羹，无法扑灭之。农民饮水，取自池塘河沟者，危险更甚。每见东邻甫抛掷污物于水，西邻即汲以为饮料，毫不为怪。及鼠疫、天花、虎烈拉②等传染病一发，如火燎原，死者盈千成万，则又迎神赛会以为消灾除厉之方，杀身竭财，至可悲也。昔者白起坑降卒，秦皇埋儒生，扬州十日，流血成河，读史者每痛其惨无人道。近年来国内南征北伐，靡有已时。有血气者方攘臂而起，必欲打倒军阀，救民于水火之中。面对此屠戮国民之传染病，与致此传染病之不卫生状况，似乎绝少同情之表示与救济之方法，岂传染病之

---

① 1915年12月12日，袁世凯宣布接受帝位，改中华民国为"中华帝国"，并下令废除民国纪元，改民国五年为"洪宪元年"，史称"洪宪政变"。——编校者

② 即霍乱。——编校者

为祸轻于军阀耶？抑整顿卫生行政之需费比打倒军阀之需费为浩大耶？

乡村学校处此环境，课程方面，对于卫生学程时间之分配、教材之采取、习惯之养成与推广卫生事业之设施，自属急切之举。美国 Dr. Andress, J. Mace 所著之《乡村学校卫生教育》(Health Education in Rural Schools) 有评判教员对于卫生教育之设施表。表中项目，自吾人观之，或有过于理想者。姑译之以供参考：

评判对象	评 点
1. 时间之分配	
a 每日以五分钟时间检查全校学生之齿及手	5 评点
b 每周最少以 15 分钟至 30 分钟教授小学前四年级卫生功课	每 5 分钟算半评点
c 每周最少以 30 分钟至 60 分钟教授小学后四年级卫生功课（美国旧制小学系八年制）	每 10 分钟算半评点
d 预备功课时间在后四年级最少等于授课时间	每需时 10 分钟算半评点
e 每日指导学生户内或户外体操至少 15 分钟	每 5 分钟算 1 评点
2. 智识之灌输	
a 小学后四年级学生须读完半卷至全卷之卫生课本	半卷算 2 评点全卷算 4 评点
b 卫生智识须注重实行为解决问题之方法	3 评点
c 一学年内最少须研究 12 个卫生实际问题	每 2 问题算 1 评点
3. 教员对于学生体康之见识	
a 齿有缺陷之学生数	
b 眼有缺陷之学生数	
c 耳有缺陷之学生数	
d 喉有缺陷之学生数	
e 易感风寒之学生数	
f 姿态不良之学生数	每发现 1 人算 2 评点
g 以口代鼻呼吸之学生数	
4. 齿及手之清洁	
a 每日检查时齿有清洁习惯之学生占百分之几	每 10％算 1 评点
b 在一学年内养成齿之清洁习惯者占百分之几	每 10％算 3 评点

  c 每日检查时手有清洁习惯之学生占百分之几 每10％算1评点

  d 在一学年内养成手之清洁习惯者占百分之几 每10％算3评点

 5. 优良姿态之习惯

  a 在检查时坐时有优良姿态之习惯者占百分之几 每10％算2评点

  b 在一学年内养成坐之优良姿态者占百分之几 每10％算6评点

  c 在检查时能通过三种姿态试验学生占百分之几 每10％算2评点

  d 在一学年内能通过三种姿态试验学占百分之几 每10％算6评点

 6. 卫生习惯之训练

  a 应养成之习惯，如：(1)校地及校舍之清洁；(2)使校舍通风；(3)适宜之呼吸；(4)进校舍时擦净鞋底；(5)适宜之发音；(6)适宜使用目力；(7)整理头发及指甲；(8)饮水杯、铅笔等不与他人合用；(9)拂去校具灰尘；(10)用适宜方法揩拭黑板；(11)用手巾揞口鼻；(12)食物适宜咀嚼；(13)食物以满足胃口为止；(14)食时心怀愉快；(15)每日大便一次；(16)如厕后须洗手；(17)每日在露天举行运动；(18)克己；(19)充足之睡眠；(20)知通常负伤救急法；(21)用适宜方法烹煮数种通常食物；(22)过马路时须注意往来之车马；(23)注意饮料及食物之清洁等。

每10％之学生养成或取消一种习惯算1评点

  b 应取消之习惯：(1)除食物外勿纳他物于口；(2)随地吐痰；(3)吃食指甲；(4)吸食手指；(5)对他人之面咳嗽；(6)接吻；(7)携带不洁手巾；(8)以指挖鼻垢；(9)以手擦眼；(10)在不足光线下读书；(11)挖耳；(12)啮坚果；(13)翻开书页时以唾液湿指端；(14)食物过量；(15)疲劳时进食；(16)使用他人之梳妆物；(17)穿着湿衣；(18)用不清洁布包裹伤处；(19)穿着不适于足之鞋；(20)不时常洗浴；(21)饮水不足；(22)睡眠不足。

每10％之学生养成或取消二种习惯算2评点

 7. 学生自造卫生用具如

  a 抽蝇具

  b 扑蝇具

  c 纸杯

  d 校舍窗户装置铁纱

  e 厕所窗户装置铁纱

  每10％之学生造作一种卫生用具者算1评点，全校设计合作者增加5评点，全班设计合作者增加2评点。

8. 学生卫生之活动如

a 灭蝇运动

b 杀鼠运动

c 灭蚊运动

d 整洁厕所

e 捐款改良学校卫生

f 学校特别卫生集会等

每 10% 之学生参加 1 种运动者作 1 评点算,如全班参加作 2 评点,如全校参加作 5 评点算。

9. 教员征求社会之合作

a 组织亲师联合会并最少以 1/3 之集会研究卫生问题	组织协会算 8 评点,每开一次卫生研究会算 3 评点
b 协助前经组织之亲师联合会研究卫生问题	每 1 次卫生集会算 3 评点
c 请联合会捐助学校卫生事业	每 1 元金算 1 评点
d 请教育当局捐助学校卫生事业	每 1 元金算 1 评点

10. 其他教育之活动

a 每学年整理校具二次	3 评点
b 举行乡村学校运动日	10 评点
c 指导家长救治儿童身体缺陷	每人算 10 评点
d 阅读一本优良卫生书籍	3 评点
e 实验饮水中之微生物	10 评点
f 举行学校或乡村游艺会	关于卫生书籍及设备每值 1 元算 1 评点

评判成绩标准

劣败成绩　　　45 评点以下

优良成绩　　　45 评点至 100 评点

最优成绩　　　100 评点以上

(三) 民族观念之缺乏

古农民之言曰:"日出而作,日落而息,凿井为饮,耕田为食,帝力何有于我哉。"盖生计赖地利以独立,国家治乱,置诸罔闻。今中国外有帝国主义之侵略,内有军阀淫威之压迫。彼朴俭敦厚之农民,虽欲蛰伏田野,与世无闻,而势有所不能者。我国地大物博，人民之众，莫与比伦。如能实行全民革命，团结合作，息止内战，振兴实业，则富裕进步之民生，自由平等之团体，不难实现。今此林林总总之农民，率皆缺乏民族观念、团结能力，所谓"各人自扫门前雪，休管他人瓦上霜"之不合作的精神，实普遍于全国之村落。顽固闭塞，一盘散沙，故土匪得以扰害之，官厅军阀得以压迫之，列强更得以侵略之，而不必顾虑。比年以来，"取消不平等条约"与"建立自由独立国家"已成为吾国城市学生之口头禅，而此全国人口94％之乡村农民，饥寒交迫，不识民族为何物，不能以民气与实力为国家之后盾，其何能济。窃谓根本救国之道，须"到民间去"生聚教训，发展经济生产力，灌输爱乡、爱省、爱国之智识，提倡团结合作之事业，鼓励为自由独立而牺牲之精神。庶一旦国家有事，不难号召群众，为一致之抵抗。欧战方酣之际，美国投军者、踊跃捐款者、组织红十字队者、筹备战时粮食者，举凡乡村之老壮妇孺，莫不从事于打到德意志帝国主义之实际工作，此皆乡村人民富于民族观念为之也。丹麦以弹丸小国，国富民裕，农业出产品在欧陆市面无能与之抗衡，此皆丹麦乡村农民富有团结能力与合作精神之为也。吾既论中国乡村之三大需要，兹再论乡村学校新课程之目标。

五、乡村学校新课程之目标

中国现行乡村学校课程，能否满足上述之三大需要，是为改造课程之中心问题。当闻吾乡某老农之言曰："吾曾遣长子读书，彼在小学时，日必衣长袍，有乡间绅士风。责以帮忙农事，则嫌其污秽劳苦，不屑为之。小学毕业后，升入城内省立中学，假期返里，则高谈卫生清洁，不屑居祖宗遗传之田舍。及中学毕业，则御西装，耗费极大。吾乡愚也，不知学问为何物，然吾尝令吾子作一田契，彼曰未曾学习。阴历新年，乡党邻里来请彼书楹联者踵相接，彼一一谢绝。吾深恐彼之教育，完全失败，既不能武，又不成文，一无所长。中学毕业生欤？抑高等游民欤？吾今不愿再遣次子、三子、四子读书矣，诚恐彼辈入学之日，即吾拍卖田亩之时，饥饿立至，安用读书？"老农之言，可为今日乡村教育之棒喝。长此以往，行见游民愈多，农民愈少，吾国以农立国，得毋以废农亡国欤？夫教育虚设，危害犹小，贼人之子，危害殊大。使儿童不读书而学农工，则三数年中未始不能学成一技。今学校教育，乃造成一无所长之人材，个人不能谋生之为害，乃使社会之负担加重，社会问题日益复杂而愈难解决矣。

乡村学校新课程之目标，系在满足今日乡村之三大需要，换言之，即在养成能生产、能卫生与能救国之农民。甲图之三角形,乃乡村新农民之条件。乙图之三角形,乃乡村学校新课程之对象。至教学法方面,重在选择实际教材,尤重在设计实行。学校与家庭之间,应有密切之合作。美国乡村教育,所以著有成绩者,因学生一方面读书,一方面做事。美国乡村二十余年来,有所谓农业合作推广事业者(Cooperative Agricultural Extension Work),盖美国中央农务部与各省农科大学合作推广事业,将实用农业与实用家事智识推广于农村。1914年,国会通过合作农业推广议案(Cooperative Agriculturd Extension Art),后此种事业,普遍全国。近来美国乡村教育之发达,受赐良多者。其推广事业,可分三部:

甲　图

乙　图

1. County Agent Work,即各郡农业指导事业。设有指导员,掌管各郡农业改良职务。凡农民需要指导者,得随时陈请指导员至其田庄,指导一切,并作试验表演工夫。指导员使农民划出一块地,择种耕植,作为详细报告。各郡农业指导员之事业,包括指导农作物之改良、鸡豕牛羊之畜牧、害虫之驱除、乳业之发展、农产之销售、农具之购置及农务之管理等。指导员随时召集公开演讲,(常在乡村学校)讨论以上各项改进问题。常以电影及农业机器,佐证演讲之所不及。

2. Boys and Girls Club Work,即乡村少年男女会社推广事业。施及于乡村之少年男女,设有指导员,凡十岁至十八岁之乡村青年,皆得入会,故会员大抵为乡村学校学生。男子之会社,以种黍会(Boys Corn Club)最多,各会员用科学方法学习种黍,研究以最低成本得最多收成之方法。开办黍竞赛会(Corn Show),悬赏征文关于种黍之最良方法。指导员随时借乡村学校演讲种黍方法,如治土、择种、下肥料、除害虫等方法。此外尚有棉花会、苹果会、番薯会、养猪会、养鸡会等。乡村学生各按嗜好,踊跃入会,省立农业大学,多设奖学金额或游览名胜之免费优待,借以鼓励各种会社中成绩最著之会员。至女子会社,大概为园艺会、罐头会,研究种植园艺与调制罐头之方法。

3. Home Economic Extension Work,即家事指导事业。设妇女家事指导员,指导事项,为婴孩养护法、食物卫生法、罐头调制法、居室卫生法、害虫及传染病除灭法等。

总而言之,吾国前此乡村教育,可谓完全失败,而失败之主因,乃在于乡村学校课程之不能适应需要,致改进农村人民无从产生。改进乡村学校课程,第一须认定其地位之重要,第二须参酌教育原理,第三须注意最低限度标准,第四须调查地方上最大之急需,最后乃以适应急需,为改造课程之中心目标。沿习之科目,现行之教科书,皆有根本改造之必要。东隅之失虽巨,桑榆之收未迟。愿与教育同志,共同研究而改造之。

国民会议通过《教育设施之趋向案》[①]

五月九日国民会议开第二次大会,讨论第一案即为国民政府所提之确定教育设施之趋向案,由蒋主席介绍中委蔡元培说明,经代表讨论后,交教育组审查。十三日第五次大会,将原案全文正式通过。该案痛陈教育积弊,并规定设施趋向凡六则:第一各级学校训育,应恢复民族精神,养成刻苦勤劳习惯及严格的规律生活;第二中小学教育,应以养成独立生活技能、增加生产能力为中心;第三社会教育,应以增加生产智识与技能为中心;第四职业学校及各种职业补习学校应尽量增设,私立职业学校应特别奖励;第五各种有关产业及国民生计之专科学校,应尽量增设;第六大学教育,应以注重自然科学及实用科学为原则。夫教育为国家大政之一,民族存亡,民权张弛,民生荣枯,在在系之。近年来教育状况,萎靡不振,已达极点。自今而后,教育理论,已得重心,教育实施,已有标准,则此案直不啻空谷足音,晦暝日月也。

考吾国30年来,订定教育宗旨与夫设施方针,奚止一次。清末之新教育,宗旨有五:曰忠君,曰尊孔,曰尚公,曰尚武,曰尚实。辛亥鼎革以后,教育宗旨数易,方针屡更。民元(1912年)所定宗旨,为"注重道德教育,以实利教育军国民教育辅之,更以美感教育完成其道德"。民四(1915年)颁布教育纲要,"以道德教育为经,以实利教育尚武教育为纬。以道德尚武教育为体,以实用主义为用"。袁世凯筹备帝制,复以爱国、尚武、崇实、法孔孟、重自治、戒贪争、戒躁进七项为教育宗旨。上项宗旨不旋踵即废止。民八(1919年)教育调查会以欧战闭幕,民本主义乃代军国民主义而兴,遂顺应世界潮流,决议以"养成健全人格,发展共和精神"为全国教育宗旨,并说明"所谓健全人格者:当具下列条件:(一)私德为立身之本,公德为服务社会国家之本;(二)人生所必需之智识技能;(三)强健活泼之体格;(四)优美和乐之感情。所谓共和精神者:(一)发挥平民主义,俾人人知民治为立国根本;(二)养成公民自治习惯,俾人人能负社会国家之责任"。民十四(1925年)国民主义思潮勃起,中华教育改进社依据国家主义,议订教育宗旨应养成以国家前提之爱国国民,其要点有四:"(一)注重本国之文化,以启迪发挥国性之独立思想;(二)实施军事教育,以养成强健身体;(三)酌

[①] 原载《浙江教育行政周刊》2卷40期,1930年。——编校者

施国耻教育,以培养爱国感情;(四)促进科学教育,以增益基本智能。"民十六(1927年)国民军北伐,所谓革命化、科学化、平民化、之党化教育声浪,洋洋盈耳,弥漫国中。民十七(1928年)大学院以三民主义建国,应以三民主义施教,呈中央政治会议,宣布教育宗旨为:"(一)恢复民族精神,发扬固有文化,提高国民道德,锻炼国民体格,普及科学智识,培养艺术兴趣,以实现民族主义;(二)灌输政治智识,养成运用四权之能力,阐明自由界限,养成服从法律之习惯,宣扬平民精义,增进服务社会之道德,训练组织能力,增进团体协作之精神,以实现民权主义;(三)养成劳动习惯,增高生产技能,推广科学之应用,提倡经济利益之调和,以实现民生主义;(四)提倡国际主义,涵养人类性情,期由民族自决,进于世界大同。"民十八(1929年)国民政府根据国民党第三次代表大会之议决,复一度公布教育宗旨云:"中华民国之教育,根据三民主义,以充实人民生活、扶持社会生存、发展国民生计、延续民族生命为目的,务期民族独立、民权普遍、民生发展,以促进世界大同。"同时并规定各项教育实施方针计八条,至为详尽,其条文如下:

一、各级学校三民主义之教学,应与全体课程及课外作业相贯连。以史地教科,阐明民族真谛;以集合生活,训练民权主义之应用;以各种之生产劳动的实习,培养实行民生主义之基础。务使智识道德,融会贯通于三民主义之下,以收笃信力行之效。

二、普通教育,须根据总理遗教,陶融儿童及青年"忠孝仁爱信义和平"之国民道德,并养成国民之生活技能,增进国民生产之能力,为主要目的。

三、社会教育,必须使人民具备近代都市及农村生活之常识,家庭经济改善之技能,公民自治必备之资格,保护公共事业及森林园地之习惯,养老恤贫防灾互助之美德。

四、大学及专门教育,必须注重实用科学,充实内容,养成专门知识技能,并切实陶融为国家社会服务之健全品格。

五、师范教育,为实现三民主义的国民教育之本源,必须以最适宜之科学教育及最严格之身心训练,养成一般国民道德上、学术上最健全之师资,为主要之任务。于可能范围内,使其独立设置,并尽量发展乡村师范教育。

六、男女教育机会平等,女子教育并须注重陶冶健全之德性,保持母性之特质,并建设良好之家庭生活及社会生活。

七、各级学校及社会教育,应一体注重发展国民之体育。中等学校及大学专门须受相当之军事训练。发展体育之目的,固在增进民族之体力,尤须以锻炼强健之精神,养成规律之习惯,为主要任务。

八、农业推广,须由农业教育机关积极设施。凡农业生产方法之改进,农民技能之增高,农村组织与农民生活之改善,农业科学智识普及,以及农民生产消费合作之促进,须以全力推行。

综上观之,自清季兴办学堂,以迄于此次国民会议,教育上厘订宗旨,修改方针,先后凡九次,平均三年一次,最近则几乎每年一次。此种精益求精,不惮改革之精神,谓非吾国教育史乘之异彩耶。

此次《教育设施之趋向案》,开始即谓"中国目前之教育,无论在数量上与质量上,均不足以适应国家之需要,而弊害之最显著者,尤莫如教育设施与国民实际生活不相应。以致未受教育者尚能秉其家庭社会递相传习之知能道德,各自安于艰苦之生活。而既受教育者,则知识技术之修养既不成熟,性行气习又往往涉于浮夸与游惰。驯至学校多一毕业之学生,社会即增一失业之分子,家庭即少一有用之子弟。诟病交起,弊害丛生。及此不为适当之矫正,将见教育愈普及,而公私生活所受之祸害愈烈"。此种沉痛论调,凡是教育界中人,均当引为晨钟暮鼓。抑有进者,窃谓吾国教育积弊,不在于趋向问题,而在于设施问题:第一设施时间太短,第二设施经费太寡,第三设施障碍太多。兹分言之。

教育事业,为百年树人事业,非朝夕所能见效。今世界各先进国之新教育,多者有百余年,少者亦有五六十年之历史。吾国则新教育施行,不过三十年。且在此短期内,如前段所述,政令纷纭,见异思迁,未尝彻底做去,为无可讳言之事实。加以吾国幅员之广,人口之繁,文盲之多,语言之复杂,行政施教之困难,均为各国所未有。而社会人士,或视教育法令为具文,绝未遵行,或善其朝令暮更而故意投机,不求实际。此皆因时间短促,故教育设施不能有何成绩也。至经费一端,则自民元以来,国家与地方收入,泰半费于穷兵黩武之途。例如财政部十八年度(1929年)财政报告,军务费占49.6%,偿还债务费占37.5%,政务费只占12.9%,可见国家对文化教育事业所费,实微乎其微。无米之炊,巧妇难为。试问今之办教育者,孰不感于经费之缺乏,而理想计划之难以实现。观夫历来传统之教育宗旨,曰"尚实",曰"实利教育",曰"崇实",曰"人生所必需之知识技能",曰"促进科学教育",曰"科学化",曰"增高生产技能",曰"发展国民生计",以及此次国民会议所通过之全部职业化、生产化的教育设施,其精神固始终一致。然罗致专门人材,创办模范农场、工厂,设备科学实验场所,设立职业学校等等,无一而不需巨大经费,无一而可以徒托空言为之。今国民政府,既提出教育设施案,国民会议既遵照原文通过,盼更进一步筹措急需款项,俾此灿烂辉煌、万事俱备之提案，立见实行，庶克有济。再近年来办理教育，障碍滋多。政治则变乱频仍，民生则日趋凋敝。所谓国愈乱而愈贫，民愈贫而愈乱。青年学子，急于救国，影响所及，学潮鼎沸，弦歌几绝。教员无心任教，学生无心求学。教育行政人员，任意更迭，不安于位。且社会用人，漫无标准，机会有限，粥少僧多，致毕业学生走投无路。即富有学问者，亦常因不得正当事业，铤而走险，流于浪漫。此果全为教育之弊害欤，抑政治变乱使之然欤？

再就教育设施案之内容而言，其一贯精神，在于提倡有生产的职业教育，而造就有自立能力之国民。窃谓健全之社会，乃集合三种人民而成：第一为直接生产者，第二为间接生产者，第三为服务人群者。凡向大自然采取产物，如耕稼、畜牧、造林、开矿、蚕桑、渔盐等，属于第一类职业。凡将出产生料，经营、制造、运输、贩卖等，属于第二类职业。凡操作有益于人群之事务，如医生、教师、律师、官吏、新闻记者、文学家、艺术家，乃至于邮信差、汽车夫等等，属于第三类职业。此三种职业界，如辅车相依，有相互利益。必也三者平均发展，使人人有事做，有饭吃，而后社会乃得安宁进步，故提倡有生产的职业教育，用意至善。惟同时不应忽视间接生产与服务人群之职业训练，更不应以其非生产职业，从而鄙弃之，摧残之。际兹训政时期，方在进行，百废待举，在在需才。盼全国教育界，本此次教育设施案之精神，切实施行！更盼政府当局，予以充分时间，济以宽裕经费，并消灭教育上之障碍，毋使此次提案，苗而不秀，或秀而不实，则教育幸甚，国家幸甚。

附：确定《教育设施之趋向案》全文

中国目前之教育，无论在数量与质量上，均不足以适应国家之需要，而弊害之最显著者尤莫如教育设施与国民实际生活不相应，以致未受教育者，尚能秉其家庭社会递相传习之知能道德，各自安于艰苦之生活。而既受教育者，则知识技能之修养既不成熟，性行气质又往往干涉于浮夸与游惰。驯至学校多一毕业之学生，社会即增一失业之份子，家庭即少一有用之子弟。诟病交起，弊害丛生。及此不为适当之矫正，将见教育愈普及，而公私生活所受之祸害愈广。且以中国目前所处之环境而言，正须以卧薪尝胆之精神，为生聚教训之努力，方足以达民族生存之目的，断非模袭外邦徒侈美观所能救危亡而奠根本，政府对于教育之普及与推广，自当根据于中华民国教育宗旨，排除万难，与国民为一致之努力。唯默察国家之需要，与过去教育上已著之弊害，深觉确立教育设施之趋向，尤为训政建设时期所必要，必须明定我国此时所需要者，为何种之教育，而后教育推广之工作,方不致蹈于空虚;必须确知国家此时所需要,而希望由教育以养成之者为何种之国民,而后教育方足以救国,而不至于祸国。中国最大之祸患,唯贫与乱,实为循环相倚之二因,故教育设施,必须于民族自救之一大原则下,对此二者而为紧急之救治,唯欲达此目的,又必须全国国民确知此义,相与集中心力,向同一目标而推进。爰就最近教育设施条举下述之要项,以为进行之根据,自救救国,舍此末由,甚望一致赞助,合力推行,国家幸甚,民族幸甚。

（一）各级学校之训育,必须根据总理恢复民族精神之遗训,加紧实施,特别注重于刻苦勤劳的习惯之养成与严格的规律生活之培养。

（二）中小学校教育,应体察当地之社会情况,一律以养成独立生活之技能与增加生产之能力为中心,务使大多数不能升学之学生,皆有自立之能力。

（三）社会教育,应以增加生产为中心目标,就人民现有之程度与实际生活,辅助其生产智识与技能之增进。

（四）尽量增设职业学校及各种职业补习学校,职业教育之制度科目应使富有弹性,并接近固有之经济情况,私人筹设职业学校者,国家应特别奖励之。

（五）尽量增设各种有关产业及国民生计之专科学校。

（六）大学教育,以注重自然科学及实用科学为原则。

对于学校体育之意见①

我国自清季创办新教育以来,学校课程中即设有体操一门,教学生以强身之各种技术。民国纪元初年(1912年),感于外侮日迫,教育部明令规定军国民教育为教育宗旨之一项。于是各级学校学生荷枪军操,俨然一兵士式之学生。民四(1915年)颁定教育宗旨第二项尚武一段之令文谓:"国何以强?强于民;民何以强?强于民之身;民之身何以强?强于尚武。尚武之道分为二:曰卫身,曰卫国;合之则为一,卫身即卫国,卫国即卫身也。何谓卫身?风寒暑湿,有时为病,莫不求医。然医于既病之后,毋宁医于未病之先,未病而医,莫若尚武……故今之言国民教育者,于德育、智育外,并重体育,使幼稚从事游戏,活泼其精神,稍长进习兵操,锻炼其体格,极至掷球角力,习为常课,运动竞走,时开大会,凡所以图国民之发育者无所不至,此民之所以能卫其身也。何谓卫国?吾国古者寓兵于农,有事为兵,无事为农,蒐苗狝狩,乘农隙以讲武事,已隐寓全国皆兵之意……幼在学校,习闻忠勇爱国之训,长入社会,养成坚忍耐劳之风。所谓少成若天性,习惯成自然,非一朝一夕之故,其由来也渐,此民之所以能卫其国也……"当时政府提倡国民体育,实施军国民训练之意旨,活跃言表。

曾几何时,掀动全世界之欧战告终,教育思潮因之变迁,认学校体育注重军国民训练,为穷兵黩武之祸源。民八(1919年)教育调查会在北京集会,提出教育宗旨研究案,拟"以养成健全人格,发展共和精神"为宗旨。其列述改革教育宗旨理由第一项即抨击军国民教育。略谓:查民国元年部令公布教育宗旨:"注重道德教育,以实利教育军国民教育辅之,更以美感教育完成其道德。"自欧战终了后,军国民教育一节,与世界潮流容有未合……关于体育方面者,改为:一、强健活泼之身体;二、优美和乐之感情。于是学校体育实施,骤然改变,田径赛与球类运动应运而起。十数年来施行之结果流弊滋生,就个人观感所及,约有两端:第一,就体育目标言,是养成少数选手的;第二,就体育实施方法言,是浪费财力的。

学校体育每由少数选手包办,致大多数学生均有向隅之感。而一般学校当局以少数选手夺得锦标为无上光荣,报章为之推誉,学校为之捧台。平日对于

---

① 原载《大夏周报》11卷2期,1934年。——编校者

选手之优待，无所不至。发给津贴，任其随意缺课，甚至考试不及格亦可通融。于是使此少数选手，形成校中之特殊阶级。虽其中不乏优秀分（份）子，然就一般而论，其轻举妄动，漠视课业，实为优良学风之障碍。客岁江南各大学体育联合会假上海某大学比赛足球，发生殴打裁判之武剧，至诉诸法律。斯诚体育界之耻辱，而充分表现学生道德之堕落。又某某大学，因比赛胜利，随意放假，举行庆祝，更是家常便饭。选手包办制之反面，便是大部分学生对于体育漠不关心，故排球选手为此少数人，篮球足球选手亦莫非此少数人担任。倘某种校队出发比赛，其他项各比赛，只好停顿。至于春秋两季校中举行之运动会，学校放假，全体学生固应踊跃参加，然而事实上参加者往往不及十分之一，其余则以为学校举行例假，渡其纵游娱乐之生活矣。

何以言现行学校体育为浪费财力？盖以全校的体育费用，供给少数人之竞技斗胜，每一次比赛，耗全校体育教师之时间精力以指导少数人的运动技能。至于旅行外埠比赛或参加外埠运动会，所耗之时间金钱尤巨。就体育行政与教学效率论，其不经济，不待吾人指摘，固昭然若揭也。

尚有关于体育设备方面，场所不能容纳全体学生活动，器械不敷多数学生应用。学校所竞相致力者，仅购一小部分选手应用之器械，一若使一部分学生据为私有者。此种现象，实与学校提倡体育原意，大相径庭。

由于上述两种流弊，一般学生体育之训练全被忽视，学生不能参加运动，精神萎靡，体力衰弱。一己之健康不保，安论担负复兴民族与挽救国难之重任？故个人认为今后学校体育，有根本改革之必要。

改革之道，一曰普及体育机会。即规定体育为全校学生必修科目，并厘订体育及格标准，严厉施行。若体育不及格，虽学科及格，亦不得升级或毕业。体育器械场所，应尽量增加。向之铺张校队奖励选手之经费，应作扩充体育设备之需。务期打破从前选手包办之积弊，使全体均有参加运动机会。

二曰培植体育道德。即公正、合作、守纪律、努力奋斗、胜不骄傲、败不气馁诸美德。今后学校体育，务期对于现代化国民所需之道德，于平日团体运动场中所加以切实地训练，使其不知不觉间，培养优美之德性，善良之习惯。

三曰注重经济效率。吾人常觉现在学校式之体育，率多重视球术田径赛诸项。每布置一种场所，须耗巨量金钱。他如添置篮球、网球球拍、铁饼、标枪等等，又非数元或数十元莫举。而此种运动设备仅限于学校，一旦离开学校，便鲜有与在校时所习之体育接触。似此一曝十寒之体育，对于国民体育前途，裨益殊少。故今后学校应特别注意徒手运动、长途跑步、柔软体操。去岁严冬清晨，我曾经梵王渡车站①附近,目见英兵营士兵,着短单衫于路旁操练各项柔软操,态度活泼,挥汗如雨,而身披皮袍、坐人力车者,尚缩瑟畏寒。两相比较,吾人体格之衰弱,对此帝国主义之士兵,诚有愧色。但彼辈施行各种运动之设备,可谓全无。运动场所设备,仅是路旁空地,而其精神极为可佩。又某次上海各大学联合会举行全体大会时,敦请国术家表演踢毽游戏,前后左右,上下旋转,各极其妙。此又为户内轻而易举之游戏,而其所费仅值数钱之毽子一枚而已,窃谓各级学校学生,任何人经费力量均能备办,决不如网球拍、网球等之难于购置。此外如中国固有之扯铃、石锤等运动器具,亦复普遍通俗。至于国术中之太极拳等,更可以随时随地练习。今后之学校体育,对于学校财力,学生精力,以及运动本质上之持久性、普遍性,均应特别注意经济效率。

四曰提倡生产劳作。吾国往昔所谓士大夫阶级,悉抱"劳心者治人,劳力者治于人"之观念,形成畸形之知识发展,手脑不能并用。此种风尚,积习已深,故学校增加一求学之学生,即家庭与社会减少一有力之生产分(份)子。今学校所施行之体育活动悉系休闲阶级之运动游戏,对于生产事业,毫无裨益,识者病之。我校现有校地辽阔,正拟计划办理生产教育师资训练班。吾人主张寓体育于生产劳作之中,一方面固可锻炼体格,他方面又可收经济生产之效,一举两得。

综上所述各点,系个人平日对于学校体育之观感。深觉民族复兴之伟业,实赖于树立国民强健体格以为基础。愿有卓见之教育家和觉悟之体育专家,亟起力追,倡导普及体育。学校体育幸甚!国家教育前途幸甚!

---

① 即当时的上海中站,因临近苏州河上的梵王渡口,又称"梵王渡火车站"。——编校者

教育视导与教育效率(一)①

一、教育视导制②的重要性

我国视学制与各级教育制度的建立,年期相同,但其地位效能技术,则数十年来未尝有显著的进步。最近地方教育,颇能普遍发展,益增教育视导制的重要性,举其具体事实可述者,约有四端:

(一)教育是继续长进的历程,所以教育工作必要时当改良,欲求改良教育工作的容易收效,则尤赖教育行政者加以督促和指导。盖时代的演进、社会的需要与国家政策的改变,均足以使教育不能以现状为满足。关于学制课程和教法等,每因顺应潮流有所改革。然而教师的新认识容有不周,新知的灌输急不容缓,是皆有赖于教育视导者的启迪诱导,而促其向上发展的途径。

(二)地方教育的发展过程因日形复杂,未免易流于校自为政、人不相谋的局面。在这厉行三民主义教育的时代,教育行政者尤当力使教育事业,为一有组织而合理的设施,故不得不特别关心各个教育机关的发展过程与效率。详言之,凡关于教育法令,地方教育行政,学校教育,社会教育,义务教育的推行,地方教育经费的筹措与支配,教育人员的服务及考成等等,均有详加指示和督促的必要。再者,教育事业每含有政治经济社会的背景,欲求地方教育的改进,必先明瞭其背景,作切实革新的计划,这并非书面公文所能奏效,也不是徒令填报表册所能洞悉,各种事业,均有其复杂问题,有待于实地的考察和整顿的。

(三)全国各级学校教师,大约可分为四类:第一类是挺进的教师,他们是受过合格训练,学识经验都很丰富,无须外力的驱迫,时当都在很努力地自求进步,他们的知能天天都有长进,他们的教法天天都在改良的。第二类是守成的教师,他们也是受过适当训练的,他们的知识技能,在当初都是很不错,但因时代进化很快,他们追赶不上,又不觉得落伍的危险,往往认定老方法是好的,墨守旧法,一成不变。古语云"十年举子成荒谬",便是这类教师的写真。第三类

---

① 原载《江苏教育》4卷5、6期,1935年。——编校者
② 民国二年1913年,教育部公布视学规程,甚至学处,是为中央正式设置视导机构之始。民国十五年(1926年)三月,国民政府成立教育行政委员会于广州,会内设行政事务厅,厅内分参事、秘书及督学三处,督学之名始于此。民国二十九年(1940年)十一月,国民政府修正教育部组织法,督学室改为"视学室",民国三十二年(1943年),又修订改法,视导人员一律称"督学",视导室复改称"督学室"。——编校者

是初出茅庐的教师,他们也是受过适当的训练,只是初出茅庐,缺乏实际教学的经验。虽在师范学校有原理的课程,有技术的训练,及其出而任教,应可善于其事,无容旁虑。但原理入于耳未必会于心,技术举一隅未必三隅反,以言神而明之,动皆中节,尤未易遽至。第四类是资格不合的教师,他们是未受适当训练的,只因合格教师的缺乏,不得不让他们去滥竽充数。据陈东原先生统计,无锡小学教师登记的资格,在全县1071人中,中学毕业者人数最多,占21.85%,次为中学肄业者占15.87%强,再次为旧制师范及高中师范科毕业生占14.84%。在地方教育素称发达的无锡,其不合格的教师,尚有如此之多,则在教育素落人后的穷乡僻壤,那就更不待言了。上述四类教师,以第一类为最合理想,但不可多得;第二、三、四各类既不能免,只有出于视导辅助的一途。

(四)抑尤有进者,今日中国乡村教育,民众教育必须逐渐扩张;同时师范学校是决不能于最短期内培养如许良好的教师以应扩张的需要。然又不能因此而限制乡村民众的教育的进展,于是教师的任用,不得不稍宽其资格,此固势所必然者。故为地方教育发展计,为教育的经济效率计,均不可不设老成练达的视导员,从事监督指导,使那班代用的教师,一方实地教学,一方以教学去学教学,借求数年以后,可以练成一般良好的教师。

据上所述,教育视导制的进展,实属自然的需要,教育行政者果欲为教师负责,为新兴教育事业负责,以及为统制全国教育负责,则教育视导的作用,实为教育行政的核心,其重要性自不待言。

二、过去教育视导制的缺点

中国施行教育视导制以来,虽有数十年的历史,而在提高教育效率上说,还是微乎其微。从前部、省、县视学,与今的督学指导员,除少数外,其不能负教育改进之责,已为不可讳言的事实。他们的人选无明确的标准,他们的工作无完备的规程。且当出外视导,分区而不分工,无论地方教育方面,社会教育方面,学校行政方面,各科教学方面和学生成绩考核方面,均要由他个人去负责。督学不是万能的,安能无事不做及无事不成?这是目下视导制度最大的缺点。再者,现在督学人数既少,所任视导区域又极辽阔。于是视导的次数不得不少,每次时间更不得不短,每年每校最多仅能视察二三次,每次最多一二日。故其结果,关于教育行政,仅能与主管人员作简单的谈话,询问其组织大概,或略查簿册罢了。关于教学方面,仅又指定一二教室,略加巡视,所谓教学指导,乃是根本不可能的事。关于学生成绩,仅能根据平日考试的试卷,稍为检阅,便已毕其能事。而地方教育行政或学校当局,每当探知督学行将到地之时,始把纷什事务稍加整理,以粉饰其场面。教职员也不得不加紧工作,对于所担任学科加意准备,以便应付于万一。迨到实地视察时,各机关的主持者,只宣扬自己的长处,隐匿自己的缺点,强半设施,空有计划,闻其议论百出,实则一事不办。而视导者往往以耳代目,概任当事者信口开河,或则走马看花,略将物质环境的巡视一周。故无怪其视察后,对于学务报告,只凭主观的见解,为不切实的批评,什么"大致颇佳",什么"办理尚妥",满纸都是老套圆滑的词句,令人看之妙不可言!对于教学改进方面,尤鲜能应用新近的科学方法,作具体精密的建议。对于办学人员方面,其缺点应如何指导改进,其长处应如何奖励褒扬,则他们非但不知指示方法,并且不愿意去顾问,即或偶欲顾问,也往往限于职权,主张未由实现。如此指导的意义,已经丧失殆尽,至多也不过完成一种视察手续罢了,何况这种视察又是强半不切实不真确的呢?

三、今后改进视导制度的途径

时至今日,提高教育效率的声浪,甚嚣尘上,而为促进教育最有效的视导制度,复为流弊百出,不一而足,是真所谓南辕而北辙了。不过以前种种的流弊,并非视导制度本身的缺点,乃施行不得其法门。故为提高教育效率计,必须先行改革视导制度。举其主要的,约有五端:

(一)视察与指导的并重。我们晓得视察是在根据教育法定标准,考核各地实施情形,带着侦探的意义,予以消极的制裁。这仅属办学个人的处理,对于教育事业上,殊乏直接的关系。如要谋教育效率的提高,则于视察后,必须加以详密而切实的指导,依照教育原理和最新方法,予以同情的辅助,使当事者乐就指导,相底于成。盖视察和指导是相连的,指导之前,必先视察,方能明了指导的途径;视察之后,必须指导,方能完成视察的作用。倘视而不导,导而不视,都不会有实际的效果。据浙江教育厅编印《县督学应取的途径》一文里说:"县督学所负的责任,为视察与指导二种。视察是偏于消极的,指导是偏于积极的,视察仿佛是病源的诊断,治疗的方法,要是只有视察,没有指导,令人意态消极,不足以启其自新之路。只有指导而不加以视察,犹之治病者不加诊断,而乐剂乱投,危险孰甚?所以视察和指导不可偏废,而视察为指导的出发点,视察以后,尤不可不注全神于指导。"如此视察与指导的并重,这才是教育视导的真义,才可说是尽教育视导的能事,也是现代视导制度的新趋势。

(二)健全各级视导的组织。欲使视导制度客观化,当先统一视导的标准,欲使视导制度实用化,尤当健全视导本身的组织。但今我国各级视导人员,各行其是,非特部、省、县督学无相当的联络,互相隔阂,无共守的目标,无共有的认识,是非含混,信仰大减。即同县的视导员,亦往往背道行事,各旷其职,无研究的机会,无会议的方式,致繁重的职务,变为粉饰太平的事业,这皆足证明全国视导制度之不健全。今后县之于区,省之于县,中央之于省,当如何使教育行政中的视导制度合为一体,于健全组织中以明责任、一趋向、定程序,似为改进视导制度之一先决条件。

(三)充实视导本身的力量。欲做儿童的教师,当有优于儿童的学识经验,欲做"教师的教师"的视导员,尤当有比教师高明的学识经验,这是最显著的事实。换言之,视导人选的主要条件,即有经验有技术的优良教师。如教育行政、教育原理、儿童心理、教育心理、教育史、教学法、测验与统计、教育社会学和近代教育趋势等,均为其必须研究的学问。尤其是教学指导和学务调查等技术,更宜有精确的练习,始能实际负起视导的责任,而获得良好的效果。他若实地从事时,欲得教师的敬仰和佩服,则其高尚的人格、热诚的态度、公平的观念和丰富的同情等,均为必需的条件。至于资格既定,而教育行政当局于选任时,最好能采取检定考试制度,凡考取人员,其待遇不因所在地预算而有显著差异,应由省教厅集中任用。遇地方行政经费不给者,由省费补助之。此项人才,与省视导机关合为一体,则人选标准齐一,步骤不乱,共辅导地方教育,自可提高效率了。

(四)实行分工视导制度。从前教育视导制度,没有良好的成绩,固因视导人员本身力量不健全,而视导范围过广,责任既不专一,复不能权衡轻重,从最需要辅导者着手,也不无相当关系。现今欧美各国,对于教育视导,大都采取分工制度。例如视导地方教育,概由教育行政专家负责,视导社会教育,概由社会教育专家负责,至于教学方面,尤为讲求。即在很小的村镇,也有分科视导员,分别视导各科教学。今我国欲提高教育视导的效率,似也非采此制度不可。但一时为人才经济等关系,事实上不易办到,则应斟酌缓急,从最需要辅导者下手。就目前实际情况说,似乎单级学校比多级学校更需要辅导,乡村学校比城市学校更需要辅导,复式学级比单式学级更需要辅导,未受师范训练的教师比受师范训练的教师更需要辅导,职业教育比普通教育更需要辅导。其需要辅导的程度,是在辅导者根据实在情形比较决定,而求其均衡的发展。

（五）采用科学视导方法。现在科学昌明，教育视导亦应采用科学方法。兹试举其必要注意者：1.督学视察某学校时，固宜根据教育宗旨和法定标准，而对其地方特殊的环境，尤宜认识其社会心理和人民需要。2.应用智力测验、教育测验及各种测量行政效率的量表，为实际调查的工具。3.关于教学方面，如一般学习心理的原理，分析和综合的要义，归纳和演绎法的应用，用各科教材组织的范围，应先询明担任教师，然后开始视导，藉免教者自教、评者自评的弊病。4.在未进行视察前，须加以详细解释和声明，使教员有自由独立计划他的教学程序，充分应用教具及教学技术的机会。尤须维持教师在校的尊严和威信，勿使学生以为视导员系为评判学校和取缔教员而来的。5.在视察后，如遇有行政或教学问题，为办学人员所应知道而尚未知者，应即召集会议或公开讲演说明之，并介绍新学说与新方法，使得与新潮流相接触，以鼓励其继续谋求改进。

总之，教育视导制度，实为教育行政的核心，用以考察所辖机关的设施情形，而辅导地方各项教育的合理发展。假使地方教育办理皆十分完善，自无需乎视导，否则这种制度，确是提高教育效率的最经济而又最有效的办法，但其唯一条件，即在视导员要能注意他自己所处的地位。他应该知道视导员不是一个不负责任的旁观者，也不是一个搜查罪犯的侦探家，又不是一个冷酷无情的裁判官，更不是一个专横武断的狄克推多[①]，而是一个帮助者、领导者。他应该以教育家的态度，使不好的变好，好的更好。视导制度的根本精神，就在这个地方。

二四年（1935年）四月于上海

[①] 即独裁者，英文 dictator 的音译。——编校者

中国职业教育的出路[1]

中国近几十年来，外受帝国主义经济的侵略，内呈农村破产民生凋敝的现象，因而职业教育运动成为被全国朝野人士积极倡行的标的。就最近政府方面来说，则有十九年（1930年）全国教育会议确定改革方案，注重高中农工商及家事各科所占的百分比；二十年（1931年）国民会议，确定《教育设施之趋向案》，教育部颁布限制中学尽量办职校的办法，拟定中等农工学校的实施方案；二十二年（1933年）《职业学校法》、《职业学校及职业补习学校规程》的公布，各省市设置中等教育职业学校的办法及标准，推行职业教育程序，职业师资等级检定和训练方法，职业学校科目几十数纲要，以及中小学实施职业指导办法等的颁行，并分派专员到各省市实地观察指导，以求全国职业教育的一致前进。近来教育部更组织教育设计委员会，并召开全国职业教育会议，讨论职教行政上和组织上的各项问题，以及推进职教、实行职业指导、训练职业师资等办法，可说在法令政策的推行上，确已尽其最大的力量。不过我们晓得任何一种事业的推行，只有策动的重心，而不兼顾周围的环境，只有枝节的提倡，而不肯从根本方针得有把握，终难显出成效。我们过去职业教育的失败，大部分就种祸在外忧内患和士大夫阶级深中封建遗毒与劳动生产远离的客观环境上，倘使现在不能针对这根本病原的症结努力设法去改造它、铲除它，则中国生产事业仍然不会发达，职业教育永无出路的希望！反过来说，我们欲求职业教育的出路，我个人以为应该具备下列几个先决条件，就是：

（一）要使客观环境安定。目前中国是在各列强政治经济侵略之下的一个半殖民地的国家，是土匪天灾人祸交迫之下的一个纷扰不堪的社会，政治则变乱频仍，不上轨道，经济则农村崩溃，十室九空，民生则赤地千里，饿殍载道，道德则廉耻道丧，毒狠奸诈。在这样的客观环境之下，所谓国愈乱而民愈贫，民愈贫而国愈乱，外货充斥，实业益不发达，民生凋敝，失业日渐严重，故每年大中小各级学校少数毕业生，也以社会消纳力的不良，而引起人浮于事的现象。倘使社会环境能够安定，建设事业逐渐发达，则中国有两千县，假定每县有10个新设的森林区，每区用5人，便需10万人，每县有创办5所工艺厂，每厂用5人，

---

[1] 原载《教育与职业》，162期，1935年。——编校者

便需5万人,每县再添设义务学校和农村合作社各10所,每所用2人,便需8万人,又何至于学生无出路呢?记得一二年前广西省政府就拟定兴办事业与社会人才的估计,便感觉缺少30万人左右。可见今日职教的不能显著成绩,是因职教毕业生的无出路,职教毕业生的无出路,乃由于社会事业的不发达,而社会事业之所以不能发达,则又由于外侮内乱的交迫和政治之不上轨道。盖社会历程复杂错综,教育为其一端,政治扼其纲领,教育出路的问题尤其是职教出路,决不能单从教育圈里求解决,必须客观环境安定,政治有出路,然后职教始有办法。故居今日而倡办职业教育,必须先了解现在环境的情形,未来社会的变化,而多方设法促进社会环境的安定,以减少建设事业前途的障碍,则农工商业既然逐渐发达,人民需要程度增加,职业种类日见扩张,职业教育自可兴盛起来了。

（二）要使社会心理改造。中国承袭数千年来的封建思想,至今尚未达到完全肃清的时期,国人还多迷信于"正途出身"的传统观念,谬认读书以外无学问,做（作）官以外无事业,只知学校为仕进的阶梯,而不明了教育为人生的养料。各望其子弟显亲扬名,荣宗耀祖做大官、发大财。就是号称现代化的人,也希望子弟学成问世,可做公务人员,不肯轻易令其学做"辛苦而不大赚钱"的职业,或从事于劳动生产工作。至于一般商店工厂墨守成规,不求改良,又宁愿维持其旧式的徒弟制度,绝不重视新式的职业教育,以为在学校里去学簿记、学打铁、学种田,千学万学,学点"三不像"的小手艺,倒不如学徒出身来得熟练而实用。因此职业学校招生远不及普通学校的数目,即报名投考的学生,也多缺乏职业教育的认识,询其将来志愿,则曰读书、曰升学。可见其心目中所认定的学校,非当前投考的职业学校,实误认为普通学校啊!无怪其中途以志愿不合退学、转学者比比皆是。且就农工的职业强那不能胼手胝足的纨绔子弟去学习,他日学业,又安得使其返田间去操守手工业或做农夫呢?抑进一步言之,凡受职教的青年学子,确有觉悟而乐意回乡去,除了缺乏相当园地供其开辟建设外,也势必为亲戚朋友所讥笑而不能安居乐业了。故今日欲求职教的出路,对于社会心理的改造,实是一个最迫切莫过的工作。具体来说,我人今日必须努力打破其错误观念,建设一个"职业有种类而无阶级"、"事无大小因人而异"的健全思想,各按其智力、愿望和兴趣,予以充分的选择职业及服务社会的机会,借使得个人的特异才能与他在事业上的机遇均等,以寻出个人所宜做的事业,并获得实行的机会,是为人生最快乐的事情,而有"良田千顷不如薄技随身"[①]的正确

---

① 语出《汉书·韦贤传》。——编校者

认识。深愿立志做大事,劳而后食,"绝不怨天尤人",如是则职业虽有劳逸的不同,而各人精神上已不发生问题,各种职业教育也得平均而合理化的发展了。

（三）要使教育经费宽筹。职业教育的首要条件,贵有充足的设备和专业人才的延揽,故职业学校的用费常较普通为大。据1929年《全国中等教育概况》统计,在中等教育中的中学生每生岁占经费数126元,初级中学生77元,师范生110元,而职业学生为155元,便是明例。乃今提倡职业教育者,似徒唱高调不顾事实,如谓"各省市应尽量扩充职业学校,私人捐资兴学,由公家给予补助。公私立中学成绩不佳,或地方无此需要者,一律改办职业学校"。又"职业学校以不收学费为原则"。（见《三中全会议决案》）在这教育经费万分困难之现况下,政府能否补助成绩优良的职业学校,既属疑问,而无成绩的公私立中学,强半即为缺乏经费的,今反使改办花钱最多又不收费的职业学校,岂非滑稽之极？虽最近中央为努力推行职业教育起见,规定中等学校的设置及经费支配标准,其中中学约占40％,师范约占25％,职业学校不能低于35％,并期于民国二十六年（1937年）达到此项标准。立法固甚完善,但今各省市教育经费全部之支配,究竟中等教育应占何等地位,尚未有详确而合理的规定,则职教经费支配标准,又将取何者为根据呢？且查二十二年度中央财政支出分配表,中央财务支出总数为828 921 964元,军务费当为15 600 000元,占居总额50.14％,债务费为241 841 804元,占居29.18％,政务费为155 450 350元,占居18.70％,教育文化费为16 618 184元,仅占2％（见二十三年度申报年鉴财政篇）。至于各省市教育经费更多由零星杂捐,东拉西扯,聊以充数,人民既病于苛杂,全额又无成数。较之国联教育考察团所提议："在中央预算内教育经费之比例,应增加15％以上,在省预算方面,应增加15％—20％,县预算应增加25％—30％。"（见《中国教育之改进》四七页）相差实在太远！似此整个教育经费的微乎其微,即使把全数拿去创办和补充职业学校,尚恐不见得大宽裕,更何论止限于中等教育阶段内的35％呢？巧妇难为无米之炊,空口提倡,究有何益？今后不顾职教发展罢了,如须积极整顿职教,似宜集中全国教育界人员,力促政府一方面确定中央及各省县市教育费应占全部财政支出的百分比,将教育经费总数增加数倍,一方面还要由庚款项下提出巨额,专作各省市办理职教的补助基金。而对于补助经费的支配,以充实公私立职校设备及职业科教员薪水和研究调查费用。当某校请求补助时,也必须呈核详细计划与说明书,如有设施不符标准的或无成绩的职校,得随时酌减其补助费的全部或一部,如此厉行数年,则职教的发展自可拭目以待了。

（四）要使职教师资健全。职业教育师资人才，约分三类：一为职业学校重要行政人员，二为非职业科教师，三为职业科教师。第一、第二两类人才，因其与普通中学或师范学校所需要的无大差异，尚容易找到相当人才。惟职业科教师极难得适当人选，其条件必须：（一）对于所担任的专门学科，要有职业的经验、实际的技能与专门的学识；（二）对于教育原理及方法，尤其职教原理，宜有明晰的理解及实施技能。而今职校教师待遇菲薄，一般学有专长又精通工艺农事商情的人，多跑到工厂农场和公司里去做技师或工程师，不愿意来学校执教鞭。至于缺乏学识的工头或普通教员，又不能胜任。换句话说，就是偏于技术或偏于学理的人，均不能为造就有效果的学生的教师。据现在一般人的主张，在就富有职业知识技能者，予以教学方法的陶冶及职业生产经营的常识是为较有效的办法。次之，对于有职业知识者补充其充分经验，或对于有技能经验者补充其相当学识，同时并增进其教育方法和经营的常识。倘使这种仅具偏面能力的而都不可得时，则招取中学生、师范学生分别予以三四年的专业及教育的训练。惟此种职业师资的训练，又在何种机关为适宜？去年教育部曾有委托各大学代办职教师资养成科的计划，某校办工科，某校办农科，某校办商科等，都有合理而切实的方针。不过现在一般大学，其预定目标和课程，都以训练普通学校师资为重心，每凭书本讲义作知识的灌输者。今后将取何种方法，使其校址设备，课程和实习等项都合标准而不至蹈过去空虚的覆辙？更将向何处求得那能娴熟某种职业知识技能而又富于教学经验足以游刃有余的所谓"职业师资的师资"呢？诸如此种问题，均为当今解决职教师资的先决条件，也即职业教育能否发达的重大关键，都有待于通盘统一的计划。若徒知有名无实的改换门面，而不详加考核其可能范围，那是仍旧不能养成健全而合用的职教师资，对于职业教育前途还是不能乐观的，至于已经实地服务的职教师资，其技能学识，每有"与日俱亡，终成废材"的趋势，即使未尽忘失其所学，而年以陈旧的技能与学识传授于学生，也何能促进职教的发展呢？故除赖有专家继续指导其研究和试验外，应由教育行政机关规定：凡职业教师对于某种工艺制作确有研究，且为社会急切需要或与担任学科的教学上有密切关系的，得将所研究的工作内容，试验应有的设备器具，及其可成功的方法和完毕期限等等，详细拟定计划书，呈请政府核发补助经费。如试验成功，则公布社会采用，并得保送到有名工厂农场去考察实习，以资深造，如是则不独职业界受其利益，职教人才也可自知奋勉了。

（五）要使职校设施合理。近来各省县公私立中学，因受设置中学的限制，不得已改办职业学校，而查其实际，则不特没有训练专业技能应有设施，而所开办的职业学科也完全未顾及当地社会实际的需要。往往在通都大邑设置农林等科，农村栉比的区域开办商业学校，既不能适应原有职业去设施教育，安得不使受教育者无职业而使有职业者无教育呢？这种职业学校所造就的学生，自不免变成学校式的职业人才，只配做书生工匠，又哪里谈得到直接生产呢？为今之计，凡办理职业教育者，必须明了一方面是借教育力量来准备个人的职业，使人各得发展其所长，一方面更以职业供给教育设施的机会，使得教育更为丰富而有意义，可以适应社会性。如此职业教育的理论与实践上，充分与一切主要生产部分联系起来，使得每个受教育的特殊才能，可以和他日后在社会的服务相适应，充分自觉地要参加社会工作而明白自己所任工作及其对国家全部经济中的地位和意义。同时学校与生产机关打成一片，除了在经济上有莫大利益外，生产机关成为学校实验室，学校又成为生产机关理论研究部，寓教育于生产的环境中，在生产中去训练职业，本社会事业实际所需要的人才而造就学生，学生毕业后也直接可由实业机关去分配工作，此就是所谓"学有所用，用本所学，工以助学，学以助工"的真正职教目的。最近全国职业教育讨论会在江西开年会时，曾有提议设学校于生产机关，其意亦复如是。广西省政府拟定的职业教育计划，即欲先成立造纸、制油等省营工厂，再附设同类的职业学校；安徽省政府就农林蚕桑试验场中设置农桑训练班，即本实业教育合作的意义，而求养成实际生产的人才。准上观察，可知现在将原有的普通中学，换汤不换药地改成职业学校，无宁集中财力和人才，设置一二完备的职业学校，重质不重量，以求切实合用。至盼教育行政当局应力求原有职校改良充实，其新设立者先以设备完善为第一着。如农业学校必须有充分的农田、园地、农具与农业化学场、实验工场，职业学校必须有充分的工场、机械、原料及实习试验设备，助产护士学校必须有完整的附属医院、诊察所及教学上应有的工具；其他图书标本为各类职业学校共同的要素。此外如调查当地工厂农场的设备，社会生活的状况，一般营业的情形等等，以为设施学科和预定学生出路的方针。至某校应以何种制造为主体，如何利用乡土教育，以及最低限度的技能训练，课程的分配，学科时数的拟定，主要材料的采集，招生的方法等等，均宜预先制成群尽方案，作为职校行政的根据，则职教前途定能大放异彩啦。

以上几点，为中国职业教育出路的最重要问题，也为今日实施职业教育者最易忽略的先决条件。就过去事实上的观察,因此先决条件的未具,已表现显著的缺陷。今后若不认定重心切实做去,整个动员力图改革,无论关于环境安定问题、社会心理建设问题以及教育经费增筹办法、师资积极训练办法和怎样适应实际设施学科、扩充其应有设备、增加人民职业种类等等,均应由职教专家精细详确地统筹全局,根据现在社会,调查人民需要,采用科学方法,厘定方案,不作骤增学校的数量,而力求切实有效的训练。手脑不能并用的人物固无裨益于国家,似是而非的职校更非社会所需求。作者对于职教方面,愧无深刻而有系统地研究,但鉴于往昔职教第一次的总崩溃,谨在此上下紧缩中学改办职校之际,敢贡一得愚见,以供谋求职教出路者的参考。

二十三年(1934年)十二月九日于大夏

公民教育的意义和目的①

本校每学期均利用纪念周时间，举行有系统之特种讲座，同学获益不少，本讲系"公民教育"讲座第一讲，尚有第二三讲将在本报继续发表，希读者注意。

——编者——

诸位同学：今天的演讲，是本校举行"公民教育"讲座的第一讲，也可说是这个讲座的开场白，本校在"九一八"、"一·二八"事变以前，教育方针完全是为教育而教育，故对学生只求其学识及体格上的修养，能够日臻完善，就算已尽我们的责任。及"九一八"、"一·二八"以后，觉国家民族日濒危殆，教育方针如果不变，教育根本就失了其存在的意义，所以我们就定了以实施复兴民族教育为办学方针，四五年来我们孜孜不息，无论设备方面、课程方面，或精神训练方面，都是根据这个方针。每学期纪念周举行之特种讲座，亦是这样。我们在民国廿一年度（1932 年）有"复兴民族教育"讲座，在廿二年度有"救亡图存"讲座，在廿三年度有"未来世界大战"讲座，在廿四年度有"非常时期教育"讲座，本年度又有"公民教育"讲座，标题虽不同，而用意与目的则一。我们就是想借纪念周时间，公开演讲，灌输政治意识，激发民族情绪，研究救国方法。希望诸位明了这一种演讲意义的重大，除非有万不得已的时候，切勿轻易缺席，尤其是本年度的讲座，关系国家民族前途甚大，我们可以说中国民族能否复兴，全要看全体国民有否"公民"的资格。所以这个讲座，我们预备分两学期讲完，大约本学期所讲的题目，系偏于总论方面，下学期要讲的，则系各论了。

讲到"公民"二字，我们就联想到民众与国家关系的密切。诸位都晓得国家有三个要素，就是人民、土地和主权，其中尤以人民为重要。有健全的人民，即使土地和主权失去，也会收复。我们看德国去年收复萨尔区域②全靠区内人民投票之力，就可以知道"人民"在国家中地位的重要。我国古代先圣有"民为

---

① 原载《大夏周报》13 卷 4 期，欧元怀讲，周报社记者记，1936 年。——编校者
② 历史上萨尔地区曾是德法的争夺之地，1919 年巴黎和会将萨尔划归法国管辖；1935 年萨尔区公民投票，以 90％以上的票数决定萨尔在政治上重归德国。——编校者

贵"①、"民惟邦本,本固邦宁"②的话,理由正在这里。一国之中,人民的血统语言,宗教信仰,未必要完全一致,但政治的思想则必须统一。何以见呢？先就血统来说,美国可说是世界中人种最复杂的国家,不但红、黑、白三种杂居全国,而且白种中有好几十个民族,好几十个国家的移民。苏俄境内也有一百八十二种的人民,除四分之三为斯拉夫族外,其余的四分之一中,就有一百五十种的人民。此外比利时系由华伦（Walloons）族③和弗里明族（Flemings）族④两大民族组成,瑞士系由德意法三国民族合组而成,都是明显的例子。然而这些国家,并不失其独立的资格,而且系世界上富强的国家。再就语言来说,一个国家内人民的语言不一致,于国家的独立并不影响。我们晓得比利时说法（华伦族人）荷（弗里明族人）两国的话,瑞士说德法意三国的语言,苏俄有一百四十九种的方言,比我国还要复杂,英国苏格兰、爱尔兰、威尔士的人民,与英格兰人所说的话,也相差很远。然而这些国家,并不因语言不同而解体。至于宗教信仰之不同,更与立国的基础无关。美国境内宗教之复杂,尽人而知,顾美国国势之强,却又举世鲜与之比。所以我说一个国家内人民的血统语言和宗教信仰,未必要完全一致。一个国家内人民的政治思想,如果不一致,那影响就很大了。政治思想不统一,不但国内容易滋生内乱,足使国家基础动摇,而且常常可以引召外侮,甚而至于亡国。所以目前世界上进步的国家,都致力于国内共同的政治思想的训练。所谓共同的政治思想的训练,必须做到两种地步,第一,须做到人民对本国的政治制度或党义,能够有深切地了解；第二,须做到人民能认识国民应有的义务。美国很早就有"美国化"⑤运动,用意就在想把居住美国国境内任何国家的侨民,都能认识美国的政治制度及其对联邦政府应有的义务。最近俄德意三国对此种工作,尤为努力,且都著有成效。苏俄有少年先锋队（队员系由十岁至十六岁的少年男女）及共产主义青年团（团员为十四岁至二十三岁的青年）。德国亦有希忒勒⑥青年团,散布全国各大都会及乡镇。希忒勒青年团中分（一）少女团（团员系八岁至十五岁的少女）、（二）少年团（团员为八岁至十四岁的少男）、（三）女青年团（团员为由十五岁至二十一岁的女青年）及（四）青年团

---

① 语出《孟子·尽心上》。——编校者
② 语出《尚书·夏书·五子之歌》。——编校者
③ 今译为瓦隆。——编校者
④ 今译为弗拉芒。——编校者
⑤ 指19世纪末20世纪初,美国社会发动的一场旨在同化外来移民的美国化运动。——编校者
⑥ 即希特勒,下同。——编校者

(团员为十四岁至十八岁的男青年)四种,分别授以国社党的党纲及其政策。意大利亦有巴里拉(招收八岁至十四岁的男孩)、前锋队(招收十五岁至十八岁的男青年)、少女团及女青年团的设立,推行全国。凡此均足见现代国家对儿童和青年对未来的公民教育的重视。

根据上面所说的国家要素,及世界各国训练青年的重视,我们就可以明白所谓公民教育是什么。公民教育,是用教育的力量,灌输人民以共通的政治思想。它的范围是包括全体国民,并非限于在学校里的学生,故它是包括在学校教育与社会教育的里面。它一边利用学校正式课程,教育儿童和青年,准备做未来的健全国民,一边又利用社会教育,训练全体成人民众。

公民教育除灌输全体人民以共通的政治思想而外,还教人如何做人的道理,所以公民教育有时也当做"好人教育"看。目前各国的公民教育,都不仅教人民了解政治、认识党义和克尽国民义务,且都有其关于道德方面之修养。例如苏俄的少年先锋队队员,政府除养成他做社会主义的信徒和劳动阶级的斗士外,还教他们养成五种好习惯:(一)注意个人及公共卫生;(二)勤勉互助,不畏艰苦;(三)爱护公物;(四)不吸烟,不饮酒,不骂人;(五)努力工作,宝贵时间。德国希式勒青年团亦然。它除宣传国社党主义以外,也有道德和健康的训练。国社党的党纲,非常扼要简单,大意只有四条:(一)民族高于一切,个人等于零;(二)取消不平等条约;(三)德意志是德意志人的国家,极端排斥犹太人;(四)实行国家社会主义,反对共产主义。此外该国尚有着重优生方面的训练,订有结婚规律十条,其最足使人注意且发噱的有五:(一)婚姻是种族的非个人情绪的;(二)婚姻应注意对方的遗传血统;(三)反对与犹太人及非欧洲人结婚;(四)反对独身主义;(五)奖励多生子女,每人最少生小孩三四人。

公民教育的目的,是随时间空间而各异的。世界各国如英美与俄德意各不相同,但养成一种公忠报国之意志则一。我们中国过去教育偏重个人尊荣,如"书中自有黄金屋,书中自有颜如玉"①,"天子重英豪,文章教尔曹;万般皆下品,惟有读书高"②,皆充分表现一个人受教育系为个人养尊处优起见。这种见解,当然不适于今日之中国。在目前国难严重的当儿,我国公民教育的目的,应针对下列三个目标:

第一,对国家应有统一的政治思想——以三民主义为我国共同的政治思

---

① 语出(北宋)赵恒《励学篇》。——编校者
② 语出(北宋)汪洙《神童诗》。——编校者

想,训练每一个公民能够做到民族解放、民权实现、民生充实的地步。

第二,对民族应革除民族的大病——中国民族大病最显著的,有贫、弱、愚、私、散、怯六大项,施行公民训练,应针对此项大病而发。

第三,对受训者本身须训练到能够"立己立人,自救救国"的地步。

推行本省国民教育今后努力之途径[①]

一、引言

推行国民教育,其道有二:一先重量之普及,再事质之改进;一先树质之楷模,再事量之推展。前者以国民教育对象立论,国民教育既是全民教育,应先普遍设校;后者以国民教育职能立论,国民教育既是建国教育,应先妥善法则。其实一则操之太急,势必事倍功半;一则持之过慎,势必缓不及待。本省自民国三十年(1941年)一月开始推行国民教育,即以"在量之扩充上力求质之改进"为最高原则,两载经验,益觉此项原则之不可忽视。今则量之扩充,经各县努力结果,似若无任何问题,试究质之改进,是否已随量之扩充同时见效。据视察报告,固亦获有相当进展。此次中央党政考核专员来省考核各县推行国民教育成绩,程专员其保亦有如下之批评:(一)地方人士均已重视教育,各地具有热烈的建校运动;(二)各校学生课本齐备;(三)中心学校教员年轻齐全;(四)小学生资质聪颖均甚可爱。虽未及教育实质,但此均为质的改进之先决条件。惟欲完成国民教育应有之职能,实相差太远,故程专员接着就有极重要之指示:(一)如何使受教者为良好之公民;(二)如何完成推行国民教育之作用,发挥学校改造社会之力量。前一点即在如何发挥学校本身教育之职能,后一点即在如何推广学校社会教育之职能。两种职能如得充分发挥,国民教育之质的改进才有显著之成效。本省今后推行国民教育之重心,即在此。爰为文申述要以,作为今后努力本省国民教育更近一步之途径。

二、国民教育职能之所在

欲求国民教育质之改进,即在发挥国民教育应有之职能,概括言之,即训练新国民,以建设新国家是也。兹分述如下:

(一)建设新国家。国家之功用有四:一在何以安民,一在何以养民,一在何以保民,一在何以善民。因之建设新国家,亦须随之而有四种建设:第一,关于安民之建设,即所谓政治建设;第二,关于养民之建设,即所谓经济建设;第三,关于保民之建设,即所谓军事建设;第四,关于善民之建设,即所谓文化建设。

[①] 原载《国民教育指导月刊(贵州)》1卷20期,1942年。——编校者

四者相因相成，必须相互为用，乃可相得益彰，此即为当今政府所持管、养、卫、教合一之本旨。虽然四者之中，须择取其一以为中心，方得速其实效。四者固可任择其一，但以文化建设为中心，更为合理而有效；以文化建设为一切建设之原动力，其他建设之进步，均赖于斯。总裁谓："现代国家生命力有三：一为教育，二为经济，三为武力；三者之中教育尤为首要。"又谓："我们要建设国家，复兴民族，就要于管、教、养、卫四件事上努力，而以教育的方法作一贯的推进。所以教育之优劣成败，即为国家民族兴亡盛衰之最大关键。"国民教育又为教育之基础，故国民教育可谓管、教、养、卫四者之中心基层工作，其对于建设新国家职能之伟大，盖可见矣。

国民教育之职能既若是其伟大，凡建国之四大要素，国民教育均须负有相当之责任。其于政治建设，则先教育全民具有政治生活，使能自治治事，是为管之教；其于经济建设，则先教育全民具有经济生活，使能自育育人，是为养之教；其于军事建设，则先教育全民具有军事生活，使能自卫卫国，是为卫之教；其于文化建设，则先教育全民具有文化生活，使自信信道，则为整个教育之实施。此四者，即所以实现立国最高原则之三民主义也。政法建设，所以实现民权主义，经济建设，所以实现民生主义，军事建设，所以实现民族主义，而文化建设，即所以实现整个的三民主义。三民主义得以完全实现，新国家之建设自然成功矣。

（二）训练新国民。训练新国民与建设新国家，为国民教育一体两面之事。训练新国民而忽视建设新国家，则训练新国民无保障，建设新国家而忽视训练新国民，则建设新国家无基础，故建设新国家为训练新国民之目标，而训练新国民实为建设新国家之过程。国民教育训练新国民以建设新国家之职能有三：一曰知能训练。所谓知能训练，要在增加管、教、养、卫四方面之知识与技能。总裁亦谓："知能训练重在启发管、教、养、卫之学术与技能。"现在一切关于政治、经济、军事、文化等均发生剧烈之变化，而有其新知新能，而非原有之旧知旧能足以应付，故国民教育对于知能训练，首在启发国民蔽纲，使其乐于接受新知新能以应新之需求。二曰组织训练。所谓组织训练，要在增强管、教、养、卫四方面之团体生活。总裁谓现在20世纪是团体生活之时代，又谓团体生活重在组织，更谓组织即是能力。中国人民缺乏团体意识，缺乏组织能力，久称于世，所谓"一盘散沙"，国人亦不能否认。故国民教育对于组织训练，首在促进国民团体意识与组织能力，使其习于遵守纪律、互助合作以适应时代生活。三曰活动训练。所谓活动训练，要在辅导管、教、养、卫四方面之力行工作。总裁谓："人类社会一切进步，一切真实之成就，都是自力行而来。"国人每坐而言，不能起而行，此中国之所以不振也。总理倡"知难行易"学说，总裁倡"力行哲学"，意即在此。要知道能训练与组织训练之最后目的，即在活动。故国民教育对于活动训练，首在加强国民实行决心与责任观念，使其惯于快干、实干、硬干，以利事业成就。总之，知能、组织、活动，为训练新国民之三大要素。知能为一切之根据，活动为最后之目的，而以组织为其中心关键，如是新国民之训练成功矣。

三、国民教育职能之发挥

国民教育之职能既如是其繁重，则发挥是项职能之中心及国民学校，岂仅教人以读书识字也，明矣。然欲某学校对于是项职能之充分发挥，应自何处入手，简括言之，即在发挥学校本身教育与推广学校社会教育之职能是也。兹扼要分述如下：

（一）发挥学校本身教育之职能。欲发挥学校本身教育之职能，要在行政、设备、教导三端着力。先论行政，学校行政贵在计划周详、执行努力、考核严密，然欲行政之确能奏效，首在组织恰当、组织健全，一切事业便能审慎周密，得收分工合作之效。组织固须视学校规模之大小而定，然最要者即在充分发挥管、教、养、卫四大职能。本省已订颁《各县市中心及国民学校组织系统》并附说明，各校应切实遵照，期组织以发挥其功能所在。次论设备，设备之有关教育，人人皆知，设备与经费固有关系，惟须拟定整个计划，分期充实，最要注意者，亦在顾及管、教、养、卫四种功用。本省所颁《各县市中心及国民学校设备标准》，亦即根据此项要则而定，各校于分期添置设备时，应特别注意及之。最后论教导，教导为学校教育之本职，行政、设备不过为便利教导之一种间接设施，而教导实为推行国民教育之直接事业。国民教育之职能既在管、教、养、卫之四大建设，教导亦即在教导国民具备管、教、养、卫之四大生活。故学校教导应并重德、智、体三育：德育所以培养政治生活，重在自治训练，使能自治治事；智育所以培养经济生活，重在生产训练，使能自育育人；体育所以培养军事生活，重在健康训练，使能自卫卫国。三育并重，所以培养文化生活，重在精神训练，使能自信信道。其实施要则，自治训练须有健全之自治组织，可视学校班级与学生之多寡，采地方自治乡镇保之组织办法办理，再教以自治知能，并导其实际工作。生产、健康、精神三种训练，均须与自治组织配合，利用各科教学及各种集会，教以有关生产、健康及精神方面之各个知能，再指导其实行。现在教部新订之《课程标准》及《训育标准》均已先后公布，当有具体之标准与方法可循。如是在校得以养成德、智、体三育健全之学生,出校自成具备管、教、养、卫四大生活之完善国民,使之服务社会,当能从事政治、经济、军事、文化四大建设,而完成地方自治,以建设新中华民国也。

(二)推广学校社会教育之职能。国民教育之职能,不仅限于校内。总裁谓:"要使教育人员所努力者,由学校教室之讲习,进而为地方社会实际工作之示范……使学校所教育奠定之基础,即由教育人员从保甲、壮丁、合作社等群体机构中实施训导,成为经久不断的社会教育,而后教育事业功德之累进,即为地方自治之真正完成。"更有具体之指示谓:"办理教育,尤当在行政统一办法之下,努力于民众之组织与训练,即须以全体民众为对象,以社会为学校,以实际上一切事物现象为教材。注重训练国民如何做人,如何办事,本党总理所昭示革命建国之要义,以及《地方自治开始实行法》所开列粮食管理、土地管理等事务,与夫以前中央颁布之《七项运动》办法,均应列在教育范围之内,否则一如过去的学校教师,仅为讲堂内之讲课,于出校后之学生及校外之社会环境如何,均不注意。在很多地方自学校设立多年,而其左右前后之民众,还是不当兵、不纳税、不实行新生活,这个原因,便是由于教育者未能尽其应尽之职责。"是即以"学校为社会中心"、"以教师为社会领袖",使教育力量伸展到学校以外之整个社会,此实国民教育原来应尽之职能也。至学校如何办理社会教育,本省亦已颁有《各县市中心及国民学校办理社会教育工作要项》,内容亦分管、教、养、卫四种设施,各校均应参照实行。其办法,第一要认清社会环境,妥订整个计划,于时空上均有适当之支配。例如,各地情形不同,确定事业之中心亦须随之而异:在教育落后之区,提倡识字运动;在人民富庶之区,提倡节约运动;在疫病盛行之区,提倡卫生运动;在人民贫瘠之区,提倡生产运动。斯乃对症下药,收效自易显著也。第二要尊重人民意见,确定进行程序。每月初,召开保甲长会议,决定本月应行举办之社会事业,再利用国民月会,召集民众宣传解释,并可插入游艺表演,以增兴趣,然后再领导民众实行,月终更考核奖励。如是学校推广社会教育之职能,自易充分发挥,而地方事业亦得蓬勃以进展,新国家之建设,不难迅速完成也。

四、国民教育职能发挥之要则

国民教育职能之发挥,即在中心与国民学校之能发挥其整个功能,惟此项功能之充分发挥,实非一蹴而就,其要则有三:

（一）教师须先有新的认识。国民教育之职能既如上述之繁重，而中心与国民学校又为发挥国民教育职能之唯一机关，则为中心与国民学校之教师，既得一种新地位与新责任，自非将以往狭隘之教育观念完全改变不可，如仍以学校以外无教育，课本以外无教材，则基本观念已错，一切新任务便无由实现。故实施国民教育之教师，至少应有下列两个基本认识：第一要认清教育工作为一切建设之基础。从事教育工作者，固不能迷信教育万能，但亦不能忽视教育之实际功效，故不能否认教育要受政治之支配。然亦不能不认教育有促进整个政治改善之作用。盖以一切建设之主要因素无能力，而教育正是培养人力之源泉，所以教育能推进管、教、养、卫之设施，应认为极端合理而正确。同时为教师者，更不能以精神有限，而对此重任有所怀疑而畏缩。处此伟大之抗建时期，从事教育者惟有倾其全力，负起务教救国之重任。第二要认清教育对象为整个社会之群众。从事教育工作者应认识"学校为社会之中心"、"教育为社会之领袖"，此乃教育之最高理想。过去狭隘之教育观念，应根本廓清，同时教育既在改造社会，本身之行为习惯，自须更加注意，所谓"以身教者从，以言教者讼"，"其身正，不令而行，其身不正，虽令不从"。社会固须提倡"尊师重道"，教师自身更须敦品励行，处处以身作则，为民众表率，才能感化民众，改造社会。总裁云："今日的教育家，应该自认为冲坚折锐的前线将士，应该自认为移风易俗之社会导师，应该自认为筚路蓝缕的开国先驱，应该自认为灭继存亡的圣贤豪杰。"如教师能认清自身工作而努力，国民教育之职能，自易充分发挥矣。

（二）中心学校须先负起责任。欲求国民教育量之普及，尚须分期推广，至求质之改进，更应逐步进展。推行国民教育之所以每乡镇设中心学校者，用意即在于此。我人须集中力量，先谋中心学校之健全。所谓中心学校，含义至深，扼要言之，一为社会改造之中心，其职能即在改造人民生活，推进社会文化；二为教育推进之中心，其职能即在辅导国民学校，助进教育行政。前者之职能固与国民学校同，但国民学校能以教育力量改造社会，亦须由中心学校发动与领导；后者之职能更为中心学校所独有，一乡镇国民学校之能否改进，全视中心学校之辅导职能之能否充分发挥。本省已颁有《各县市中心学校辅导实施要点》，各中心学校应切实遵行。凡为中心学校之校长教员，须彻底明了自身责任之重大，努力研作；主持地方教育行政者，对于中心学校校长、教员须慎重物色，并酌量提高其待遇。本省规定中心与国民学校职教员待遇略有高下，原因亦即在此。同时对于中心学校之设备，须先分期充实，以树楷模，而便各校轮流使用。本省所颁中心与国民学校设备标准之多寡,用意亦不外乎此。最近本省又恐各县限于人力财力,对于所有中心学校之教师设备,尚不能同时健全充实,又规定《中心学校层级设置办法》,各县除设置各乡镇中心学校外,全县得设标准中心学校,作一般中心学校之表证或示范,并订定《国民教育层级示范区设置办法》,以便逐级示范改进,期达国民教育之职,得有迅速发挥之可能。

(三)辅导研究制度须先组织健全。欲求国民教育职能之充分发挥,除健全教师与中心学校外,同时更须健全辅导研究制度,在此国民教育质的改进之初,尤须特别注意。辅导研究对于改进教育之功能,早为一般人所重视,惟以组织散漫,未能发挥若何效力。本省有鉴于此,经多方研讨,订定《国民教育层级辅导研究办法》。其原则在使学术与行政、理论与实际打成一片,使国民教育质之改进,得有较速较大之成功。其要点,在横的方面,既使教育行政、辅导、研究以及实验机关,得以相互联络,纵的方面,又使省、区、县、镇乡各级教育行政、辅导、研究以及实验机关相互连贯,如是分工协作,层级辅导,国民教育之职能,自易迅速发挥也。

五、结语

总之,发挥国民教育之职能,工作比较繁复,自非本文所能尽述,尚待从事国民教育者不断地加以共同研讨与实干,本文仅述其概要耳。兹再成十则,作为今后从事本省国民教育者努力之准则,并作本文结束如下:

(一)国民教育是建设国家、复兴民族之唯一基本工作,不仅重量之推广,尤须重质之改进。

(二)国民教育之质的改进,在乎充分发挥训练新国民,以建设新国家之重大职能。

(三)国民教育建设新国家之职能,在于完成国家之政治建设、经济建设、军事建设以及文化建设。

(四)国民教育训练新国民之职能,在于兼顾管、教、养、卫四大建设,充实其知能,健全其组织,鼓动其活动。

(五)国民教育职能之发挥,在于中心学校与国民学校本身教育及推广教育功能之充分发挥。

(六)中心与国民学校本身教育职能之充分发挥,在于德、智、体三育之并重,德育在能自治治事,所以培养政治生活;智育在能自育育人,所以培养经济生活；体育在能自卫卫国，所以培养军事生活。三育并重，在能自信信道，所以培养文化生活，以完成新国家所需管、教、养、卫教之四大建设。

（七）中心与国民学校推广教育职能之充分发挥，在于以学校为社会中心，以教师为社会领袖，使教育对于管、教、养、卫四种力量，伸展到学校以外之整个社会。

（八）国民教育职能发挥之要则，在乎教师须先有新的认识，中心学校须先负起责任，同时又须健全辅导研究制度。

（九）教师之新认识，在于认清教育工作为一切建设之基础，教育对象为整个社会之民众。中心学校之责任在于确为社会改进之中心，更为教育推进之中心。辅导研究在乎实行层级制度，使学术与行政、理论与实际打成一片，俾得纵横协作，以促国民教育之推进。

（十）国民教育职能充分发挥之时，即为三民主义新国家完成之日。

边疆教育之今后[①]

随着抗战建国的进展,促进了一般对于边疆教育进一步的注意。本年四月八中全会对于边疆教育的推行,更指示了今后致力的方针。这些说明了边疆教育问题的重心已由鼓吹倡导进入到如何展开推行的阶段。

边疆教育因为历史短,没有成轨可循,一切都有待研究创造。同时无论是从施教的对象、情境任何一方面看,都充分表现着他的特殊性。在这样的条件下推行教育设施,内容与方法实在是不容忽略的问题,即使有了宽裕的经费与热心工作者,如果路线不准确恰当,还不会有宏大的效能发挥。

边疆教育的推行,它的难度实在一般教育事业之上,需要有远大缜密的计划,需要有充裕的经费,需要有勇气、坚毅的人才,更需要能深切认清边疆社会情况的特殊性而把握着它的需要。兹就年来主持贵州教育行政,推进边疆教育之所得,略陈今后边疆教育应致力之途径于次,藉供热心边疆教育者之参考。

(一)促进步骤统一。倡导边疆教育虽属近十余年的事,但是在我们倡导以前就有不少外国传教士,深入我国腹地在利用传教机会实施边疆教育。以贵州省来说,前清光绪二十三年(1897年)时即有美籍教士到安顺县境深入苗夷村寨布道兴学。又光绪三十年(1904年)有英籍教士以威宁县属石门坎为中心,设立苗民学校,学生达二千余名之多;更用罗马字母拼成花苗文课本,其用意既深且远。一国的教育事业,在推行的方法上尽管因地制宜,可是在目标与原则上实不容二致。所以为求边疆教育的合理,健全发展,从行政方面着手统一推行的步骤,实在是巩固边疆教育基础的重要设施。

(二)就地选材训练。特种部族同胞的生活、风俗、习惯等都保持着他们传统的特型,尤其是语言系别的复杂更是推行边疆教育的一个最大困难。所以边疆教育的师资除了要有教育的修养,能了解习惯他们的生活外,更要能谙熟他们的语言,这样的师资在目前就很难得。一般的教师又不愿深入他们的住区,如果就地取材,根本就很少,甚至没有。补救的方法只有就地选材训练,挑选各区域的优秀青年施以特种训练,训练完毕以后回到故乡服务,对于社会关系认识清楚,生活也习惯,语言也无隔阂,同时在训练的过程中,从学员方面还

[①] 原载《边政公论》1卷5、6期合刊,1942年。——编校者

可以得到不少有价值的材料给我们参考。

（三）普遍深入边区。特种部族同胞居住的地区，交通偏僻，目前关于边疆教育设施，仍多侧重交通线附近的城镇，而数量也不能配合实际需要。可是事实告诉我们，特种部族同胞住处集中的地区，也是交通最不便的地方，实在是基本的原则，也唯有能普遍、深入，才能发挥边疆教育的最大效能。

（四）注意生活改进。特种部族同胞的生活，总是受着传统习惯所支配，忍劳耐苦操作的结果，只能维持着极低度的生活，医药卫生受了迷信的支配，根本谈不到。所以边疆教育的设施，不应只在书本知识上着意，应该进一步地去指导协助他们解决生活上的问题，改进他们的生活，这样的教育才是他们需要的教育。

（五）男女教育并重。重男轻女的观念，到现在还是普遍的存在于社会，特种部族同胞的这种观念更加深。从它表面看，重男轻女是女子不占重要地位的表现，但是事实上正因为重男轻女，而女子的地位更重要，家事处理需要她，农业劳作需要她，养育子女需要她，假使忽略这种事实的重要性，而把女子放在教育圈以外，这是不平等的现象，更是使教育力量浸透到整个社会群众生活中最大的障碍。今后的边疆教育应注意到男女教育机会的均等，更要设法劝导女子入学。

（六）儿教、成教兼施。要提高特种部族的教育程度，如果专从儿童教育方面着手是不够的。儿童在学校的时间短，在家庭的时间长，同时家庭的一切操之于父母，子女完全处在被动支配的地位。所以要使得风习改良、政令推行、社会进步，无一不需要对成人开导，用教育方法来启发。即是以送子女入学一事来说，一般的家长还总是怀疑、不愿，要使得他们自愿、认为需要，非用种种方法去劝导、向社会说明、解释种种不正确的传说不可。要做到这地步，就必须实施成人教育，然后边疆教育才能顺利。

（七）注意力量开发。边疆好似宝库，有丰富的森林矿产，有广大有力的民众，这些人力物力，过去均未能充分利用。抗战建国到达现阶段，人力物力的需要更外迫急，为了促进抗战早胜、建国早成，这伟大的边疆宝库，需要及早开发、利用，所以今后的边疆教育的设施应注意于协助资源的开发、人力的应用，使得争取民族生存、国家独立的抗建伟业，没有一点空隙，人力物力没有丝毫的浪费。

（八）编纂特种教材。目前为特种部族同胞而设立学校，他们所用的教材,仍多是书局出版的一般的教科书,内容与学生生活不能联系,而且多半是他们以往生活经验中所没有的材料,以致学生本身时感乏味,同时更有和他们的信仰发生冲突的地方。他们生活中不良习惯固然要改进,可是教材却不能离开了现实,从现实出发缓求改进,是推行边疆教育应有的守则。为了增进边疆教育的效能,编纂特种教材实在是要务之急。

边疆教育是适应时代与环境需要而兴起的过渡的教育设施,我们希望经过短时期的努力以后,全国国民各个都受同样的教育,整个国家文化水准全面地升高,使得今日努力倡导的边疆教育成为教育史上的一页,边疆教育一词成为过去的名词。

国民教育的几个实际问题①

今天是星期假日，天气这般晴明，诸位抛开私事，到这里来谈教育问题，本人觉得十分高兴。诸位都是现任小学教师，在抗战时期最关重要的国民教育，赖各位的努力，已在推动进行了，本人今天要讲的题目就是"国民教育的几个实际问题"。

一、待遇问题。各位对于这个问题，一定感到兴趣，提起"待遇"两字大家都会异口同声地说"严重"，不但是小学教师，就是中学、大学的教员、教授们，以及从事社会服务的公务员，也都有同样的观感。前天吾见某医学院院长，他说："我们现在的头、二等病房，已非小学教师、大学教授、一般公务员所能住得起，而是皮匠、杂货店老板等人的疗养院了。有一大学毕业生正患伤寒症，需要注射一些葡萄糖或输一些血，以延续其生命，但因为无钱没有办到，同时有一司机，病愈出院，坚求医师开些补药，以便增益健康，他毫不吝惜地付了800元，买了几十颗补药。"这种对比事实，真是举不胜举。小学教师害了病，原不希望住头、二等病房，更不希望服特别补药，可是总得就医服药，照现在社会反常情形一天严重一天，恐将只能"听天由命"，问题真是严重到极点！现在政府对这问题，已经特别重视，中央早已颁布了许多详细章则，对于小学教师薪给与优待，可谓想尽种种办法了，详见本厅出版的《国民教育指导月刊》四卷六期"小学教师待遇专号"。至于本省二年来小学教师的待遇，也已由每月6元增至60元，再增至120元，同时更有实物津贴。虽尚不能比照物价增高的速率，却这样10倍、20倍的加增，实远胜于一般公务员待遇增加的比例了。贵阳市在何市长②倡导之下，小学教师的待遇，更较省校为佳，这种激增的情形，实在足以表示政府对于小学教师的重视，做小学教师的同志们，也可得到不少的安慰。不过总因以前待遇过低，而现在生活程度又这样地反常激增，政府又要兼顾其他抗建工作及地方负担，一时尚不能完全满足各位生活的需要。这种心有余而力不足的苦痛，政府实引为无限的忧闷而时在想法解决中。小学教师应在明了政府苦心孤诣之下，要以精神克服物质，努力从事教育，完成抗建基础；一到抗建完成，

---

① 原载《国民教育指导月刊》2卷2期，欧元怀讲，郭傅芹、丁志环记，1943年。——编校者
② 指时任贵阳市长的何应瑞。——编校者

何患不能与全国同胞共享真正的无穷的生活幸福。

各位要知道小学教师的收获,是在将来和全民共乐,绝(决)不是目前个人舒适。进一步说,要是我们人生观正确一些,小学教师现在生活,也是世界上最愉快的、最有意味的生活。孟子所谓"得天下英才而教育之,一乐也"①。因为教育可以使愚者变智、不肖者变贤能,譬如植树盖屋,一旦成功,精神上的快慰非可言喻。我们要认清本身的地位,古人列士、农、工、商以士居第一位,确实含义极深,而教师站在士的地位。教师的对象是学生,不是天真烂漫的儿童,便是蓬勃奋发的青年,相处一堂,不但教学得以相长,精神又是共鸣,融融洽洽,何等愉快,将来教育成功,人才辈出,为国效忠,希何等远大,永不是农、工、商三种人生活所能相比。同时教师在社会上处处居于领导地位,其责任的伟大,事业的高贵,又非农、工、商三种人可比,所以旧式家庭里所供奉的牌位,是天、地、君、亲、师,现在国家纪念节日五天中,也有一天是纪念教师的。可知教师地位的崇高,也可看到国家社会对于教师的重视。至于因见发国难财者而眼红而改业,那就大可不必了!

二、进修问题。我们对于自身的职业,一定要继续地研究,才易得着有效的进步。我在抗战前参加过上海两种集会,一是上海市小学教师进修会,一是上海工务局小学教师进修会。他们关于教师进修方面的活动很多,如新书介绍、学术演讲、教学示范、校具展览等等,既有组织,亦饶趣味。贵阳市小学教师甚多,学验丰富的也还不少,甚愿今后能使各位得到满意的进修机会。各位目前的进修,尚有几种很好的方法,可以采用:第一,组织读书会,每学期分类规定若干书籍,分工阅读,摘录要义,每月开会依次报告,并加研讨;第二,专题研究,每学期规定若干专题,分任研究,集会讲述,或编印成册;第三,问题讨论,每二月或三月搜集教育上实际问题,分类集会讨论;第四,学术讲演,择定切要题目,请专家轮流讲演;第五,教育参观,可分同事间或学校间相互参观,藉在切磋改进;第六,教学示范,分科公推优良教师举行示范教学,但须抱研究态度,绝对避免批评方式;第七,实验研究,先拟定实验事项,再分工订定实验计划,从事实验研究;第八,举行展览会或竞赛会,每学期规定展览与竞赛事项,举行展览与竞赛,以兹观摩,而策动也。其他如著作投稿,更是个人进修的唯一法门,同时并可供人家研究。现在教部与本厅合编的《国民教育月刊》,目的就在一面供小学教师进修资料,一面希望小学教师将研究所得撰文发表,这种月刊内容丰富,其中

---

① 语出《孟子·尽心上》。——编校者

3/5是部里供给的稿件，2/5是厅方补充的材料，有各种专号，如教育行政、教师训练、待遇，以及国语、常识、算术、体育、卫生、自然、社会、劳作、美术、音乐等，已出至第11期，均系专家撰述，确是小学教师进修的顶好刊物。各位不但可以订阅，并可将实际教学经验写为文章，如对于小学课程标准之实施，多加比较研究，将心得提供参考，千万不要以为撰稿的是部长或专家，便即气馁不敢尝试，要知实际工作者的经验最为可贵，尽可任意发表意见。至于升学进修，在现在小学教师缺乏的时候，固然不必提倡，但国家求才孔亟，只要有准备，不怕无晋升希望，即如教厅每年便有保送小学教师升学师范学院的机会，他如遇有俭定之考试，也可参加应试，不过升级进修，平日也就要多看书、多研究，方有实效可收。总之，小学教师应认教育为专业，平时须注意学识技能的修养，不但对于教育事业大有裨益，同时对于个人前途也有无限的希望，这是小学教师寻求出路的唯一途径。

三、教学问题。我曾参观过不少外县的小学，总觉教法太差，太落伍了。例如某国民学校一年级国语课，教材是《妹妹，来来来，来拍球》，教师是男性，将教材书于黑板上，教师先读，学生随读，整整40分钟，没有变化。这种死读的教法，收效甚微。又某地某小学某年级题材是《植树节》，只见教师齐声唱"九，植树节，开完纪念会，大家来植树"，学生随声附和，此种教法，怎能使儿童了解内容。二十九年（1940年）春，艾伟博士派若干学生到贵州来测验小学程度，被测验的小学生有七千余人，贵阳安顺等处小学生均在内，以江浙的小学生程度作标准，测验的结果，贵州小学毕业生的国语程度，相当于江浙的五上级，六上级的算术程度，相当于江浙的四下级，白白浪费两年光阴，教材教法的重要，可想而知。

要知教材不是强迫学生死记的东西，而是增进学生的经验，用以解决问题的资料，教学法更不仅仅叫学生死死读书，要引起学生内心反应，并实际应用，才能获得真实效果。并且常识科所用的教法和国语科所用的教法，大有不同。国语科的目的重在欣赏文字、熟练文字，常识科的目的重在了解内容，深究内容，若以同一方法教国语和常识，那就糟了，用死读书法教国语，既属不合，再用死读书法教常识，更大大的不对了。现在教育部为完成国民教育的使命起见，已定颁新课程标准，同时又确定办法，需行国定校本，根据地方实际需要，选编补充教材。最近程专员其保来筑考核，他以为儿童在校时间至短，一方面宜多授公民知识，一方面宜多教适应地方性的教材，所以各校对于选编补充教材，应当特备注意研究。可是有了适当教材，要是没有适当教法，依旧收不到教学效果,还望各位对于各科教法更须多多地研究,根据"教、学、做、用"合一的原则,不断地改进,教学的效率,方易增高。

四、训育问题。教育原是整体的,任何一科或一项学习,都含有知、能、情三种要素,只重知识的局部教学,结果未有不失败的。所以学校除掉上课教学以外,最重要的工作就是训育。所谓训育,就是改进学者全部生活的环境,顺应学者各个生活的过程,用积极的奖诱、劝导方法,从生活习惯的养成,知识、技能的获得,观念、态度、情操、理想等的培育,以控制其生活所表现的行为动作,使之合于社会生活的需要。教育部鉴于小学训育的重要,已订颁《小学训育标准》作为各小学实施训育的依据,详见本厅出版的《国民教育指导月刊》一卷四期"小学训育专号"。该项标准对于国民教育的设施,关系实在太大,各位务必精细地研究一下,再设计实施。考标准内容,分目标愿词及守则、训练要项以及实施方法要点四项,分析彼述,我现在把它的要义,简单地说明一下。

第一,小学训育的目标,在乎养成奉行三民主义的健全公民,分为四点:1. 要养成运动卫生的习惯,活泛勇敢的精神,使能自卫卫国,其目的,在达相保生活,促进军事建设,以实现民族主义;2. 经济训练,要养成节俭勤劳的习惯,生产合作的知能,使能自育育人,其目的,在达相养生活,促进经济建设,以实现民生主义;3. 政治训练,要养成奉公守法的观念,爱国爱群的思想,使能自治治事,其目的,在达相安生活,促进政治建设,以实现民权主义;4. 道德训练,要养成礼义廉耻的观念,礼爱精诚的德性,使能自信信道,其目的,在达相善生活,促进文化建设,以实现整个的三民主义。这是训练新国民,建设新国家的唯一途径,各位从事小学训育,务必特别注意。

第二,小学训育的愿词。既合韵文,并附歌谱,应在集会时诵读歌唱。至于《青年十二守则》是达训育目标的简明要则,也是大中小学共同遵守的一贯要则,大可矫正以前小学公民训练标准与大学、中学未能一贯的弊病。这样上下一致的遵守,可以收全国意志集中、力量集中的伟大效望,这是教部改订《小学训育标准》的最大要义,各位须彻底明了。

第三,训练要项是实践《十二守则》的具体条目,每守则分为低、中、高年级,列成200条细目。按各细目性质,分明养成观念、能力、习惯三种不同主旨。同时在细目中,择有关日常生活所必不可少的条目,自朝至晚,依次定为"起居规律"十八项;又择有关社交方面的礼节与仪式,定为"社交礼仪"十八项。两者都编为四字韵文,使儿童诵习,终身应用勿忘,更有挂图,附以说明,使儿童得以分组练习,以求深切的认识与熟练。这又是这次改定《小学训育课程标准》的特色，各位尤应特别注意。

第四，小学训育的实施，须先拟定原则，规定程序，再分析具体方法，在小学训育准备中，已有详细说明，各位须实施交易研讨实验，并应随时请专家讲述指导。现在以时间有限，不能再作详细说明。这里我想提出一个极严重的体罚问题，先和各位一谈。

第五，体罚问题。我曾到一校看见六七位老师监视着300余学生，每人手执一鞭，学生稍有动弹，教师鞭即指之，学校办到此种地步，可谓已把儿童活泼可爱的天真剥夺净尽！要知体罚不但足以破坏儿童学习兴趣与师生感情，在学习心理上绝不容许有这种举动，并且偶一不慎，重打一下，或竟使其耳聋或脑筋滞顿，断绝了他们终身的幸福。我们就人类进化方面说，处置犯人的刑罚，也已由大辟、笞杖改为枪毙、徒刑，文明国家甚且废除死刑，为什么我们对于天真烂漫的儿童，还是忍心地鞭打呢？今年双十节，我亲见一男孩遍体鳞伤，其母尤在后面追打。又有一次，见一母亲前行，小孩后随，因追不上而啜泣，卖糕老者临之而予以一糕，其母竟夺而弃之沟中，并用力踢他两脚，我不知母亲为何会残忍至此！有的教师，当自己心境欠佳，任意责罚儿童，这种情形，实在大大妨害了教师谆谆善诱的风度。吾以为孔子是最标准的教育家，论语上说："浴乎沂，风乎舞雩，咏而归。"①师生间的情爱，何等的自然活泼！为什么现在有的教师对待学生，竟这样的无情残忍呢？

我承认训育是件很不容易的事，但是我绝对反对一般教师用体罚来管理儿童。我深信训导儿童，决不适用惩治盗犯的态度，绝对不能以为对于儿童某种不良行为，定了一种严厉处罚的条例就算训育，更不能以强暴的势力镇服了儿童一时的乱动更就算训育。我认为教育是要在自然快乐的态度中，使儿童不知不觉地养成了他们自己的好习惯。做教师的，第一，要同情的谅解儿童，不要忘记了他们是儿童，是富有活力与好奇心的儿童，对于他们的过失，应该有高度的谅解、充分的同情，循循然地诱导指正。第二，要低限度的希望儿童，不要希望儿童在一时间注意到他们自己行为的全部，同时也不应希望他们维持一件行为的正确继续着很长的时间，因为儿童的注意力不能如成人的广大，也不能如成人的持久，同时好习惯的养成，是要一个一个的经过长时期的复习，不良行为的革除，也是一件一件的经过长时期的洗脱，教师不可希望太高，不可操之过急，要一步一步继续不断地培养和纠正，自然会有成功的一天。第三，要亲切的认

---

① 语出《论语·先进》。——编校者

识儿童,他们身体的发育怎样,家庭的生活怎样,心理的反应怎样,教师明白了儿童的一切,不但可以施行训育能对症下药,并且可以增进他们对于儿童的同情和谅解,因为教师知道了儿童有先天或后天的缺陷,定将对他怜惜,因而减少了为他过失而恶嫌而体罚。要是一个教师训育儿童,有了这三个基本观念——同情的谅解、低限度的希望与亲切的认识,再研讨各种积极的训导方法,循循然训导儿童,我相信既不会再有体罚的不幸事件发生,同时便易收到训育的圆满成效,这是各位须注意的一点。要知道现在所教的儿童,二十年后便是社会的中坚分子,一个国家强盛的基础,全在小学教育,我们这一代的小学教师,最正是事繁责重呢。

第六,民教问题。实行新县制①后,民众教育已并入国民教育办理,所以现在不论国民及中心学校,都须分设小学及民教两部,因而小学的牌子今后不再存在了。可是本省推行国民教育已将两载,国民及中心学校虽已逐渐普及各县,而办理民教部的成绩还是未能多见,这是对于新县制设施的前途树了一个绝大的障碍。要知国民教育是新县制的灵魂,训练民众使能运用四权,成为健全公民,更是国民教育的第一件工作,所以实施民众教育,实为现在各位的顶大责任,今后各位不仅是小学教师,且为国民的教师了。

讲到怎样办理民众教育,本厅出版的《国民教育指导月刊》一卷三期"成人补习教育专号"可供各位参考。例如招生,一方面须重宣传和劝导,如举行识字运动,实行按户劝导,以及利用地方领袖力量等;一方面又须实行强迫办法,先由学校联络当地的乡(镇)公所保甲长、警察机关以及热心教育的地方士绅,组织一个强迫教育委员会,再举行识字调查,分期配定学生,通知入学,实行强迫。等到学生入学,便须计划编级,民教部上课时间极大,应采单式编制,但须注意年龄、性别、程度以及学额等的适当处理。编级确定后,就要研究教学方法,成人的教法,一部分虽可采用一般教学原则,但成人心理毕竟和儿童不同,所以教学方法,自有分别,最要在乎善于引入动机,语言力求通俗,教材须合实际生活,并须鼓动他们学习兴趣,自动作业,更注意他们个别差异,多给他们直观机会和练习工作,再参考教授书籍,纯熟运用,这样教学,自易收事半功倍之效。至于成人的训育,虽有相当困难,但欲养成健全公民,训育绝对不可忽视。有人更主张民众教育不重识字读书,最要紧的就在训练他们成为健全的公民,实施的方

---

① 1939年9月国民政府公布《县各级组织纲要》,开始实施新县制,确立"乡镇、保、甲、户"下层组织体系。——编校者

法，我以为一方面重在纠正他们不合理的思想和行动，一方面重在人格的感化，教师处处要以身作则，为民众表率。此外如留学生问题，毕业后的继续教育问题等，都应详细地加以研讨，方能适切地处理，而收实际的成效。总之民众教育对于新县制的推行，关系至大，实为建设新国家的基础。世界上哪有70％到80％的文盲的国家，有之便是我们中国，现在我国在领袖领导之下，既一跃而为头等国家，今后岂再容许有一个不识字的国民存在？所以扫除文盲，推行民教，这种重大的责任，还在各位教师身上。

  以上六个问题，都是各位天天在注意研究中的实际事项，我今天的讲话仅可作各位进修工作的一个开场白，以后还希望各位作进一步的研讨，以期完成训练新国民以建新国家的远大目的。现在教师生活的清苦，收获却在后头，愿与各位共勉之！

教育危言[1]

教育的设施有其既定的目标,教学的过程有其原理与方法,我国自新教育制度建立以来,规章条目,备极周详,举凡世界教育学者的主张,均已罗列,而于教育宗旨中更明白规定适应本国政治情况,务使民族独立、民权普遍、民生发展,以达于宪法中所载之民有、民治、民享之三民主义共和国。

然而,详实地环顾了我国各级教育的内容及已受教育者所表现之成绩,自个己之人生观乃至社会之浮象,在在颇使吾人颤栗,此因教育虽非"万能",但教育决非"无能",国家社会及受教育者之现况总和,应为教育发挥功能之成果。我们能满意于现实的成果吗?

答案是否定的。

曾有人将中国的受教育者比之为"新式士大夫",也曾有人将中国的知识分子比之为"仅见蜂种不见蜜"。这二种的说法,前者责以只知享受,不事生产,后者责以教育内容的空虚,无补实际。

个人以为中国的各级教育不合国情没有中国的泥土风味,以此,教育所造就的人,也不是合于中国土地上所需要的人。

这是危言耸听吗?

一、请先言国民教育

随着新县制的产生,国民教育始确立了一种制度,这种制度是以往昔之义务教育及补习教育的合并,可以说是全民政治中的本位教育。站在国民的本身上说,是一种义务,也是一种权利的教育;站在国家方面说,这是政教合一的基层训练教育,达到一保一校。自民国二十九年(1940年)起至三十四年(1945年)七月止,分三期推进,务使在学儿童占学龄儿童90%以上,入学民众达到全部民众总数60%以上。截至目前,比较文化进步的省份,做到"三保两校",其或"一保一校",则已不成问题,但教育的内容仍然是一件不容忽视的事实。

由于国民教育经费划入各县自筹,每各县经费又而短拙,做县长的以"财"、"粮"、"兵"的考绩特重,竭尽心力应付,早将国民教育置诸脑后,甚而形成一种

---

[1] 原载《教育杂志》32卷1号,1948年。——编校者

点缀品，在数字上计较，浮面上敷衍。中心学校经费每至全体教员登衙索欠，而保国民学校经费更委之下层乡保自行筹集，而乡保长对此大都以为累赘或不屑问闻，故每有委一校长，逃一校长，请一教员，逃一教员之情形。国民学校教员之待遇，更惨绝人寰。彼辈青年虽多安于贫困，且以普师、简师毕业以后，一条"师路"，直穿苦域，固已受之无怨，校长、教师、工役，三位一体，亦能惯受，但往往乏米断炊，告贷于乡保长之间而不能稍得，乃愤而去职，此种情形，亦屡见不鲜。我们对于有此普遍性之国民学校，尚能忍心苛求其教育之内容？县政府为保全学校数字，学校关不得，乡保以苦无经费，学校开不得，其结果，羊毛出在羊身上，国民学校之学生仍然贡献其学米、进修金……于是，在学儿童日减，在学成人则是凤毛麟角了。

  此不仅有悖于国民教育之推行，抑亦有害于国民教育之推进。

  宪法第一六〇条：六岁至十二岁之学龄儿童，一律受基本教育，免纳学费，其书籍亦由政府供给。宪法第一六四条：教育科学文化之经费……在市县不得少于35%，并保障文化基金及产业。我们行宪在即了，我们国民教育的严重问题极多，这不仅是经费，我们下一代的国民是不能再走上这时代没泥土气的道路的，国民教育应与国民生活上求其一致的。过去那种进了学校的儿童与未入学荷负生活重任的儿童，判若两个世界，生活的知识与求生的能耐，在学儿童在实际生活中几如白痴，或成为生活上的残废者，此种"识字成废人"，或多或少地将儿童训练成新式士大夫的雏形，我们应要求迫切改进！

二、以言中等教育

  国民学校毕业之儿童，经过了选择幸而进入了中学或职业学校，以课程、教学法、生活管理之突变，儿童骤入此境，如堕五里雾中，往昔之训练已不复适应中等教育之阶段。

  中等学校为再教育之机关，以高初中学生升学比例而谕，或不及毕业生1/10，而不升学之学生，凭数年辛苦之学习后休闲在家或至社会服务，其所获得之知识及所受之生活训练，与现实环境颇多扞格。彼辈大多出自农家，在乡村中受完中等教育者已目为知识分子，知识所得反不安于固有之环境，以是农家的子弟一入学校，便离开农村，家庭的女子一入学校，便离开家庭。此种现象，使社会基本组织与青年理想生活形成了脱节的趋势，国家基础于焉动摇，事非寻常。

中学及职业学校在现行学制中为三三制,师范为四三制,按之课程标准,高初各科内容多有重复,此为不经济之学习。初中阶段学生功课之负担已嫌过重,此种压力最重的当为英语。英语天天要背,而英语于初中学生又是难读难懂,故每日清晨及自修时间均诵读不休,如我们骤然入校,几乎疑心这是否为"中国的"学校了。此辈一入社会,英语云云,以不切实用,早已遗忘,而他种应有之常识或本国文字之程度又以工力不够,反而不足以应环境之所需。或谓初中本为升学之准备,既不能升学,就可不入初中,但每年小学毕业之人数,自非师范或职业学校所能容,尤以简师前途之暗淡,早使父母及青年退避三舍,而职业学校更未普遍设立,设不投入初中,惟有失学一途。且中等教育的课程近年来每多为人指责,尤以战时所表现的中层知识分子对国家社会无助的情形——他们既不欲亲身参加作战,又不会直接生产——使最宝贵的青年光阴枉掷于不切实用之书本,而此种书本,乃大学所凭为录取之根据者。

至若职业学校之学生,商科毕业的进银行、直接税局、货物税局……彼辈新出清茶淡饭之地,一跃此畸形权贵之门,耳濡目染,遂为恶劣之环境所同化,光头亮脚,乐而忘形。农业职校毕业之学生,相率转入农业机关之办事员,丧失青年自奋改良农业之实际生活,而终身为一个小小的非生产的"农官"。师范毕业生的前途,以升学的所受限制的特苛与小学教员的待遇特苦,在逃业及呻吟中求生存。故整个中等教育之阶段困难重重。

这个困难的所在,就是中等教育仅在造就青年知识,而此种"知识"每非实际生活所需要者。社会与教育没有打通,教育的功能在青年的阶段没有达到实际有利于社会、有利于个己的生活知能。青年的知识浮而不实,正像两脚之悬在天空——没有泥土气息,他们憎恨自己两脚所踏的土地,他们没有想到这些土地就是现实生活所努力的目标!

三、大学如何

大学教育,则为各方责备的众矢之的了!

我们应首先指出中央教育经费十之八九用之于国立各大学,省县采分层供应制度。这里我们得以印度教育情形作为我们的警惕。英国在印度所设施的教育,全力着重培养高级士绅式的印度高等国民,作为英国之御用人才,置国民教育于不顾。这种殖民地式的教育方针,我们在民主国家以民为邦本的中国是应绝对扫除的。中国是需要民生之发展,民权之普遍,以达到民族之独立,其基础应建筑在广大的全国国民身上,这是众所周知的。正因为如此,我们应唤醒政府对于教育经费的支出本末倒置的情形。换句话说,我们不能蹈着印度教育的危机,我们应以全力注意于国民教育之实际发展,不能在大学的量上争多寡的。

中国国立的大学在量上发展太速,但以经费的不足,许多新兴的大学及独立学院,设备欠缺,师资困难,因而有大学的名义、中学的程度、小学的设备之现实,其教育内容不问可知。近来有人主张争取学术的独立,集中全力办几个颇像样的大学,这便是滥设大学的反映呼声。

教育是国家的重要事业,固不应有公私之分,而学术独立之精神则寄托于学术研究之自由。大学为创造高等文化之摇篮,其本身不是政治的尾巴,尤以校长的人选应超脱党派之争。而学术的研究的结果,应与人民生活发生密切的联系,以求文物制度的发展、理性生活的增进,所以大学教育为争取学术独立,应争取研究自由,为发挥研究的建设性,应以人民大众的生活为出发点。如此,大学教育才不是新式士大夫教育!

知识的误用,比没有知识更可怕。一个缺乏知识的农工,还是有用之材,一位仅知皮毛的洋学生,才是可怕的废物!那些"饱食终日,四体不勤,五谷不分"①的,那些以知识为取仕以炫耀乡里的,那些缺乏生活认识醉生梦死的,都不再应是今日的大学生了。

但是在中国的教育进程上,今日大学中所遭遇的困难实是空前的,能维持课业平稳度得的已属不易,在本质上再求发展,至少在现阶段言之似为梦呓。有人以为求教育的安定,能求政治的安定,其实,惟有政治的安定,才能求教育的安定与发展。

大学生的程度是普遍的低落吗?这答语一半是否定的,但大学生的知识能切合中国之所需吗?这便是整个大学教育内容的问题。到今天,整个知识界的知识与生活实际内容配合不起来,这个原因,尚有待彻底的研究与改革。

目前,各级教育争相怨尤。大学骂高中,高中骂初中,初中骂小学,而大学毕业生却未必能做小学之优良教师,于是小学又大骂大学之卖弄玄虚。大学毕业生,初在社会服务,往往用非所学,处事处人,大有问题,加以眼高手低,实质赶不上外形,致引社会所责难。凡此,均为各级教育之未能沟通及人事上之未能合理调整,大病所在,不容忽视。

---

① 语出《论语·微子》。——编校者

特别在这次圣战的过程中,奸伪之多、贪暴之盛,已受高等教育国民所表现生活之腐败与无能,使教育发生"反效果"之现象。今后,应如何注意德育与理性,亦为大学教育之当前重要课程。

四、今后问题

今后教育问题太多,我们在错中求是,不能不有所改进,但教育是实验的,值兹行宪前夕,教育应配合行宪之需要予以彻头彻尾之改造。管见所及,聊书以请教于海内专家。

(一)普遍注重国民教育。据最近数字,全国专科以上学校数为 182 所,学生十二万。这许多大学中,三十四年度(1945 年)较战前增加公立之大学及专科为 32 所,花了庞大的经费与贷金,还累得教授在饿饥状态中,学生营养也谈不上,既无补于军事,又无学术研究价值可言,在国家经济不裕的今日,可说是一种浪费。如以此庞大经费辅助国民教育之发展,成效立见。据发表数字,全国学龄儿童以六千七百万人计,已入学者据三十四年度统计仅二千一百余万人,其失学儿童尚有四千五百余万之众,不识字人民尚占全人口 70% 左右。而国民教育包括民众补习教育,按之政府所定之国民教育之实施纲领之规定,至三十四年七月止,须使在学儿童达到学龄儿童总数 90% 以上,入学民众达到失学民众总数 60% 以上。现在离三期之计划已过二年,而在学儿童与入学民众犹距目标远甚,此种原因,皆由国民教育经费之匮乏有以致之。

其次,国民教育经费,在同一省区之内,各县或各乡之经费均应由省划一规定,无分轩轾。如此,可免使人才集中城市或都市,或集中数校而使僻壤荒瘠之学校无优良之教师。

第三,国民学校虽为国民义务之教育,亦应注意所教育国民之身份。此以国民职业不同,需要各异,教育内容须有伸缩与补充,以适合农工商各阶层国民之生活及身份。

(二)新国民性之培养。要建设怎样的国家,就应培养怎样的国民。德日是一例,苏联是一例,美国也是一例。我国建国已有目标,"建民"尚无计划,行宪在即,当这个还政于民的划时代的空前伟绩的今天,我们应该特别注意培养新国民的风度。中国的旧道德观已不能适应新时代,而我们也不能将新时代的国民装上旧道德观。以此,今日的教育问题便应瞄准这个迫切的需要,重新估量各级教育的内容,因为教育不仅是知识的传授,主要的要将思想放在实践中,从而表现新中国国民的风度。我们应该提醒党争的过程中,彼此应放远眼光,着重于将来国家的命运上,切实启发民主的风气,使全民负起国家兴亡的责任来。因此,学校教育、社会教育,都应配合政治优良的设施,培养新国民性。我们应该扬弃过去传统的方法,使教育这部门教育下一代国民,使能懂得知识的可贵,不是在自我的私利而是国家生存及为整个人类谋幸福,促进天下一家、世界大同的境域。

(三)所谓泥土风味教育。直到现在,学生每被乡人目为"洋学堂生",而学生本身亦每每以"洋"为奇货,卑视本乡本土甚至于本国,此种表现,特别在受高等教育及留学生中更显见。即以教育制度而言,仿英美,仿德日,兴替无常,其结果,教育所造就的"士",道地洋腔,浮嚣不着泥土,既不安于家庭,复无用于社会,一旦国家受到困厄,即以全力保身家而无所不为。而"洋学堂生"返里,每多父兄为其肩挑行李而昂然尾随不以为耻者,人情风味已失,知识的本身反而成为废疾的装潢而已。今后的教育应使教育的对象明白其本身站在中国的土地上,生存在中国的领土内,也不是为做公务员而读书,应从本身生活的周围切实地做点职业性的事业。

于此,我们要求于教师的不单是"教书",而兼为"教人"。

不错的,人民所需要于蜜蜂的是蜂蜜,要是一代代全是蜂种,那蜜蜂在人类的需要上是多余的。

教育的事业是国家的根本,而国家又急要翻身的时候,我们应该有勇气挽救过往的错误,为民主的新中国打下厚实的基础。

我们的政治已引起人民普遍的不信任,这虽是政治家的责任,也是教育家的责任,但我们的教育是再也不能令人民不信任的。

论战后我国的留学政策①

我国留学教育的肇端,迄今不过70年。此70年来留学政策所遗留于我国文化的影响,至深且巨,留学区域由美而欧而日,留学人数由30人以至千万人,中国新事业、新学术之有今日,留学生之功至伟。然欧风美雨,东施效颦,亦为时贤所诟病。话说自从1870年(同治九年)容宏条陈派遣幼童赴美求学,遂(随)于翌年率领第一批幼童30人留美,是为我国正式派遣留学生之滥觞。1876年(光绪二年),李鸿章选派华弁赴德,奏派船政学生赴法、赴英。1896年(光绪二十一年),出使日本大臣善祐随带学生13名赴日。1901年至1906年(光绪二十七年至三十二年)间,新政盛行,疆吏大臣谈新政者无不以留学为言,同时因路近文同,时短费省等关系,留日学生竟达万余,极一时之盛。1910年(宣统元年)清华学校成立,确定庚款留美制度。1914年(民国三年)留法勤工俭学会成立,留法工读生渐多。1921年(民国十年)里昂中法大学成立。1925年(民国十四年)苏俄设孙文大学,但我国迄未派遣正式留学生。

中国国民党实施党治以后,国外留学生渐趋于公开考送,各省及各大学均有考选举动。政府对于公、自费留学生出国,印有留学规程,限制尚宽。抗战以后,由于战时体制,财力艰难,于1939年(国民二十八年)通令暂缓派遣公费留学生,自费留学生亦暂缓出国。至1942年(民国三十一年)由于生产部门之扩张,大学院系之增大以及战时人才的不景气,专门人才的供应,顿呈青黄不接之势,闭关主义的留学政策,开始有了转变。公、自费留学均采取考试办法,于1943年(民国三十二年)举行,但因"出国受训"强制执行,甚至讲学名家亦非例外,大为舆论所指责,美邦时评亦以此为口实,声称不欢迎"受训"人物,并言战时军事第一,留学太少,不必西渡,风起云涌的留学风气,遂受了打击,声势顿挫。迄至1944年(民国三十三年),始有农林、教育两部之留美出国实习人员考试,并且取消了"受训"办法。

抗战胜利,政府还都之后,举行大规模公费及自费留学考试,自考试及放榜,将及半年。放榜之后,公费生入会讲习,讲习后未见下文,自费生请求以3350结构外汇,未得准许。官汇既涨,12000结汇亦生困难,政府公布出国留学

---

① 原载《教育杂志》32卷2号,1947年。——编校者

以不须申请外汇者为限,此千余自费留学生,除少数幸运儿外,望洋兴叹,大有"行不得也哥哥"①之嗟。

从历史上看我国过去留学措施,实表现出三个弱点:一为举棋不定,依国外留学各项规程所载,自费留学最初只须高中以上学校毕业,并且规定"投考人对留学国国语程度较差而于他国国语熟习者,得以他国国语代之"。到了现在,政府明令公、自费留学均须考试,但考试之后又无法遣送出国,同时取巧投机,用"旁门"、"人缘",私自出国者之风仍盛,实令青年学子难堪,而留学办法忽严忽宽,扑朔迷离,尤令文化界中人莫所适从。我国过去留学制度之另一弱点,为认国外留学仅为完成学制阶段的谬见。一般人观念,认大学毕业之后赴国外留学,由学士而硕士而博士,好像在国内之由小学而中学而大学一样,这真是大错特错的思想。各国学制均须适应其历史背景与民族需要,富有独立自主之精神,而并不以赴国外获取学位为学制之最后阶段,此种依附他国学校以自重之谬见,实为我国教育思潮的污点。

我国留学政策尚有一种严重的失策,虽事关政治,但教育当局显然未予置意,即巨公富少、豪门贵商,往往中学未毕业、语文不熟谙,凭一纸手令,便俨然领到官员护照,官价外汇,远涉重洋,过着纸醉金迷的生活,从未闻外交、教育两部予以阻难。次则官场习惯,各部会改组,其首长或高级僚属人员,由于"一朝天子一朝臣",以及"官官相护"的牢固习惯,往往假借名义出洋考察,带翻译,携妻孥,耗费外汇何止巨万。再次又如官名商实之企业组织,公私不分之豪门资本,虽在严密统制之外汇政策下,居然一手遮天,用官价套外汇,购进最新式汽车、化妆品、玻璃用品、冰箱等奢侈品及消耗品,一本万利。凡此种种,均为国家之羞,民族之耻,亦未闻法律予以制裁。反过来看,为学术文化而出国留学之官价结汇竟受各项刁难,迄今未获解决之方。

由于上述之事实,吾人可看出,我国并无良好的留学政策,只有朝令夕改的种种措施,并且权贵人物可不受法定的限制,破法而行,有法等于无法。故今日谈留学教育,第一当有政策,第二当执法以绳,政策当顾全事实,令出必行,否则政策变成纸上文章,徒供理论的欣赏了。

现今出国留学的方式,不外三种:第一是公费,第二是自费,第三是接受国外奖学金。我的意见,是公费要严格考试,自费无妨放宽尺度,接受外国奖学金的出国者,更应予以奖助的待遇。

---

① 语出(明)丘濬《禽言》。——编校者

公费的留学教育,是国家根据人才供应的需要及配合事业部门的发展而订定的留学体制。政府的眼光应高瞻远瞩,依照自己的复兴或建设计划把优秀的青年送到国外去学习技术或理论的知识,因此对于公费留学,希望政府勿作心血来潮或论理排列式的派遣,使人有锦上添花的感觉,而须严格的执行人才培养和供应政策。其次公费出国的人选,我们要求严格,对于资格、考试、计分,我们都盼望能达到水平线以上,宁缺毋滥,杜绝"人情"、"幸进"的成分,选贤与能,以昭大公。再次对于考试除了那些普通和特殊科目之外,研究成绩和研究计划是应该在考核之列的,因为我们派遣留学生出国,不是要他完成学制的年限,像中学、大学一样,而是要他研究一个专题或一门学科,变成由通而专的人才,蔚为国用,这样过去的研究成绩和出国的研究计划,是必须加入作计分的百分比的。

自费留学生的出国,我的主张是从宽,或且毋宁说采取放任的方针。国家的人才不够,国内的学术设备不够,这是毋庸讳言的事实,那些能够自备资斧出国研究的青年,为什么要他们受公费一样的考试呢?抗战以前的出国手续似乎很简便,行之多年,也没有发生什么不得了的流弊。现在留学生人才辈出,有不少都是自费出国的,他们有的勤工苦学,有的得金奖助,无论求学或做事,都有良好的成绩,国家不应该束缚他们,并且应该从精神上鼓励他们,留学既是自费,国家便没有限制的权利。只要他们是大学毕业,通晓留学国的语言,有了适量的外汇,便可以准他们领证书、签护照,因为这些私人培植的人才,将来仍为国家之用,可以说是大有裨益的事业。假如把自费留学用统制的方法管束住了,那些豪门贵少能够管制得住吗?他们可以用官员护照,他们有专人伺候到外国去,自费考试对他们简直是废话,国家为什么竟厚于彼而薄于此呢?

至于领受国外奖学金的出国青年,照目前的规定,政府仍在千方百计阻难他们,提出许多的条件,如金额经济保证等,公费的绳步,可以使人生畏。据我所知,能够接受国外大学奖学金的青年多数都是优秀的学术工作者,他们凭自己研究成绩和学术能力,取得友邦大学的承认与信任,经过了成绩审查与大学许可的手续,好容易等到国外手续办妥了,回转头来,政府给他们的难题更多。譬如政府规定得奖学金金额一定要80元以上,这在美国东西部的情形,便大不相同。在美国西部有些地方生活低廉,民风俭朴,并不需要80元之数;在纽约、芝加哥,80元简直不能生活,至少要120元才行。照政府的规定,假如一个在纽约得80元奖助金的倒可以出国了,在Colorado[①]得70元奖助金的反不能出国,

---

[①] 科罗拉多州(Colorado),美国西部的一个州。——编校者

其实那位到纽约的是大大的不够,而到Colorado却很可以生活。所以一个硬性的法令,是毫无道理的,非改订不可。照我的主张,凡是得到国外奖学金的人们,政府应该积极鼓励他们出国,因为他们是友邦赠与费用,用不着政府或私人掏腰包,政府应该筹集一笔外汇补助他们,凡是得到国外奖学金的人们,一律予以奖助,准他们带薪出国或补助旅费,这才使优秀青年奋勉上进,觉得自己国家重视学术文化的可爱。

除了国外奖学金以外,政府为了建立学术的独立性,发挥高度的研究精神,应自己创立研究奖助金的制度,使莘莘学子不但可沾国外学府的余惠,且有机会获取政府的奖助,使出国留学者乃为研究高深的学术而出国,不为完成学制而出国。关于研究奖助金的办法与制度,过去中华文化教育基金会曾予实行,颇有成效。因为饱学之士学习比较专门,如果根据他们过去研究成绩,审查其研究专题与计划,作为取舍的标准,较之那些科目普通、标准泛博的考试制度,似乎更胜一筹。我以为研究奖助金的设置,应由国家拨巨款办理,科别须广,名额宜多,由中央研究院设置研究奖助金委员会主持其事,研究奖助金的数额,不妨分甲乙两种,甲种适应于国外研究,乙种适应于国内研究。申请甲种奖助金者,要大学毕业具有三年以上的研究经验,缴要过去研究报告或论文,由专家二人的切实推荐,并将拟申请奖助的论文题目,拟具详细计划以备审核,凡审核及格者经口试及体格检查入选后,即核发适合于留学国生活程度之奖助金,准予出国,研究期限暂定为二年至三年,期满须取得研究确有创获之论文或报告,提交中央研究院院士会予以评定。

国家的留学政策,如果能做到公费严、私费宽、研究奖助的体制,则上下配合,公称轻便,现实与理想都能兼顾。此外关于留学教育有一个问题,不大为人所注意的,便是留学的国别问题。

从历史上看,我国的留学地点,欧陆为英、法、德,新大陆为美国,亚洲为日本,留学地点的选择,均以国家富强、文教普及、科学进步为标准。有一个时候,由于政治的风尚,留学德、意的人数颇有增加。到了抗战以后,因为战云弥漫、交通不便,极少的出国人选中,均以赴英、美为主,航空或航海,有赖于盟邦的协助,迄至抗战将近胜利之秋,留学美国变为时行的风气。美国各大学特为华生设有奖学金,公私费考试,均趋向于横渡新大陆,此风此势迄今未减。其实我们为了稳定世界和平,奠立东亚局势,留学国的选择,政府应该有一种政治眼光,即对于邻近我国的亚洲国家不宜偏废而应该舍远求近,以沟通文教、敦睦邦交为职志,鼓励青年至日、非、印、苏、土耳其等国去留学,由稳定亚洲以谋世界和平的永续。因为世界的安定,有赖于远东的和平,远东的和平,必须由开国最早、文化最古的我国与富强的苏联合作领导战败的日本、人众的印度、新兴的菲律宾、独立的土耳其等,精诚和谐,共同进步。因为世界和平与国际文教攸切相关,在亚洲,远东的秩序,也要有赖于国与国间学术文化的了解。苏联虽是政治经济与我国迥异的国家,但国民外交的贫乏,加深了彼此的猜疑,而彼邦的科学技术,尤其是"第四个五年建设计划"①,值得我们仿摹之处不少,派遣留苏学生,对于中苏邦交以至文化友情的交流,甚有裨益,希望政府能加以注意。

战败的日本与我们同文同种,武士道与专制主义的教育已深入民间,麦帅②控制下的日本内阁,虽已披上民主的伪装,表示接受"再教育"的运动,但骨子里豪阀政治和复仇教育仍在继续蔓延,在东方负有诱导日本改变日本的责任,非我国莫属。而日本在医药、技术及其他方面值得我们借镜正多,所以派遣留学生到日本,在考察学习之中研究日本、改变日本,从精神上与日本青年为友,引导他们走上和平民主之路却是首要的工作,为了安定亚洲,中国青年对于日本青年的民主互动运动,乃是国民外交的中心任务。

至于印度和菲律宾,一个是人口仅次于中国的旧邦,一个是解放独立的新国。中印文化交融已久,佛理哲艺,中印有其共通文明,中印接近,唇齿相关。印度革命领袖,对于我国之反侵略战争,素表钦慕,而印度之为独立自由而奋斗,亦为我国朝野寄予极大的同情。两国文化实有沟通研究价值,政府对留印学生的派遣,无论在学术上、政治上都极必要。菲律宾是反轴心战争后第一个获得独立自由的国家,在菲华侨与菲国商务经济关系綦切,而菲国人种与我国之渊源由来甚深,我国派遣留菲学生,以沟通中菲文化,亦殆属急不容缓。

土耳其是个突厥民族的国家,也是伊斯兰教文化荟萃的所在地。中土文化,就人种言,实有密切的关系,在新疆及西北各地的突厥人——如维吾尔等族同胞,采突厥语,宗教习俗均与土耳其相近似,土耳其已创立新文字,发展科学文化,屹立于独立国之林。政府派遣国内突厥族或汉回青年留学土耳其,也是一举两便的事。因为一来他们语文相同,习尚相同,用不着经过语文的学习,受宗教的歧视,二来中土文化在突厥语系中实为一家。青年交往,对于两国友谊收效甚大,由此推言埃及、阿富汗、伊朗,政府都应该注意及它们的留学制度,来

---

① 1946年3月,苏联最高苏维埃通过了恢复和发展国民经济的第四个五年计划(1946—1950年)。——编校者
② 指时任美国太平洋陆军总司令的麦克阿瑟。1945年9月6日,杜鲁门在《关于盟军最高司官权限问题致麦克阿瑟的通知》中,指令麦克阿瑟负责处理投降后的日本的相关问题。——编校者

完成东亚文化的交流与团结。

当然派遣菲、印、土、苏等国的留学生，语文问题是一个大的难题，但也不是不能克服的。譬如美国在此次大战的时候，为了适应军人出国到各处远征，与当地人比肩作战起见，曾约集许多专家编辑外国语或土语课本，课本的内容实际、简单、速成、合用，很值得我们的参考。对于留学邻邦的人，除了土耳其之外，其他国家的语文都需要自编适用教材作短期的学习。

最后我要稍一提到目前出国留学的外汇问题。外汇调整以后，政府对于留学外汇，限制綦重，教育当局也许有难言之痛。外汇虽是经济问题，但却能挟持我国的留学制度，政府已宣称自费出国以 3350 结汇是做不到的事，可是以 12000 结汇是否做得到呢？据我所知也大有问题，有许多人们为此大碰其钉子，进退维谷。三十五年（1946年）的留学考试，可以说甚欠考虑，自费留学的人考试及格了，"3350"一下子变质，原来准备西渡的人，变成欲罢不能。现在 12000 都有问题，甚至外汇有增值至 25000 之说，就是 25000 罢，恐怕非用人事关系还是没有办法。青年至此怎能不埋怨政府？又如公费留学发榜半年多了，好些人眼巴巴辞掉了差使，到南京来参加讲习会，讲习期满，静候了好几个月，又是没有下文，这是怎么一回事？国家虽穷，政府不应失信于民。我以为政府应该拿出魄力来，准许自费出国生，以当时考取时的汇值结汇，并且动用大批外汇派遣公费生出国，以示大信于天下，否则出尔反尔，视政事如儿戏，眼光如豆，把百年大计的事业，用市侩的伎（技）俩打算盘，非特留学青年不平则鸣，就是学术文化界中人也将为之齿冷了。

欧元怀著作目录

篇名	出版信息	出版时间
《苦学生的模范》	《夏声》4期	1926
《改造乡村学校课程问题》	《教育季刊·上海》1卷1期	1927
《新年感言》	《大夏周报》20期	1928
《导师制为今要图》	《大夏周报》65期	1929
《学分制与学年制之商榷》	《大夏周报》67期	1929
《大学生指南》	《学生指南》（勤奋书局出版）	1929
《十九年之新年》	《大夏周报》72期	1930
《师生合作　继续努力》	《大夏周报》74期	1930
《二十五年来中国之高等教育》	《环球中国学生会五周年纪念册》	1930
《一年来之校务》	《大夏年刊·创立九周年纪念》	1930
《今后大夏进展的方针》	《大夏大学六周年纪念特刊》	1931
《关于福建教育改进之我见》	《星洲日报四周年纪念刊》	1933
《对于学校体育之意见》	《大夏周报》11卷2期	1934
《今后行政方针与发展计划》	《大夏周报》11卷8期	1934
《十年来之中国高等教育》	《大夏》1卷5期	1934
《复兴民族的教育》	《农村改进》创刊号	1934
《毕业生与母校之关系》	《大夏周报》11卷16期	1935
《大学生应有之修养》	《大夏周报》11卷17期	1935
《学生国货年我们应有的努力》	《大夏周报》11卷19期	1935
《大夏大学十一周年纪念告同学书》	《大夏周报》11卷27、28期	1935
《论大学应注重士气教育》	《新大夏》11卷2期	1935
《全国专家对于学制改造的态度·欧元怀先生的意见》[1]	《教育杂志》25卷1号	1935
《缩短学年与减少假期问题》	《教育杂志》25卷6号	1935
《师资训练的根本方针》	《教育杂志》25卷7号	1935
《中国青年之训练问题》	《青岛教育》3卷4期	1935
《教育视导与教育效率》	《江苏教育》4卷5、6期合刊	1935

---

[1] 题名由编者起。本篇是欧元怀等多人的发言稿组成的新闻稿件。

续表

篇名	出版信息	出版时间
《中国本位文化座谈会上的发言》	《文化建设》1卷5期	1935
《中国职业教育的出路》	《教育与职业》162期	1935
《青年训练问题》	《绸缪》1卷12期	1935
《大学生应如何训练自己》	《大夏周报》12卷12期	
《国难教育》	《大夏周报》12卷12期	1936
《战时教育问题》	《大夏周报》12卷14期	1936
《战时教育问题(序)》	《大夏周报》12卷15期	1936
《公民教育的意义和目的》	《大夏周报》13卷4期	1936
《秋季运动会感言》	《大夏周报》13卷5、6期合刊	1936
《士气教育》	《大夏周报》13卷7期	1936
《清华中学六周年纪念感言》	《清华校刊》2卷1、2期合刊	1936
《非常时期教育》	《教育杂志》26卷5期	1936
《经济恐慌下青年之求学问题》	《教与学》2卷11期	1937
《论今日大学教育诸实际问题》	《教育杂志》27卷1号	1937
《今后努力方针》	《大夏周报》13卷26期	1937
《所望于吾大夏师生者》	《大夏周报》14卷2期	1938
《大夏是怎样成立的》	《大夏周报》14卷3期	1938
《本校在黔设校之重大意义与使命》	《大夏周报》14卷7期	1938
《民族自信力与抗战到底政策》	《大夏周报》14卷8期	1938
《推行导师制评议》	《大夏周报》15卷4期	1938
《中国边疆问题》	《大夏周报》15卷5期	1938
《出席二次国参会之感想及日前抗战局势》	《大夏周报》15卷8期	1938
《学生军训问题》	《教与学月刊》3卷28期	1938
《礼义廉耻新注解》	《大夏周报》16卷3期	1939
《讨论学制应行注意之点》	《教育通讯(汉口)》2卷9期	1939
《国难期间大夏大学的苦斗》	《大夏半月刊·大夏大学十五周年纪念专号》	1939
《抗战期间大夏大学的苦斗》	《教育杂志》29卷4号	1940
《准备百年战争的教育》	《教育通讯》3卷2号	1940
《大时代的精神教育》	《时代精神》2卷3号	1940

续 表

篇名	出版信息	出版时间
《今后的本刊》	《贵州教育月刊》2卷1期	1940
《战时高等教育》	《战时教育》(正中书局)	1941
《中央训练团归来》	《大夏周报》17卷2期	1941
《民国三十年贵州教育之展望》	《大夏周报》17卷4期	1941
《对本校之回顾与展望》	《大夏周报》17卷10期	1941
《战事中之青年》	《大夏周报》18卷4期	1941
《献岁敬告全省中小学生》	《贵州教育》3卷1期	1941
《贵州教育鸟瞰》	《贵州教育》3卷2、3期合刊	1941
《儿童的世纪》	《贵州教育》3卷4期	1941
《五四运动的教训》	《贵州教育》3卷5期	1941
《大时代给予青年的教训》	《贵州教育》3卷6期	1941
《缅怀先圣 共济时艰》	《贵州教育》3卷6期	1941
《欧厅长报告出席教部召开之各项教育会议经过》	《贵州教育》3卷9、10期合刊	1941
《一年来之贵州教育》	《教育杂志》31卷7号	1941
《中国抗战与侨胞教育》	《星洲日报》	1941年2月20日
《贵州省的社会教育》	《教育与民众》10卷6期	1941
《童子军训练的真正目标》	《国民教育指导月刊(贵州)》1卷3期	1941
《对于目前本校的三点希望》	《大夏周报》18卷8期	1942
《现阶段的青年应如何努力》	《大夏周报》19卷3期	1942
《发刊辞》	《贵州教育》4卷1、2、3期合刊	1942
《黔南巡视感想》	《贵州教育》4卷4、5、6期合刊	1942
《孔子的教育理想与抗战救国》	《贵州教育》4卷7、8、9期合刊	1942
《边疆教育之今后》	《边政公论》1卷5、6期合刊	1942
《贵州省国民教育之实施》	《国民教育指导月刊(贵州)》1卷6期	1942
《办理国民教育应有之认识及工作方法》	《国民教育指导月刊(贵州)》1卷7期	1942

续 表

篇名	出版信息	出版时间
《推行本省国民教育今后努力之途径》	《国民教育指导月刊(贵州)》1卷20期	1942
《评缩短现行学制总年数案》	《教育研究(广州)》103、104期	1942
《实施国难教育与本校所以报国之道》	《大夏周报》12卷8期	1943
《发刊辞》	《贵州教育》5卷1、2、3期合刊	1943
《师范教育今后应有的改进》	《贵州教育》5卷1、2、3期合刊	1943(欧元怀、王克仁、梁瓯第、熊铭青等合著)
《高中毕业生服务问题的我见》	《贵州教育》5卷7、8期合刊	1943
《青年读书问题》	《贵州教育》5卷7、8期合刊	1943
《训育是教育的中心》	《贵州教育》5卷7、8期合刊	1943
《全省国民体育运动大会之意义》	《贵州教育》5卷9、10期合刊	1943
《贵州教育序》	《贵州教育》(贵州省政府教育厅编印)	1943
《贵州省社会教育概况》	《社会教育季刊(重庆)》1卷4期	1943
《国民教育的几个实际问题》	《国民教育指导月刊》2卷2期	1943
《三年来贵州教育改进之趋势》	《东方杂志》39卷11号	1943
《〈贵州明贤〉序》	文通书局出版	1944
《贵州试办中学生毕业升学联考制度之检讨》	《东方杂志》40卷6期	1944(欧元怀、梁瓯第合著)
《四项运动》	《中外春秋》3卷1期	1944
《光荣的校史》	《大夏周报》23卷1期	1946
《认清环境·力求进步·加强合作》	《大夏周报》23卷1期	1946
《王故校长逝世二周年悼言》	《大夏周报》23卷3期	1946
《王故校长与思群堂》	《大夏周报》23卷4期	1947
《新年三愿》	《大夏周报》23卷5期	1947
《中国师范教育的危机》	《大夏周报》23卷8期	1947
《欢迎校友返校》	《大夏周报》24卷5期	1947
《王故校长逝世三周年悼言》	《大夏周报》24卷8期	1947
《论战后我国的留学政策》	《教育杂志》32卷2号	1947
《胜利光荣的校史》	《大夏大学校庆特刊》	1947

续 表

篇名	出版信息	出版时间
《大夏大学的西迁与复员》	《中华教育界》26卷12期	1947
《抗战十年来中国的大学教育》	《中华教育界副刊》1卷1期	1947
《西迁·复员·校庆》	《大夏周报》24卷1期	1948
《筹募百亿建筑费告校友书》	《大夏周报》24卷9期	1948
《春季开学感言》	《大夏周报》24卷10期	1948
《我怎样求学的》	《大夏周报》24卷13期	1948
《发展师范教育》	《大夏周报》24卷20期	1948
《从纪念校庆泛论大学教育》	《大夏周报》24卷24期	1948
《秋季开学三句话》	《大夏周报》25卷1期	1948
《大夏大学校史》	《大夏周报》25卷2期	1948
《写在第二届校友节》	《大夏周报》25卷2期	1948
《景色宜人的大夏大学》	《上海教育》5卷11、12期合刊	1948
《新教师与社会领导》	《广播周报》267期	1948
《教育危言》	《教育杂志》33卷1号	1948
《新教育与新教师》	《国民教育指导月刊（上海）》9期	1948
《战后两年来之中国高等教育》	《中华教育界》2卷1期	1948
《祉伟先生永生》	《大夏周报》26卷1期	1949
《伯群先生逝世五周年纪念》	《大夏周报》26卷1期	1949
《怀故校长伯群先生》	《大夏周报》26卷2期	1949
《春季开学的话》	《大夏周报》26卷4期	1949
《对教师适用的几派理论》	《大夏周报》26卷5期	1961
《大夏大学校史纪要》	《文史资料选辑》（上海人民教育出版社）	1982

图书在版编目(CIP)数据

大夏教育文存.欧元怀卷/杜成宪主编.—上海:华东师范大学出版社,2017
ISBN 978-7-5675-6284-4

Ⅰ.①大… Ⅱ.①杜… Ⅲ.①高等教育-研究-中国 Ⅳ.①G4

中国版本图书馆CIP数据核字(2017)第047923号

本书由上海文化发展基金会图书出版专项基金资助出版

大夏教育文存　欧元怀卷

主　　编	杜成宪
本卷主编	常国玲
策　　划	王　焰
责任编辑	金　勇
特约审读	李　娟
责任校对	邱红穗
装帧设计	高　山

出版发行　华东师范大学出版社
社　　址　上海市中山北路3663号　邮编 200062
网　　址　www.ecnupress.com.cn
电　　话　021-60821666　行政传真 021-62572105
客服电话　021-62865537　门市(邮购)电话 021-62869887
地　　址　上海市中山北路3663号华东师范大学校内先锋路口
网　　店　http://hdsdcbs.tmall.com

印 刷 者　上海中华商务联合印刷有限公司
开　　本　787×1092　16开
印　　张　22.75
字　　数　353千字
版　　次　2018年11月第1版
印　　次　2018年11月第1次
书　　号　ISBN 978-7-5675-6284-4/G·10227
定　　价　105.00元

出版人　王　焰

(如发现本版图书有印订质量问题,请寄回本社客服中心调换或电话021-62865537联系)